HTM
XML

Oliver Pott

HTML
XML

new reference

Markt+Technik Verlag

Bibliografische Information Der Deutschen Bibliothek

Die Deutsche Bibliothek verzeichnet diese Publikation in der Deutschen
Nationalbibliografie; detaillierte bibliografische Daten sind im Internet
über <http://dnb.ddb.de> abrufbar

10 9 8 7 6 5 4 3 2

04 03 02

ISBN 3-8272-6120-1

© 2001 by Markt+Technik Verlag,
ein Imprint der Pearson Education Deutschland GmbH.
Martin-Kollar-Straße 10–12, D–81829 München/Germany
Alle Rechte vorbehalten
Einbandgestaltung: Helfer Grafik Design, München
Herstellung: Anja Zygalakis, azygalakis@pearson.de
Satz: reemers publishing services gmbh, Krefeld (www.reemers.de)
Druck und Verarbeitung: Media-Print, Paderborn
Printed in Germany

Inhaltsverzeichnis

Übersicht **13**

<!-- Kommentar --> 14
A 15
A 16
ABBR <html attribut> 23
ABBR 23
ACCEPT <html attribut> 26
ACCEPT-CHARSET <html attribut> 27
ACCESSKEY <html attribut> 28
ACRONYM 29
ACTION <html attribut> 31
ADDRESS 32
ALIGN <html attribut> 35
alignment 38
ALINK <html attribut> 39
Allgemeines Entity 40
ALT <html attribut> 41
ANCHOR 41
any 43
APP 43
APPLET 44
apply 46
ARCHIVE <html attribut> 47
AREA 48
ATTLIST 52
attribut 53
AXIS <html attribut> 54

B 55
BACKGROUND <html attribut> 58
background-attachment 59
background-color 59
background-image 60
background-position 60
background-repeat 61
BASE 62
BASEFONT 63
BDO 65
BGCOLOR <html attribut> 67
BGSOUND 68
BIG 69
BLINK 72
BLOCKQUOTE 73
BODY 76
BODY 76
BORDER <html attribut> 80
border-color 81
border-style 81
BR 82
BUTTON 84
CAPTION 88
CDATA 92
CDATA 92
CELLPADDING <html attribut> 93
CELLSPACING <html attribut> 93
CENTER 94
CHAR <html attribut> 95
CHAROFF <html attribut> 96
CHARSET <html attribut> 97
CHECKED <html attribut> 97
children 98
CITE <html attribut> 99
CITE 100
CLASS <html attribut> 103
CLASSID <html attribut> 104
CLEAR <html attribut> 105
clip 106
CODE <html attribut> 107
CODE 108
CODEBASE <html attribut> 111
CODETYPE <html attribut> 112
COL 112
COLGROUP 117
color 122

COLOR <html attribut> 122
COLS <html attribut> 123
COLSPAN <html attribut> 125
COMPACT <html attribut> 125
CONTENT <html attribut> 126
COORDS <html attribut> 127
DATA <html attribut> 128
DATETIME <html attribut> 129
DD 130
DECLARE <html attribut> 133
DEFER <html attribut> 134
define-script 134
DEL 135
DFN 139
DIR <html attribut> 141
DIR 143
DISABLE <html attribut> 146
display 147
DIV 147
DL 151
DOCTYPE 153
DT 154
DTD 157
ELEMENT 158
element 159
EM 160
EMBED 163
ENCTYPE <html attribut> 165
eval 166
FACE <html attribut> 167
FIELDSET 168
FONT 171
font-family 174
font-size 175
font-stretch 175
font-style 176
font-weight 177
FOR <html attribut> 177
FORM 178
FRAME <html attribut> 183
FRAME 184
FRAMEBORDER <html attribut> 187
FRAMESET 188
Gültigkeit 191
H1 192
HEAD 195

HEAD 196
HEADERS <html attribut> 197
HEIGHT <html attribut> 198
HR 199
HREF <html attribut> 203
HREFLANG <html attribut> 204
HSPACE <html attribut> 205
HTML 205
HTTP-EQUIV <html attribut> 207
I 208
ID <html attribut> 211
IFRAME 212
ILAYER 215
IMG 218
IMG 220
import 226
INPUT 226
INS 233
ISINDEX 234
ISMAP <html attribut> 236
KBD 237
Kommentare 239
LABEL <html attribut> 240
LABEL 241
LANG <html attribut> 244
LANGUAGE <html attribut> 245
LAYER 246
LAYOUT 249
Leerraum 250
LEGEND 251
letter-spacing 255
LI 255
LINK <html attribut> 259
LINK 260
LISTING 266
Literale 267
LONGDESC <html attribut> 268
MAP 269
MARGINHEIGHT <html attribut> 270
MARGINWIDTH <html attribut> 271
MARQUEE 271
MAXLENGTH <html attribut> 273
MEDIA <html attribut> 274
MENU 275
META 278
META 279

METHOD <html attribut> 283
MULTICOL 283
MULTIPLE <html attribut> 284
NAME <html attribut> 285
Name 286
NOBR 287
NOEMBED 287
NOFRAMES 288
NOHREF <html attribut> 291
NORESIZE <html attribut> 291
NOSCRIPT 292
NOSHADE <html attribut> 294
NOTATION 295
NOWRAP <html attribut> 295
OBJECT <html attribut> 296
OBJECT 297
OL 301
OPTGROUP 304
OPTION 305
P 309
padding-bottom 312
padding-left 313
padding-right 313
padding-top 314
PAR 314
PARAM 316
Parameter Entity 317
PLAINTEXT 318
PRE 319
Processing Instruction (PI) 322
PROFILE <html attribut> 323
PROLOG 324
PROMPT <html attribut> 325
Q 325
READONLY <html attribut> 328
REGION 329
REL <html attribut> 330
REV <html attribut> 332
root 333
ROOT-LAYOUT 334
ROWS <html attribut> 335
ROWSPAN <html attribut> 336
rule 337
RULES <html attribut> 338
S 339
SAMP 342

SCHEME <html attribut> 344
SCOPE <html attribut> 345
SCRIPT 346
SCROLLING <html attribut> 347
SELECT 348
SELECTED <html attribut> 352
select-elements 353
SEQ 354
SHAPE <html attribut> 355
size 356
SIZE <html attribut> 357
SMALL 358
SMIL 361
SPACER 362
SPAN <html attribut> 363
SPAN 364
SRC <html attribut> 367
STANDBY <html attribut> 368
START <html attribut> 369
STRIKE 369
STRONG 372
STYLE <html attribut> 375
STYLE 376
style-rule 379
SUB 379
SUMMARY <html attribut> 382
SUP 382
SWITCH 385
TABINDEX <html attribut> 386
TABLE 387
TARGET <html attribut> 393
target-element 394
TBODY 395
TD 399
TEXT 404
TEXT <html attribut> 406
text-align 407
TEXTAREA 407
text-decoration 412
text-indent 412
text-shadow 413
text-transform 413
TFOOT 414
TH 418
THEAD 423
TITLE <html attribut> 427

TITLE 429
Token 430
top 431
TR 431
TT 435
TYPE <html attribut> 437
U 440
UL 443
Unicode-Standard 447
USEMAP <html attribut> 449
VALIGN <html attribut> 450
VALUE <html attribut> 451
VALUETYPE <html attribut> 452
VAR 453
VERSION <html attribut> 456
VIDEO 457
VLINK <html attribut> 458
VSPACE <html attribut> 459
WBR 460
WIDTH <html attribut> 460
Wohlgeformtheit 462
word-spacing 463
XML 463
xml:lang 464
xml:Stylesheet 465
XMP 465
xsl 466
Zeichendaten 466
z-index 467

Index **469**

HTML/XML

new reference

- Vollständige Referenz inkl. aller Attribute, Parameter und Optionen zu HTML, XML, XSL, SMIL, CSS

- Jeder Befehl mit Beispiellisting

- Alphabethische Auflistung

<!-- Kommentar -->

<!-- Kommentar -->

Kommentare in Dokumente einfügen

Beschreibung

Diese Syntax dient dazu, Kommentare in HTML-Dokumente einzufügen. Diese Kommentare helfen insbesondere für spätere Aktualisierungen und Änderungen, den Quellcode übersichtlich zu gestalten. Kommentare werden im Browser nicht mitangezeigt und sind für den Besucher der Seite auf den ersten Blick »unsichtbar«.

Anwendung

Fügen Sie an beliebiger Stelle einen Kommentar in das Dokument ein. Der Text muss mit den beiden umschließenden Zeichenkombinationen gekennzeichnet sein. Der gesamte Text, der sich zwischen der Kommentarsyntax befindet, wird nicht vom Browser ausgewertet.

Beispiel

```
<B>
<!-- Hier folgt die aktuelle Meldung des Tages -->
Heute liegen keine Neuigkeiten vor.
<!-- Ende der aktuellen Meldung -->

<!-- Kommentare ...
... dürfen natürlich auch mehrere Zeilen umfassen -->

<script language="JavaScript">
<!--

... Hier folgt der Programmcode ...

//-->
</script>
```

Skripte, die in ein HTML-Dokument eingebunden werden, werden üblicherweise in Kommentarklammern gesetzt. So erreicht man, dass ein Browser, der beispielsweise kein JavaScript versteht, diese Zeilen ignoriert.

A

Hyperlinks definieren

Beschreibung

Analog zum HTML-Befehl können Sie auch mit diesem SMIL-Element Hyperlinks erstellen.

Anwendung

Hyperlinks dienen zum Beispiel dazu, um verschiedene Medienclips per Verknüpfung miteinander zu verbinden. Statt Text schließen Sie den Medienclip in den A-Container ein.

Parameter

HREF

Mit HREF übergeben Sie dem Befehl, genau wie in HTML, die Zieladresse des Hyperlinks.

ID

Über das Attribut ID wird das Element mit einer für das Dokument eindeutigen Kennzeichnung versehen. Über diese ID lässt sich von anderen Elementen auf diesen Bereich zugreifen.

SHOW

Das Attribut SHOW gibt an, wie das verknüpfte Dokument angezeigt werden soll. Dabei stehen drei Werte zur Verfügung:

new

Öffnet den Clip im Browser, während der *RealPlayer* im Hintergrund mit der Wiedergabe fortfährt.

pause

Öffnet den Clip im Browser und unterbricht den *RealPlayer* so lange.

replace

Öffnet den Clip im *RealPlayer* und ersetzt den eventuell aktuell laufenden Clip.

Beispiel

```
<a id="identifier"
   show="replace"
   href="URL">
</a>

<a href="http://www.microsoft.de/index.htm" show="new">
     <video src="video.rm" />
</a>
```

A

Verknüpfung festlegen

Beschreibung

Mit diesem elementaren Befehl werden Verbindungen zwischen Dokumenten definiert. Sie legen über diesen Befehl sogenannte Hyperlinks zu anderen Webseiten fest.

Anwendung

Der Befehl A (Abkürzung für »anchor« / Anker) erfordert zwingend die Angabe des Attributs HREF. Über dieses Attribut wird dem Browser mitgeteilt, zu welcher Zieladresse er springen muss, wenn der Hyperlink angeklickt wird.

HTML-4.0-Standard

ACCESSKEY, CHARSET, CLASS, COORDS, DIR, HREF, HREFLANG, ID, LANG, NAME, REF, REL, SHAPE, STYLE, TABINDEX, TITLE, TYPE

Starttag: zwingend erforderlich; Endtag: zwingend erforderlich.

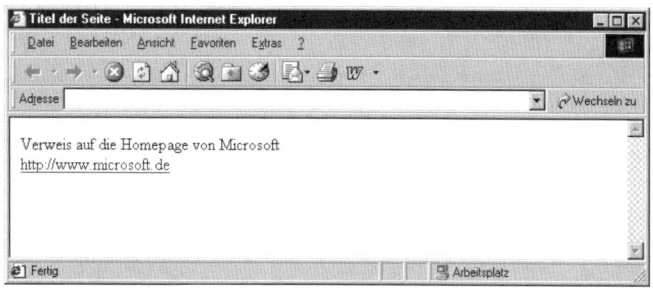

Hyperlinks werden im Browser in der Regel in Blau und unterstrichen dargestellt.

Attribute

ACCESSKEY

Das Attribut ACCESSKEY ermöglicht den Zugriff auf ein Element über die Tastatur. Durch die Definition eines Tastaturkürzels wird beim Drücken der entsprechenden Taste ein mit dem Kürzel verbundenes Dokument geladen. So führt z.B. die Angabe ACCESSKEY="A" dazu, dass nach dem Drücken der Taste »A« durch den Anwender das Element aktiviert wird.

CLASS

Über das Attribut CLASS lässt sich das Element einer Gruppe (Klasse) zuordnen. Geben Sie dazu einen frei wählbaren Klassennamen als Wert ån. Diese Gruppierungen erlauben Ihnen anschließend einen leichten Zugriff auf alle zugehörigen Elemente. So können Sie später beispielsweise mit Hilfe von Cascading-Stylesheets oder anderen Sprachen leicht die Eigenschaften aller Elemente einer Klasse verändern oder Werte auslesen.

CHARSET

Dieses Attribut dient der Festlegung des Zeichensatzes für die Daten, die durch die Verknüpfung verbunden sind. Ist der Zeichensatz nicht explizit angegeben, ist es die Aufgabe der Browser, den benutzten Zeichensatz zu ermitteln.

DIR

Dieses Attribut ist für die Bestimmung der Laufrichtung des Textes notwendig. Zwei Werte können alternativ übergeben werden:

LTR

Dieser Wert bestimmt die Laufrichtung des Textes von links nach rechts (Abkürzung für »left to right«). Diese Laufrichtung ist im Browser voreingestellt.

RTL

Soll der Text entgegen der Standardlaufrichtung vom rechten Bildschirmrand zum linken Rand laufen, dann wählen Sie den Wert RTL (Abkürzung für »right to left«).

ID

Über das Attribut ID wird das Element mit einer für das Dokument eindeutigen Kennzeichnung versehen. Über diese ID lässt sich anschließend beispielsweise mit Hilfe einer Scriptsprache gezielt auf einzelne Elemente zugreifen, um z.B. deren Werte auszulesen oder zu verändern.

TYPE

Gibt den MIME-Typ des Zieldokuments an. Damit wird der Browser angewiesen, eventuell ein spezielles Anzeigemodul für den Inhaltstyp zu starten und das Dokument anzuzeigen. Beispielsweise "text/plain" für normalen Text oder "application/msword" für ein MS-Word-Dokument.

HREF

Mit dem Attribut HREF wird das Zielelement angegeben, auf das der Anker verweist. Verwenden Sie dabei die sonst auch übliche Schreibweise für Internet-Adressen (URI). Der Anker kann auf beliebige Webseiten verweisen.

HREFLANG

Dieses Attribut gibt die Sprache des Zieldokuments an. Das ist insbesondere für die Indizierung in Suchmaschinen wichtig. Verwenden Sie die Sprachcodes nach ISO-639, z.B. "de" für Deutsch oder "en" für Englisch oder "en-us" für amerikanisches Englisch.

NAME

Über das Attribut NAME lässt sich dem Element eine Bezeichnung zuweisen. Sie sollten nur eindeutige, das heißt im Dokument nur einmal vorkommende Namen verwenden. Dieser Befehl ist vergleichbar mit dem Attribut ID.

ONCLICK

Dieses Ereignis findet statt, wenn mit der Maus das benannte Element angeklickt wird. Durch diese Aktion wird ein angegebenes Script ausgeführt.

ONDBLCLICK

Dieses Ereignis findet statt, wenn mit der Maus das benannte Element doppelt angeklickt wird. Durch diese Aktion wird ein angegebenes Script ausgeführt.

ONFOCUS

Das Ereignis ONFOCUS tritt ein, wenn das aktuelle Element den Focus erhält. Wenn der Anwender also per Mausklick oder Tastatur auf dieses Feld geht und dieses so zum aktiven Element wird.

ONKEYDOWN

Dieses Ereignis findet statt, wenn man sich über dem bezeichneten Element befindet und gleichzeitig eine Taste gedrückt wird. Durch diese Aktion wird ein angegebenes Script ausgeführt.

ONKEYPRESS

Dieses Ereignis findet statt, wenn man sich über dem bezeichneten Element befindet und gleichzeitig eine Taste drückt und wieder loslässt. Durch diese Aktion wird ein angegebenes Script ausgeführt.

ONKEYUP

Dieses Ereignis findet statt, wenn man sich über dem bezeichneten Element befindet und eine gedrückte Taste losgelassen wird. Durch diese Aktion wird ein angegebenes Script ausgeführt.

ONMOUSEDOWN

Dieses Ereignis findet statt, wenn man sich über dem bezeichneten Element befindet und gleichzeitig eine Maustaste gedrückt wird. Durch diese Aktion wird ein angegebenes Script ausgeführt.

ONMOUSEMOVE

Dieses Ereignis findet statt, wenn man sich mit der Maus über das benannte Element bewegt. Durch diese Aktion wird ein angegebenes Script ausgeführt.

ONMOUSEOUT

Dieses Ereignis findet statt, wenn man sich mit der Maus von dem benannten Element fortbewegt. Durch diese Aktion wird ein angegebenes Script ausgeführt.

ONMOUSEOVER

Dieses Ereignis findet statt, wenn der Mauszeiger direkt auf das benannte Element zeigt. Durch diese Aktion wird ein angegebenes Script ausgeführt.

ONMOUSEUP

Dieses Ereignis findet statt, wenn man sich über dem bezeichneten Element befindet und eine gedrückte Maustaste losgelassen wird. Durch diese Aktion wird ein angegebenes Script ausgeführt.

REL

Mit diesem Attribut lassen sich Linktypen für das verknüpfte Dokument festlegen. So kann beispielsweise ein Verweis auf ein Glossar oder das Inhaltsverzeichnis der Präsenz definiert werden. Diese Angaben ermöglichen es dem Browser, Navigationshilfen zu erstellen.

ALTERNATE

Gibt eine alternative Version des Dokuments an. Beispielsweise eine andere Sprachversion oder eine verkürzte Textversion.

APPENDIX

Verweist auf einen Anhang des Webangebots.

BOOKMARK

Gibt eine spezielle Seite an, die Sie als Lesezeichen in Ihren Browser aufnehmen können.

CHAPTER

Verweist auf das übergeordnete Kapitel, zu dem das Dokument gehört.

CONTENTS

Weist auf ein Inhaltsverzeichnis hin, in dem alle Seiten der Präsenz übersichtlich aufgelistet sind.

COPYRIGHT

Auf dieser Seite finden Sie Hinweise zum Urheber des Dokuments.

GLOSSARY

Auf der hier angegebenen Seite finden Sie ein Glossar, in dem wichtige Begriffe näher erläutert werden.

HELP

Verweist auf eine Hilfeseite, die bei der Navigation und Bedienung der Seiten weiterhilft.

INDEX

Verweist auf einen Index, der alle Stichwörter der Webseite enthält.

NEXT

Gibt die logisch auf dieses Dokument folgende nächste Seite an.

PREV

Gibt die logisch diesem Dokument vorausgehende Seite an.

SECTION

Verweist auf den übergeordneten Abschnitt, der zu diesem Dokument gehört.

START

Gibt die Ursprungs- oder Startseite des Webangebots an.

STYLESHEET

Verweist auf ein externes Stylesheet, in dem Formatangaben zu diesem Dokument zu finden sind.

SUBSECTION

Verweist auf einen diesem Dokument untergeordneten Abschnitt.

REV

Ähnlich wie REL gibt dieses Attribut einen Rückwärtslink zu dem vorhergehenden Dokument an. Dieses Attribut findet nur selten Anwendung. Es gibt im Gegensatz zu einem normalen Hyperlink nicht das Sprungziel, sondern die Sprungquelle an.

ALTERNATE

Gibt eine alternative Version des Dokuments an. Beispielsweise eine andere Sprachversion oder eine verkürzte Textversion.

APPENDIX

Verweist auf einen Anhang des Webangebots.

BOOKMARK

Gibt eine spezielle Seite an, die Sie als Lesezeichen in Ihren Browser aufnehmen können.

CHAPTER

Verweist auf das übergeordnete Kapitel, zu dem das Dokument gehört.

CONTENTS

Weist auf ein Inhaltsverzeichnis hin, in dem alle Seiten der Präsenz übersichtlich aufgelistet sind.

COPYRIGHT

Auf dieser Seite finden Sie Hinweise zum Urheber des Dokuments.

GLOSSARY

Auf der hier angegebenen Seite finden Sie ein Glossar, in dem wichtige Begriffe näher erläutert werden.

HELP

Verweist auf eine Hilfeseite, die bei der Navigation und Bedienung der Seiten weiterhilft.

INDEX

Verweist auf einen Index, der alle Stichwörter der Webseite enthält.

NEXT

Gibt die logisch auf dieses Dokument folgende nächste Seite an.

PREV

Gibt die logisch diesem Dokument vorausgehende Seite an.

SECTION

Verweist auf den übergeordneten Abschnitt, der zu diesem Dokument gehört.

START

Gibt die Ursprungs- oder Startseite des Webangebots an.

STYLESHEET

Verweist auf ein externes Stylesheet, in dem Formatangaben zu diesem Dokument zu finden sind.

SUBSECTION

Verweist auf einen diesem Dokument untergeordneten Abschnitt.

SHAPE

Mit dem Attribut SHAPE kann die Fläche festgelegt werden, die einen Link darstellen soll. Folgende Angaben sind gültig:

DEFAULT
>   Gesamte Fläche

RECT
>   Rechteck; x1=linke obere Ecke, Pixel von links, y1=linke obere Ecke, Pixel von oben, x2=rechte untere Ecke, Pixel von links, y2=rechte untere Ecke, Pixel von oben

CIRCLE
>   Kreis; x=Mittelpunkt, Pixel von links, y=Mittelpunkt, Pixel von oben, r= Radius in Pixel

POLY
>   Vieleck; x1-xn, x=Pixel einer Ecke von links, y1-yn, y= Pixel einer Ecke von oben

>   Die gewählte Form ist ausschlaggebend für die Interpretation der Koordinatenangaben, die unter COORDS vorgenommen werden.

COORDS
>   Mit Hilfe dieses Attributs werden absolute Koordinaten von Flächen innerhalb einer Grafik definiert. Die Form der Koordinatenangaben hängt von der unter SHAPE festgelegten Regionsform ab.

STYLE
>   Das Attribut STYLE lässt sich dazu nutzen, um Stilvorgaben, insbesondere das Aussehen des Elements, zu verändern. Als Wert des Attributs übergeben Sie die entsprechenden Optionen einer Stylesheet-Sprache (meist CSS).

TABINDEX
>   Dieses Attribut weist einem Element durch die Verwendung von positiven oder negativen Ganzzahlen eine Reihenfolgeposition zu. Elemente, die mit diesem Attribut versehen sind, können mit der Tabulatortaste nacheinander ausgewählt werden. Dies erleichtert insbesondere Personen, die keine Maus einsetzen können, die Bedienung.

TARGET
>   Das Attribut TARGET wird verwendet, um den Namen eines Fensters festzulegen, in dem ein Link geöffnet wird. Dieses Attribut wird genutzt, wenn mehrere Fenster offen sind oder mit einem Link ein neues Fenster geöffnet werden soll.

TITLE
>   Geben Sie dem Anwender weitere Informationen über das verwendete Element, indem Sie mit Hilfe des TITLE-Befehls einen aussagekräftigen Titel festlegen. Insbesondere Anwendern, die auf eine Sprachausgabe angewiesen sind, wird so die Navigation durch Ihre Seiten erleichtert.

Beispiel

```
<A HREF="http://www.w3c.org">
Link zum World Wide Web Consortium
</A>
```

```
<A HREF="mailto:name@domain.de">
Bitte schreiben Sie mir!
</A>
```

Mit dem Begriff `"mailto:"` erreichen Sie, dass beim Anklicken des Links automatisch vom Browser das verknüpfte E-Mail-Programm gestartet und die angegebene Adresse in das Empfängerfeld eingefügt wird.

Ereignisse

ONBLUR, ONCLICK, ONDBLCLICK, ONFOCUS, ONKEYDOWN, ONKEYPRESS, ONKEYUP, ONMOUSEDOWN, ONMOUSEMOVE, ONMOUSEOUT, ONMOUSEOVER, ONMOUSEUP

XML-Definition

```
<!ENTITY % Shape "(rect|circle|poly|default)">
<!ENTITY % Coords "CDATA>

<!ELEMENT A - - (%inline;)* -(A)>
<!ATTLIST A
%attrs;
     charset      %Charset;         #IMPLIED
     type         %ContentType;     #IMPLIED
     name         CDATA             #IMPLIED
     href         %URI;             #IMPLIED
     hreflang     %LanguageCode;    #IMPLIED
     rel          %LinkTypes;       #IMPLIED
     rev          %LinkTypes;       #IMPLIED
     accesskey    %Character;       #IMPLIED
     shape        %Shape;           #IMPLIED
     coords       %Coords;          #IMPLIED
     tabindex     NUMBER            #IMPLIED
     onfocus      %Script;          #IMPLIED
     onblur       %Script;          #IMPLIED>
```

Verwandte Befehle

AREA
BASE
LINK

ABBR <html attribut>
Kurzbeschreibung für Tabellenzelle

Beschreibung
Mit Hilfe dieses Attributs ist es möglich, eine Kurzbeschreibung sowohl für eine Tabellenzelle als auch eine Tabellenüberschrift zu definieren. Sofern dieses Attribut nicht angegeben wird, werden automatisch die ersten Zeichen des Inhalts als Voreinstellung genutzt.

Anwendung
Ergänzen Sie den entsprechenden Befehl um dieses Attribut und übergeben Sie ihm als Wert die Kurzbeschreibung. Der Einsatz dieses Attributs ist optional.

Werte
Diesem Attribut können Sie als Wert eine beliebige Zeichenfolge übergeben. Dabei sollte diese Zeichenkette möglichst nicht mit Leerzeichen beginnen oder enden. Eventuell wird der verarbeitende Browser diese herausfiltern.

Beispiel
```
<td abbr="Umsatz 1999">2.500.000</td>
<th abbr="Umsatz"></th>
```

Zugehörige Elemente
TD
TH

ABBR
Kennzeichnen von Abkürzungen

Beschreibung
Mit diesem Befehl werden Abkürzungen gekennzeichnet. Der Inhalt dieser Abkürzungen, die Bestandteile anderer Begriffe sind, werden, ähnlich wie bei Akronymen, im Browser auf andere Art formatiert.

Anwendung
Der Befehl ABBR kann zur Kennzeichnung von Begriffen, wie beispielsweise UFO, FAQ, WWW, URL oder HTTP, verwendet werden. Er dient in erster Linie dazu Programmen den Inhalt eines Dokuments zu analysieren.

HTML-4.0-Standard

CLASS, DIR, ID, LANG STYLE, TITLE

Starttag: zwingend erforderlich; Endtag: zwingend erforderlich.

Attribute

CLASS

Über das Attribut CLASS lässt sich das Element einer Gruppe (Klasse) zuordnen. Geben Sie dazu einen frei wählbaren Klassennamen als Wert an. Diese Gruppierungen erlauben Ihnen anschließend einen leichten Zugriff auf alle zugehörigen Elemente. So können Sie später beispielsweise mit Hilfe von Cascading-Stylesheets oder anderen Sprachen leicht die Eigenschaften aller Elemente einer Klasse verändern oder Werte auslesen.

DIR

Dieses Attribut ist für die Bestimmung der Laufrichtung des Textes notwendig. Zwei Werte können alternativ übergeben werden:

LTR

Dieser Wert bestimmt die Laufrichtung des Textes von links nach rechts (Abkürzung für »left to right«). Diese Laufrichtung ist im Browser voreingestellt.

RTL

Soll der Text entgegen der Standardlaufrichtung vom rechten Bildschirmrand zum linken Rand laufen, dann wählen Sie den Wert RTL (Abkürzung für »right to left«).

ID

Über das Attribut ID wird das Element mit einer für das Dokument eindeutigen Kennzeichnung versehen. Über diese ID lässt sich anschließend beispielsweise mit Hilfe einer Scriptsprache gezielt auf einzelne Elemente zugreifen, um z.B. deren Werte auszulesen oder zu verändern.

LANG

Dieses Attribut gibt die Sprache des Zieldokuments an. Das ist insbesondere für die Indizierung in Suchmaschinen wichtig. Verwenden Sie die Sprachcodes nach ISO-639, z.B. "de" für Deutsch oder "en" für Englisch oder "en-us" für amerikanisches Englisch.

ONCLICK

Dieses Ereignis findet statt, wenn mit der Maus das benannte Element angeklickt wird. Durch diese Aktion wird ein angegebenes Script ausgeführt.

ONDBLCLICK

Dieses Ereignis findet statt, wenn mit der Maus das benannte Element doppelt angeklickt wird. Durch diese Aktion wird ein angegebenes Script ausgeführt.

ONKEYDOWN

Dieses Ereignis findet statt, wenn man sich über dem bezeichneten Element befindet und gleichzeitig eine Taste gedrückt wird. Durch diese Aktion wird ein angegebenes Script ausgeführt.

ONKEYPRESS
Dieses Ereignis findet statt, wenn man sich über dem bezeichneten Element befindet und gleichzeitig eine Taste drückt und wieder loslässt. Durch diese Aktion wird ein angegebenes Script ausgeführt.

ONKEYUP
Dieses Ereignis findet statt, wenn man sich über dem bezeichneten Element befindet und eine gedrückte Taste losgelassen wird. Durch diese Aktion wird ein angegebenes Script ausgeführt.

ONMOUSEDOWN
Dieses Ereignis findet statt, wenn man sich über dem bezeichneten Element befindet und gleichzeitig eine Maustaste gedrückt wird. Durch diese Aktion wird ein angegebenes Script ausgeführt.

ONMOUSEMOVE
Dieses Ereignis findet statt, wenn man sich mit der Maus über das benannte Element bewegt. Durch diese Aktion wird ein angegebenes Script ausgeführt.

ONMOUSEOUT
Dieses Ereignis findet statt, wenn man sich mit der Maus von dem benannten Element fortbewegt. Durch diese Aktion wird ein angegebenes Script ausgeführt.

ONMOUSEOVER
Dieses Ereignis findet statt, wenn der Mauszeiger direkt auf das benannte Element zeigt. Durch diese Aktion wird ein angegebenes Script ausgeführt.

ONMOUSEUP
Dieses Ereignis findet statt, wenn man sich über dem bezeichneten Element befindet und eine gedrückte Maustaste losgelassen wird. Durch diese Aktion wird ein angegebenes Script ausgeführt.

STYLE
Das Attribut STYLE lässt sich dazu nutzen, um Stilvorgaben, insbesondere das Aussehen des Elements, zu verändern. Als Wert des Attributs übergeben Sie die entsprechenden Optionen einer Stylesheet-Sprache (meist CSS).

TITLE
Geben Sie dem Anwender weitere Informationen über das verwendete Element, indem Sie mit Hilfe des TITLE-Befehls einen aussagekräftigen Titel festlegen. Insbesondere Anwendern, die auf eine Sprachausgabe angewiesen sind, wird so die Navigation durch Ihre Seiten erleichtert.

Beispiel

```
<ABBR>
usw.
</ABBR>
und so weiter
```

Ereignisse

ONCLICK, ONDBLCLICK, ONKEYDOWN, ONKEYPRESS, ONKEYUP, ONMOUSEDOWN, ONMOUSEMOVE, ONMOUSEOUT, ONMOUSEOVER, ONMOUSEUP

Verwandte Befehle

ACRONYM
ADRESS
CITE
CODE
DFN
EM
KBD
SAMP
STRONG
VAR

ACCEPT   <html attribut>

Gültiges Datenformat zur Übermittlung angeben

Beschreibung

Dieses Attribut lässt sich beispielsweise dazu einsetzen, um bei einer Dateiauswahl des Anwenders nichtkonforme Dateien herauszufiltern.

Anwendung

Dieses Attribut gibt eine durch Kommata getrennte Liste von gültigen Inhaltstypen an, die der Server problemlos verarbeiten kann. Der Einsatz dieses Attributs ist optional.

Werte

Gültige Werte für das Attribut ACCEPT sind die sogenannten Inhalts-Typen (»content types«). Mit diesen werden spezielle Datenformate gekennzeichnet. Zum Beispiel ein Microsoft-Word-Dokument oder ein Adobe-PDF-Dokument. Verwenden Sie zur Bezeichnung des Datenformats die Definitionen, die Sie unter dem Stichwort **MIME-Typen** finden. Es lassen sich mehrere Werte durch Komma getrennt angeben.

Beispiel

```
<input accept="image/gif">
<input accept="text/html">
<input accept="text/css">
```

Zugehörige Elemente

INPUT

ACCEPT-CHARSET   \<html attribut>

Gültigen Zeichensatz für Formularfelder definieren

Beschreibung

Mit Hilfe dieses Attributs können Sie die Zeichensätze definieren, die für die Eingabe in die jeweiligen Formularfelder Gültigkeit haben.

Anwendung

Übergeben Sie dem Attribut einen oder mehrere durch Kommata oder Leerzeichen getrennte Bezeichnungen für Zeichensätze. Der CHARSET-Parameter gibt eine Methode zur Konvertierung einer Bytefolge in eine Zeichenkette an. Der Einsatz dieses Attributs ist optional.

Werte

Unter dem Stichwort **Character Sets** finden Sie sämtliche Codes und Bezeichnungen, mit denen Sie Zeichensätze festlegen können. Übergeben Sie dem Attribut einen einzelnen Zeichensatz oder eine Liste mehrerer gültiger Zeichensätze.

Beispiel

```
<form accept-charset="ISO-8859-1">
<form accept-charset="ISO-8859-1, ISO-8859-2">
```

Zugehörige Elemente

FORM

ACCESSKEY   <html attribut>
Einrichten einer Taste zur Bedienung

Beschreibung
Mit Hilfe dieses Attributs können Sie eine Tastenkürzel für ein Element angeben. Drückt der Anwender diese Taste, dann erhält das entsprechende Element automatisch den aktuellen Fokus und wird zum aktiven Element.

Anwendung
Das Attribut ACCESSKEY ermöglicht den Zugriff auf ein Element über die Tastatur. Durch die Definition eines Tastaturkürzels wird beim Drücken der entsprechenden Taste ein mit dem Kürzel verbundenes Dokument geladen. So führt z.B. die Angabe ACCESSKEY="A" dazu, dass nach dem Drücken der Taste »A« durch den Anwender das Element aktiviert wird. Der Einsatz dieses Attributs ist zwar optional, wird aber dringend empfohlen, um HTML-Dokumente auch ohne Maus nutzbar zu machen.

Werte
Als Wert können Sie diesem Attribut ein einzelnes gültiges Zeichen des ISO-10646-Zeichensatzes übergeben.

Beispiel
```
<input name="Vorname" accesskey="v">
<input name="Nachname" accesskey="n">
<input name="Straße" accesskey="s">
```

Zugehörige Elemente
A
AREA
BUTTON
INPUT
LABEL
LEGEND
TEXTAREA

ACRONYM

Kennzeichnen von Abkürzungen

Beschreibung

Mit diesem Befehl werden Abkürzungen und Akronyme gekennzeichnet. Der Inhalt dieser Abkürzungen, die Bestandteile anderer Begriffe sind, werden auf andere Art formatiert.

Anwendung

Der Befehl ACRONYM wird zur Kennzeichnung von Begriffen, wie beispielsweise FAQ, WWW, URL oder HTTP, verwendet. Er kann ähnlich wie der Befehl ABBR eingesetzt werden.

HTML-4.0-Standard

CLASS, DIR, ID, LANG STYLE, TITLE

Starttag: zwingend erforderlich; Endtag: zwingend erforderlich.

Attribute

CLASS
    Über das Attribut CLASS lässt sich das Element einer Gruppe (Klasse) zuordnen. Geben Sie dazu einen frei wählbaren Klassennamen als Wert an. Diese Gruppierungen erlauben Ihnen anschließend einen leichten Zugriff auf alle zugehörigen Elemente. So können Sie später beispielsweise mit Hilfe von Cascading-Stylesheets oder anderen Sprachen leicht die Eigenschaften aller Elemente einer Klasse verändern oder Werte auslesen.

DIR
    Dieses Attribut ist für die Bestimmung der Laufrichtung des Textes notwendig. Zwei Werte können alternativ übergeben werden:

    LTR
        Dieser Wert bestimmt die Laufrichtung des Textes von links nach rechts (Abkürzung für »left to right«). Diese Laufrichtung ist im Browser voreingestellt.

    RTL
        Soll der Text entgegen der Standardlaufrichtung vom rechten Bildschirmrand zum linken Rand laufen, dann wählen Sie den Wert RTL (Abkürzung für »right to left«).

ID
    Über das Attribut ID wird das Element mit einer für das Dokument eindeutigen Kennzeichnung versehen. Über diese ID lässt sich anschließend beispielsweise mit Hilfe einer Scriptsprache gezielt auf einzelne Elemente zugreifen, um z.B. deren Werte auszulesen oder zu verändern.

LANG
> Dieses Attribut gibt die Sprache des Zieldokuments an. Das ist insbesondere für die Indizierung in Suchmaschinen wichtig. Verwenden Sie die Sprachcodes nach ISO-639, z.B. "de" für Deutsch oder "en" für Englisch oder "en-us" für amerikanisches Englisch.

ONCLICK
> Dieses Ereignis findet statt, wenn mit der Maus das benannte Element angeklickt wird. Durch diese Aktion wird ein angegebenes Script ausgeführt.

ONDBLCLICK
> Dieses Ereignis findet statt, wenn mit der Maus das benannte Element doppelt angeklickt wird. Durch diese Aktion wird ein angegebenes Script ausgeführt.

ONKEYDOWN
> Dieses Ereignis findet statt, wenn man sich über dem bezeichneten Element befindet und gleichzeitig eine Taste gedrückt wird. Durch diese Aktion wird ein angegebenes Script ausgeführt.

ONKEYPRESS
> Dieses Ereignis findet statt, wenn man sich über dem bezeichneten Element befindet und gleichzeitig eine Taste drückt und wieder loslässt. Durch diese Aktion wird ein angegebenes Script ausgeführt.

ONKEYUP
> Dieses Ereignis findet statt, wenn man sich über dem bezeichneten Element befindet und eine gedrückte Taste losgelassen wird. Durch diese Aktion wird ein angegebenes Script ausgeführt.

ONMOUSEDOWN
> Dieses Ereignis findet statt, wenn man sich über dem bezeichneten Element befindet und gleichzeitig eine Maustaste gedrückt wird. Durch diese Aktion wird ein angegebenes Script ausgeführt.

ONMOUSEMOVE
> Dieses Ereignis findet statt, wenn man sich mit der Maus über das benannte Element bewegt. Durch diese Aktion wird ein angegebenes Script ausgeführt.

ONMOUSEOUT
> Dieses Ereignis findet statt, wenn man sich mit der Maus von dem benannten Element fortbewegt. Durch diese Aktion wird ein angegebenes Script ausgeführt.

ONMOUSEOVER
> Dieses Ereignis findet statt, wenn der Mauszeiger direkt auf das benannte Element zeigt. Durch diese Aktion wird ein angegebenes Script ausgeführt.

ONMOUSEUP
> Dieses Ereignis findet statt, wenn man sich über dem bezeichneten Element befindet und eine gedrückte Maustaste losgelassen wird. Durch diese Aktion wird ein angegebenes Script ausgeführt.

STYLE
> Das Attribut STYLE lässt sich dazu nutzen, um Stilvorgaben, insbesondere das Aussehen des Elements, zu verändern. Als Wert des Attributs übergeben Sie die entsprechenden Optionen einer Stylesheet-Sprache (meist CSS).

TITLE

Geben Sie dem Anwender weitere Informationen über das verwendete Element, indem Sie mit Hilfe des TITLE-Befehls einen aussagekräftigen Titel festlegen. Insbesondere Anwendern, die auf eine Sprachausgabe angewiesen sind, wird so die Navigation durch Ihre Seiten erleichtert.

Beispiel

```
<ACRONYM>
FAQ
</ACRONYM>
Frequently asked Questions
```

Ereignisse

ONCLICK, ONDBLCLICK, ONKEYDOWN, ONKEYPRESS, ONKEYUP, ONMOUSEDOWN, ONMOUSEMOVE, ONMOUSEOUT, ONMOUSEOVER, ONMOUSEUP

Verwandte Befehle

ACRONYM
ADRESS
CITE
CODE
DFN
EM
KBD
SAMP
STRONG
VAR

ACTION   <html attribut>

Übermittlung von Formulardaten

Beschreibung

Dieses Attribut verweist auf Scripts oder Programme, welche die von Anwendern erhaltenen Eingaben weiterverarbeiten.

Anwendung

Bitte beachten Sie, dass die Angabe dieses Attributs zwingend vorgeschrieben ist. Andernfalls kann keine Interaktion mit dem Server durchgeführt werden. Meist verweist dieses Attribut auf ein CGI-Script des Servers, das die eingegebenen Formulardaten weiterverarbeitet und auswertet.

Werte

Ein gültiger Wert für dieses Attribut ist ein sogenannter URI (*Uniform Resource Identifier*). Der Aufbau eines URI entspricht dem folgenden Schema:

```
[Protokoll]://[Domain]/[Verzeichnis]/[Datei]
```

Mögliche Angaben für das verwendete Protokoll sind die folgenden Werte:

ftp	File Transfer Protocol
http	Hypertext Transfer Protocol
gopher	Gopher Protocol
mailto	Electronic Mail Address
news	USENET News
nntp	USENET News (NNTP- Zugriff)
telnet	Reference to interactive sessions
wais	Wide Area Information Server
file	Host-specific file names
prospero	Prospero Directory Service

Beispiel

```
<form action="http://www.online-shop.de/bestellung.cgi">
<form action="mailto:bestellung@online-shop.de">
```

Zugehörige Elemente
FORM

ADDRESS
Adressen kennzeichnen

Beschreibung

Dieser Befehl wird verwendet, um alle Arten von Adressen in Dokumenten besonders zu kennzeichnen. So ist es mit diesem Befehl beispielsweise möglich, Kontaktadressen zu erzeugen, deren Benutzung den Anwender in die Lage versetzt, Autoren eines Dokuments zu kontaktieren.

Anwendung

Mit dem Befehl ADDRESS teilt ein HTML-Programmierer dem Anwender Informationen über seine Person und seine Erreichbarkeit mit. Daher ist dieser Befehl vor allem im Zusammenhang mit E-Mail-Verweisen sinnvoll.

HTML-4.0-Standard

CLASS, DIR, ID, LANG STYLE, TITLE

Starttag: zwingend erforderlich; Endtag: zwingend erforderlich.

Attribute

CLASS

Über das Attribut CLASS lässt sich das Element einer Gruppe (Klasse) zuordnen. Geben Sie dazu einen frei wählbaren Klassennamen als Wert an. Diese Gruppierungen erlauben Ihnen anschließend einen leichten Zugriff auf alle zugehörigen Elemente. So können Sie später beispielsweise mit Hilfe von Cascading-Stylesheets oder anderen Sprachen leicht die Eigenschaften aller Elemente einer Klasse verändern oder Werte auslesen.

DIR

Dieses Attribut ist für die Bestimmung der Laufrichtung des Textes notwendig. Zwei Werte können alternativ übergeben werden:

LTR

Dieser Wert bestimmt die Laufrichtung des Textes von links nach rechts (Abkürzung für »left to right«). Diese Laufrichtung ist im Browser voreingestellt.

RTL

Soll der Text entgegen der Standardlaufrichtung vom rechten Bildschirmrand zum linken Rand laufen, dann wählen Sie den Wert RTL (Abkürzung für »right to left«).

ID

Über das Attribut ID wird das Element mit einer für das Dokument eindeutigen Kennzeichnung versehen. Über diese ID lässt sich anschließend beispielsweise mit Hilfe einer Scriptsprache gezielt auf einzelne Elemente zugreifen, um z.B. deren Werte auszulesen oder zu verändern.

LANG

Dieses Attribut gibt die Sprache des Zieldokuments an. Das ist insbesondere für die Indizierung in Suchmaschinen wichtig. Verwenden Sie die Sprachcodes nach ISO-639, z.B. "de" für Deutsch oder "en" für Englisch oder "en-us" für amerikanisches Englisch.

ONCLICK

Dieses Ereignis findet statt, wenn mit der Maus das benannte Element angeklickt wird. Durch diese Aktion wird ein angegebenes Script ausgeführt.

ONDBLCLICK

Dieses Ereignis findet statt, wenn mit der Maus das benannte Element doppelt angeklickt wird. Durch diese Aktion wird ein angegebenes Script ausgeführt.

ONKEYDOWN

Dieses Ereignis findet statt, wenn man sich über dem bezeichneten Element befindet und gleichzeitig eine Taste gedrückt wird. Durch diese Aktion wird ein angegebenes Script ausgeführt.

ONKEYPRESS

Dieses Ereignis findet statt, wenn man sich über dem bezeichneten Element befindet und gleichzeitig eine Taste drückt und wieder loslässt. Durch diese Aktion wird ein angegebenes Script ausgeführt.

ONKEYUP

Dieses Ereignis findet statt, wenn man sich über dem bezeichneten Element befindet und eine gedrückte Taste losgelassen wird. Durch diese Aktion wird ein angegebenes Script ausgeführt.

ONMOUSEDOWN

Dieses Ereignis findet statt, wenn man sich über dem bezeichneten Element befindet und gleichzeitig eine Maustaste gedrückt wird. Durch diese Aktion wird ein angegebenes Script ausgeführt.

ONMOUSEMOVE

Dieses Ereignis findet statt, wenn man sich mit der Maus über das benannte Element bewegt. Durch diese Aktion wird ein angegebenes Script ausgeführt.

ONMOUSEOUT

Dieses Ereignis findet statt, wenn man sich mit der Maus von dem benannten Element fortbewegt. Durch diese Aktion wird ein angegebenes Script ausgeführt.

ONMOUSEOVER

Dieses Ereignis findet statt, wenn der Mauszeiger direkt auf das benannte Element zeigt. Durch diese Aktion wird ein angegebenes Script ausgeführt.

ONMOUSEUP

Dieses Ereignis findet statt, wenn man sich über dem bezeichneten Element befindet und eine gedrückte Maustaste losgelassen wird. Durch diese Aktion wird ein angegebenes Script ausgeführt.

STYLE

Das Attribut STYLE lässt sich dazu nutzen, um Stilvorgaben, insbesondere das Aussehen des Elements, zu verändern. Als Wert des Attributs übergeben Sie die entsprechenden Optionen einer Stylesheet-Sprache (meist CSS).

TITLE

Geben Sie dem Anwender weitere Informationen über das verwendete Element, indem Sie mit Hilfe des TITLE-Befehls einen aussagekräftigen Titel festlegen. Insbesondere Anwendern, die auf eine Sprachausgabe angewiesen sind, wird so die Navigation durch Ihre Seiten erleichtert.

Beispiel

```
<ADDRESS>
<A HREF="http://www.pott-it.de/">Oliver Pott</A>
</ADDRESS>
```

Beispiel für eine Adressangabe, in diesem Fall die Adresse des Autors.

Ereignisse

ONBLUR, ONCLICK, ONDBLCLICK, ONFOCUS, ONKEYDOWN, ONKEYPRESS, ONKEYUP, ONMOUSEDOWN, ONMOUSEMOVE, ONMOUSEOUT, ONMOUSEOVER, ONMOUSEUP

XML-Definition

```
<!ELEMENT ADDRESS>
<!ATTLIST ADDRESS
%attrs;>
```

Verwandte Befehle

ACRONYM
ADRESS
CITE
CODE
DFN
EM
KBD
SAMP
STRONG
VAR

ALIGN   \<html attribut\>

Ausrichtung eines Elements festlegen

Beschreibung

Mit diesem Attribut lassen sich Elemente beliebig auf der Seite ausrichten. Im Zusammenhang mit einigen Befehlen bewirkt ALIGN aber auch die Ausrichtung innerhalb des übergeordneten Objekts. Der Einsatz dieses Attributs ist optional.

Anwendung

Geben Sie zusätzlich das Attribut ALIGN an und übergeben Sie ihm als Wert einen der unten genannten Bezeichnungen.

Werte

Je nachdem, für welchen Befehl Sie dieses Attribut verwenden, existieren unterschiedliche Gültigkeitsbereiche für den übergebenen Wert. Im Folgenden haben wir die einzelnen Befehle und möglichen Werte aufgelistet:

CAPTION
  TOP
    Mit ALIGN=TOP erzeugen Sie eine Tabellenüberschrift, die zentriert ausgerichtet ist.
  BOTTOM
    Mit ALIGN=BOTTOM erzeugen Sie eine Tabellenunterschrift, die zentriert ausgerichtet ist.
  LEFT
    Mit ALIGN=LEFT erzeugen Sie eine Tabellenüberschrift, die sich am linken oberen Tabellenrand befindet.
  RIGHT
    Mit ALIGN=RIGHT erzeugen Sie eine Tabellenunterschrift, die sich am rechten oberen Tabellenrand befindet.
APPLET, IFRAME, IMG, INPUT, OBJECT
  TOP
    Mit ALIGN=TOP wird der dem Eingabefeld folgende Text an der Oberseite des Elements ausgerichtet.
  BOTTOM
    Mit ALIGN=BOTTOM wird der dem Eingabefeld folgende Text an der Unterseite des Elements ausgerichtet.
  MIDDLE
    Mit ALIGN=MIDDLE wird der dem Eingabefeld folgende Text zentriert zum Element ausgerichtet.
  LEFT
    Mit ALIGN=LEFT wird das Objekt linksbündig auf der Seite ausgerichtet.
  RIGHT
    Mit ALIGN=RIGHT wird das Objekt rechtsbündig auf der Seite ausgerichtet.
LEGEND
  TOP
    Die Legende wird oberhalb der Gruppe positioniert. Dieser Wert ist bereits voreingestellt.
  BOTTOM
    Die Legende wird unterhalb der Gruppe positioniert.
  LEFT
    Linksbündige Ausrichtung der Legende innerhalb der Formularfeld-Gruppe.
  RIGHT
    Rechtsbündige Ausrichtung der Legende innerhalb der Gruppe.
TABLE
  LEFT
    Linksbündige Ausrichtung einer Tabelle.
  RIGHT
    Rechtsbündige Ausrichtung einer Tabelle.
  CENTER
    Zentrierte Ausrichtung einer Tabelle.

HR

LEFT

Die horizontale Trennlinie wird linksbündig ausgerichtet.

RIGHT

Die horizontale Trennlinie wird rechtsbündig ausgerichtet.

CENTER

Die horizontale Trennlinie wird zentriert ausgerichtet. Fehlt das Attribut ALIGN, dann wird der Wert CENTER als Voreinstellung angenommen.

DIV, H1, H2, H3, H4, H5, H6, P

CENTER

Zentrierte Ausrichtung eines Abschnitts.

LEFT

Linksbündige Ausrichtung eines Abschnitts.

RIGHT

Rechtsbündige Ausrichtung eines Abschnitts.

JUSTIFY

Sorgt für eine Ausrichtung des Textes zu beiden Seiten (Blocksatz).

COL, COLGROUP, TBODY, TD, TFOOT, TH, THEAD, TR

LEFT

Linksbündige Ausrichtung von Daten innerhalb einer Tabelle. Standardmäßige Voreinstellung.

RIGHT

Rechtsbündige Ausrichtung von Daten innerhalb einer Tabelle.

CENTER

Zentrierte Ausrichtung von Daten innerhalb einer Tabelle. Standardmäßige Voreinstellung für Tabellenköpfe.

JUSTIFY

Erstellung von Blocksatz in einer Tabelle.

CHAR

Ausrichtung der Daten innerhalb einer Tabelle an einem mit dem Attribut CHAR festgelegten Zeichen.

Beispiel

```
<hr align="center">
<caption align="bottom">Überschrift</caption>

<td align="justify">Tabelleninhalt im Blocksatz</td>
<div align="right">Rechtsbündige Ausrichtung</div>
```

Zugehörige Elemente

APPLET

CAPTION

COL

COLGROUP

DIV

H1

H2
H3
H4
H5
H6
HR
IFRAME
IMG
INPUT
LEGEND
OBJECT
P
TABLE
TBODY
TD
TFOOT
TH
THEAD
TR

alignment

Horizontale Ausrichtung festlegen

Beschreibung

Richtet einen Textabsatz gemäß der angegebenen Einstellung aus.

Parameter

`left`
Ausrichtung linksbündig.
`center`
Ausrichtung zentriert.
`right`
Ausrichtung rechtsbündig.
`justify`
Ausrichtung Blocksatz.

Beispiel

```
<style type="text/css">
h1, h2 { alignment: right }
h3, h4 { alignment: justify }
</style>
```

```
<div style="alignment: justify">
</div>
```

ALINK   <html attribut>

Farbe eines aktiven Hyperlinks angeben

Beschreibung

Mit diesem Attribut wird die Farbe der Verweise bestimmt, die durch einen Benutzer aktiviert werden.

Anwendung

Dabei gilt, dass neben den sechzehn definierten Farbschlüsselwörtern bis zu 256 Farben mit den dafür festgelegten Hexadezimalzahlen dargestellt werden können. Dieser Befehl wird ab der Version 4.0 von HTML missbilligt. Der Einsatz dieses Attributs ist optional.

Werte

Übergeben Sie dem Attribut entweder einen Farbwert in RGB-Syntax oder einen gültigen Farbnamen. Für den RGB-Wert geben Sie die Farbanteile der Farben Rot, Gelb und Blau in hexadezimaler Schreibweise an: #RRGGBB (z.B. #008000 für Grün). Alternativ lassen sich vordefinierte Farbnamen verwenden (z.B. YELLOW). Unter dem Stichwort **Farbtabelle** finden Sie eine komplette Aufstellung aller Standardfarben. Hier zunächst die 16 am häufigsten verwendeten Grundfarben:

```
BLACK    = #000000      SILVER   = #C0C0C0
GRAY     = #808080      WHITE    = #FFFFFF
MAROON   = #800000      RED      = #FF0000
PURPLE   = #800080      FUCHSIA  = #FF00FF
GREEN    = #008000      LIME     = #00FF00
OLIVE    = #808000      YELLOW   = #FFFF00
NAVY     = #000080      BLUE     = #0000FF
TEAL     = #008080      AQUA     = #00FFFF
```

Beispiel

```
<body alink="black">
<body vlink="red">
<body link="#00FFFF">
```

Zugehörige Elemente

BODY

Allgemeines Entity

Sonderzeichen und Abkürzungen definieren

Beschreibung

Entitys sind uns schon aus HTML bekannt. Mit ihrer Hilfe werden Sonderzeichen mit Hilfe von Abkürzungen definiert.

Anwendung

Beispielsweise wird mit dem Entity © das Copyright-Zeichen "(c)" definiert. Im weiteren Verlauf des Dokuments kann dann statt des Sonderzeichens die vereinbarte Abkürzung eingesetzt werden. Entitys sind in diesem Fall unbedingt notwendig, da der Zeichensatz der Textdatei nur 128 Zeichen enthält und in diesem keine landesspezifischen Sonderzeichen enthalten sind.

Zusätzlich lassen sich Kürzel zur Verfügung stellen, die automatisch durch längere und häufig eingesetzte Zeichenfolgen ersetzt werden. Eine Entity-Deklaration in der DTD wird durch das Schlüsselwort ENTITY (übersetzt: Existenz) eingeleitet.

Achten Sie bei der Definition von eigenen Entitys auf die schon vorgegebenen Abkürzungen für den Zeichensatz. Man könnte Entitys also als Deklaration von Abkürzungen für Zeichen oder Zeichenfolgen definieren. Wobei es natürlich von Ihnen abhängt, ob ein Entity wirklich eine »Abkürzung« ist.

Beispiel

Mit dem folgenden Beispiel weist man der Abkürzung »gw« den kompletten Namen zu:

```
<!ENTITY gw "Gunter Wielage">
```

Möchte man diese Abkürzung innerhalb eines Dokuments verwenden, setzt man den vereinbarten Namen einfach als Entity ein:

```
<?xml version="1.0" ?>
Der Autor dieses Dokuments ist &gw;
```

ALT <html attribut>

Angabe eines Textes zur alternativen Darstellung

Beschreibung

Mit Hilfe dieses Attributs können Sie insbesondere für grafische Objekte eine alternative Darstellung in Textform angeben. Kann der Browser des Anwenders dieses Element nicht darstellen oder ist er auf Sprachwiedergabe angewiesen, dann wird alternativ der angegebene Text verwendet.

Anwendung

Der Einsatz dieses Attributs ist zwar optional, wird aber dringend empfohlen. Insbesondere zur Unterstützung von nicht grafikfähigen Browsern und Menschen, die auf eine Sprachwiedergabe oder Braille-Tastatur angewiesen sind.

Werte

Diesem Attribut können Sie als Wert eine beliebige Zeichenfolge übergeben. Dabei sollte diese Zeichenkette möglichst nicht mit Leerzeichen beginnen oder enden. Eventuell wird der verarbeitende Browser diese herausfiltern.

Beispiel

```
<img src="baum.jpg" alt="Bild von einem Baum im Herbst">
```

Zugehörige Elemente
APPLET
AREA
IMG
INPUT

ANCHOR

Hotspot definieren

Beschreibung

Dieser Befehl ermöglicht es Ihnen, einen Medien-Clip mit einer verweis-sensitiven Fläche (Hotspot) auszustatten.

Parameter

begin
> Gibt die Wiedergabezeit an. Sie können als Einheit die Bezeichnungen h, min, s oder ms verwenden.

coords
> Über coords bestimmen Sie die Koordinaten der verweissensitiven Fläche.

end
> Gibt die Endzeit der Gruppe an. Dieser Wert bezieht sich relativ auf das Attribut begin. Sie können als Einheit die Bezeichnungen h, min, s oder ms verwenden.

href
> Mit href übergeben Sie dem Befehl, genau wie in HTML, die Zieladresse des Hyperlinks.

id
> Über das Attribut id wird das Element mit einer für das Dokument eindeutigen Kennzeichnung versehen. Über diese id lässt sich von anderen Elementen auf diesen Bereich zugreifen.

show
> Das Attribut show gibt an, wie das verknüpfte Dokument angezeigt werden soll. Dabei stehen drei Werte zur Verfügung:
>
> new
> > Öffnet den Clip im Browser, während der *RealPlayer* im Hintergrund mit der Wiedergabe fortfährt.
>
> pause
> > Öffnet den Clip im Browser und unterbricht den *RealPlayer* so lange.
>
> replace
> > Öffnet den Clip im *RealPlayer* und ersetzt den eventuell aktuell laufenden Clip.

Beispiel

```
<anchor id="identifier"
      show="replace"
      href="URL"
      skip-content="false"
      coords="100,200,150,250"
      begin="10 s"
      end="2 h" />

<video src="vido.rm">
<anchor
      href="index.htm"
      show="pause"
      coords="10,20,30,40"/>
</video>
```

any

Alle Nachkommen eines Zielelements

Beschreibung

Um alle Nachkommen des Zielelements zu berücksichtigen, kann dieser Befehl eingesetzt werden.

Beispiel

```
<element type="document">
    <any>
            <target-element/>
    </any>
    </element>
```

APP

Einbindung von Referenzen in HotJava

Beschreibung

Mit dem Befehl app werden Referenzen für HotJava nach der Sun-Syntax definiert (*app = applet = application snippet = Anwendungsschnipsel*). Heutzutage wird dieser Befehl in der Praxis so gut wie nicht mehr angewendet. Eine Einbindung mit dem APPLET-Befehl ist völlig hinreichend. Durch die Einführung des OBJECT-Elements in HTML 4.0 ist jedoch auch das APPLET-Tag nicht mehr versionskonform.

Anwendung

Der Befehl APP findet nur in Ausnahmefällen Anwendung, da dieser Befehl, der von der Firma Sun entwickelt wurde, eine spezielle Syntax besitzt. APP besitzt kein abschließendes Tag.

HTML-4.0-Standard

Dieser Befehl zählt nicht zur offiziellen HTML-Definition.

Attribute

CLASS

Das Attribut bezeichnet, nach der Syntax von Sun, die Objektklasse. Dabei handelt es sich um die Dateinamen einer ausführbaren APPLET-Datei. Charakteristisch für diesen Typ ist, dass die ansonsten obligatorische Erweiterung .class fehlt.

SRC

Hier handelt es sich um eine optionale Angabe, die ausschließlich dann bedeutsam wird, wenn der Quellcode eines Java-Applets vom Java-Interpreter gebraucht wird (*src = source = Quelle*). Sie sollten diese Angabe nur dann verwenden, wenn es in der Dokumentation eines Java-Applets explizit gefordert wird.

Beispiel

```
<app class="Button" src="button.java">
```

Verwandte Befehle

APPLET
OBJECT

APPLET

Einbindung von Java-Programmen

Beschreibung

Mit diesem Befehl ist es möglich, Java-Applets in vorhandene HTML-Seiten bzw. Quellcodes einzubinden. Seit Einführung der Version 4.0 von HTML wird anstelle des APPLET-Tags jedoch der Befehl OBJECT verwendet.

Anwendung

Der Befehl APPLET dient dazu, Java-Applets in ein HTML-Dokument einzubinden. Java-Applets stellen kleine Programme dar, die in den Begrenzungen des Browserfensters ablaufen können. Dieser Befehl löste in HTML 3.2 die HotJava-Syntax ab. Inzwischen wird er in HTML 4.0 durch OBJECT ersetzt.

HTML-4.0-Standard

ALIGN, ALT, ARCHIVE, CLASS, CLASS, CODE, CODEBASE, DIR, HEIGHT, HSPACE, ID, ID, LANG, NAME, OBJECT, STYLE, STYLE, TITLE, TITLE, VSPACE, WIDTH

Der Einsatz dieses Befehls wird in der aktuellen HTML-Version nicht mehr empfohlen, er wurde durch andere Befehle ersetzt.

Attribute

ALIGN

Attribut, das für die Bestimmung der Ausrichtung eines APPLET-Fensters im Bereich eines umgebenden Fensters genutzt wird.

ALT

Wird benötigt, wenn ein APPLET nicht ausgeführt wird. In diesem Fall wird der in dem Attribut enthaltene Text dem Anwender angezeigt.

ARCHIVE

(Verwendung: APPLET archive = URI) In diesen URIs ist eine Liste enthalten, die wiederum aus URIs besteht, die mit Kommata getrennt sind. Diese URIs verweisen auf Elemente wie Klassen oder andere Dateien, welche das Java-Applet benötigen könnte, um eine Abarbeitung durchzuführen.

CLASS

Mit diesem Attribut weisen Sie das Applet einer Klasse bzw. einer Gruppe von Klassen zu. Die Verwendung von Klassen ist hilfreich, wenn Elemente verändert werden sollen. Die Veränderung betrifft dann nicht ein einzelnes Element, sondern jedes einer Klasse zugehörige Element.

CODE

Mit dem Attribut CODE wird die Klasse eines Applets festgelegt. Es können ebenfalls Verweise auf den kompletten Pfad eines Applets in diesem Attribut enthalten sein. Falls mehrere Klassen für ein Applet benötigt werden, findet die Suche nach diesen Klassen im Attribut CODEBASE statt.

CODEBASE

Das Attribut CODEBASE ist für die Übergabe eines Dateipfades zuständig. Dieser Pfad wird von einem Applet in dem Fall genutzt, wenn bei der Bearbeitung eines Objektes relative Adressbezüge auftauchen sollten. Der Befehl APPLET verwendet für das Attribut CODEBASE=URI grundsätzlich nur untergeordnete Ordner des entsprechenden Dokumentenverzeichnisses.

HEIGHT

Attribut für die Bestimmung der Höhe eines Fensters.

HSPACE

Attribut für die Bestimmung des freien horizontalen Raums um ein APPLET-Fenster.

ID

Über das Attribut ID wird das Element mit einer für das Dokument eindeutigen Kennzeichnung versehen. Über diese ID lässt sich anschließend beispielsweise mit Hilfe einer Scriptsprache gezielt auf einzelne Elemente zugreifen, um z.B. deren Werte auszulesen oder zu verändern.

NAME

Mit Hilfe dieses Attributs wird einem Java-Applet ein einmaliger Name zugewiesen, der eine eindeutige Identifizierung gegenüber anderen Applets gewährleistet.

OBJECT

Die Ausführung dieses Attributs wird verwendet, um einen APPLET-Klassencode abhängig vom Pfad eines CODEBASE-Attributs auszuführen. Beachten Sie, dass das Applet beim Start nur die Methode start ( ), nicht aber die Methode init ( ) ausführt.

STYLE

Das Attribut STYLE lässt sich dazu nutzen, um Stilvorgaben, insbesondere das Aussehen des Elements, zu verändern. Als Wert des Attributs übergeben Sie die entsprechenden Optionen einer Stylesheet-Sprache (meist CSS).

TITLE

Geben Sie dem Anwender weitere Informationen über das verwendete Element, indem Sie mit Hilfe des TITLE-Befehls einen aussagekräftigen Titel festlegen. Insbesondere Anwendern, die auf eine Sprachausgabe angewiesen sind, wird so die Navigation durch Ihre Seiten erleichtert.

VSPACE

Attribut für die Bestimmung des freien vertikalen Raums um ein APPLET-Fenster.

WIDTH

Attribut für die Bestimmung der Breite eines Fensters.

Beispiel

```
<applet code="AnimText.class"
    width=150 height=100 hspace=500>
    <param name="text" value="Animierter Text">
    <param name="type" value="wave">
    <param name="bgcolor" value="yellow">
    <param name="fgcolor" value="red">
    <param name="style" value="bold">
    <param name="min" value="10">
    <param name="max" value="40">
</applet>
```

Verwandte Befehle

APP
OBJECT

apply

Stilauszeichnungen anwenden

Beschreibung

Wendet die angegebenen Stilauszeichnungen auf die Zielelemente an.

Parameter

Alle Stylesheet-Definitionen.

Beispiel

```
<apply font-style="bold"/>
    <apply font-size="12pt"/>
```

ARCHIVE   \<html attribut\>

Datenarchiv als Objektquelle spezifizieren

Beschreibung

Dieses Attribut gibt die Datenquelle eines Archives an, das sich auf das Objekt bezieht. Es enthält die Datenquelle, die über die Attribute CLASSID und DATA näher benannt ist. So können Objekt-Klassen aus einem ZIP-Archiv gesucht werden.

Anwendung

Geben Sie als Wert den URI der Archiv-Datei an. Der Einsatz dieses Attributs ist optional.

Werte

Je nachdem, für welchen Befehl Sie dieses Attribut verwenden, existieren unterschiedliche Gültigkeitsbereiche für den übergebenen Wert. Im Folgenden haben wir die einzelnen Befehle und möglichen Werte aufgelistet:

APPLET

(Verwendung: APPLET archive = URI) In diesen URIs ist eine Liste enthalten, die wiederum aus URIs besteht, die mit Kommata getrennt sind. Diese URIs verweisen auf Elemente wie Klassen oder andere Dateien, welche das Java-Applet benötigen könnte, um eine Abarbeitung durchzuführen.

OBJECT

Ein gültiger Wert für dieses Attribut ist ein sogenannter URI (*Uniform Resource Identifier*). Der Aufbau eines URI entspricht dem folgenden Schema:

[Protokoll]://[Domain]/[Verzeichnis]/[Datei]

Mögliche Angaben für das verwendete Protokoll sind die folgenden Werte:

ftp	File Transfer Protocol
http	Hypertext Transfer Protocol
gopher	Gopher Protocol
mailto	Electronic Mail Address
news	USENET News
nntp	USENET News (NNTP-Zugriff)
telnet	Reference to interactive sessions
wais	Wide Area Information Server
file	Host-specific file names
prospero	Prospero Directory Service

Beispiel

```
<object code="action.class"
     width=100 height=50 hspace=50
     archive="http://www.domain.de/classes.zip">
```

Zugehörige Elemente

APPLET
OBJECT

AREA

Definition von Flächen in einer verweissensitiven Grafik

Beschreibung

Mit diesem Befehl werden einzelne Flächen einer Imagemap definiert, die sich dadurch auszeichnen, dass sie verweissensitiv sind.

Anwendung

Der Befehl AREA wird beispielsweise zur Darstellung von Karten verwendet. Diese Karten werden als verweissensitive Grafiken dargestellt, in denen sich ein Anwender per Mausklick Details anzeigen lassen kann.

HTML-4.0-Standard

ACCESSKEY, ALT, CLASS, COORDS, DIR, HREF, ID, LANG, NOHREF, SHAPE, STYLE, TABINDEX, TITLE

Starttag: zwingend erforderlich; Endtag: nicht zulässig.

Mit Hilfe von Imagemaps lassen sich zum Beispiel solche verweissensitiven Karten erstellen, beim Klick auf einen Ort wird hier die Adresse angezeigt.

Attribute

ALT
   Geben Sie inbesondere zur Unterstützung von reinen Textbrowsern zusätzlich eine alternative Bezeichnung zur Grafik an. So erleichtern Sie den Zugriff auf die Elemente der verweissensitiven Grafik auch ohne dass diese angezeigt wird.

ACCESSKEY
   Das Attribut ACCESSKEY ermöglicht den Zugriff auf ein Element über die Tastatur. Durch die Definition eines Tastaturkürzels wird beim Drücken der entsprechenden Taste ein mit dem Kürzel verbundenes Dokument geladen. So führt z.B. die Angabe ACCESSKEY="A" dazu, dass nach dem Drücken der Taste »A« durch den Anwender das Element aktiviert wird.

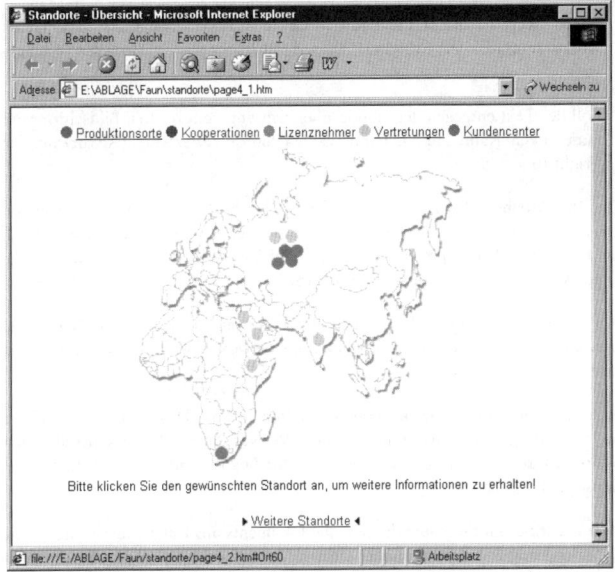

Mit Hilfe von Imagemaps lassen sich zum Beispiel solche verweissensitiven Karten erstellen, beim Klick auf einen Ort wird hier die Adresse angezeigt.

CLASS

Über das Attribut CLASS lässt sich das Element einer Gruppe (Klasse) zuordnen. Geben Sie dazu einen frei wählbaren Klassennamen als Wert an. Diese Gruppierungen erlauben Ihnen anschließend einen leichten Zugriff auf alle zugehörigen Elemente. So können Sie später beispielsweise mit Hilfe von Cascading-Stylesheets oder anderen Sprachen leicht die Eigenschaften aller Elemente einer Klasse verändern oder Werte auslesen.

COORDS

Mit Hilfe dieses Attributs werden absolute Koordinaten von Flächen innerhalb einer Grafik definiert. Die Form der Koordinatenangaben hängt von der unter SHAPE festgelegten Regionsform ab.

DIR

Dieses Attribut ist für die Bestimmung der Laufrichtung des Textes notwendig. Zwei Werte können alternativ übergeben werden:

LTR

Dieser Wert bestimmt die Laufrichtung des Textes von links nach rechts (Abkürzung für »left to right«). Diese Laufrichtung ist im Browser voreingestellt.

RTL

Soll der Text entgegen der Standardlaufrichtung vom rechten Bildschirmrand zum linken Rand laufen, dann wählen Sie den Wert RTL (Abkürzung für »right to left«).

ID

Über das Attribut ID wird das Element mit einer für das Dokument eindeutigen Kennzeichnung versehen. Über diese ID lässt sich anschließend beispielsweise mit Hilfe einer Scriptsprache gezielt auf einzelne Elemente zugreifen, um z.B. deren Werte auszulesen oder zu verändern.

HREF

Das Attribut HREF gibt in diesem Fall einen Verweis auf das aufzurufende Ziel bzw. die Datei, welche bei einem Klick auf eine verweissensitive Fläche aktiviert wird.

HREFLANG

Dieses Attribut gibt die Sprache des Zieldokuments an. Das ist insbesondere für die Indizierung in Suchmaschinen wichtig. Verwenden Sie die Sprachcodes nach ISO-639, z.B. "de" für Deutsch oder "en" für Englisch oder "en-us" für amerikanisches Englisch.

LANG

Dieses Attribut gibt die Sprache des Zieldokuments an. Das ist insbesondere für die Indizierung in Suchmaschinen wichtig. Verwenden Sie die Sprachcodes nach ISO-639, z.B. "de" für Deutsch oder "en" für Englisch oder "en-us" für amerikanisches Englisch.

NOHREF

Wird dieses Attribut für eine Anklickregion angegeben, besteht kein Verweis zu anderen Dokumenten.

ONCLICK

Dieses Ereignis findet statt, wenn mit der Maus das benannte Element angeklickt wird. Durch diese Aktion wird ein angegebenes Script ausgeführt.

ONDBLCLICK

Dieses Ereignis findet statt, wenn mit der Maus das benannte Element doppelt angeklickt wird. Durch diese Aktion wird ein angegebenes Script ausgeführt.

ONKEYDOWN

Dieses Ereignis findet statt, wenn man sich über dem bezeichneten Element befindet und gleichzeitig eine Taste gedrückt wird. Durch diese Aktion wird ein angegebenes Script ausgeführt.

ONKEYPRESS

Dieses Ereignis findet statt, wenn man sich über dem bezeichneten Element befindet und gleichzeitig eine Taste drückt und wieder loslässt. Durch diese Aktion wird ein angegebenes Script ausgeführt.

ONKEYUP
> Dieses Ereignis findet statt, wenn man sich über dem bezeichneten Element befindet und eine gedrückte Taste losgelassen wird. Durch diese Aktion wird ein angegebenes Script ausgeführt.

ONMOUSEDOWN
> Dieses Ereignis findet statt, wenn man sich über dem bezeichneten Element befindet und gleichzeitig eine Maustaste gedrückt wird. Durch diese Aktion wird ein angegebenes Script ausgeführt.

ONMOUSEMOVE
> Dieses Ereignis findet statt, wenn man sich mit der Maus über das benannte Element bewegt. Durch diese Aktion wird ein angegebenes Script ausgeführt.

ONMOUSEOUT
> Dieses Ereignis findet statt, wenn man sich mit der Maus von dem benannten Element fortbewegt. Durch diese Aktion wird ein angegebenes Script ausgeführt.

ONMOUSEOVER
> Dieses Ereignis findet statt, wenn der Mauszeiger direkt auf das benannte Element zeigt. Durch diese Aktion wird ein angegebenes Script ausgeführt.

ONMOUSEUP
> Dieses Ereignis findet statt, wenn man sich über dem bezeichneten Element befindet und eine gedrückte Maustaste losgelassen wird. Durch diese Aktion wird ein angegebenes Script ausgeführt.

SHAPE
> Mit dem Attribut SHAPE kann die Form einer Anklickregion in einem AREA-Element kontrolliert werden. Folgende Angaben sind gültig:
>
> DEFAULT
> > gesamte Fläche
>
> RECT
> > Rechteck; x1=linke obere Ecke, Pixel von links, y1=linke obere Ecke, Pixel von oben, x2=rechte untere Ecke, Pixel von links, y2=rechte untere Ecke, Pixel von oben
>
> CIRCLE
> > Kreis; x=Mittelpunkt, Pixel von links, y=Mittelpunkt, Pixel von oben, r= Radius in Pixel
>
> POLY
> > Vieleck; x1-xn, x=Pixel einer Ecke von links, y1-yn, y= Pixel einer Ecke von oben
> > Die gewählte Form ist ausschlaggebend für die Interpretation der Koordinatenangaben, die unter COORDS vorgenommen werde.

STYLE
> Das Attribut STYLE lässt sich dazu nutzen, um Stilvorgaben, insbesondere das Aussehen des Elements, zu verändern. Als Wert des Attributs übergeben Sie die entsprechenden Optionen einer Stylesheet-Sprache (meist CSS).

TABINDEX

Dieses Attribut weist einem Element durch die Verwendung von positiven oder negativen Ganzzahlen eine Reihenfolgeposition zu. Elemente, die mit diesem Attribut versehen sind, können mit der Tabulatortaste nacheinander ausgewählt werden. Dies erleichtert insbesondere Personen, die keine Maus einsetzen können, die Bedienung.

TARGET

Das Attribut TARGET wird verwendet, um den Namen eines Fensters festzulegen, in dem ein Link geöffnet wird. Dieses Attribut wird genutzt, wenn mehrere Fenster offen sind oder mit einem Link ein neues Fenster geöffnet werden soll.

TITLE

Geben Sie dem Anwender weitere Informationen über das verwendete Element, indem Sie mit Hilfe des TITLE-Befehls einen aussagekräftigen Titel festlegen. Insbesondere Anwendern, die auf eine Sprachausgabe angewiesen sind, wird so die Navigation durch Ihre Seiten erleichtert.

Beispiel

```
<map name="Testbild">
<area shape=rect coords="1,1,249,49" href="#Anker">
<area shape=rect coords="1,51,149,299" href="datei.htm">
<area shape=rect coords="251,1,399,399" href="datei.htm">
<area shape=rect coords="151,51,249,299"
href="http://www.nix.de/">
<area shape=rect coords="1,301,249,399" nohref>
</map>
<img src="hypgraph.gif" usemap="#Testbild" border=0>
```

Ereignisse

ONBLUR, ONCLICK, ONDBLCLICK, ONFOCUS, ONKEYDOWN, ONKEYPRESS, ONKEYUP, ONMOUSEDOWN, ONMOUSEMOVE, ONMOUSEOUT, ONMOUSEOVER, ONMOUSEUP

Verwandte Befehle

MAP

ATTLIST

Attribute eines Elements definieren

Beschreibung

Elemente können durch Attribute weitere Optionen enthalten. So enthalten beispielsweise viele HTML-Tags Attribute, die die Ausrichtung des Elements bestimmen.

Anwendung

Eine allgemeine Attribut-Deklaration besteht aus dem Schlüsselwort `ATTLIST`, dem Elementnamen, dem das Attribut zugeordnet werden soll, dem Namen des Attributs und dem Wertetyp.

Beispiel

```
<!ATTLIST align (left|center|right) "left">

<!ATTLIST buch     titel CDATA #IMPLIED
                   autor CDATA #IMPLIED>

<?xml version="1.0"?>
<liste>
<buch              titel="Kaizen"
                   autor="Masaaki Imai">

</buch>
</liste>
```

attribut

Suchmuster um Attribute ergänzen

Beschreibung

Ergänzt das Suchmuster einer Konstruktionsregel um einen näheren Vergleich der Attribute eines Elements.

Anwendung

Es lässt sich nicht nur der Name des Elements selbst im Muster angeben, sondern auch ein im Element verwendetes Attribut.

Parameter

`name`
Bezeichnet den Namen des im Markup verwendeten Attributs.

`value`
Bezeichnet den Wert des eingesetzten Attributs.

`has-value`
Häufig wird es notwendig sein, zu überprüfen, ob überhaupt ein Wert für ein Attribut eingesetzt wurde. Statt `"value"` wird einfach das Schlüssewort `"has-value"` eingesetzt. Gültige Werte zur Überprüfung des Inhalts sind `"yes"` (= ein Wert ist vorhanden) und `"no"` (= kein Wert vorhanden).

Beispiel

```
<Attribut name="attribut" value="wert"/>
<Attribut name="attribut" has-value="no">
     <Attribut name="attribut" has-value="yes">

<target-element type="bezeichnung">
     <!-- kein Wert für "gruppe" vorhanden -->
<attribute name="gruppe" has-value="no">
</target-element>

<target-element type="bezeichnung">
     <!-- es existiert ein Wert für "gruppe" -->
<attribute name="gruppe" has-value="yes">
</target-element>
```

AXIS   <html attribut>

Tabellenachsen kategorisieren

Beschreibung

Mit diesem Attribut (AXIS = Achse) können Sie ein Element einer Gruppe von Tabellenelementen zuweisen, die über ähnliche Inhalte verfügen. Die Organisation dieser Tabellenelemente erfolgt nach Hierarchie.

Anwendung

Als Wert dieses Attributs können Sie eine nähere Bezeichnung der Beziehungen zwischen den einzelnen Zellen angeben. So erleichtern Sie die automatische Analyse einer Tabelle durch einen Computer oder die Sprachausgabe. Der Einsatz dieses Attributs ist optional.

Werte

Diesem Attribut können Sie als Wert eine beliebige Zeichenfolge übergeben. Dabei sollte diese Zeichenkette möglichst nicht mit Leerzeichen beginnen oder enden. Eventuell wird der verarbeitende Browser diese herausfiltern.

So lässt sich eine Tabellenachse einer Kategorie zuordnen.

Beispiel

```
<th id="a1" axis="Quartal">1</th>
<th id="a2" axis="Umsatz">Mai</th>
<th id="a3" axis="Gewinn">Nach Steuern</th>
```

Zugehörige Elemente

TD

TH

B

Darstellung von Text in Fettschrift

Beschreibung

Mit diesem Befehl werden Texte in Fettschrift angezeigt. Der Ausdruck »B« ist vom englischen Begriff »Bold« hergeleitet.

Anwendung

Der Befehl B (Abkürzung für »bold« / fett) findet vor allem Anwendung, wenn größere Mengen Text dargestellt werden und um den »fetten« Text von dem mit dem »I-Tag«-markierten kursiven Text zu unterscheiden.

HTML-4.0-Standard

CLASS, DIR, ID, LANG, STYLE, TITLE

Starttag: zwingend erforderlich; Endtag: zwingend erforderlich.

Attribute

CLASS

Über das Attribut CLASS lässt sich das Element einer Gruppe (Klasse) zuordnen. Geben Sie dazu einen frei wählbaren Klassennamen als Wert an. Diese Gruppierungen erlauben Ihnen anschließend einen leichten Zugriff auf alle zugehörigen Elemente. So können Sie später beispielsweise mit Hilfe von Cascading-Stylesheets oder anderen Sprachen leicht die Eigenschaften aller Elemente einer Klasse verändern oder Werte auslesen.

DIR

Dieses Attribut ist für die Bestimmung der Laufrichtung des Textes notwendig. Zwei Werte können alternativ übergeben werden:

LTR

Dieser Wert bestimmt die Laufrichtung des Textes von links nach rechts (Abkürzung für »left to right«). Diese Laufrichtung ist im Browser voreingestellt.

RTL

Soll der Text entgegen der Standardlaufrichtung vom rechten Bildschirmrand zum linken Rand laufen, dann wählen Sie den Wert RTL (Abkürzung für »right to left«).

ID

Über das Attribut ID wird das Element mit einer für das Dokument eindeutigen Kennzeichnung versehen. Über diese ID lässt sich anschließend beispielsweise mit Hilfe einer Scriptsprache gezielt auf einzelne Elemente zugreifen, um z.B. deren Werte auszulesen oder zu verändern.

LANG

Dieses Attribut gibt die Sprache des Zieldokuments an. Das ist insbesondere für die Indizierung in Suchmaschinen wichtig. Verwenden Sie die Sprachcodes nach ISO-639, z.B. "de" für Deutsch oder "en" für Englisch oder "en-us" für amerikanisches Englisch.

ONCLICK

Dieses Ereignis findet statt, wenn mit der Maus das benannte Element angeklickt wird. Durch diese Aktion wird ein angegebenes Script ausgeführt.

ONDBLCLICK

Dieses Ereignis findet statt, wenn mit der Maus das benannte Element doppelt angeklickt wird. Durch diese Aktion wird ein angegebenes Script ausgeführt.

ONKEYDOWN

Dieses Ereignis findet statt, wenn man sich über dem bezeichneten Element befindet und gleichzeitig eine Taste gedrückt wird. Durch diese Aktion wird ein angegebenes Script ausgeführt.

ONKEYPRESS

Dieses Ereignis findet statt, wenn man sich über dem bezeichneten Element befindet und gleichzeitig eine Taste drückt und wieder loslässt. Durch diese Aktion wird ein angegebenes Script ausgeführt.

ONKEYUP

Dieses Ereignis findet statt, wenn man sich über dem bezeichneten Element befindet und eine gedrückte Taste losgelassen wird. Durch diese Aktion wird ein angegebenes Script ausgeführt.

ONMOUSEDOWN

Dieses Ereignis findet statt, wenn man sich über dem bezeichneten Element befindet und gleichzeitig eine Maustaste gedrückt wird. Durch diese Aktion wird ein angegebenes Script ausgeführt.

ONMOUSEMOVE

Dieses Ereignis findet statt, wenn man sich mit der Maus über das benannte Element bewegt. Durch diese Aktion wird ein angegebenes Script ausgeführt.

ONMOUSEOUT

Dieses Ereignis findet statt, wenn man sich mit der Maus von dem benannten Element fortbewegt. Durch diese Aktion wird ein angegebenes Script ausgeführt.

ONMOUSEOVER

Dieses Ereignis findet statt, wenn der Mauszeiger direkt auf das benannte Element zeigt. Durch diese Aktion wird ein angegebenes Script ausgeführt.

ONMOUSEUP

Dieses Ereignis findet statt, wenn man sich über dem bezeichneten Element befindet und eine gedrückte Maustaste losgelassen wird. Durch diese Aktion wird ein angegebenes Script ausgeführt.

STYLE

Das Attribut STYLE wird zur Festlegung spezifischer Eigenschaften in Bezug auf die Darstellung so gekennzeichneter Elemente verwendet. Die Vorgabe eines verwendeten Stils wird durch die Cascading-Stylesheets definiert.

TITLE

Geben Sie dem Anwender weitere Informationen über das verwendete Element, indem Sie mit Hilfe des TITLE-Befehls einen aussagekräftigen Titel festlegen. Insbesondere Anwendern, die auf eine Sprachausgabe angewiesen sind, wird so die Navigation durch Ihre Seiten erleichtert.

Beispiel

```
<b>Diese Zeile wird in Fettschrift ausgegeben</b>
Natürlich lassen sich so auch
einzelne <b>Wörter</b> hervorheben
```

Ereignisse

ONBLUR, ONCLICK, ONDBLCLICK, ONFOCUS, ONKEYDOWN, ONKEYPRESS, ONKEYUP, ONMOUSEDOWN, ONMOUSEMOVE, ONMOUSEOUT, ONMOUSEOVER, ONMOUSEUP

Verwandte Befehle

BIG

I

LISTING

PLAINTEXT

PRE

S

SMALL

STRIKE

TT

U

XMP

BACKGROUND <html attribut>
Hintergrundgrafik angeben

Beschreibung
Dieses Attribut dient zur Einbindung eines grafischen Bildhintergrundes.

Anwendung

Wenn Sie auf diese Weise einen Hintergrund einbinden wollen, müssen Sie den URI der dazugehörigen Grafik angeben. Dieser Befehl wird ab der Version 4.0 von HTML missbilligt. Verwenden Sie statt dessen Stylesheets. Der Einsatz dieses Attributs ist optional.

Werte

Ein gültiger Wert für dieses Attribut ist ein sogenannter URI (*Uniform Resource Identifier*). Der Aufbau eines URI entspricht dem folgenden Schema:

```
[Protokoll]://[Domain]/[Verzeichnis]/[Datei]
```

Mögliche Angaben für das verwendete Protokoll sind die folgenden Werte:

ftp	File Transfer Protocol
http	Hypertext Transfer Protocol
gopher	Gopher Protocol
mailto	Electronic Mail Address
news	USENET News
nntp	USENET News (NNTP-Zugriff)
telnet	Reference to interactive sessions
wais	Wide Area Information Server
file	Host-specific file names
prospero	Prospero Directory Service

Beispiel
```
<body background="kachel.gif">
<body bgcolor="black" background="schwarz.gif">
```

Zugehörige Elemente
BODY

background-attachment

Hintergrund als Wasserzeichen

Beschreibung

Bei größeren Dokumenten bewegt sich der Hintergrund normalerweise mit dem Scrollen des Textes weiter. Durch den Wasserzeichen-Effekt wird dies vermieden und der Hintergrund bleibt unabhängig von der Bewegung des Inhalts.

Parameter

fixed
  Hintergrundbild bleibt als Wasserzeichen stehen.
scroll
  Hintergrundbild bewegt sich mit dem Text mit.

Beispiel

```
<style type="text/css">
body { background-attachment: fixed }
</style>

<div style="background-attachment: scroll">
</div>
```

background-color

Hintergrundfarbe festlegen

Beschreibung

Die Hintergrundfarbe eines Elements geben Sie über die background-color an.

Parameter

color
  Die Farbe kann entweder als Schlüsselwort übergeben werden (z.B. "red") oder als zusammengesetzter RGB-Wert (z.B. "rgb(0,0,255)").

Beispiel

```
<style type="text/css">
h1, h2 { background-color: yellow }
h3, h4 { background-color: #009098}
</style>

<div style="background-color: blue">
</div>
```

background-image

Definiert ein Hintergrundbild

Beschreibung

Mit diesem Befehl lässt sich für einzelne Elemente eine eigene Hintergrundgrafik definieren.

Parameter

url
> Gibt die Quelle einer GIF- oder JPEG-Grafik an.

Beispiel

```
<style type="text/css">
h1, h2 { background-image: back.gif }
h3, h4 { background-image: http://www.dom.de/img/back.jpg }
</style>

<div style="background-image: back.jpg">
</div>
```

background-position

Position der Hintergrundgrafik festlegen

Beschreibung

Mit diesem Befehl lässt sich die Position einer Hintergrundgrafik punktgenau festlegen.

Parameter

Als Parameter können Sie zwei Werte übergeben, die den Abstand zur linken oberen Ecke des Bildschirms darstellen. Alternativ lassen sich folgende Werte verwenden:

bottom
> Ausrichtung am unteren Bildschirmrand.

center
> Ausrichtung in der Mitte des Bildschirms (horizontal).

left
> Ausrichtung am linken Bildschirmrand.

middle
> Ausrichtung in der Mitte des Bildschirms (vertikal).

right
> Ausrichtung am rechten Bildschirmrand.

top
> Ausrichtung am oberen Bildschirmrand.

Beispiel

```
<style type="text/css">
h1, h2 { background-position: right }
h3, h4 { background-position: left }
</style>

<div style=" background-position: center">
</div>
```

background-repeat

Kacheleffekt des Hintergrundes verändern

Beschreibung

Normalerweise wird eine Hintergrundgrafik automatisch als Kachel über den ganzen Bildschirm verteilt. Mit Hilfe dieses Attributs lässt sich das verhindern bzw. diese Einstellung verändern.

Parameter

no-repeat
> Die Wiederholung wird deaktiviert und die Grafik als Einzelbild angezeigt.

repeat
> Die Grafik wird standardmäßig über den Bildschirm verteilt.

repeat-x
> Die Grafik wird nur in waagerechter Richtung wiederholt.

repeat-y
> Die Grafik wird nur in senkrechter Richtung wiederholt.

Beispiel

```
<style type="text/css">
h1, h2 { alignment: right }
h3, h4 { alignment: justify }
</style>

<div style="alignment: justify">
</div>
```

BASE

Angabe der absoluten URI

Beschreibung

Mit diesem Befehl wird ein absoluter URI oder URL angegeben, welcher als Referenz genutzt wird, wenn ein Browser mit einem relativen URI konfrontiert wird.

Anwendung

Der Befehl BASE ist erforderlich, um den sogenannten Basis-URI eines Dokuments festzulegen. Innerhalb dieses Dokuments können dann Verweise auf andere Dokumente festgelegt werden. Es ist zwingend vorgeschrieben, dass sich das BASE-Element im Dokument-Header an einer Stelle vor dem ersten Erscheinen eines relativen URI befinden muss.

HTML-4.0-Standard

HREF, TARGET

Starttag: zwingend erforderlich; Endtag: nicht zulässig.

Attribute

HREF

Mit dem Attribut HREF wird die Basisdatei festgelegt. Ausgehend von dieser Basisdatei ist es möglich, alle relativen Links innerhalb des Dokuments aufzulösen.

TARGET

Mit diesem Attribut wird der Name des Fensters festgelegt, in dem ein Link geöffnet werden soll. Um dieses Fenster ansprechen zu können, muss vorher ein Frame-Set mit entsprechenden Frame-Fenstern angelegt worden sein. Dem angesprochenen Frame-Fenster muss mit der Zusatzangabe NAME= bereits ein Name zugewiesen worden sein.

Beispiel

```
<head>
<base href="http://www.w3.org/index.htm">
... andere Angaben im Dateikopf ...
</head>

<head>
<base target="LinksesFenster">
... andere Angaben im Dateikopf ...
</head>
```

Die Verwendung einer absoluten Basisadresse erleichtert zwar Besuchern Ihrer Seite, die diese als Dokument auf ihrer Festplatte gespeichert haben, die spätere Zuordnung zu einer Internetadresse, sie erschwert aber wesentlich die Arbeit am Projekt, da der Browser beim lokalen Zugriff ständig versucht, auf die Internetadresse zuzugreifen. Setzen Sie eine BASE-Adresse unbedingt erst zum Abschluss des Projektes ein.

XML-Definition

```
<!ELEMENT BASE>
<!ATTLIST BASE
href        %URI;       #REQUIRED>
```

Verwandte Befehle

A

LINK

BASEFONT

Bestimmung der Standardschriftgröße

Beschreibung

Durch diesen Befehl wird im Header eines Dokuments eine Standardschriftart festgelegt. In der Version 4.0 von HTML wird dieser Befehl missbilligt.

Anwendung

Der Befehl BASEFONT legt die Standardschriftart fest. Im Gegensatz dazu wird der FONT-Befehl nur für einen bestimmten Bereich des Textes eingesetzt.

HTML-4.0-Standard

CLASS, COLOR, DIR, FACE, ID, LANG, SIZE, STYLE, TITLE

Der Einsatz dieses Befehls wird in der aktuellen HTML-Version nicht mehr empfohlen, er wurde durch andere Befehle ersetzt.

Starttag: zwingend erforderlich; Endtag: nicht zulässig.

Attribute

CLASS

Über das Attribut CLASS lässt sich das Element einer Gruppe (Klasse) zuordnen. Geben Sie dazu einen frei wählbaren Klassennamen als Wert an. Diese Gruppierungen erlauben Ihnen anschließend einen leichten Zugriff auf alle zugehörigen

Elemente. So können Sie später beispielsweise mit Hilfe von Cascading-Style-sheets oder anderen Sprachen leicht die Eigenschaften aller Elemente einer Klasse verändern oder Werte auslesen.

COLOR

Mit diesem Attribut wird die Farbe des darzustellenden Textes festgelegt. Neben den sechzehn definierten Farbschlüsselwörtern können bis zu 256 Farben dargestellt werden, die durch dafür festgelegte Hexadezimalzahlen eindeutig gekennzeichnet sind. Ab der Version 4.0 von HTML werden diese Einstellungen normalerweise mit den StyleSheets realisiert.

DIR

Dieses Attribut ist für die Bestimmung der Laufrichtung des Textes notwendig. Zwei Werte können alternativ übergeben werden:

LTR

Dieser Wert bestimmt die Laufrichtung des Textes von links nach rechts (Abkürzung für »left to right«). Diese Laufrichtung ist im Browser voreingestellt.

RTL

Soll der Text entgegen der Standardlaufrichtung vom rechten Bildschirmrand zum linken Rand laufen, dann wählen Sie den Wert RTL (Abkürzung für »right to left«).

FACE

Mit dem Attribut FACE wird die Schriftart festgelegt, in der eine Webseite dargestellt werden soll. Dabei sollte darauf geachtet werden, dass man mehrere Schriftarten, die durch Kommata getrennt sind, angibt. Es muss nämlich gewährleistet sein, dass sich zumindest eine der angegebenen Schriftarten auf dem Client befindet. Bei der Angabe mehrerer Schriftarten probiert der Browser nacheinander, ob die angegebenen Schriftarten vorhanden und damit darstellbar sind.

ID

Über das Attribut ID wird das Element mit einer für das Dokument eindeutigen Kennzeichnung versehen. Über diese ID lässt sich anschließend beispielsweise mit Hilfe einer Scriptsprache gezielt auf einzelne Elemente zugreifen, um z.B. deren Werte auszulesen oder zu verändern.

LANG

Dieses Attribut gibt die Sprache des Zieldokuments an. Das ist insbesondere für die Indizierung in Suchmaschinen wichtig. Verwenden Sie die Sprachcodes nach ISO-639, z.B. "de" für Deutsch oder "en" für Englisch oder "en-us" für amerikanisches Englisch.

SIZE

Das Attribut SIZE wird für die Festlegung der Schriftgröße genutzt. Für die Größenangabe stehen die Werte von 1 bis 7 zur Verfügung. Wenn diese Zahl nicht explizit bestimmt wird, werden Schriften standardmäßig in Schriftgröße 3 dargestellt.

STYLE

> Das Attribut STYLE lässt sich dazu nutzen, um Stilvorgaben, insbesondere das Aussehen des Elements, zu verändern. Als Wert des Attributs übergeben Sie die entsprechenden Optionen einer Stylesheet-Sprache (meist CSS).

TITLE

> Geben Sie dem Anwender weitere Informationen über das verwendete Element, indem Sie mit Hilfe des TITLE-Befehls einen aussagekräftigen Titel festlegen. Insbesondere Anwendern, die auf eine Sprachausgabe angewiesen sind, wird so die Navigation durch Ihre Seiten erleichtert.

Beispiel

```
<basefont color=blau>
Ich bin blau, nur <font color=#000000>hier nicht</font>
Jetzt wieder blau
Darstellung des Textes in Farbe

<basefont face="Arial">
Ich bin eine Schriftart und heiße Arial, nur
<font face="Courier">hier bin ich Courier</font>
Und jetzt wieder Arial
```

Verwandte Befehle

FONT

BDO

Bestimmung der Textlaufrichtung

Beschreibung

Normalerweise arbeiten Browser mit einem bidirektionalen Textfluss. Es sind jedoch Szenarien denkbar, bei denen nur eine Textlaufrichtung erwünscht ist (BDO = Abkürzung für »bidirectional over-ride«).

Anwendung

Der Befehl BDO legt die Textlaufrichtung eines Dokuments fest. Wenn beispielsweise Texte in arabischer Sprache dargestellt werden sollen, kann durch diesen Befehl der bidirektionale Algorithmus in eine eindirektionale Laufrichtung verändert werden.

HTML-4.0-Standard

ID, CLASS, DIR, LANG, STYLE, TITLE

Starttag: zwingend erforderlich; Endtag: zwingend erforderlich.

Attribute

CLASS

Über das Attribut CLASS lässt sich das Element einer Gruppe (Klasse) zuordnen. Geben Sie dazu einen frei wählbaren Klassennamen als Wert an. Diese Gruppierungen erlauben Ihnen anschließend einen leichten Zugriff auf alle zugehörigen Elemente. So können Sie später beispielsweise mit Hilfe von Cascading-Stylesheets oder anderen Sprachen leicht die Eigenschaften aller Elemente einer Klasse verändern oder Werte auslesen.

DIR

Dieses Attribut ist für die Bestimmung der Laufrichtung des Textes notwendig. Zwei Werte können alternativ übergeben werden:

LTR

Dieser Wert bestimmt die Laufrichtung des Textes von links nach rechts (Abkürzung für »left to right«). Diese Laufrichtung ist im Browser voreingestellt.

RTL

Soll der Text entgegen der Standardlaufrichtung vom rechten Bildschirmrand zum linken Rand laufen, dann wählen Sie den Wert RTL (Abkürzung für »right to left«).

ID

Über das Attribut ID wird das Element mit einer für das Dokument eindeutigen Kennzeichnung versehen. Über diese ID lässt sich anschließend beispielsweise mit Hilfe einer Scriptsprache gezielt auf einzelne Elemente zugreifen, um z.B. deren Werte auszulesen oder zu verändern.

LANG

Dieses Attribut gibt die Sprache des Zieldokuments an. Das ist insbesondere für die Indizierung in Suchmaschinen wichtig. Verwenden Sie die Sprachcodes nach ISO-639, z.B. "de" für Deutsch oder "en" für Englisch oder "en-us" für amerikanisches Englisch.

STYLE

Das Attribut STYLE wird zur Festlegung spezifischer Eigenschaften in Bezug auf die Darstellung so gekennzeichneter Elemente verwendet. Die Vorgabe eines verwendeten Stils wird durch die Cascading-Stylesheets definiert.

TITLE

Geben Sie dem Anwender weitere Informationen über das verwendete Element, indem Sie mit Hilfe des TITLE-Befehls einen aussagekräftigen Titel festlegen. Insbesondere Anwendern, die auf eine Sprachausgabe angewiesen sind, wird so die Navigation durch Ihre Seiten erleichtert.

Beispiel

```
<BDO DIR=RTL>sträwkcüR</BDO>
Ergibt in normaler Leserichtung "Rückwärts"
<BDO DIR=LTR>Ist die Standardeinstellung</BDO>
```

BGCOLOR   \<html attribut\>
Hintergrundfarbe angeben

Beschreibung
Mit diesem Attribut wird die Farbe des Hintergrunds festgelegt.

Anwendung
Neben den sechzehn definierten Farbschlüsselwörtern können bis zu 256 Farben dargestellt werden, die durch dafür festgelegte Hexadezimalzahlen eindeutig gekennzeichnet sind. Ab der Version 4.0 von HTML werden diese Einstellungen normalerweise mit Hilfe von StyleSheets vorgenommen. Der Einsatz dieses Attributs ist optional.

Werte
Übergeben Sie dem Attribut entweder einen Farbwert in RGB-Syntax oder einen gültigen Farbnamen. Für den RGB-Wert geben Sie die Farbanteile der Farben Rot, Gelb und Blau in hexadezimaler Schreibweise an: #RRGGBB (z. B. #008000 für Grün). Alternativ lassen sich vordefinierte Farbnamen verwenden (z. B. YELLOW). Unter dem Stichwort **Farbtabelle** finden Sie eine komplette Aufstellung aller Standardfarben. Hier zunächst die 16 am häufigsten verwendeten Grundfarben:

BLACK	= #000000	SILVER	= #C0C0C0
GRAY	= #808080	WHITE	= #FFFFFF
MAROON	= #800000	RED	= #FF0000
PURPLE	= #800080	FUCHSIA	= #FF00FF
GREEN	= #008000	LIME	= #00FF00
OLIVE	= #808000	YELLOW	= #FFFF00
NAVY	= #000080	BLUE	= #0000FF
TEAL	= #008080	AQUA	= #00FFFF

Beispiel
```
<body bgcolor="blue">
<body bgcolor="#FFFF00">
```

Zugehörige Elemente
BODY
TABLE
TD
TH
TR

BGSOUND

Einbinden von Hintergrundsound

Beschreibung

Dieser von Microsoft eingeführte Befehl bewirkt, dass beim Aufruf einer Webseite Hintergrund-musik abgespielt werden kann.

Anwendung

Der Befehl BGSOUND wird benötigt, wenn der Aufruf einer Webseite mit einem Hin-tergrundsound unterlegt werden soll. Die einzubindenden Dateien müssen im .WAV-, .AU- oder im .MID-Format vorliegen.

Dieser Befehl gehört nicht zur offiziellen HTML-Deklaration des W3C. Um einen Hintergrundsound auch mit anderen Browsern einzubinden, ist der Einsatz von EMBED oder besser OBJECT vorzuziehen. Der Befehl BGSOUND wird im Gegensatz zu EMBED oder OBJECT im Kopf des Dokuments platziert.

HTML-4.0-Standard

Der Befehl gehört nicht zum offiziellen HTML-Standard.

Attribute

LOOP

Dieses Attribut legt fest, wie häufig der hinterlegte Sound abgespielt werden soll. Für n können Sie eine natürliche Zahl einsetzen. Um den Sound in einer Endlosschleife ständig zu wiederholen, müssen Sie entweder n den Wert -1 zuweisen oder LOOP =INFINITE eingeben.

SRC

Mit diesem Attribut wird die Quelle (Source) anhand seines URI festgelegt.

Beispiel

```
<head>
<bgsound src="datei.mid" loop=-1>
</head>
<body>
```

Verwandte Befehle

EMBED
OBJECT

BIG

Darstellung von Text in größerer Schriftart

Beschreibung

Mit diesem Befehl lässt sich Standardfließtext größer darstellen. Es stehen drei Stufen zur Vergrößerung des Textes zur Verfügung.

Anwendung

Der Befehl BIG (»big« = groß) setzt Text, der größer erscheinen soll, in einen Container zwischen <big> und </big>. Diese Container können ineinander verschachtelt werden. Im Gegensatz zur konkreten Angabe einer Schriftgröße, beispielsweise über Stylesheets, vergrößert dieser Befehl das Aussehen des Textes relativ zur verwendeten Standardschriftgröße.

HTML-4.0-Standard

CLASS, DIR, ID, LANG, STYLE, TITLE

Starttag: zwingend erforderlich; Endtag: zwingend erforderlich.

Verschiedene physische Auszeichnungen im Browser.

Attribute

CLASS

> Über das Attribut CLASS lässt sich das Element einer Gruppe (Klasse) zuordnen. Geben Sie dazu einen frei wählbaren Klassennamen als Wert an. Diese Gruppierungen erlauben Ihnen anschließend einen leichten Zugriff auf alle zugehörigen

Elemente. So können Sie später beispielsweise mit Hilfe von Cascading-Stylesheets oder anderen Sprachen leicht die Eigenschaften aller Elemente einer Klasse verändern oder Werte auslesen.

DIR

Dieses Attribut ist für die Bestimmung der Laufrichtung des Textes notwendig.

LTR

Dieser Wert bestimmt die Laufrichtung des Textes von links nach rechts (Abkürzung für »left to right«). Diese Laufrichtung ist im Browser voreingestellt.

RTL

Soll der Text entgegen der Standardlaufrichtung vom rechten Bildschirmrand zum linken Rand laufen, dann wählen Sie den Wert RTL (Abkürzung für »right to left«).

ID

Über das Attribut ID wird das Element mit einer für das Dokument eindeutigen Kennzeichnung versehen. Über diese ID lässt sich anschließend beispielsweise mit Hilfe einer Scriptsprache gezielt auf einzelne Elemente zugreifen, um z.B. deren Werte auszulesen oder zu verändern.

LANG

Dieses Attribut gibt die Sprache des Zieldokuments an. Das ist insbesondere für die Indizierung in Suchmaschinen wichtig. Verwenden Sie die Sprachcodes nach ISO-639, z.B. "de" für Deutsch oder "en" für Englisch oder "en-us" für amerikanisches Englisch.

ONCLICK

Dieses Ereignis findet statt, wenn mit der Maus das benannte Element angeklickt wird. Durch diese Aktion wird ein angegebenes Script ausgeführt.

ONDBLCLICK

Dieses Ereignis findet statt, wenn mit der Maus das benannte Element doppelt angeklickt wird. Durch diese Aktion wird ein angegebenes Script ausgeführt.

ONKEYDOWN

Dieses Ereignis findet statt, wenn man sich über dem bezeichneten Element befindet und gleichzeitig eine Taste gedrückt wird. Durch diese Aktion wird ein angegebenes Script ausgeführt.

ONKEYPRESS

Dieses Ereignis findet statt, wenn man sich über dem bezeichneten Element befindet und gleichzeitig eine Taste drückt und wieder loslässt. Durch diese Aktion wird ein angegebenes Script ausgeführt.

ONKEYUP

Dieses Ereignis findet statt, wenn man sich über dem bezeichneten Element befindet und eine gedrückte Taste losgelassen wird. Durch diese Aktion wird ein angegebenes Script ausgeführt.

ONMOUSEDOWN

Dieses Ereignis findet statt, wenn man sich über dem bezeichneten Element befindet und gleichzeitig eine Maustaste gedrückt wird. Durch diese Aktion wird ein angegebenes Script ausgeführt.

ONMOUSEMOVE

Dieses Ereignis findet statt, wenn man sich mit der Maus über das benannte Element bewegt. Durch diese Aktion wird ein angegebenes Script ausgeführt.

ONMOUSEOUT

Dieses Ereignis findet statt, wenn man sich mit der Maus von dem benannten Element fortbewegt. Durch diese Aktion wird ein angegebenes Script ausgeführt.

ONMOUSEOVER

Dieses Ereignis findet statt, wenn der Mauszeiger direkt auf das benannte Element zeigt. Durch diese Aktion wird ein angegebenes Script ausgeführt.

ONMOUSEUP

Dieses Ereignis findet statt, wenn man sich über dem bezeichneten Element befindet und eine gedrückte Maustaste losgelassen wird. Durch diese Aktion wird ein angegebenes Script ausgeführt.

TITLE

Geben Sie dem Anwender weitere Informationen über das verwendete Element, indem Sie mit Hilfe des TITLE-Befehls einen aussagekräftigen Titel festlegen. Insbesondere Anwendern, die auf eine Sprachausgabe angewiesen sind, wird so die Navigation durch Ihre Seiten erleichtert.

Beispiel

```
Das war ein <BIG>großes</BIG>Versehen!
```

Ereignisse

ONBLUR, ONCLICK, ONDBLCLICK, ONFOCUS, ONKEYDOWN, ONKEYPRESS, ONKEYUP, ONMOUSEDOWN, ONMOUSEMOVE, ONMOUSEOUT, ONMOUSEOVER, ONMOUSEUP

Verwandte Befehle

B
I
LISTING
PLAINTEXT
PRE
S
SMALL
STRIKE
TT
U
XMP

BLINK

Darstellung von blinkendem Text

Beschreibung

Mit diesem Befehl lässt sich Standardfließtext blinkend darstellen.

Anwendung

Der Befehl BLINK lässt Text oder Teile eines Textes in regelmäßigen Zeitabständen blinkend erscheinen. Diese Form der Darstellung findet vor allem dann Anwendung, wenn auf bestimmte Abschnitte eines Webdokuments besonders aufmerksam gemacht werden soll.

Dieser Befehl ist in der offiziellen HTML-Definition nicht vorgesehen und wurde von Netscape eingeführt. Auf den Einsatz dieses Befehls sollte daher möglichst verzichtet werden.

HTML-4.0-Standard

Der Befehl gehört nicht zum offiziellen HTML-Standard.

Beispiel

```
Jetzt folgt <BLINK>blinkender Text</BLINK>
```

Verwandte Befehle

B
I
S
SMALL
STRIKE
SUP
TT
U

BLOCKQUOTE

Absatzweises Kennzeichnen von Zitaten

Beschreibung

Mit diesem Befehl werden Zitate absatzweise gekennzeichnet. Wenn das angeführte Zitat im Original im World Wide Web zu erreichen ist, macht es Sinn, das angeführte Zitat mit einem Hyperlink zu versehen.

Anwendung

Der Befehl BLOCKQUOTE wird zur Kennzeichnung von Begriffen aus anderen Medien verwendet. Diese Zitate werden eingerückt und manchmal auch kursiv dargestellt. Für kürzere Zitate sollten Sie den CITE-Befehl nutzen.

HTML-4.0-Standard

CITE, CLASS, DIR, ID, LANG, STYLE, TITLE

Starttag: zwingend erforderlich; Endtag: zwingend erforderlich.

Attribute

CLASS

Über das Attribut CLASS lässt sich das Element einer Gruppe (Klasse) zuordnen. Geben Sie dazu einen frei wählbaren Klassennamen als Wert an. Diese Gruppierungen erlauben Ihnen anschließend einen leichten Zugriff auf alle zugehörigen Elemente. So können Sie später beispielsweise mit Hilfe von Cascading-Stylesheets oder anderen Sprachen leicht die Eigenschaften aller Elemente einer Klasse verändern oder Werte auslesen.

CITE

Mit diesem Attribut ist es möglich, ein Quelldokument für das verwendete Zitat anzugeben.

DIR

Dieses Attribut ist für die Bestimmung der Laufrichtung des Textes notwendig. Zwei Werte können alternativ übergeben werden:

LTR

Dieser Wert bestimmt die Laufrichtung des Textes von links nach rechts (Abkürzung für »left to right«). Diese Laufrichtung ist im Browser voreingestellt.

RTL

Soll der Text entgegen der Standardlaufrichtung vom rechten Bildschirmrand zum linken Rand laufen, dann wählen Sie den Wert RTL (Abkürzung für »right to left«).

ID

Über das Attribut ID wird das Element mit einer für das Dokument eindeutigen Kennzeichnung versehen. Über diese ID lässt sich anschließend beispielsweise mit Hilfe einer Scriptsprache gezielt auf einzelne Elemente zugreifen, um z.B. deren Werte auszulesen oder zu verändern.

LANG

Dieses Attribut gibt die Sprache des Zieldokuments an. Das ist insbesondere für die Indizierung in Suchmaschinen wichtig. Verwenden Sie die Sprachcodes nach ISO-639, z.B. "de" für Deutsch oder "en" für Englisch oder "en-us" für amerikanisches Englisch.

ONCLICK

Dieses Ereignis findet statt, wenn mit der Maus das benannte Element angeklickt wird. Durch diese Aktion wird ein angegebenes Script ausgeführt.

ONDBLCLICK

Dieses Ereignis findet statt, wenn mit der Maus das benannte Element doppelt angeklickt wird. Durch diese Aktion wird ein angegebenes Script ausgeführt.

ONKEYDOWN

Dieses Ereignis findet statt, wenn man sich über dem bezeichneten Element befindet und gleichzeitig eine Taste gedrückt wird. Durch diese Aktion wird ein angegebenes Script ausgeführt.

ONKEYPRESS

Dieses Ereignis findet statt, wenn man sich über dem bezeichneten Element befindet und gleichzeitig eine Taste drückt und wieder loslässt. Durch diese Aktion wird ein angegebenes Script ausgeführt.

ONKEYUP

Dieses Ereignis findet statt, wenn man sich über dem bezeichneten Element befindet und eine gedrückte Taste losgelassen wird. Durch diese Aktion wird ein angegebenes Script ausgeführt.

ONMOUSEDOWN

Dieses Ereignis findet statt, wenn man sich über dem bezeichneten Element befindet und gleichzeitig eine Maustaste gedrückt wird. Durch diese Aktion wird ein angegebenes Script ausgeführt.

ONMOUSEMOVE

Dieses Ereignis findet statt, wenn man sich mit der Maus über das benannte Element bewegt. Durch diese Aktion wird ein angegebenes Script ausgeführt.

ONMOUSEOUT

Dieses Ereignis findet statt, wenn man sich mit der Maus von dem benannten Element fortbewegt. Durch diese Aktion wird ein angegebenes Script ausgeführt.

ONMOUSEOVER

Dieses Ereignis findet statt, wenn der Mauszeiger direkt auf das benannte Element zeigt. Durch diese Aktion wird ein angegebenes Script ausgeführt.

ONMOUSEUP

Dieses Ereignis findet statt, wenn man sich über dem bezeichneten Element befindet und eine gedrückte Maustaste losgelassen wird. Durch diese Aktion wird ein angegebenes Script ausgeführt.

STYLE

Das Attribut STYLE wird zur Festlegung spezifischer Eigenschaften in Bezug auf die Darstellung so gekennzeichneter Elemente verwendet. Die Vorgabe eines verwendeten Stils wird durch die Cascading-Stylesheets definiert.

TITLE

Geben Sie dem Anwender weitere Informationen über das verwendete Element, indem Sie mit Hilfe des TITLE-Befehls einen aussagekräftigen Titel festlegen. Insbesondere Anwendern, die auf eine Sprachausgabe angewiesen sind, wird so die Navigation durch Ihre Seiten erleichtert.

Beispiel

```
<blockquote>
Dieses ist ein komplett zitierter Text!
</blockquote>
```

Ereignisse

ONCLICK, ONDBLCLICK, ONKEYDOWN, ONKEYPRESS, ONKEYUP, ONMOUSEDOWN, ONMOUSEMOVE, ONMOUSEOUT, ONMOUSEOVER, ONMOUSEUP

XML-Definition

```
<!ELEMENT BLOCKQUOTE - - (%block;|SCRIPT)+
<!ATTLIST BLOCKQUOTE
%attrs;
cite        %URI;        #IMPLIED>
```

Verwandte Befehle

ACRONYM

CODE

DFN

EM

KBD

SAMP

STRONG

Q

VAR

BODY

Inhaltskörper eines SMIL-Dokuments festlegen

Beschreibung

Der Befehl BODY definiert den Inhalt des SMIL-Dokuments.

Anwendung

Innerhalb der umschließenden BODY-Markups befindet sich der eigentliche Inhalt des Dokuments.

Beispiel

```
<smil>
<body>
</body>
</smil>
```

BODY

Markieren des Hauptteils eines HTML-Dokuments

Beschreibung

Mit diesem elementaren Befehl werden alle sichtbaren Bestandteile einer Webseite dargestellt. Er dient zur Definition des »Textkörpers« eines Dokuments. Zusätzlich kann ein gültiges HTML-Dokument noch einen mit HEAD deklarierten Dateikopf enthalten.

Anwendung

Der Befehl BODY (»body« / Körper) wird für jeden Bereich eines HTML-Dokuments außer dem Dokumentenkopf benötigt. Der Bereich zwischen öffnendem und schließendem Befehl wird als Container bezeichnet.

HTML-4.0-Standard

ALINK, BACKGROUND, CLASS, DIR, ID, LANG, LINK, STYLE, TEXT, TITLE, VLINK

Starttag: optional; Endtag: optional.

Attribute

ALINK

Mit diesem Attribut wird die Farbe der Verweise bestimmt, die durch einen Benutzer aktiviert werden. Dabei gilt, dass neben den sechzehn definierten Farbschlüsselwörtern bis zu 256 Farben mit den dafür festgelegten Hexadezimalzahlen dargestellt werden können. Dieser Befehl wird ab der Version 4.0 von HTML missbilligt.

BACKGROUND

Dieses Attribut dient zur Einbindung eines Bildhintergrundes. Wenn Sie auf diese Weise einen Hintergrund einbinden wollen, müssen Sie den URI der dazugehörigen Grafik angeben. Dieser Befehl wird ab der Version 4.0 von HTML missbilligt. Verwenden Sie statt dessen StyleSheets.

BGCOLOR

Dieses Attribut wird genutzt, wenn statt einer Grafik im Bildhintergrund lediglich eine Hintergrundfarbe definiert werden soll. Auch hier gilt, dass neben den sechzehn definierten Farbschlüsselwörtern bis zu 256 Farben mit den dafür festgelegten Hexadezimalzahlen dargestellt werden können. Dieser Befehl wird ab der Version 4.0 von HTML missbilligt.

CLASS

Über das Attribut CLASS lässt sich das Element einer Gruppe (Klasse) zuordnen. Geben Sie dazu einen frei wählbaren Klassennamen als Wert an. Diese Gruppierungen erlauben Ihnen anschließend einen leichten Zugriff auf alle zugehörigen Elemente. So können Sie später beispielsweise mit Hilfe von Cascading-Stylesheets oder anderen Sprachen leicht die Eigenschaften aller Elemente einer Klasse verändern oder Werte auslesen.

DIR

Dieses Attribut ist für die Bestimmung der Laufrichtung des Textes notwendig. Zwei Werte können alternativ übergeben werden:

LTR

Dieser Wert bestimmt die Laufrichtung des Textes von links nach rechts (Abkürzung für »left to right«). Diese Laufrichtung ist im Browser voreingestellt.

RTL

Soll der Text entgegen der Standardlaufrichtung vom rechten Bildschirmrand zum linken Rand laufen, dann wählen Sie den Wert RTL (Abkürzung für »right to left«).

ID

Über das Attribut ID wird das Element mit einer für das Dokument eindeutigen Kennzeichnung versehen. Über diese ID lässt sich anschließend beispielsweise mit Hilfe einer Scriptsprache gezielt auf einzelne Elemente zugreifen, um z.B. deren Werte auszulesen oder zu verändern.

LANG

Dieses Attribut gibt die Sprache des Zieldokuments an. Das ist insbesondere für die Indizierung in Suchmaschinen wichtig. Verwenden Sie die Sprachcodes nach ISO-639, z.B. "de" für Deutsch oder "en" für Englisch oder "en-us" für amerikanisches Englisch.

LEFTMARGIN

Bei diesem Attribut handelt es sich um ein von der Firma Microsoft eingeführtes Element. Es dient zur Festlegung des linken Randes für den vollständigen BODY. Voreingestellte Werte zur Festlegung eines linken Randes werden mit diesem Befehl übergangen. Sollten Sie diesem Attribut den Wert 0 geben, bedeutet das, dass sich der Rand genau auf der linken Ecke befindet.

LINK

Mit diesem Attribut wird die Farbe der Verweise in einem HTML-Dokument bestimmt. Dieser Befehl wird ab der Version 4.0 von HTML missbilligt.

ONCLICK

Dieses Ereignis findet statt, wenn mit der Maus das benannte Element angeklickt wird. Durch diese Aktion wird ein angegebenes Script ausgeführt.

ONDBLCLICK

Dieses Ereignis findet statt, wenn mit der Maus das benannte Element doppelt angeklickt wird. Durch diese Aktion wird ein angegebenes Script ausgeführt.

ONKEYDOWN

Dieses Ereignis findet statt, wenn man sich über dem bezeichneten Element befindet und gleichzeitig eine Taste gedrückt wird. Durch diese Aktion wird ein angegebenes Script ausgeführt.

ONKEYPRESS

Dieses Ereignis findet statt, wenn man sich über dem bezeichneten Element befindet und gleichzeitig eine Taste drückt und wieder loslässt. Durch diese Aktion wird ein angegebenes Script ausgeführt.

ONKEYUP

Dieses Ereignis findet statt, wenn man sich über dem bezeichneten Element befindet und eine gedrückte Taste losgelassen wird. Durch diese Aktion wird ein angegebenes Script ausgeführt.

ONMOUSEDOWN

Dieses Ereignis findet statt, wenn man sich über dem bezeichneten Element befindet und gleichzeitig eine Maustaste gedrückt wird. Durch diese Aktion wird ein angegebenes Script ausgeführt.

ONMOUSEMOVE

Dieses Ereignis findet statt, wenn man sich mit der Maus über das benannte Element bewegt. Durch diese Aktion wird ein angegebenes Script ausgeführt.

ONMOUSEOUT

Dieses Ereignis findet statt, wenn man sich mit der Maus von dem benannten Element fortbewegt. Durch diese Aktion wird ein angegebenes Script ausgeführt.

ONMOUSEOVER

Dieses Ereignis findet statt, wenn der Mauszeiger direkt auf das benannte Element zeigt. Durch diese Aktion wird ein angegebenes Script ausgeführt.

ONMOUSEUP

Dieses Ereignis findet statt, wenn man sich über dem bezeichneten Element befindet und eine gedrückte Maustaste losgelassen wird. Durch diese Aktion wird ein angegebenes Script ausgeführt.

ONLOAD

Dieses Ereignis findet dann statt, wenn ein Browser ein HTML-Dokument komplett geladen hat. Bezogen auf ein FRAMESET-Dokument bedeutet das, dass ein Script dann ausgeführt wird, wenn alle dazugehörigen Frames geladen worden sind.

ONUNLOAD

Dieses Ereignis findet dann statt, wenn ein Browser ein HTML-Dokument komplett gelöscht hat. Bezogen auf ein FRAMESET-Dokument bedeutet das, dass ein Script dann ausgeführt wird, wenn alle dazugehörigen Frames gelöscht worden sind.

STYLE

Das Attribut STYLE lässt sich dazu nutzen, um Stilvorgaben, insbesondere das Aussehen des Elements, zu verändern. Als Wert des Attributs übergeben Sie die entsprechenden Optionen einer Stylesheet-Sprache (meist CSS).

TEXT

Dieses Attribut dient der Festlegung der Textfarbe in einem HTML-Dokument. Dieser Befehl wird ab der Version 4.0 von HTML missbilligt.

TOPMARGIN

Bei diesem Attribut handelt es sich um ein von der Firma Microsoft eingeführtes Element. Es dient zur Festlegung des oberen Randes für den vollständigen BODY. Voreingestellte Werte zur Festlegung eines oberen Randes werden mit diesem Befehl übergangen. Sollten Sie diesem Attribut den Wert 0 geben, bedeutet das, dass sich der Rand genau auf der oberen Kante befindet.

VLINK

Mit diesem Attribut wird die Farbe der Verweise bestimmt, die durch einen Benutzer bereits aktiviert wurden. Dabei gilt, dass neben den sechzehn definierten Farbschlüsselwörtern bis zu 256 Farben mit den dafür festgelegten Hexadezimalzahlen dargestellt werden können. Dieser Befehl wird ab der Version 4.0 von HTML missbilligt.

TITLE

Geben Sie dem Anwender weitere Informationen über das verwendete Element, indem Sie mit Hilfe des TITLE-Befehls einen aussagekräftigen Titel festlegen. Insbesondere Anwendern, die auf eine Sprachausgabe angewiesen sind, wird so die Navigation durch Ihre Seiten erleichtert.

Beispiel

```
<html>
<head>
<title>Titeltext</title>
</head>
<body background="back.gif">
Text, Verweise, Grafiken usw.
</body>
</html>
```

Ereignisse

ONCLICK, ONDBLCLICK, ONKEYDOWN, ONKEYPRESS, ONKEYUP, ONMOUSEDOWN, ONMOUSEMOVE, ONMOUSEOUT, ONMOUSEOVER, ONMOUSEUP

XML-Definition

```
<!ELEMENT BODY O O (%block;|SCRIPT)+ +(INS|DEL)>
<!ATTLIST BODY
%attrs;
onload        %Script;          #IMPLIED
onunload      %Script;          #IMPLIED>
```

Verwandte Befehle

HEAD

BORDER   <html attribut>

Rahmenbreite angeben

Beschreibung

Mit Hilfe des Attributs BORDER lässt sich die Breite des Rahmens festlegen, der das Objekt umgibt.

Anwendung

Übergeben Sie dem Attribut die Rahmenbreite. Möchten Sie bei einer als Hyperlink definierten Grafik verhindern, dass ein Rahmen angezeigt wird, dann setzen Sie den Wert »0« als Rahmenstärke ein. Der Einsatz dieses Attributs ist optional.

Werte

Der Wert dieses Attributs gibt eine Größe in Pixeln oder Prozent an. Gültige Werte für Pixel sind positive ganze Zahlen (Integer-Werte). Die Eingabe von ="100" entspricht zum Beispiel einer Größe von 100 Pixeln. Eine Prozentangabe entspricht dem prozentualen Anteil der im Browser verfügbaren horizontalen oder vertikalen Fensterbreite. Eine Eingabe von ="30%" entspricht einer Breite von 30 Prozent.

Beispiel

```
<table border>
<table border="3">
<table border="5%">
<a href="link.htm">
<img border="0">
</a>
```

Zugehörige Elemente
IMG
OBJECT
TABLE

border-color

Rahmenfarbe festlegen

Beschreibung
Mit diesem Befehl lässt sich die Farbe eines Rahmens verändern.

Parameter
Geben Sie die gewünschte Farbe der Linie als Hexadezimalwert oder als Bezeichnung an.

Beispiel
```
<style type="text/css">
h1, h2 { border-color: red }
h3, h4 { border-color: #000000 }
</style>

<div style="border-color: blue">
</div>
```

border-style

Rahmentyp festlegen

Beschreibung
Legen Sie das Erscheinungsbild des Rahmens fest.

Parameter

dashed	gestrichelte Rahmenlinie
dotted	gepunktete Rahmenlinie
double	doppelte Rahmenlinie
groove	Rahmenlinie mit 3D-Effekt
inset	Rahmenlinie mit 3D-Effekt
none	keine Rahmenlinie anzeigen

outset	Rahmenlinie mit 3D-Effekt
ridge	Rahmenlinie mit 3D-Effekt
solid	durchgehende Rahmenlinie

Beispiel

```
<style type="text/css">
h1, h2 { border-style: dotted }
h3, h4 { border-style: solid }
</style>

<div style="border-style: none">
</div>
```

BR

Erzwingen von Zeilenumbrüchen

Beschreibung

Mit diesem Befehl können manuelle Zeilenumbrüche erzwungen werden.

Anwendung

Der Befehl BR (Abkürzung für »Break« / Umbruch) wird dann eingesetzt, wenn Zeilen manuell umgebrochen werden sollen. In der Regel sorgt die Browser-Software für den Umbruch der Zeilen. Diesem Befehl folgt kein Schlußtag.

HTML-4.0-Standard

ID, CLASS, STYLE, TITLE

Starttag: zwingend erforderlich; Endtag: nicht zulässig.

Attribute

CLASS

Über das Attribut CLASS lässt sich das Element einer Gruppe (Klasse) zuordnen. Geben Sie dazu einen frei wählbaren Klassennamen als Wert an. Diese Gruppierungen erlauben Ihnen anschließend einen leichten Zugriff auf alle zugehörigen Elemente. So können Sie später beispielsweise mit Hilfe von Cascading-Stylesheets oder anderen Sprachen leicht die Eigenschaften aller Elemente einer Klasse verändern oder Werte auslesen.

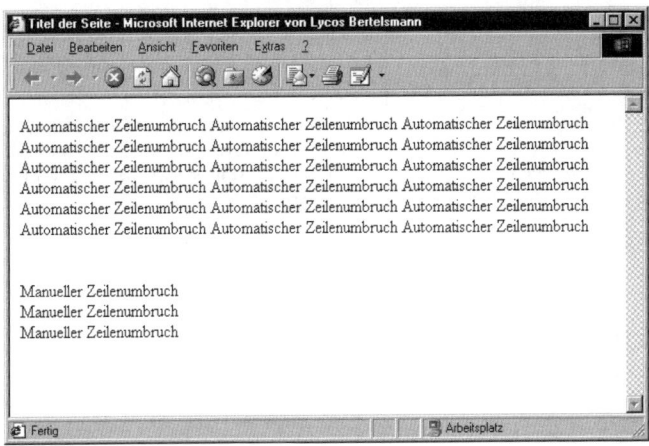

Mit Hilfe des Elements BR lässt sich ein manueller Zeilenumbruch realisieren.

CLEAR

Mit diesem Attribut wird ein Browser veranlasst, einen Zeilenumbruch erst dann durchzuführen, wenn sich in der festgelegten Richtung kein HTML-Objekt befindet, welches ausgerichtet ist. Auf diese Weise ist es möglich, Bilder komplett in einen Text einzubinden. Vier mögliche Werte können diesem Attribut übergeben werden:

LEFT

Bei CLEAR=LEFT ist es notwendig, dass sich der nächste Leerraum am linken Fensterrand befindet.

RIGHT

Bei CLEAR=RIGHT ist es notwendig, dass sich der nächste Leerraum am rechten Fensterrand befindet.

ALL

Es wird ein Zeilenumbruch an der nächsten Stelle durchgeführt, an der ein Leerraum entweder zum linken oder zum rechten Fensterrand besteht.

NONE

Standardwert; ein Zeilenumbruch findet unmittelbar nach Eingabe des BR-Befehls statt.

ID

Über das Attribut ID wird das Element mit einer für das Dokument eindeutigen Kennzeichnung versehen. Über diese ID lässt sich anschließend beispielsweise mit Hilfe einer Scriptsprache gezielt auf einzelne Elemente zugreifen, um z. B. deren Werte auszulesen oder zu verändern.

STYLE

Das Attribut STYLE lässt sich dazu nutzen, um Stilvorgaben, insbesondere das Aussehen des Elements, zu verändern. Als Wert des Attributs übergeben Sie die entsprechenden Optionen einer Stylesheet-Sprache (meist CSS).

TITLE

Geben Sie dem Anwender weitere Informationen über das verwendete Element, indem Sie mit Hilfe des TITLE-Befehls einen aussagekräftigen Titel festlegen. Insbesondere Anwendern, die auf eine Sprachausgabe angewiesen sind, wird so die Navigation durch Ihre Seiten erleichtert.

Beispiel

```
Die Zeile ist hier zu Ende.<br>
Die neue Zeile beginnt hier.
```

XML-Definition

```
<!ELEMENT BR>
<!ATTLIST BR %coreattrs;>
```

BUTTON

Erzeugen von benutzerdefinierten Schaltflächen

Beschreibung

Mit diesem Befehl ist es möglich, benutzerdefinierte Schaltflächen (»Push-Buttons«) in einem HTML-Dokument einzurichten.

Anwendung

Der Befehl BUTTON (»Button« / Schaltfläche) wird dann eingesetzt, wenn Ereignisse auf Knopfdruck oder besser per Mausklick stattfinden sollen. Der Befehl ermöglicht, Eingabefelder von einer großen Bandbreite zu erzeugen.

HTML-4.0-Standard

ACCESSKEY, CLASS, DIR, DISABLED, ID, LANG, NAME, STYLE, TABINDEX, TITLE, TYPE, VALUE

Starttag: zwingend erforderlich; Endtag: zwingend erforderlich.

Attribute

ACCESSKEY

Das Attribut ACCESSKEY ermöglicht den Zugriff auf ein Element über die Tastatur. Durch die Definition eines Tastaturkürzels, wird beim Drücken der entsprechenden Taste ein mit dem Kürzel verbundenes Dokument geladen. So führt z.B. die Angabe ACCESSKEY="A" dazu, dass nach dem Drücken der Taste »A« durch den Anwender das Element aktiviert wird.

CLASS

Über das Attribut CLASS lässt sich das Element einer Gruppe (Klasse) zuordnen. Geben Sie dazu einen frei wählbaren Klassennamen als Wert an. Diese Gruppierungen erlauben Ihnen anschließend einen leichten Zugriff auf alle zugehörigen Elemente. So können Sie später beispielsweise mit Hilfe von Cascading-Stylesheets oder anderen Sprachen leicht die Eigenschaften aller Elemente einer Klasse verändern oder Werte auslesen.

DIR

Dieses Attribut ist für die Bestimmung der Laufrichtung des Textes notwendig. Zwei Werte können alternativ übergeben werden:

LTR

Dieser Wert bestimmt die Laufrichtung des Textes von links nach rechts (Abkürzung für »left to right«). Diese Laufrichtung ist im Browser voreingestellt.

RTL

Soll der Text entgegen der Standardlaufrichtung vom rechten Bildschirmrand zum linken Rand laufen, dann wählen Sie den Wert RTL (Abkürzung für »right to left«).

DISABLED

Mit diesem Attribut ist es möglich, dazugehörige Schaltflächen zu deaktivieren.

ID

Über das Attribut ID wird das Element mit einer für das Dokument eindeutigen Kennzeichnung versehen. Über diese ID lässt sich anschließend beispielsweise mit Hilfe von Scriptsprache gezielt auf einzelne Elemente zugreifen, um z.B. deren Werte auszulesen oder zu verändern.

LANG

Dieses Attribut gibt die Sprache des Zieldokuments an. Das ist insbesondere für die Indizierung in Suchmaschinen wichtig. Verwenden Sie die Sprachcodes nach ISO-639, z.B. "de" für Deutsch oder "en" für Englisch oder "en-us" für amerikanisches Englisch.

NAME

Über das Attribut NAME lässt sich dem Element eine Bezeichnung zuweisen. Sie sollten nur eindeutige, das heißt im Dokument nur einmal vorkommende Namen verwenden. Dieser Befehl ist vergleichbar mit dem Attribut ID.

ONCLICK

Dieses Ereignis findet statt, wenn mit der Maus das benannte Element angeklickt wird. Durch diese Aktion wird ein angegebenes Script ausgeführt.

ONDBLCLICK

Dieses Ereignis findet statt, wenn mit der Maus das benannte Element doppelt angeklickt wird. Durch diese Aktion wird ein angegebenes Script ausgeführt.

ONKEYDOWN

Dieses Ereignis findet statt, wenn man sich über dem bezeichneten Element befindet und gleichzeitig eine Taste gedrückt wird. Durch diese Aktion wird ein angegebenes Script ausgeführt.

ONKEYPRESS

Dieses Ereignis findet statt, wenn man sich über dem bezeichneten Element befindet und gleichzeitig eine Taste drückt und wieder loslässt. Durch diese Aktion wird ein angegebenes Script ausgeführt.

ONKEYUP

Dieses Ereignis findet statt, wenn man sich über dem bezeichneten Element befindet und eine gedrückte Taste losgelassen wird. Durch diese Aktion wird ein angegebenes Script ausgeführt.

ONMOUSEDOWN

Dieses Ereignis findet statt, wenn man sich über dem bezeichneten Element befindet und gleichzeitig eine Maustaste gedrückt wird. Durch diese Aktion wird ein angegebenes Script ausgeführt.

ONMOUSEMOVE

Dieses Ereignis findet statt, wenn man sich mit der Maus über das benannte Element bewegt. Durch diese Aktion wird ein angegebenes Script ausgeführt.

ONMOUSEOUT

Dieses Ereignis findet statt, wenn man sich mit der Maus von dem benannten Element fortbewegt. Durch diese Aktion wird ein angegebenes Script ausgeführt.

ONMOUSEOVER

Dieses Ereignis findet statt, wenn der Mauszeiger direkt auf das benannte Element zeigt. Durch diese Aktion wird ein angegebenes Script ausgeführt.

ONMOUSEUP

Dieses Ereignis findet statt, wenn man sich über dem bezeichneten Element befindet und eine gedrückte Maustaste losgelassen wird. Durch diese Aktion wird ein angegebenes Script ausgeführt.

STYLE

Das Attribut STYLE lässt sich dazu nutzen, um Stilvorgaben, insbesondere das Aussehen des Elements, zu verändern. Als Wert des Attributs übergeben Sie die entsprechenden Optionen einer Stylesheet-Sprache (meist CSS).

TABINDEX

Dieses Attribut weist einem Element durch die Verwendung von positiven oder negativen Ganzzahlen eine Reihenfolgeposition zu. Elemente, die mit diesem Attribut versehen sind, können mit der Tabulatortaste nacheinander ausgewählt werden. Dies erleichtert insbesondere Personen, die keine Maus einsetzen können, die Bedienung.

TITLE

Geben Sie dem Anwender weitere Informationen über das verwendete Element, indem Sie mit Hilfe des TITLE-Befehls einen aussagekräftigen Titel festlegen. Insbesondere Anwendern, die auf eine Sprachausgabe angewiesen sind, wird so die Navigation durch Ihre Seiten erleichtert.

TYPE

Mit diesem Attribut ist es möglich, die Art bzw. den Zweck der Schaltfläche festzulegen.

SUBMIT

Mit TYPE=SUBMIT ist es möglich, ein Eingabefeld zu erzeugen. Mit Hilfe dieses Eingabefeldes wird ein Benutzer in die Lage versetzt, ein Formular absenden zu können. Innerhalb eines Formulars sind mehrere Absende-Buttons zulässig. Sie sollten jedoch darauf achten, dass Sie bei dieser Vorgehensweise jedem Button mit dem NAME-Attribut eine Bezeichnung zuweisen.

RESET

Mit TYPE=RESET ist es möglich, ein Eingabefeld zu erzeugen, in dem vorgenommene Eingaben gelöscht werden. Die Default-Werte zu den Voreinstellungen werden auf die Ausgangswerte zurückgesetzt.

BUTTON

Mit TYPE=BUTTON wird eine Schaltfläche erzeugt, deren Anklicken bewirkt, dass beispielsweise ein Script gestartet wird. Diese Option ermöglicht Interaktion mit dem Besucher auch ohne Auswertung der Daten über den Server.

VALUE

Dieses Attribut weist einem Button einen Wert zu. Dieser Wert wird dem Server übergeben, wenn die Schaltfläche angeklickt wird.

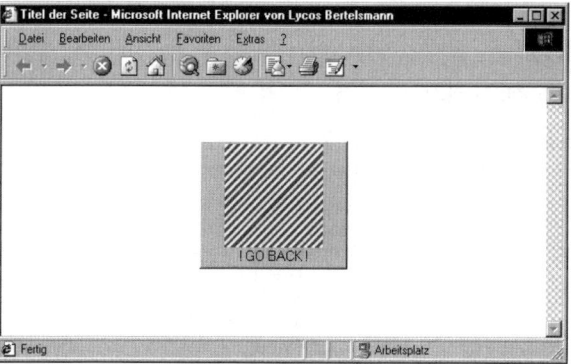

Schaltfläche mit grafischer Einbindung.

Beispiel

```
<button name="ich bin ein Button. Klick mich an."
type="button" value="go back" onClick="history.back()">

<img src="klick.gif" alt="Klickbild">!GO BACK!</button>
```

Ereignisse

ONFOCUS, ONKEYDOWN, ONKEYPRESSED, ONKEYUP, ONMOUSEDOWN, ONMOUSEMOVE, ONMOUSEOUT, ONMOUSEOVER, ONMOUSEUP

XML-Definition

```
<!ELEMENT BUTTON (%flow;)* -(A|%formctrl;|FORM|FIELDSET)>
<!ATTLIST BUTTON
%attrs;
name          CDATA          #IMPLIED
value         CDATA          #IMPLIED
type          (button|submit|reset) #IMPLIED
tabindex      NUMBER         #IMPLIED
accesskey     %Character;    #IMPLIED
onfocus       %Script;       #IMPLIED
onblur        %Script;       #IMPLIED
%reserved;>
```

Verwandte Befehle

FORM
INPUT

CAPTION

Beschriften von Tabellen

Beschreibung

Mit diesem Befehl werden Tabellenüber- und -unterschriften erzeugt.

Anwendung

Der Befehl CAPTION wird benötigt, um Tabellen mit Überschriften bzw. Unterschriften zu versehen. Bei der Verwendung dieses Befehls sollten Sie darauf achten, dass dieses Element nur einmal an der dafür vorgesehenen Position innerhalb einer Tabellendefinition erscheinen darf. Diese Position befindet sich unmittelbar nach dem einleitenden Befehl TABLE. Die Angabe einer Tabellenüberschrift gehört allerdings nur optional zu einer Tabelle.

HTML-4.0-Standard

CLASS, DIR, ID, LANG, STYLE, TITLE

Starttag: zwingend erforderlich; Endtag: zwingend erforderlich.

Tabelle mit Tabellenüberschrift (CAPTION).

Attribute

ALIGN

Mit diesem Attribut legen Sie fest, ob es sich bei dem mit dem Befehl CAPTION formatierten Text um eine Tabellenüberschrift oder eine Tabellenunterschrift handelt. Text, der mit diesem Befehl gekennzeichnet ist, wird in der Regel zentriert und fett dargestellt.

TOP

Mit ALIGN=TOP erzeugen Sie eine Tabellenüberschrift, die zentriert ausgerichtet ist.

BOTTOM

Mit ALIGN=BOTTOM erzeugen Sie eine Tabellenunterschrift, die zentriert ausgerichtet ist.

LEFT

Mit ALIGN=LEFT erzeugen Sie eine Tabellenüberschrift, die sich am linken oberen Tabellenrand befindet.

RIGHT

Mit ALIGN=RIGHT erzeugen Sie eine Tabellenunterschrift, die sich am rechten oberen Tabellenrand befindet.

CLASS

Über das Attribut CLASS lässt sich das Element einer Gruppe (Klasse) zuordnen. Geben Sie dazu einen frei wählbaren Klassennamen als Wert an. Diese Gruppierungen erlauben Ihnen anschließend einen leichten Zugriff auf alle zugehörigen Elemente. So können Sie später beispielsweise mit Hilfe von Cascading-Stylesheets oder anderen Sprachen leicht die Eigenschaften aller Elemente einer Klasse verändern oder Werte auslesen.

DIR

Dieses Attribut ist für die Bestimmung der Laufrichtung des Textes notwendig. Zwei Werte können alternativ übergeben werden:

LTR

Dieser Wert bestimmt die Laufrichtung des Textes von links nach rechts (Abkürzung für »left to right«). Diese Laufrichtung ist im Browser voreingestellt.

RTL

Soll der Text entgegen der Standardlaufrichtung vom rechten Bildschirmrand zum linken Rand laufen, dann wählen Sie den Wert RTL (Abkürzung für »right to left«).

ID

Über das Attribut ID wird das Element mit einer für das Dokument eindeutigen Kennzeichnung versehen. Über diese ID lässt sich anschließend beispielsweise mit Hilfe einer Scriptsprache gezielt auf einzelne Elemente zugreifen, um z.B. deren Werte auszulesen oder zu verändern.

LANG

Dieses Attribut gibt die Sprache des Zieldokuments an. Das ist insbesondere für die Indizierung in Suchmaschinen wichtig. Verwenden Sie die Sprachcodes nach ISO-639, z.B. "de" für Deutsch oder "en" für Englisch oder "en-us" für amerikanisches Englisch.

ONCLICK

Dieses Ereignis findet statt, wenn mit der Maus das benannte Element angeklickt wird. Durch diese Aktion wird ein angegebenes Script ausgeführt.

ONDBLCLICK

Dieses Ereignis findet statt, wenn mit der Maus das benannte Element doppelt angeklickt wird. Durch diese Aktion wird ein angegebenes Script ausgeführt.

ONKEYDOWN

Dieses Ereignis findet statt, wenn man sich über dem bezeichneten Element befindet und gleichzeitig eine Taste gedrückt wird. Durch diese Aktion wird ein angegebenes Script ausgeführt.

ONKEYPRESS

Dieses Ereignis findet statt, wenn man sich über dem bezeichneten Element befindet und gleichzeitig eine Taste drückt und wieder loslässt. Durch diese Aktion wird ein angegebenes Script ausgeführt.

ONKEYUP

Dieses Ereignis findet statt, wenn man sich über dem bezeichneten Element befindet und eine gedrückte Taste losgelassen wird. Durch diese Aktion wird ein angegebenes Script ausgeführt.

ONMOUSEDOWN

Dieses Ereignis findet statt, wenn man sich über dem bezeichneten Element befindet und gleichzeitig eine Maustaste gedrückt wird. Durch diese Aktion wird ein angegebenes Script ausgeführt.

ONMOUSEMOVE

Dieses Ereignis findet statt, wenn man sich mit der Maus über das benannte Element bewegt. Durch diese Aktion wird ein angegebenes Script ausgeführt.

ONMOUSEOUT

Dieses Ereignis findet statt, wenn man sich mit der Maus von dem benannten Element fortbewegt. Durch diese Aktion wird ein angegebenes Script ausgeführt.

ONMOUSEOVER

Dieses Ereignis findet statt, wenn der Mauszeiger direkt auf das benannte Element zeigt. Durch diese Aktion wird ein angegebenes Script ausgeführt.

ONMOUSEUP

Dieses Ereignis findet statt, wenn man sich über dem bezeichneten Element befindet und eine gedrückte Maustaste losgelassen wird. Durch diese Aktion wird ein angegebenes Script ausgeführt.

STYLE

Das Attribut STYLE wird zur Festlegung spezifischer Eigenschaften in Bezug auf die Darstellung so gekennzeichneter Elemente verwendet. Die Vorgabe eines verwendeten Stils wird durch die Cascading-Stylesheets definiert.

TITLE

Durch dieses Attribut werden markierten Elementen zusätzliche Informationen zugewiesen. Bei vielen Browsern werden diese Informationen in einem Pop-up-Fenster angezeigt, wenn sich der Mauszeiger auf dem Element befindet.

Beispiel

```
<table border>
<caption align=top>Tabellenüberschrift</caption>
<tr>
<td>Daten</td>
<td>Daten</td>
</tr>
</table>
```

Ereignisse

ONCLICK, ONDBLCLICK, ONKEYDOWN, ONKEYPRESSED, ONKEYUP, ONMOUSEDOWN, ONMOUSEMOVE, ONMOUSEOUT, ONMOUSEOVER, ONMOUSEUP

XML-Definition

```
<!ELEMENT CAPTION - - (%inline;)*>
<!ATTLIST CAPTION %attrs;>
```

Verwandte Befehle

TABLE

TD

TH

TR

CDATA

Zeichen direkt zum Parser leiten

Beschreibung

Zeichendaten, die in CDATA-Abschnitte eingebettet sind, werden ohne eine Auswertung durch den Parser an die Anwendung weitergeleitet.

Anwendung

Markup-Befehle innerhalb eines CDATA-Abschnitts bleiben ohne Funktion.

Der CDATA (character Data)- Abschnitt innerhalb eines Dokuments weist den Parser an, diesen Text nicht auszuwerten und insbesondere Markup-Befehle und Entitys zu ignorieren. Eingesetzt wird diese Form etwa, wenn man Quellcode in die Seite integrieren möchte und dieser auch genau so angezeigt werden soll.

Beispiel

```
<![CDATA
[
<bezeichnung>
</bezeichnung>
]]>
```

CDATA

Daten ohne weitere Bearbeitung weiterreichen

Beschreibung

Übernimmt die eingeschlossene Zeichenmenge ohne weitere Bearbeitung durch den Parser in das Zieldokument.

Beispiel

```
<![CDATA
[
...
]]>
```

CELLPADDING <html attribut>

Abstand zwischen Zellen angeben

Beschreibung

Mit diesem Attribut wird der freie Raum zwischen den Zellen einer Tabelle in Pixel oder Prozent festgelegt.

Anwendung

Übergeben Sie dem Attribut den gewünschten Abstand als Wert. Der Einsatz dieses Attributs ist optional.

Werte

Der Wert dieses Attributs gibt eine Größe in Pixel oder Prozent an. Gültige Werte für Pixel sind positive ganze Zahlen (Integer-Werte). Die Eingabe von ="100" entspricht zum Beispiel einer Größe von 100 Pixeln. Eine Prozentangabe entspricht dem prozentualen Anteil der im Browser verfügbaren horizontalen oder vertikalen Fensterbreite. Eine Eingabe von ="30%" entspricht einer Breite von 30 Prozent.

Beispiel

```
<table cellpadding="199">
<table cellpadding="3%">
```

Zugehörige Elemente

TABLE

CELLSPACING <html attribut>

Abstand zwischen Zellenrand und Zelleninhalt

Beschreibung

Mit diesem Attribut wird der freie Raum zwischen dem Zellenrand und dem Zelleninhalt in Pixel oder Prozent festgelegt.

Anwendung

Übergeben Sie dem Attribut den gewünschten Abstand als Wert. Der Einsatz dieses Attributs ist optional.

Werte

Der Wert dieses Attributs gibt eine Größe in Pixel oder Prozent an. Gültige Werte für Pixel sind positive ganze Zahlen (Integer-Werte). Die Eingabe von ="100" entspricht zum Beispiel einer Größe von 100 Pixeln. Eine Prozentangabe entspricht dem prozentualen Anteil der im Browser verfügbaren horizontalen oder vertikalen Fensterbreite. Eine Eingabe von ="30%" entspricht einer Breite von 30 Prozent.

Beispiel

```
<table cellspacing="100">
<table cellspacing="1%">
```

Zugehörige Elemente

TABLE

CENTER

Zentrieren von Abschnitten

Beschreibung

Mit diesem Befehl können Abschnitte eines HTML-Dokuments zentriert werden.

Anwendung

Der Befehl CENTER (Abkürzung für »Center« / Zentrieren) wird dann eingesetzt, wenn Abschnitte eines HTML-Dokuments zentriert dargestellt werden sollen. Elemente, die zentriert werden können, sind beispielsweise Text, Grafiken, Überschriften und Tabellen.

In der Version 4.0 von HTML wir dieser Befehl missbilligt und es wird empfohlen, stattdessen den Befehl DIV in Verbindung mit dem Attribut ALIGN zu verwenden.

HTML-4.0-Standard

Der Einsatz dieses Befehls wird in der aktuellen HTML-Version nicht mehr empfohlen, er wurde durch andere Befehle ersetzt.

Starttag: zwingend erforderlich; Endtag: zwingend erforderlich.

Beispiel

```
<center>
Zentrierter Text
</center>
<DIV ALIGN=CENTER>
```

```
Ab HTML 4.0 wird die Verwendung von ALIGN empfohlen.
</DIV>
```

Verwandte Befehle

HR

CHAR <html attribut>

Inhalt an einem Zeichen ausrichten

Beschreibung

Ausrichtung der Daten innerhalb einer Tabelle an einem mit dem Attribut CHAR festgelegten Zeichen.

Anwendung

Dieses Attribut wird beispielsweise eingesetzt, wenn Sie Zahlen immer an einem Komma oder Dezimalpunkt ausrichten möchten. Der Einsatz dieses Attributs ist optional.

Werte

Als Wert können Sie diesem Attribut ein einzelnes gültiges Zeichen des ISO-10646-Zeichensatzes übergeben.

Beispiel

```
<td align="char" char=".">
100,000<br>
999,9<br>
989898,9987687687<br>
</td>
```

Zugehörige Elemente

COL
COLGROUP
TBODY
TD
TFOOT
TH
THEAD
TR

CHAROFF <html attribut>
Abstand bei der Ausrichtung mit CHAR festlegen

Beschreibung
Dieses Attribut definiert den Abstand zum ersten Zeichen, welches mit dem Attribut CHAR formatiert wurde.

Anwendung
Geben Sie den Abstand, den das erste Zeichen einer Zeile zum Rand haben soll, an. Der Einsatz dieses Attributs ist optional.

Werte
Der Wert dieses Attributs gibt eine Größe in Pixel oder Prozent an. Gültige Werte für Pixel sind positive ganze Zahlen (Integer-Werte). Die Eingabe von ="100" entspricht zum Beispiel einer Größe von 100 Pixeln. Eine Prozentangabe entspricht dem prozentualen Anteil der im Browser verfügbaren horizontalen oder vertikalen Fensterbreite. Eine Eingabe von ="30%" entspricht einer Breite von 30 Prozent.

Beispiel
```
<td align="char" char="." charoff="10">
DM 10.000
DM 1.500
DM 350
DM 1.000.000
</td>
```

Zugehörige Elemente
COL
COLGROUP
TBODY
TD
TFOOT
TH
THEAD
TR

CHARSET <html attribut>

Zeichensatz für verknüpfte Daten angeben

Beschreibung

Dieses Attribut dient der Festlegung des Zeichensatzes für die Daten, die durch die Verknüpfung verbunden sind.

Anwendung

Geben Sie den Character Set für den gewünschten Zeichensatz an. Ist der Zeichensatz nicht explizit angegeben, ist es die Aufgabe der Browser, den benutzten Zeichensatz zu ermitteln. Der Einsatz dieses Attributs ist optional.

Werte

Unter dem Stichwort **Character Sets** finden Sie sämtliche Codes und Bezeichnungen, mit denen Sie Zeichensätze festlegen können. Übergeben Sie dem Attribut einen einzelnen Zeichensatz.

Beispiel

```
<a charset="iso-8859-1">
<link charset="iso-8859-1">
<script charset="iso-8859-1">
```

Zugehörige Elemente

A
LINK
SCRIPT

CHECKED <html attribut>

Dialogfelder als Vorauswahl aktivieren

Beschreibung

Bei den Dialogtypen CheckBox und RadioButton dient das Attribut CHECKED dazu, ein Auswahlfeld bereits als Vorauswahl zu aktivieren. Bei den anderen Eingabetypen bleibt die Angabe ohne Bedeutung.

Anwendung

Diesem Attribut muss kein Wert übergeben werden, setzen Sie lediglich den Namen des Attributs ein. Bei der Verwendung dieses Attributs mit RadioButton kann immer nur ein Element der Gruppe aktiviert sein. Der Einsatz dieses Attributs ist optional.

Werte

Um diese Option zu aktivieren, setzen Sie einfach den Namen des Attributes ein. Sie müssen diesem Attribut keinen Wert übergeben. Wird das Attribut nicht eingesetzt, so bleibt die Option deaktiviert. Dabei ist dieses Attribut case-insensitive. Es wird also nicht zwischen Groß- und Kleinschreibung unterschieden.

Beispiel

```
<input type="checkbox" checked>
<input name="Infos" value="Telefon" type="radio" checked>
<input name="Infos" value="Telefax" type="radio">
<input name="Infos" value="Post" type="radio">
```

Zugehörige Elemente
INPUT

children

Einsetzen eines Elements in einer Aktionsanweisung

Beschreibung

Gibt an, wo in der Aktionsanweisung das Element, das mit dem Muster der Konstruktionsregel übereinstimmt, eingesetzt werden soll.

Dieser Befehl ist ein leeres Element und wird daher in der Form `<children/>` eingesetzt.

Beispiel

```
<xsl>
<rule>
      <target-element/>
      <p>
            <children/>
      </p>
</rule>
</xsl>
```

CITE   **\<html attribut\>**

Quelle für Zitat angeben

Beschreibung

Mit diesem Attribut ist es möglich, ein Quelldokument für das verwendete Zitat anzugeben.

Anwendung

Geben Sie als Quelle eines Zitats eine gültige Internetadresse an. Der Einsatz dieses Attributs ist optional.

Werte

Ein gültiger Wert für dieses Attribut ist ein sogenannter URI (*Uniform Resource Identifier*). Der Aufbau eines URI entspricht dem folgenden Schema:

```
[Protokoll]://[Domain]/[Verzeichnis]/[Datei]
```

Mögliche Angaben für das verwendete Protokoll sind die folgenden Werte:

ftp	File Transfer Protocol
http	Hypertext Transfer Protocol
gopher	Gopher Protocol
mailto	Electronic Mail Address
news	USENET News
nntp	USENET News (NNTP-Zugriff)
telnet	Reference to interactive sessions
wais	Wide Area Information Server
file	Host-specific file names
prospero	Prospero Directory Service

Beispiel

```
<blockquote cite="http://www.microsoft.de">
Zitat von Bill Gates ...
</blockquote>
```

Zugehörige Elemente

BLOCKQUOTE
Q

CITE
Kennzeichnen von Zitaten

Beschreibung

Mit diesem Befehl werden Zitate gekennzeichnet. Wenn das angeführte Zitat im Original im World Wide Web zu erreichen ist, macht es Sinn, das angeführte Zitat zusätzlich mit einem Hyperlink zu versehen. Mit CITE wird in erster Linie die Quelle des Zitats angezeigt, also beispielsweise der Urheber oder der Titel des Buches, aus dem das Zitat stammt.

Anwendung

Der Befehl CITE wird zur Kennzeichnung von Begriffen aus anderen Medien verwendet. Diese Zitate werden normalerweise kursiv dargestellt. Längere Zitate werden in der Regel mit dem BLOCKQUOTE-Befehl dargestellt.

HTML-4.0-Standard

CLASS, DIR, ID, LANG, STYLE, TITLE

Starttag: zwingend erforderlich; Endtag: zwingend erforderlich.

Attribute

CLASS
    Über das Attribut CLASS lässt sich das Element einer Gruppe (Klasse) zuordnen. Geben Sie dazu einen frei wählbaren Klassennamen als Wert an. Diese Gruppierungen erlauben Ihnen anschließend einen leichten Zugriff auf alle zugehörigen Elemente. So können Sie später beispielsweise mit Hilfe von Cascading-Stylesheets oder anderen Sprachen leicht die Eigenschaften aller Elemente einer Klasse verändern oder Werte auslesen.

DIR
    Dieses Attribut ist für die Bestimmung der Laufrichtung des Textes notwendig. Zwei Werte können alternativ übergeben werden:

    LTR
        Dieser Wert bestimmt die Laufrichtung des Textes von links nach rechts (Abkürzung für »left to right«). Diese Laufrichtung ist im Browser voreingestellt.

    RTL
        Soll der Text entgegen der Standardlaufrichtung vom rechten Bildschirmrand zum linken Rand laufen, dann wählen Sie den Wert RTL (Abkürzung für »right to left«).

ID
    Über das Attribut ID wird das Element mit einer für das Dokument eindeutigen Kennzeichnung versehen. Über diese ID lässt sich anschließend beispielsweise

mit Hilfe einer Scriptsprache gezielt auf einzelne Elemente zugreifen, um z.B. deren Werte auszulesen oder zu verändern.

LANG

Dieses Attribut gibt die Sprache des Zieldokuments an. Das ist insbesondere für die Indizierung in Suchmaschinen wichtig. Verwenden Sie die Sprachcodes nach ISO-639, z.B. "de" für Deutsch oder "en" für Englisch oder "en-us" für amerikanisches Englisch.

ONCLICK

Dieses Ereignis findet statt, wenn mit der Maus das benannte Element angeklickt wird. Durch diese Aktion wird ein angegebenes Script ausgeführt.

ONDBLCLICK

Dieses Ereignis findet statt, wenn mit der Maus das benannte Element doppelt angeklickt wird. Durch diese Aktion wird ein angegebenes Script ausgeführt.

ONKEYDOWN

Dieses Ereignis findet statt, wenn man sich über dem bezeichneten Element befindet und gleichzeitig eine Taste gedrückt wird. Durch diese Aktion wird ein angegebenes Script ausgeführt.

ONKEYPRESS

Dieses Ereignis findet statt, wenn man sich über dem bezeichneten Element befindet und gleichzeitig eine Taste drückt und wieder loslässt. Durch diese Aktion wird ein angegebenes Script ausgeführt.

ONKEYUP

Dieses Ereignis findet statt, wenn man sich über dem bezeichneten Element befindet und eine gedrückte Taste losgelassen wird. Durch diese Aktion wird ein angegebenes Script ausgeführt.

ONMOUSEDOWN

Dieses Ereignis findet statt, wenn man sich über dem bezeichneten Element befindet und gleichzeitig eine Maustaste gedrückt wird. Durch diese Aktion wird ein angegebenes Script ausgeführt.

ONMOUSEMOVE

Dieses Ereignis findet statt, wenn man sich mit der Maus über das benannte Element bewegt. Durch diese Aktion wird ein angegebenes Script ausgeführt.

ONMOUSEOUT

Dieses Ereignis findet statt, wenn man sich mit der Maus von dem benannten Element fortbewegt. Durch diese Aktion wird ein angegebenes Script ausgeführt.

ONMOUSEOVER

Dieses Ereignis findet statt, wenn der Mauszeiger direkt auf das benannte Element zeigt. Durch diese Aktion wird ein angegebenes Script ausgeführt.

ONMOUSEUP

Dieses Ereignis findet statt, wenn man sich über dem bezeichneten Element befindet und eine gedrückte Maustaste losgelassen wird. Durch diese Aktion wird ein angegebenes Script ausgeführt.

STYLE

Das Attribut STYLE lässt sich dazu nutzen, um Stilvorgaben, insbesondere das Aussehen des Elements, zu verändern. Als Wert des Attributs übergeben Sie die entsprechenden Optionen einer Stylesheet-Sprache (meist CSS).

TITLE

Geben Sie dem Anwender weitere Informationen über das verwendete Element, indem Sie mit Hilfe des TITLE-Befehls einen aussagekräftigen Titel festlegen. Insbesondere Anwendern, die auf eine Sprachausgabe angewiesen sind, wird so die Navigation durch Ihre Seiten erleichtert.

Beispiel

```
<cite>John Osborne</cite> sagte:
<blockquote>
"Der Computer ist die logische Weiterentwicklung des Menschen:
Intelligenz ohne Moral."
</blockquote>

<q>"Genie ist Fleiß"<q>
<cite>Goethe</cite>
```

Ereignisse

ONCLICK, ONDBLCLICK, ONKEYDOWN, ONKEYPRESSED, ONKEYUP, ONMOUSEDOWN, ONMOUSEMOVE, ONMOUSEOUT, ONMOUSEOVER, ONMOUSEUP

Verwandte Befehle

ABBR
ACRONYM
BLOCKQUOTE
Q
CODE
DFN
EM
KBD
SAMP
STRONG
VAR

CLASS <html attribut>

Klassenzuordnung von Elementen

Beschreibung

Über das Attribut CLASS lässt sich das Element einer Gruppe (Klasse) zuordnen. Diese Gruppierungen erlauben Ihnen anschließend einen leichten Zugriff auf alle zugehörigen Elemente. So können Sie später beispielsweise mit Hilfe von Cascading-Stylesheets oder anderen Sprachen leicht die Eigenschaften aller Elemente einer Klasse verändern oder Werte auslesen.

Anwendung

Geben Sie dazu einen frei wählbaren Klassennamen als Wert an. Der Einsatz dieses Attributs ist optional.

Werte

Diesem Attribut können Sie als Wert eine beliebige Zeichenfolge übergeben. Dabei sollte diese Zeichenkette möglichst nicht mit Leerzeichen beginnen oder enden. Eventuell wird der verarbeitende Browser diese herausfiltern.

Beispiel

```
<p id="Absatz1" class="Kurzbeschreibung">Text ...</p>
<p id="Absatz2" class="Inhalt">Text ...</p>
<p id="Absatz3" class="Fazit">Text ...</p>

<p id="Absatz4" class="Kurzbeschreibung">Text ...</p>
<p id="Absatz5" class="Inhalt">Text ...</p>
<p id="Absatz6" class="Fazit">Text ...</p>
```

Zugehörige Elemente

A	CAPTION	EM
ABBR	CENTER	FIELDSET
ACRONYM	CITE	FONT
ADDRESS	CODE	FORM
APPLET	COL	FRAME
AREA	COLGROUP	FRAMESET
B	DD	H1
BDO	DEL	H2
BIG	DFN	H3
BLOCKQUOTE	DIR	H4
BODY	DIV	H5
BR	DL	H6
BUTTON	DT	HR

I	OBJECT	SUP
IFRAME	OL	TABLE
IMG	OPTGROUP	TBODY
INPUT	OPTION	TD
INS	P	TEXTAREA
ISINDEX	PRE	TFOOT
KBD	Q	TH
LABEL	S	THEAD
LEGEND	SAMP	TR
LI	SELECT	TT
LINK	SMALL	U
MAP	SPAN	UL
MENU	STRIKE	VAR
NOFRAMES	STRONG	
NOSCRIPT	SUB	

CLASSID <html attribut>

Quelle einer Klassen-Implementierung eines Objekts angeben

Beschreibung

Dieses Attribut wird genutzt, um die Programmdatei zu referenzieren (classid = class identifier = Klassenbezeichner).

Anwendung

Bitte beachten Sie, dass diese Angabe in Anführungszeichen stehen muss. Die Angabe kann alternativ zum DATA-Attribut verwendet werden. Dann besteht es aus folgender festen Zeichenfolge: java: – anschließend muss der Name der .class-Datei (also der ausführbaren Java-Programmdatei) folgen. Der Einsatz dieses Attributs ist optional.

Werte

Ein gültiger Wert für dieses Attribut ist ein sogenannter URI (*Uniform Resource Identifier*). Der Aufbau eines URI entspricht dem folgenden Schema:

    [Protokoll]://[Domain]/[Verzeichnis]/[Datei]

Mögliche Angaben für das verwendete Protokoll sind die folgenden Werte:

ftp	File Transfer Protocol
http	Hypertext Transfer Protocol
gopher	Gopher Protocol

mailto	Electronic Mail Address
news	USENET News
nntp	USENET News (NNTP-Zugriff)
telnet	Reference to interactive sessions
wais	Wide Area Information Server
file	Host-specific file names
prospero	Prospero Directory Service

Beispiel

```
<object classid="http://www.quelle.de/java/anim.class">
<object
      classid="java:action"
      codebase="../java/"
      codetype="application/java-vm">
```

Zugehörige Elemente

OBJECT

CLEAR   <html attribut>

Zeilenumbruch beeinflussen

Beschreibung

Mit diesem Attribut wird ein Browser veranlaßt, einen Zeilenumbruch erst dann durchzuführen, wenn sich in der festgelegten Richtung kein HTML-Objekt befindet, welches ausgerichtet ist.

Anwendung

Auf diese Weise ist es möglich, Bilder komplett in einen Text einzubinden. Die folgenden vier möglichen Werte können diesem Attribut übergeben werden. Der Einsatz dieses Attributs ist optional.

Werte

LEFT
    Bei CLEAR=LEFT ist es notwendig, dass sich der nächste Leerraum am linken Fensterrand befindet.

RIGHT
    Bei CLEAR=RIGHT ist es notwendig, dass sich der nächste Leerraum am rechten Fensterrand befindet.

ALL
    Es wird ein Zeilenumbruch an der nächsten Stelle durchgeführt, an der ein Leerraum entweder zum linken oder zum rechten Fensterrand besteht.

NONE
Standardwert; ein Zeilenumbruch findet unmittelbar nach Eingabe des BR-Befehls statt.

Beispiel
```
<br>
<br clear="left">
<br clear="all">
```

Zugehörige Elemente
BR

clip

Anzeigenbereich einschränken

Beschreibung
Legen Sie mit diesem Befehl fest, dass nur ein bestimmter Ausschnitt eines Elements sichtbar wird. Sofern das Element größer als der gewählte Anzeigenbereich ist, wird es entsprechend zugeschnitten.

Parameter
Dieser Befehl erwartet vier numerische Werte, und zwar den Wert für die obere Position, die rechte Position, die untere Position und die linke Position. Zusätzlich kann noch das Schlüsselwort auto statt eines numerischen Wertes eingesetzt werde. Dann wird der entsprechende Bereich automatisch je nach Größe des Elements ermittelt.

Beispiel
```
<style type="text/css">
h1, h2 | clip:rect (10 x 10 x 10 x 10) |
h3, h4 | clip:rect (auto x 10 x auto x 10) |
</style>

<div style="clip:rect (10 x 10 x 10 x 10)">
</div>
```

CODE <html attribut>

Klasse eines Java-Applets festlegen

Beschreibung

Mit dem Attribut CODE wird die Klasse eines Applets festgelegt. Es können ebenfalls Verweise auf den kompletten Pfad eines Applets in diesem Attribut enthalten sein. Falls mehrere Klassen für ein Applet benötigt werden, findet die Suche nach diesen Klassen im Attribut CODEBASE statt.

Anwendung

Geben Sie entweder den Namen der Class-Datei an, die die kompilierte Applet-Unterklasse enthält, oder den Pfad, der direkt zur Class-Datei führt. Der Einsatz dieses Attributs wird nicht mehr empfohlen, verwenden Sie statt dessen das Element OBJECT in Verbindung mit CODEBASE.

Werte

Diesem Attribut können Sie als Wert eine beliebige Zeichenfolge übergeben. Dabei sollte diese Zeichenkette möglichst nicht mit Leerzeichen beginnen oder enden. Eventuell wird der verarbeitende Browser diese herausfiltern.

Beispiel

```
<applet code="anim.class" width="100" height="100">
</applet>
<object codetype="application/java"
        classid="java:anim.class"
        width="100"
        height="100">
```

Zugehörige Elemente

APPLET

CODE

Kennzeichnen von Programmlistings

Beschreibung

Mit diesem Befehl werden Programmlistings oder anderer hervorgehobener Text gekennzeichnet. Die Darstellung erfolgt in einer Schriftart, die nicht proportional zum übrigen Text ist. Diese Darstellung ist gerade für Programmlistings wichtig, damit diese Quellcodes ihre Übersichtlichkeit behalten.

Anwendung

Der Befehl CODE wird zur Kennzeichnung von Programmlistings, -objekten oder -elementen eingesetzt. Es ist ratsam, diese Art von Formatierung einzuhalten, obwohl er komplizierter erscheint als andere Formatierungen, beispielsweise mit Hilfe der Befehle STYLES oder TT. Das CODE-Element kann in künftigen Versionen von Browsern als Markierung für die Suche nach Quellcodes dienen.

HTML-4.0-Standard

CLASS, DIR, ID, LANG, STYLE, TITLE

Starttag: zwingend erforderlich; Endtag: zwingend erforderlich.

Programmcode erscheint als Proportionalschrift.

Attribute

CLASS

Über das Attribut CLASS lässt sich das Element einer Gruppe (Klasse) zuordnen. Geben Sie dazu einen frei wählbaren Klassennamen als Wert an. Diese Gruppierungen erlauben Ihnen anschließend einen leichten Zugriff auf alle zugehörigen Elemente. So können Sie später beispielsweise mit Hilfe von Cascading-Stylesheets oder anderen Sprachen leicht die Eigenschaften aller Elemente einer Klasse verändern oder Werte auslesen.

DIR

Dieses Attribut ist für die Bestimmung der Laufrichtung des Textes notwendig. Zwei Werte können alternativ übergeben werden:

LTR

Dieser Wert bestimmt die Laufrichtung des Textes von links nach rechts (Abkürzung für »left to right«). Diese Laufrichtung ist im Browser voreingestellt.

RTL

Soll der Text entgegen der Standardlaufrichtung vom rechten Bildschirmrand zum linken Rand laufen, dann wählen Sie den Wert RTL (Abkürzung für »right to left«).

ID

Über das Attribut ID wird das Element mit einer für das Dokument eindeutigen Kennzeichnung versehen. Über diese ID lässt sich anschließend beispielsweise mit Hilfe einer Scriptsprache gezielt auf einzelne Elemente zugreifen, um z.B. deren Werte auszulesen oder zu verändern.

LANG

Dieses Attribut gibt die Sprache des Zieldokuments an. Das ist insbesondere für die Indizierung in Suchmaschinen wichtig. Verwenden Sie die Sprachcodes nach ISO-639, z.B. "de" für Deutsch oder "en" für Englisch oder "en-us" für amerikanisches Englisch.

ONCLICK

Dieses Ereignis findet statt, wenn mit der Maus das benannte Element angeklickt wird. Durch diese Aktion wird ein angegebenes Script ausgeführt.

ONDBLCLICK

Dieses Ereignis findet statt, wenn mit der Maus das benannte Element doppelt angeklickt wird. Durch diese Aktion wird ein angegebenes Script ausgeführt.

ONKEYDOWN

Dieses Ereignis findet statt, wenn man sich über dem bezeichneten Element befindet und gleichzeitig eine Taste gedrückt wird. Durch diese Aktion wird ein angegebenes Script ausgeführt.

ONKEYPRESS

Dieses Ereignis findet statt, wenn man sich über dem bezeichneten Element befindet und gleichzeitig eine Taste drückt und wieder loslässt. Durch diese Aktion wird ein angegebenes Script ausgeführt.

ONKEYUP

Dieses Ereignis findet statt, wenn man sich über dem bezeichneten Element befindet und eine gedrückte Taste losgelassen wird. Durch diese Aktion wird ein angegebenes Script ausgeführt.

ONMOUSEDOWN

Dieses Ereignis findet statt, wenn man sich über dem bezeichneten Element befindet und gleichzeitig eine Maustaste gedrückt wird. Durch diese Aktion wird ein angegebenes Script ausgeführt.

ONMOUSEMOVE

Dieses Ereignis findet statt, wenn man sich mit der Maus über das benannte Element bewegt. Durch diese Aktion wird ein angegebenes Script ausgeführt.

ONMOUSEOUT

Dieses Ereignis findet statt, wenn man sich mit der Maus von dem benannten Element fortbewegt. Durch diese Aktion wird ein angegebenes Script ausgeführt.

ONMOUSEOVER

Dieses Ereignis findet statt, wenn der Mauszeiger direkt auf das benannte Element zeigt. Durch diese Aktion wird ein angegebenes Script ausgeführt.

ONMOUSEUP

Dieses Ereignis findet statt, wenn man sich über dem bezeichneten Element befindet und eine gedrückte Maustaste losgelassen wird. Durch diese Aktion wird ein angegebenes Script ausgeführt.

STYLE

Das Attribut STYLE lässt sich dazu nutzen, um Stilvorgaben, insbesondere das Aussehen des Elements, zu verändern. Als Wert des Attributs übergeben Sie die entsprechenden Optionen einer Stylesheet-Sprache (meist CSS).

TITLE

Geben Sie dem Anwender weitere Informationen über das verwendete Element, indem Sie mit Hilfe des TITLE-Befehls einen aussagekräftigen Titel festlegen. Insbesondere Anwendern, die auf eine Sprachausgabe angewiesen sind, wird so die Navigation durch Ihre Seiten erleichtert.

Beispiel

```
<code>
rpm -i qt-1.33-1rh5.i386.rpm
rpm -i kdelibs-1.0-1_rh51_egcs103.i386.rpm
rpm -i kdesupport-1.0-1_rh51_egcs103.i386.rpm
rpm -i kdebase-1.0-1_rh51_egcs103.i386.rpm
</code>
```

Ereignisse

ONCLICK, ONDBLCLICK, ONKEYDOWN, ONKEYPRESSED, ONKEYUP, ONMOUSEDOWN, ONMOUSEMOVE, ONMOUSEOUT, ONMOUSEOVER, ONMOUSEUP

Verwandte Befehle

ACRONYM

CITE

DFN

EM

KBD

SAMP

STRONG

VAR

CODEBASE   **<html attribut>**

Datenquelle für ein Applet angeben

Beschreibung

Das Attribut CODEBASE ist für die Übergabe eines Dateipfades zuständig. Dieser Pfad wird von einem Applet in dem Fall genutzt, wenn bei der Bearbeitung eines Objektes relative Adressbezüge auftauchen sollten.

Anwendung

Der Befehl APPLET verwendet für das Attribut CODEBASE=URI grundsätzlich nur untergeordnete Ordner des entsprechenden Dokumentenverzeichnisses. Alle in den Attributen CLASSID, DATA und ARCHIVE auftretenden Attribute werden mit Hilfe des absoluten Pfades aus CODEBASE umgewandelt. Der Einsatz dieses Attributs ist optional.

Werte

Ein gültiger Wert für dieses Attribut ist ein sogenannter URI (*Uniform Resource Identifier*). Der Aufbau eines URI entspricht dem folgenden Schema:

```
[Protokoll]://[Domain]/[Verzeichnis]/[Datei]
```

Mögliche Angaben für das verwendete Protokoll sind die folgenden Werte:

ftp	File Transfer Protocol
http	Hypertext Transfer Protocol
gopher	Gopher Protocol
mailto	Electronic Mail Address
news	USENET News
nntp	USENET News (NNTP-Zugriff)
telnet	Reference to interactive sessions
wais	Wide Area Information Server
file	Host-specific file names
prospero	Prospero Directory Service

Beispiel

```
<object
     classid="java:action"
     codebase="../java/"
     codetype="application/java-vm">
```

Zugehörige Elemente

APPLET

OBJECT

CODETYPE   <html attribut>
Medientyp festlegen

Beschreibung
Mit Hilfe dieses Attributs wir der Internet-Mediatyp eines entsprechenden Objektes festgelegt.

Anwendung
Geben Sie einen gültigen Medientyp aus der Auswahl der MIME-Typen als Wert an, um festzulegen, in welchem Datenformat das Objekt gespeichert ist.

Werte
Gültige Werte für das Attribut CODETYPE sind die sogenannten Inhalts-Typen (»content types«). Mit diesen werden spezielle Datenformate gekennzeichnet. Zum Beispiel ein Microsoft-Word-Dokument oder ein Adobe-PDF-Dokument. Verwenden Sie zur Bezeichnung des Datenformats die Definitionen, die Sie unter dem Stichwort **MIME-Typen** finden.

Beispiel
```
<object codetype="video/mpeg">
<object codetype="image/gif">
<object
      classid="java:action"
      codebase="../java/"
      codetype="application/java-vm">
```

Zugehörige Elemente
OBJECT

COL

Definieren von Tabellenspalten

Beschreibung
Mit diesem Befehl ist es möglich, Tabellenspalten zu definieren.

Anwendung
Der Befehl COL dient der Definition von Tabellenspalten beispielsweise in Bezug auf ihre Höhe und Breite. Dieser in HTML 4.0 neu eingeführte Befehl bietet sich an, um dem Browser bereits beim Laden des Tabelleninhaltes die Größe und Auftei-

lung der Tabelle mitzuteilen. Die Verwendung des Befehls ist daher optional, optimiert aber die Ausgabegeschwindigkeit durch den Browser.

Der Befehl COL wird immer innerhalb eines COLGROUP-Containers eingesetzt.

HTML-4.0-Standard

ALIGN, CHAR, CHAROFF, CLASS, DIR, ID, LANG, SPAN, STYLE, TITLE, VALIGN, WIDTH

Starttag: zwingend erforderlich; Endtag: nicht zulässig.

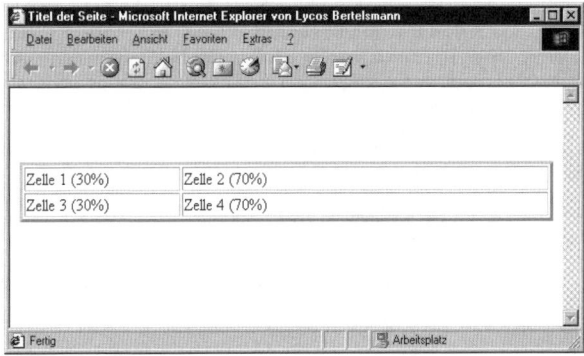

Mit COL können Sie die Spaltenbreite einer Tabelle festlegen.

Attribute

ALIGN

Dieses Attribut ist für die Festlegung der Ausrichtung von Daten innerhalb einer Tabellenspalte zuständig.

LEFT

Linksbündige Ausrichtung von Daten innerhalb einer Tabelle. Standardmäßige Voreinstellung.

RIGHT

Rechtsbündige Ausrichtung von Daten innerhalb einer Tabelle.

CENTER

Zentrierte Ausrichtung von Daten innerhalb einer Tabelle. Standardmäßige Voreinstellung für Tabellenköpfe.

JUSTIFY

Erstellung von Blocksatz in einer Tabelle.

CHAR

Ausrichtung der Daten innerhalb einer Tabelle an einem mit dem Attribut CHAR festgelegten Zeichen.

CLASS

Über das Attribut CLASS lässt sich das Element einer Gruppe (Klasse) zuordnen. Geben Sie dazu einen frei wählbaren Klassennamen als Wert an. Diese Gruppierungen erlauben Ihnen anschließend einen leichten Zugriff auf alle zugehörigen Elemente. So können Sie später beispielsweise mit Hilfe von Cascading-Stylesheets oder anderen Sprachen leicht die Eigenschaften aller Elemente einer Klasse verändern oder Werte auslesen.

CHAR

Mit diesem Attribut können Sie ein Zeichen aus einem validen Zeichensatz festlegen, an dem sich in der Tabelle befindliche Daten ausgerichtet werden. Achten Sie darauf, dass bei diesem Attribut zwischen Groß- und Kleinschreibung unterschieden wird. Das voreingestellte Zeichen für die Ausrichtung ist der Dezimalpunkt. Je nach verwendeter Sprache (LANG) kann dies beispielsweise ein Komma oder ein Punkt sein.

CHAROFF

Dieses Attribut definiert den Abstand zum ersten Zeichen, welches mit dem Attribut CHAR formatiert wurde.

DIR

Dieses Attribut ist für die Bestimmung der Laufrichtung des Textes notwendig. Zwei Werte können alternativ übergeben werden:

LTR

Dieser Wert bestimmt die Laufrichtung des Textes von links nach rechts (Abkürzung für »left to right«). Diese Laufrichtung ist im Browser voreingestellt.

RTL

Soll der Text entgegen der Standardlaufrichtung vom rechten Bildschirmrand zum linken Rand laufen, dann wählen Sie den Wert RTL (Abkürzung für »right to left«).

ID

Über das Attribut ID wird das Element mit einer für das Dokument eindeutigen Kennzeichnung versehen. Über diese ID lässt sich anschließend beispielsweise mit Hilfe einer Scriptsprache gezielt auf einzelne Elemente zugreifen, um z.B. deren Werte auszulesen oder zu verändern.

LANG

Dieses Attribut gibt die Sprache des Zieldokuments an. Das ist insbesondere für die Indizierung in Suchmaschinen wichtig. Verwenden Sie die Sprachcodes nach ISO-639, z.B. "de" für Deutsch oder "en" für Englisch oder "en-us" für amerikanisches Englisch.

ONCLICK

Dieses Ereignis findet statt, wenn mit der Maus das benannte Element angeklickt wird. Durch diese Aktion wird ein angegebenes Script ausgeführt.

ONDBLCLICK

Dieses Ereignis findet statt, wenn mit der Maus das benannte Element doppelt angeklickt wird. Durch diese Aktion wird ein angegebenes Script ausgeführt.

ONKEYDOWN

Dieses Ereignis findet statt, wenn man sich über dem bezeichneten Element befindet und gleichzeitig eine Taste gedrückt wird. Durch diese Aktion wird ein angegebenes Script ausgeführt.

ONKEYPRESS

Dieses Ereignis findet statt, wenn man sich über dem bezeichneten Element befindet und gleichzeitig eine Taste drückt und wieder loslässt. Durch diese Aktion wird ein angegebenes Script ausgeführt.

ONKEYUP

Dieses Ereignis findet statt, wenn man sich über dem bezeichneten Element befindet und eine gedrückte Taste losgelassen wird. Durch diese Aktion wird ein angegebenes Script ausgeführt.

ONMOUSEDOWN

Dieses Ereignis findet statt, wenn man sich über dem bezeichneten Element befindet und gleichzeitig eine Maustaste gedrückt wird. Durch diese Aktion wird ein angegebenes Script ausgeführt.

ONMOUSEMOVE

Dieses Ereignis findet statt, wenn man sich mit der Maus über das benannte Element bewegt. Durch diese Aktion wird ein angegebenes Script ausgeführt.

ONMOUSEOUT

Dieses Ereignis findet statt, wenn man sich mit der Maus von dem benannten Element fortbewegt. Durch diese Aktion wird ein angegebenes Script ausgeführt.

ONMOUSEOVER

Dieses Ereignis findet statt, wenn der Mauszeiger direkt auf das benannte Element zeigt. Durch diese Aktion wird ein angegebenes Script ausgeführt.

ONMOUSEUP

Dieses Ereignis findet statt, wenn man sich über dem bezeichneten Element befindet und eine gedrückte Maustaste losgelassen wird. Durch diese Aktion wird ein angegebenes Script ausgeführt.

SPAN

Mit diesem Attribut können Sie die Anzahl der Spalten festlegen, mit der eine Tabelle bestückt werden soll. Gültige Werte für dieses Attribut sind positive Ganzzahlen.

STYLE

Das Attribut STYLE wird zur Festlegung spezifischer Eigenschaften in Bezug auf die Darstellung so gekennzeichneter Elemente verwendet. Die Vorgabe eines verwendeten Stils wird durch die Cascading-Stylesheets definiert.

TITLE

Geben Sie dem Anwender weitere Informationen über das verwendete Element, indem Sie mit Hilfe des TITLE-Befehls einen aussagekräftigen Titel festlegen. Insbesondere Anwendern, die auf eine Sprachausgabe angewiesen sind, wird so die Navigation durch Ihre Seiten erleichtert.

VALIGN

Mit diesem Attribut lässt sich die vertikale Ausrichtung von Text innerhalb einer Tabelle festlegen. Wenn dieses Element nicht eingesetzt wird, werden alle Texte automatisch zentriert ausgerichtet.

TOP

Markierter Text wird nach oben ausgerichtet.

BOTTOM

Markierter Text wird nach unten ausgerichtet.

MIDDLE

Markierter Text wird zentriert ausgerichtet.

BASELINE

Text, der sich in Einträgen befindet, die neben dem markierten Text vorhanden sind, wird auf einer von beiden Texten genutzten Basislinie ausgerichtet.

WIDTH

Dieses Attribut dient der Festlegung der Spaltenbreite. Mit der Eingabe WIDTH="*0" erreichen Sie, dass eine Spalte auf eine optimale bzw. für diese Spalte ausreichende Breite gesetzt wird. Andere zulässige Werte können Ganzzahlen für die Anzahl von Pixeln pro Spalte oder Prozentzahlen für den Bezug auf die Bildschirmbreite sein.

Pixel

Durch die Angabe einer Zahl erhalten Sie eine Spaltenbreite, die genau dem angegebenen Wert in Pixel entspricht.

Prozentangabe

Auch eine prozentuale Angabe der Spaltenbreite ist möglich. Fügen Sie in diesem Fall einfach ein Prozentzeichen an die Zahl an.

Proportional

Durch Hinzufügen eines Sternchens erhalten Sie eine proportionale Angabe der Spaltenbreite.

Beispiel

```
<table>
    <colgroup>
    <col width="100">
    <col width="200">
    <col width="150">
    </colgroup>
...

<table>
    <colgroup>
    <col width="1*">
    <col width="3*">
    </colgroup>
```

Dieses Beispiel erzeugt eine Tabelle in der die erste Spalte genau ¼ und die zweite Spalte ¾ der gesamten Breite einnimmt (1* + 3* = 4).

```
<table border="3" width="100%">
     <colgroup>
     <col width="30%">
     <col width="70%">
     </colgroup>
     <tr>
          <td>Zelle 1 (30%)</td>
          <td>Zelle 2 (70%)</td>
     </tr>
     <tr>
          <td>Zelle 3 (30%)</td>
          <td>Zelle 4 (70%)</td>
     </tr>
</table>
```

Ereignisse

ONCLICK, ONDBLCLICK, ONKEYDOWN, ONKEYPRESSED, ONKEYUP, ONMOUSEDOWN, ONMOUSEMOVE, ONMOUSEOUT, ONMOUSEOVER, ONMOUSEUP

XML-Definition

```
<!ELEMENT COL - O EMPTY>
<!ATTLIST COL
%attrs;
span        NUMBER 1
width       %MultiLength; #IMPLIED
%cellhalign;
%cellvalign;>
```

Verwandte Befehle

COLGROUP

TABLE

COLGROUP

Zusammenfassen von Tabellenspalten

Beschreibung

Mit diesem Befehl ist es möglich, Tabellenspalten zu Gruppen zusammenzufassen.

Anwendung

Der Befehl COLGROUP dient der Zusammenfassung bzw. Gruppierung von Tabellenspalten. Durch diese Zusammenfassungen können diesen Elementen beispielsweise gleiche Stilvorlagen zugewiesen werden. Sinnvoll ist dieses Feature auch bei der

Zusammenstellung von Übersichten für verschiedene Produkte. Durch eine einheitliche Strukturierung wird eine maximale Überschaubarkeit gewährleistet.

HTML-4.0-Standard

ALIGN, CHAR, CHAROFF, CLASS, DIR, ID, LANG, SPAN, STYLE, TITLE, VALIGN, WIDTH

Starttag: zwingend erforderlich; Endtag: optional.

Attribute

ALIGN

Dieses Attribut ist für die Festlegung der Ausrichtung von Daten innerhalb einer Tabellenspalte zuständig.

LEFT

Linksbündige Ausrichtung von Daten innerhalb einer Tabelle. Standardmäßige Voreinstellung.

RIGHT

Rechtsbündige Ausrichtung von Daten innerhalb einer Tabelle.

CENTER

Zentrierte Ausrichtung von Daten innerhalb einer Tabelle. Standardmäßige Voreinstellung für Tabellenköpfe.

JUSTIFY

Erstellung von Blocksatz in einer Tabelle.

CHAR

Ausrichtung der Daten innerhalb einer Tabelle an einem mit dem Attribut CHAR festgelegten Zeichen.

CLASS

Über das Attribut CLASS lässt sich das Element einer Gruppe (Klasse) zuordnen. Geben Sie dazu einen frei wählbaren Klassennamen als Wert an. Diese Gruppierungen erlauben Ihnen anschließend einen leichten Zugriff auf alle zugehörigen Elemente. So können Sie später beispielsweise mit Hilfe von Cascading-Stylesheets oder anderen Sprachen leicht die Eigenschaften aller Elemente einer Klasse verändern oder Werte auslesen.

CHAR

Mit diesem Attribut können Sie ein Zeichen aus einem validen Zeichensatz festlegen, an dem sich in der Tabelle befindliche Daten ausgerichtet werden. Achten Sie darauf, dass bei diesem Attribut zwischen Groß- und Kleinschreibung unterschieden wird. Das voreingestellte Zeichen für die Ausrichtung ist der Dezimalpunkt. Je nach verwendeter Sprache (LANG) kann dies beispielsweise ein Komma oder ein Punkt sein.

CHAROFF

Dieses Attribut definiert den Abstand zum ersten Zeichen, welches mit dem Attribut CHAR formatiert wurde.

DIR

Dieses Attribut ist für die Bestimmung der Laufrichtung des Textes notwendig. Zwei Werte können alternativ übergeben werden:

LTR

Dieser Wert bestimmt die Laufrichtung des Textes von links nach rechts (Abkürzung für »left to right«). Diese Laufrichtung ist im Browser voreingestellt.

RTL

Soll der Text entgegen der Standardlaufrichtung vom rechten Bildschirmrand zum linken Rand laufen, dann wählen Sie den Wert RTL (Abkürzung für »right to left«).

ID

Über das Attribut ID wird das Element mit einer für das Dokument eindeutigen Kennzeichnung versehen. Über diese ID lässt sich anschließend beispielsweise mit Hilfe einer Scriptsprache gezielt auf einzelne Elemente zugreifen, um z.B. deren Werte auszulesen oder zu verändern.

LANG

Dieses Attribut gibt die Sprache des Zieldokuments an. Das ist insbesondere für die Indizierung in Suchmaschinen wichtig. Verwenden Sie die Sprachcodes nach ISO-639, z.B. "de" für Deutsch oder "en" für Englisch oder "en-us" für amerikanisches Englisch.

ONCLICK

Dieses Ereignis findet statt, wenn mit der Maus das benannte Element angeklickt wird. Durch diese Aktion wird ein angegebenes Script ausgeführt.

ONDBLCLICK

Dieses Ereignis findet statt, wenn mit der Maus das benannte Element doppelt angeklickt wird. Durch diese Aktion wird ein angegebenes Script ausgeführt.

ONKEYDOWN

Dieses Ereignis findet statt, wenn man sich über dem bezeichneten Element befindet und gleichzeitig eine Taste gedrückt wird. Durch diese Aktion wird ein angegebenes Script ausgeführt.

ONKEYPRESS

Dieses Ereignis findet statt, wenn man sich über dem bezeichneten Element befindet und gleichzeitig eine Taste drückt und wieder loslässt. Durch diese Aktion wird ein angegebenes Script ausgeführt.

ONKEYUP

Dieses Ereignis findet statt, wenn man sich über dem bezeichneten Element befindet und eine gedrückte Taste losgelassen wird. Durch diese Aktion wird ein angegebenes Script ausgeführt.

ONMOUSEDOWN

Dieses Ereignis findet statt, wenn man sich über dem bezeichneten Element befindet und gleichzeitig eine Maustaste gedrückt wird. Durch diese Aktion wird ein angegebenes Script ausgeführt.

ONMOUSEMOVE

Dieses Ereignis findet statt, wenn man sich mit der Maus über das benannte Element bewegt. Durch diese Aktion wird ein angegebenes Script ausgeführt.

ONMOUSEOUT

Dieses Ereignis findet statt, wenn man sich mit der Maus von dem benannten Element fortbewegt. Durch diese Aktion wird ein angegebenes Script ausgeführt.

ONMOUSEOVER

Dieses Ereignis findet statt, wenn der Mauszeiger direkt auf das benannte Element zeigt. Durch diese Aktion wird ein angegebenes Script ausgeführt.

ONMOUSEUP

Dieses Ereignis findet statt, wenn man sich über dem bezeichneten Element befindet und eine gedrückte Maustaste losgelassen wird. Durch diese Aktion wird ein angegebenes Script ausgeführt.

SPAN

Mit diesem Attribut können Sie die Anzahl der Spalten festlegen, mit der eine Tabelle bestückt werden soll. Gültige Werte für dieses Attribut sind positive Ganzzahlen.

STYLE

Das Attribut STYLE lässt sich dazu nutzen, um Stilvorgaben, insbesondere das Aussehen des Elements, zu verändern. Als Wert des Attributs übergeben Sie die entsprechenden Optionen einer Stylesheet-Sprache (meist CSS).

TITLE

Geben Sie dem Anwender weitere Informationen über das verwendete Element, indem Sie mit Hilfe des TITLE-Befehls einen aussagekräftigen Titel festlegen. Insbesondere Anwendern, die auf eine Sprachausgabe angewiesen sind, wird so die Navigation durch Ihre Seiten erleichtert.

VALIGN

Mit diesem Attribut lässt sich die horizontale Ausrichtung von Text innerhalb einer Tabelle festlegen. Wenn dieses Element nicht eingesetzt wird, werden alle Texte automatisch zentriert ausgerichtet.

TOP

Markierter Text wird nach oben ausgerichtet.

BOTTOM

Markierter Text wird nach unten ausgerichtet.

MIDDLE

Markierter Text wird zentriert ausgerichtet.

BASELINE

Text, der sich in Einträgen befindet, die neben dem markierten Text vorhanden sind, wird auf einer von beiden Texten genutzten Basislinie ausgerichtet.

WIDTH

Dieses Attribut dient der Festlegung der Spaltenbreite in Pixel, Prozent oder relativer Breite. Mit der Eingabe WIDTH="0*" erreichen Sie, dass eine Spalte auf eine optimale bzw. für diese Spalte ausreichende Breite gesetzt wird. Andere zulässige Werte können Ganzzahlen für die Anzahl von Pixeln pro Spalte oder Prozentzahlen für den Bezug auf die Bildschirmbreite sein.

Beispiel

```
<colgroup span="10" width="20">
</colgroup>

<colgroup>
      <col width="20">
      <col width="20">
      <col width="20">
      <col width="20">
      <col width="20">
      <col width="20">
      <col width="20">
      <col width="20">
      <col width="20">
      <col width="20">
</colgroup>
```

Mit den oben genannten Beispielen erreichen Sie in beiden Fällen das gleiche Ergebnis. Der konsequente Einsatz der Möglichkeiten von COLGROUP erleichtert also in vielen Fällen die Arbeit.

Ereignisse

ONCLICK, ONDBLCLICK, ONKEYDOWN, ONKEYPRESSED, ONKEYUP, ONMOUSEDOWN, ONMOUSEMOVE, ONMOUSEOUT, ONMOUSEOVER, ONMOUSEUP

XML-Definition

```
<!ELEMENT COLGROUP - O (col)*>
<!ATTLIST COLGROUP
%attrs;
span          NUMBER 1
width         %MultiLength; #IMPLIED
%cellhalign;
%cellvalign;>
```

Verwandte Befehle

COL

TABLE

color

Farbe eines Elements festlegen

Beschreibung

Bringen Sie ein bisschen Farbe ins Spiel. Mit color ändern Sie die Farbe des Elements, in der Regel die des eingeschlossenen Textes.

Parameter

Die Farbe kann entweder als Schlüsselwort übergeben werden (z.B. "red") oder als zusammengesetzter RGB-Wert (z.B. "rgb(0,0,255)"). Der RGB-Wert gibt die einzelnen Farbanteile der Farben Rot, Gelb und Blau an und stellt daraus eine zusammengesetzte Farbe her. Gültige Werte für die drei Anteile sind Zahlen zwischen 0 und 255.

Beispiel

```
<style type="text/css">
h1, h2 { color: red }
h3, h4 { color: #000000 }
</style>

<div style="color: green">
</div>
```

COLOR   <html attribut>

Textfarbe bestimmen

Beschreibung

Legen Sie mit diesem Attribut die Farbe des Textes eines mit FONT definierten Abschnittes fest.

Anwendung

Übergeben Sie dem Attribut COLOR einen gültigen Farbwert. Der Einsatz dieses Attributs ist optional.

Werte

Übergeben Sie dem Attribut entweder einen Farbwert in RGB-Syntax oder einen gültigen Farbnamen. Für den RGB-Wert geben Sie die Farbanteile der Farben Rot, Gelb und Blau in hexadezimaler Schreibweise an: #RRGGBB (z.B. #008000 für Grün). Alternativ lassen sich vordefinierte Farbnamen verwenden (z.B. YELLOW). Unter dem

Stichwort **Farbtabelle** finden Sie eine komplette Aufstellung aller Standardfarben. Hier zunächst die 16 am häufigsten verwendeten Grundfarben:

```
BLACK     = #000000        SILVER    = #C0C0C0
GRAY      = #808080        WHITE     = #FFFFFF
MAROON    = #800000        RED       = #FF0000
PURPLE    = #800080        FUCHSIA   = #FF00FF
GREEN     = #008000        LIME      = #00FF00
OLIVE     = #808000        YELLOW    = #FFFF00
NAVY      = #000080        BLUE      = #0000FF
TEAL      = #008080        AQUA      = #00FFFF
```

Beispiel

```
<font face="Arial" color="blue">
Jetzt gehts in Blau weiter ...
</font>
<font color="#000000">
... und jetzt kommt Schwarz!
</font>
```

Zugehörige Elemente

BASEFONT

FONT

COLS   <html attribut>

Anzahl und Breite der Spalten festlegen

Beschreibung

Dieses Attribut dient der Festlegung der Spalten mit den dazugehörigen Breitenangaben eines Frames oder der Festlegung der Anzahl an Spalten eines Texteingabefeldes. Der Wert für die Breite des Frames kann in Pixeln oder prozentual auf die Gesamtbreite des Bildschirms bezogen erfolgen.

Anwendung

Geben Sie die einzelnen Werte für die Breite der Spalten des Frames oder Textfeldes durch Kommata getrennt an.

Werte

Je nachdem, für welchen Befehl Sie dieses Attribut verwenden, existieren unterschiedliche Gültigkeitsbereiche für den übergebenen Wert. Im Folgenden haben wir die einzelnen Befehle und möglichen Werte aufgelistet:

FRAMESET

Einige Elemente lassen für dieses Attribut drei verschiedene Größenangaben zu: Sie können die Größe in Pixel, Prozent oder in der relativen Länge angeben. Zur Angabe einer Größe in Pixel übergeben Sie dem Attribut einen ganzzahligen Wert, jedes Pixel entspricht dabei einem Bildpunkt in der gewählten Auflösung. Die Angabe in Prozent erfolgt über eine Zahl von 1 bis 100 und ein angehängtes Prozentzeichen (="50%"). Die Angabe einer relativen Länge erfolgt als Ganzzahl mit angehängtem Sternchen (="1*").

Bei der gleichzeitigen Verwendung der drei Größenangaben geht der Browser in der oben genannten Reihenfolge vor. Und verteilt zunächst den vertikalen oder horizontalen Platz nach Pixelangaben, dann verarbeitet er die Prozentangaben und der restliche Platz wird dann nach relativen Zahlen verteilt. Ist beispielsweise eine Breite von 100 Pixel übrig geblieben, dann entspricht eine Angabe von ="2*, 3*" einer Breite von 40 und 60 Pixel.

TEXTAREA

Dieses Attribut legt die Anzahl der Spalten fest. Gültige Werte für dieses Attribut sind ganze Zahlen. Die Zahl muss mindestens eine Ziffer der Zahlen 0 bis 9 enthalten (="9").

Beispiel

```
<frameset cols="40%,60%">
<frame src="verweise.htm" name="Verweise">
<frame src="titel.htm" name="Daten">
</frameset>

<frameset cols="100, *">
<frame src="verweise.htm" name="Verweise">
<frame src="titel.htm" name="Daten">
</frameset>

<textarea cols="80" rows="3">
Ihr Kommentar ...
</textarea>
```

Zugehörige Elemente

FRAMESET
TEXTAREA

COLSPAN <html attribut>

Zellen über mehrere Spalten erzeugen

Beschreibung

Mit diesem Attribut wird die Anzahl der Spalten angegeben, die für eine Zelle notwendig sind.

Anwendung

Im Regelfall wird nur eine Spalte benötigt, dann muss dieser Wert nicht angegeben werden. Soll sich aber eine Zelle beispielsweise über drei Spalten erstrecken, dann geben Sie COLSPAN="3" an.

Der Einsatz dieses Attributs ist optional.

Werte

Gültige Werte für dieses Attribut sind ganze Zahlen. Die Zahl muss mindestens eine Ziffer der Zahlen 0 bis 9 enthalten (="9").

Beispiel

```
<table>
<tr>
        <td>Zelle 1</td>
        <td>Zelle 2</td>
        <tr>
<td colspan="2">Zelle 3</td>
        </tr>
</table>
```

Zugehörige Elemente

TD
TH

COMPACT <html attribut>

Listen in kompakter Form anzeigen

Beschreibung

Sofern dieser Wert gesetzt ist, versucht der Browser, diese Aufzählung in einer kompakten Form darzustellen. Die Interpretation dieser Option hängt sehr stark vom verwendeten Browser ab.

Anwendung

Der Einsatz dieses Attributs ist optional und hat bei den meisten heute verwendeten Browsern keinerlei Auswirkung auf die Darstellung der Liste.

Werte

Um diese Option zu aktivieren, setzen Sie einfach den Namen des Attributes ein. Sie müssen diesem Attribut keinen Wert übergeben. Wird das Attribut nicht eingesetzt, so bleibt die Option deaktiviert. Dabei ist dieses Attribut case-insensitive. Es wird also nicht zwischen Groß- und Kleinschreibung unterschieden.

Beispiel

```
<ol compact>
      <li>Erstens</li>
      <li>Zweitens</li>
      <li>Drittens</li>
</ol>
<ul compact>
      <li>Erstens</li>
      <li>Zweitens</li>
      <li>Drittens</li>
</ul>
```

Zugehörige Elemente

DIR
DL
MENU
OL
UL

CONTENT   <html attribut>

Inhalt eines META-Tags angeben

Beschreibung

Durch dieses Attribut lassen sich Angaben zum Inhalt eines Dokuments vornehmen.

Anwendung

Zunächst müssen Sie zusätzlich über HTTP-EQUIV oder NAME festlegen, welche Informationen Sie geben (beispielsweise KEYWORDS), den Inhalt übergeben Sie dann mit CONTENT. Mehrere Angaben können durch Kommata oder Leerzeichen getrennt angegeben werden. Der Einsatz dieses Attributs ist zwingend erforderlich.

Werte

Diesem Attribut können Sie als Wert eine beliebige Zeichenfolge übergeben. Dabei sollte diese Zeichenkette möglichst nicht mit Leerzeichen beginnen oder enden. Eventuell wird der verarbeitende Browser diese herausfiltern.

Beispiel

```
<meta name="keywords" lang="de"
      content="Gebrauchtwagen, Autos">
<meta name="author" content="Gunter Wielage">
<meta name="generator" content="Frontpage 2000">
```

Zugehörige Elemente

META

COORDS   <html attribut>

Koordinaten einer verweissensitiven Fläche angeben

Beschreibung

Mit Hilfe dieses Attributs werden absolute Koordinaten von Flächen innerhalb einer Grafik definiert.

Anwendung

Die Form der Koordinatenangaben hängt von der unter SHAPE festgelegten Regionsform ab. Gültige Werte sind einzelne, durch Kommata getrennte Längen- oder Größenangaben.

Werte

Je nachdem, welchen Typ Sie unter SHAPE gewählt haben, erfolgt die Angabe der einzelnen Koordinaten in unterschiedlicher Form:

RECT
    Rechteck; x1=linke obere Ecke, Pixel von links, y1=linke obere Ecke, Pixel von oben, x2=rechte untere Ecke, Pixel von links, y2=rechte untere Ecke, Pixel von oben

CIRCLE
    Kreis; x=Mittelpunkt, Pixel von links, y=Mittelpunkt, Pixel von oben, r= Radius in Pixel

POLY
    Vieleck; x1-xn, x=Pixel einer Ecke von links, y1-yn, y= Pixel einer Ecke von oben

Beispiel

```
<a shape="rect" coords="1, 1, 120, 90">
<a shape="circle" coords="120, 300, 20">
<a shape="poly" coords="78, 67, 122, 324, 123, 90, 15, 10">
```

Zugehörige Elemente

A
AREA

DATA   <html attribut>

Referenz zu Daten eines Objektes

Beschreibung

Mit diesem Attribut wird auf Daten verwiesen, die dem Objekt zugehörig sind.

Anwendung

Über das Attribut DATA geben Sie die Datenquelle eines Objektes an, das Sie in Ihr HTML-Dokument einbinden möchten. Geben Sie über TYPE zusätzlich den Medientyp des Objekts an.

Werte

Ein gültiger Wert für dieses Attribut ist ein sogenannter URI (*Uniform Resource Identifier*). Der Aufbau eines URI entspricht dem folgenden Schema:

```
[Protokoll]://[Domain]/[Verzeichnis]/[Datei]
```

Mögliche Angaben für das verwendete Protokoll sind die folgenden Werte:

ftp	File Transfer Protocol
http	Hypertext Transfer Protocol
gopher	Gopher Protocol
mailto	Electronic Mail Address
news	USENET News
nntp	USENET News (NNTP-Zugriff)
telnet	Reference to interactive sessions
wais	Wide Area Information Server
file	Host-specific file names
prospero	Prospero Directory Service

Beispiel

```
<object data="song.wav" type="audio/wav">
<object
    data="http://www.musik.de/song.wav"
    type="audio/wav">
```

Zugehörige Elemente

OBJECT

DATETIME   <html attribut>

Datum und Uhrzeit einer Änderung angeben

Beschreibung

Mit Hilfe dieses Attributs können Sie für die Elemente INS und DEL Datum und Uhrzeit der entsprechenden Änderung angeben. So behalten Sie gerade bei Projekten, die mit mehreren Mitarbeitern realisiert werden, die Übersicht.

Anwendung

Geben Sie Datum und Uhrzeit im entsprechenden Format an. Der Einsatz dieses Attributs ist optional.

Werte

Mit Hilfe dieses Attributs können exakte Zeitangaben für vorgenommene Änderungen durchgeführt werden. Wenn Sie dieses Attribut verwenden, müssen Sie darauf achten, dass die entsprechenden Angaben dem sogenannten ISO-8601-Standard entsprechen.

Wenn Sie so verfahren, hat der Eintrag folgendes Aussehen:

```
JJJJ-MMDDThh:mm:ssTZD
```

Diese Einträge haben folgende Bedeutung:

JJJJ

vierstellige Jahreszahl

MM

zweistellige Monatsangabe (03=März)

DD

zweistellige Tagesdatumsangabe (05, 27)

T

Trennzeichen nach ISO-8061 zwischen Datums- und Zeitangabe

hh

zweistellige Stundenangabe (00 – 23)

mm

zweistellige Minutenangabe (00 – 59)

ss

zweistellige Sekundenangabe (00 – 59)

TZD

Abkürzung für »Time Zone Designator«. Bezeichnung der Zeitzone. Das Z in dieser Abkürzung steht für »Coordinated Universal Time« (UTC). Demnach stellen Einträge wie +hh:mm oder -hh:mm lokale Zeitangaben dar, die entweder vor oder nach UTC bedeuten.

Beispiel

```
<ins datetime="1999-06-08T06:00:01+03:00">Eingefügt</ins>
<del datetime="1999-09-01T02:32:18+00:00">Gelöscht</del>
```

Zugehörige Elemente

DEL

INS

DD

Beschreibung von Definitionen

Beschreibung

Mit diesem Befehl werden Ausdrücke innerhalb von Definitionslisten definiert.

Anwendung

Der Befehl DD wird verwendet, um einen vorher angegebenen Definitionsbegriff nähergehend zu beschreiben. Text, der auf diese Art und Weise formatiert ist, kann unter anderem als Fließtext dargestellt werden. Innerhalb dieses Befehls dürfen ebenfalls Abschnitts- und Textmarkierungen verwendet werden. Gedacht ist dieser Befehl beispielsweise für Glossare. Dort werden einzelne Begriffe aufgezählt (mit DT) und dann über den Befehl DD definiert. Die Liste der Definitionen wird über den Container DL festgelegt.

HTML-4.0-Standard

CLASS, DIR, ID, LANG, STYLE, TITLE

Starttag: zwingend erforderlich; Endtag: optional.

Attribute

CLASS

Über das Attribut CLASS lässt sich das Element einer Gruppe (Klasse) zuordnen. Geben Sie dazu einen frei wählbaren Klassennamen als Wert an. Diese Gruppierungen erlauben Ihnen anschließend einen leichten Zugriff auf alle zugehörigen Elemente. So können Sie später beispielsweise mit Hilfe von Cascading-Style-sheets oder anderen Sprachen leicht die Eigenschaften aller Elemente einer Klasse verändern oder Werte auslesen.

DIR

Dieses Attribut ist für die Bestimmung der Laufrichtung des Textes notwendig.

LTR

Dieser Wert bestimmt die Laufrichtung des Textes von links nach rechts (Abkürzung für »left to right«). Diese Laufrichtung ist im Browser voreinge-stellt.;

RTL

Soll der Text entgegen der Standardlaufrichtung vom rechten Bildschirmrand zum linken Rand laufen, dann wählen Sie den Wert RTL (Abkürzung für »right to left«).

ID

Über das Attribut ID wird das Element mit einer für das Dokument eindeutigen Kennzeichnung versehen. Über diese ID lässt sich anschließend beispielsweise mit Hilfe einer Scriptsprache gezielt auf einzelne Elemente zugreifen, um z.B. deren Werte auszulesen oder zu verändern.

LANG

Dieses Attribut gibt die Sprache des Zieldokuments an. Das ist insbesondere für die Indizierung in Suchmaschinen wichtig. Verwenden Sie die Sprachcodes nach ISO-639, z.B. "de" für Deutsch oder "en" für Englisch oder "en-us" für amerika-nisches Englisch.

ONCLICK

Dieses Ereignis findet statt, wenn mit der Maus das benannte Element ange-klickt wird. Durch diese Aktion wird ein angegebenes Script ausgeführt.

ONDBLCLICK

Dieses Ereignis findet statt, wenn mit der Maus das benannte Element doppelt angeklickt wird. Durch diese Aktion wird ein angegebenes Script ausgeführt.

ONKEYDOWN

Dieses Ereignis findet statt, wenn man sich über dem bezeichneten Element befindet und gleichzeitig eine Taste gedrückt wird. Durch diese Aktion wird ein angegebenes Script ausgeführt.

ONKEYPRESS

Dieses Ereignis findet statt, wenn man sich über dem bezeichneten Element befindet und gleichzeitig eine Taste drückt und wieder loslässt. Durch diese Aktion wird ein angegebenes Script ausgeführt.

ONKEYUP

Dieses Ereignis findet statt, wenn man sich über dem bezeichneten Element befindet und eine gedrückte Taste losgelassen wird. Durch diese Aktion wird ein angegebenes Script ausgeführt.

ONMOUSEDOWN

Dieses Ereignis findet statt, wenn man sich über dem bezeichneten Element befindet und gleichzeitig eine Maustaste gedrückt wird. Durch diese Aktion wird ein angegebenes Script ausgeführt.

ONMOUSEMOVE

Dieses Ereignis findet statt, wenn man sich mit der Maus über das benannte Element bewegt. Durch diese Aktion wird ein angegebenes Script ausgeführt.

ONMOUSEOUT

Dieses Ereignis findet statt, wenn man sich mit der Maus von dem benannten Element fortbewegt. Durch diese Aktion wird ein angegebenes Script ausgeführt.

ONMOUSEOVER

Dieses Ereignis findet statt, wenn der Mauszeiger direkt auf das benannte Element zeigt. Durch diese Aktion wird ein angegebenes Script ausgeführt.

ONMOUSEUP

Dieses Ereignis findet statt, wenn man sich über dem bezeichneten Element befindet und eine gedrückte Maustaste losgelassen wird. Durch diese Aktion wird ein angegebenes Script ausgeführt.

STYLE

Das Attribut STYLE lässt sich dazu nutzen, um Stilvorgaben, insbesondere das Aussehen des Elements, zu verändern. Als Wert des Attributs übergeben Sie die entsprechenden Optionen einer Stylesheet-Sprache (meist CSS).

TITLE

Geben Sie dem Anwender weitere Informationen über das verwendete Element, indem Sie mit Hilfe des TITLE-Befehls einen aussagekräftigen Titel festlegen. Insbesondere Anwendern, die auf eine Sprachausgabe angewiesen sind, wird so die Navigation durch Ihre Seiten erleichtert.

Beispiel

```
<dl>
<dt>einzelner Ausdruck</dt>
<dd>Definition dieses Ausdrucks</dd>

<dt>Weiterer Ausdruck</dt>
<dd>Definition des zweiten Ausdrucks</dd>
</dl>


<dl>
    <dt>LTR</dt>
    <dd>left to right
    <dt>RTL</dt>
    <dd>right to left
</dl>
```

Ereignisse

ONCLICK, ONDBLCLICK, ONKEYDOWN, ONKEYPRESSED, ONKEYUP, ONMOUSEDOWN, ONMOUSEMOVE, ONMOUSEOUT, ONMOUSEOVER, ONMOUSEUP

Verwandte Befehle

DL
DT

DECLARE <html attribut>

Objekt in Definition umwandeln

Beschreibung

Mit diesem Attribut wird ein Objekt in eine Definition umgewandelt.

Anwendung

Zur Anwendung kommt dieses Attribut, wenn zu einem entsprechenden Objekt Kreuzreferenzen gebildet werden sollen oder wenn es sich bei dem Objekt selbst um einen Parameter eines anderen Objektes handelt.

Werte

Um diese Option zu aktivieren, setzen Sie einfach den Namen des Attributes ein. Sie müssen diesem Attribut keinen Wert übergeben. Wird das Attribut nicht eingesetzt, so bleibt die Option deaktiviert. Dabei ist dieses Attribut case-insensitive. Es wird also nicht zwischen Groß- und Kleinschreibung unterschieden.

Beispiel

```
<object declare>
```

Zugehörige Elemente

OBJECT

DEFER **<html attribut>**

Keine Änderungen am Seitenaufbau durch ein Script

Beschreibung

Dieses Attribut wird angeführt, wenn durch ein Script an einem darzustellenden HTML-Dokument keine Änderungen erfolgen. So wird es dem Browser möglich, ohne weitere Änderungen
mit dem Seitenaufbau fortzufahren.

Anwendung

Setzen Sie das Attribut optional in den Befehl SCRIPT ein.

Werte

Um diese Option zu aktivieren, setzen Sie einfach den Namen des Attributes ein.
Sie müssen diesem Attribut keinen Wert übergeben. Wird das Attribut nicht eingesetzt, so bleibt die Option deaktiviert. Dabei ist dieses Attribut case-insensitive. Es
wird also nicht zwischen Groß- und Kleinschreibung unterschieden.

Beispiel

```
<script type="JavaScript" declare>
```

Zugehörige Elemente

SCRIPT

define-script

Script zur Laufzeit ausführen

Beschreibung

Dient der Definition eines Skripts, das vom Parser zur Übersetzungszeit ausgeführt wird. Es
ermöglicht so eine dynamische Generierung des Zieldokuments.

Anwendung

In der Regel wird <define-script> im Zusammenhang mit einem CDATA-Abschnitt
eingesetzt:

Beispiel

```
<define-script>
     <![CDATA
```

134

```
[
...
]]>
</define-script>
```

DEL

Markieren von gelöschtem Text

Beschreibung

Mit diesem Befehl wird Text markiert, der in einer neueren Version gelöscht wird.

Anwendung

Der Befehl DEL wird verwendet, um bei Texten, an denen beispielsweise mehrere Personen arbeiten, Änderungen kenntlich zu machen. In diesem Fall handelt es sich dabei um Text, der in einer aktuelleren Version eines HTML-Dokuments als gelöscht markiert werden soll. Ein Befehl, der dazugehört, aber genau das Gegenteil bewirkt, ist der Befehl INS. Diese Funktion der Dokumentation von Dokumentänderungen ist bereits aus verschiedenen Textverarbeitungsprogrammen bekannt.

HTML-4.0-Standard

CITE, CLASS, DATETIME, DIR, ID, LANG, STYLE, TITLE

Starttag: zwingend erforderlich; Endtag: zwingend erforderlich.

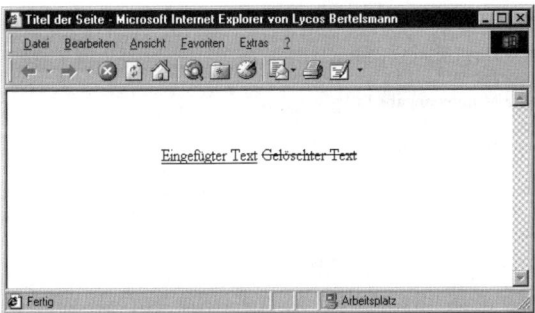

Eingefügter Text wird unterstrichen und gelöschte Abschnitte durchgestrichen dargestellt.

Attribute

CLASS

Über das Attribut CLASS lässt sich das Element einer Gruppe (Klasse) zuordnen. Geben Sie dazu einen frei wählbaren Klassennamen als Wert an. Diese Gruppierungen erlauben Ihnen anschließend einen leichten Zugriff auf alle zugehörigen Elemente. So können Sie später beispielsweise mit Hilfe von Cascading-Stylesheets oder anderen Sprachen leicht die Eigenschaften aller Elemente einer Klasse verändern oder Werte auslesen.

CITE

Mit diesem Attribut ist es möglich, Dokumente zu kennzeichnen, die entweder auf das ursprüngliche Dokument verweisen, oder es erfolgt eine Angabe zu dem Dokument, in dem vorgenommene Änderungen erläutert werden.

DATETIME

Mit Hilfe dieses Attributs können exakte Zeitangaben für vorgenommene Änderungen durchgeführt werden. Wenn Sie dieses Attribut verwenden, müssen Sie darauf achten, dass die entsprechenden Angaben dem sogenannten ISO-8601-Standard entsprechen.

Wenn Sie so verfahren, hat der Eintrag folgendes Aussehen:

JJJJ-MMDDThh:mm:ssTZD

Diese Einträge haben folgende Bedeutung:

JJJJ

vierstellige Jahreszahl

MM

zweistellige Monatsangabe (03=März)

DD

zweistellige Tagesdatumsangabe (05, 27)

T

Trennzeichen nach ISO-8061 zwischen Datums- und Zeitangabe

hh

zweistellige Stundenangabe (00 – 23)

mm

zweistellige Minutenangabe (00 – 59)

ss

zweistellige Sekundenangabe (00 – 59)

TZD

Abkürzung für »Time Zone Designator«. Bezeichnung der Zeitzone. Das Z in dieser Abkürzung steht für »Coordinated Universal Time« (UTC). Demnach stellen Einträge wie +hh:mm oder -hh:mm lokale Zeitangaben dar, die entweder vor oder nach UTC bedeuten.

DIR

Dieses Attribut ist für die Bestimmung der Laufrichtung des Textes notwendig. Zwei Werte können alternativ übergeben werden:

LTR
> Dieser Wert bestimmt die Laufrichtung des Textes von links nach rechts (Abkürzung für »left to right«). Diese Laufrichtung ist im Browser voreingestellt.

RTL
> Soll der Text entgegen der Standardlaufrichtung vom rechten Bildschirmrand zum linken Rand laufen, dann wählen Sie den Wert RTL (Abkürzung für »right to left«).

ID
Über das Attribut ID wird das Element mit einer für das Dokument eindeutigen Kennzeichnung versehen. Über diese ID lässt sich anschließend beispielsweise mit Hilfe einer Scriptsprache gezielt auf einzelne Elemente zugreifen, um z.B. deren Werte auszulesen oder zu verändern.

LANG
> Dieses Attribut gibt die Sprache des Zieldokuments an. Das ist insbesondere für die Indizierung in Suchmaschinen wichtig. Verwenden Sie die Sprachcodes nach ISO-639, z.B. "de" für Deutsch oder "en" für Englisch oder "en-us" für amerikanisches Englisch.

ONCLICK
Dieses Ereignis findet statt, wenn mit der Maus das benannte Element angeklickt wird. Durch diese Aktion wird ein angegebenes Script ausgeführt.

ONDBLCLICK
Dieses Ereignis findet statt, wenn mit der Maus das benannte Element doppelt angeklickt wird. Durch diese Aktion wird ein angegebenes Script ausgeführt.

ONKEYDOWN
Dieses Ereignis findet statt, wenn man sich über dem bezeichneten Element befindet und gleichzeitig eine Taste gedrückt wird. Durch diese Aktion wird ein angegebenes Script ausgeführt.

ONKEYPRESS
Dieses Ereignis findet statt, wenn man sich über dem bezeichneten Element befindet und gleichzeitig eine Taste drückt und wieder loslässt. Durch diese Aktion wird ein angegebenes Script ausgeführt.

ONKEYUP
Dieses Ereignis findet statt, wenn man sich über dem bezeichneten Element befindet und eine gedrückte Taste losgelassen wird. Durch diese Aktion wird ein angegebenes Script ausgeführt.

ONMOUSEDOWN
Dieses Ereignis findet statt, wenn man sich über dem bezeichneten Element befindet und gleichzeitig eine Maustaste gedrückt wird. Durch diese Aktion wird ein angegebenes Script ausgeführt.

ONMOUSEMOVE
Dieses Ereignis findet statt, wenn man sich mit der Maus über das benannte Element bewegt. Durch diese Aktion wird ein angegebenes Script ausgeführt.

ONMOUSEOUT

Dieses Ereignis findet statt, wenn man sich mit der Maus von dem benannten Element fortbewegt. Durch diese Aktion wird ein angegebenes Script ausgeführt.

ONMOUSEOVER

Dieses Ereignis findet statt, wenn der Mauszeiger direkt auf das benannte Element zeigt. Durch diese Aktion wird ein angegebenes Script ausgeführt.

ONMOUSEUP

Dieses Ereignis findet statt, wenn man sich über dem bezeichneten Element befindet und eine gedrückte Maustaste losgelassen wird. Durch diese Aktion wird ein angegebenes Script ausgeführt.

STYLE

Das Attribut STYLE lässt sich dazu nutzen, um Stilvorgaben, insbesondere das Aussehen des Elements, zu verändern. Als Wert des Attributs übergeben Sie die entsprechenden Optionen einer Stylesheet-Sprache (meist CSS).

TITLE

Geben Sie dem Anwender weitere Informationen über das verwendete Element, indem Sie mit Hilfe des TITLE-Befehls einen aussagekräftigen Titel festlegen. Insbesondere Anwendern, die auf eine Sprachausgabe angewiesen sind, wird so die Navigation durch Ihre Seiten erleichtert.

Beispiel

```
<del datetime="1999-06-08T06:00:01Z">Fluß</del>
<ins>Fluss</ins>

<ins datetime="1999-06-08T06:00:01+03:00">Eingefügt</ins>
```

Ereignisse

ONCLICK, ONDBLCLICK, ONKEYDOWN, ONKEYPRESSED, ONKEYUP, ONMOUSEDOWN, ONMOUSEMOVE, ONMOUSEOUT, ONMOUSEOVER, ONMOUSEUP

XML-Definition

```
<!ELEMENT (INS|DEL) - - (%flow;)*>
<!ATTLIST (INS|DEL)
%attrs;
cite        %URI;       #IMPLIED
datetime    %Datetime;  #IMPLIED>
```

Verwandte Befehle

INS

DFN

Kennzeichnen von Definitionen

Beschreibung

Mit diesem Befehl werden Definitionen gekennzeichnet. Bei dem Befehl DFN handelt es sich um ein neues Kommando, welches erstmals in dem Browser *Internet Explorer* eingesetzt wurde.

Anwendung

Der Befehl DFN wird zur Kennzeichnung von Definitionen verwendet, die innerhalb eines Textes vorkommen. Browser, die diese Art von Formatierung interpretieren können, stellen einen Text, der mit dem Befehl DFN gekennzeichnet wird, kursiv dar.

HTML-4.0-Standard

CLASS, DIR, ID, LANG, STYLE, TITLE

Starttag: zwingend erforderlich; Endtag: zwingend erforderlich.

Attribute

CLASS

Über das Attribut CLASS lässt sich das Element einer Gruppe (Klasse) zuordnen. Geben Sie dazu einen frei wählbaren Klassennamen als Wert an. Diese Gruppierungen erlauben Ihnen anschließend einen leichten Zugriff auf alle zugehörigen Elemente. So können Sie später beispielsweise mit Hilfe von Cascading-Stylesheets oder anderen Sprachen leicht die Eigenschaften aller Elemente einer Klasse verändern oder Werte auslesen.

DIR

Dieses Attribut ist für die Bestimmung der Laufrichtung des Textes notwendig. Zwei Werte können alternativ übergeben werden:

LTR

Dieser Wert bestimmt die Laufrichtung des Textes von links nach rechts (Abkürzung für »left to right«). Diese Laufrichtung ist im Browser voreingestellt.

RTL

Soll der Text entgegen der Standardlaufrichtung vom rechten Bildschirmrand zum linken Rand laufen, dann wählen Sie den Wert RTL (Abkürzung für »right to left«).

ID

Über das Attribut ID wird das Element mit einer für das Dokument eindeutigen Kennzeichnung versehen. Über diese ID lässt sich anschließend beispielsweise mit Hilfe einer Scriptsprache gezielt auf einzelne Elemente zugreifen, um z.B. deren Werte auszulesen oder zu verändern.

LANG

Dieses Attribut gibt die Sprache des Zieldokuments an. Das ist insbesondere für die Indizierung in Suchmaschinen wichtig. Verwenden Sie die Sprachcodes nach ISO-639, z.B. `"de"` für Deutsch oder `"en"` für Englisch oder `"en-us"` für amerikanisches Englisch.

ONCLICK

Dieses Ereignis findet statt, wenn mit der Maus das benannte Element angeklickt wird. Durch diese Aktion wird ein angegebenes Script ausgeführt.

ONDBLCLICK

Dieses Ereignis findet statt, wenn mit der Maus das benannte Element doppelt angeklickt wird. Durch diese Aktion wird ein angegebenes Script ausgeführt.

ONKEYDOWN

Dieses Ereignis findet statt, wenn man sich über dem bezeichneten Element befindet und gleichzeitig eine Taste gedrückt wird. Durch diese Aktion wird ein angegebenes Script ausgeführt.

ONKEYPRESS

Dieses Ereignis findet statt, wenn man sich über dem bezeichneten Element befindet und gleichzeitig eine Taste drückt und wieder loslässt. Durch diese Aktion wird ein angegebenes Script ausgeführt.

ONKEYUP

Dieses Ereignis findet statt, wenn man sich über dem bezeichneten Element befindet und eine gedrückte Taste losgelassen wird. Durch diese Aktion wird ein angegebenes Script ausgeführt.

ONMOUSEDOWN

Dieses Ereignis findet statt, wenn man sich über dem bezeichneten Element befindet und gleichzeitig eine Maustaste gedrückt wird. Durch diese Aktion wird ein angegebenes Script ausgeführt.

ONMOUSEMOVE

Dieses Ereignis findet statt, wenn man sich mit der Maus über das benannte Element bewegt. Durch diese Aktion wird ein angegebenes Script ausgeführt.

ONMOUSEOUT

Dieses Ereignis findet statt, wenn man sich mit der Maus von dem benannten Element fortbewegt. Durch diese Aktion wird ein angegebenes Script ausgeführt.

ONMOUSEOVER

Dieses Ereignis findet statt, wenn der Mauszeiger direkt auf das benannte Element zeigt. Durch diese Aktion wird ein angegebenes Script ausgeführt.

ONMOUSEUP

Dieses Ereignis findet statt, wenn man sich über dem bezeichneten Element befindet und eine gedrückte Maustaste losgelassen wird. Durch diese Aktion wird ein angegebenes Script ausgeführt.

STYLE

Das Attribut STYLE wird zur Festlegung spezifischer Eigenschaften in Bezug auf die Darstellung so gekennzeichneter Elemente verwendet. Die Vorgabe eines verwendeten Stils wird durch die Cascading-Stylesheets definiert.

TITLE

Geben Sie dem Anwender weitere Informationen über das verwendete Element, indem Sie mit Hilfe des TITLE-Befehls einen aussagekräftigen Titel festlegen. Insbesondere Anwendern, die auf eine Sprachausgabe angewiesen sind, wird so die Navigation durch Ihre Seiten erleichtert.

Beispiel

```
<dfn>
HTML ist die Abkürzung für HyperText-Markup Language. Die Auszeichnungssprache des
Internets.
</dfn>
```

Ereignisse

ONCLICK, ONDBLCLICK, ONKEYDOWN, ONKEYPRESS, ONKEYUP, ONMOUSEDOWN, ONMOUSEMOVE, ONMOUSEOUT, ONMOUSEOVER, ONMOUSEUP

Verwandte Befehle

ACRONYM
CITE
CODE
EM
KBD
Q
SAMP
STRONG
VAR

DIR   \<html attribut>

Laufrichtung des Textes festlegen

Beschreibung

Dieses Attribut ist für die Bestimmung der Laufrichtung des Textes notwendig.

Anwendung

Der Einsatz dieses Attributs ist optional. Zwei Werte können diesem Attribut alternativ übergeben werden.

Werte

LTR

Dieser Wert bestimmt die Laufrichtung des Textes von links nach rechts (Abkürzung für »left to right«). Diese Laufrichtung ist im Browser voreingestellt.

RTL

Soll der Text entgegen der Standardlaufrichtung vom rechten Bildschirmrand zum linken Rand laufen, dann wählen Sie den Wert RTL (Abkürzung für »right to left«).

Beispiel

```
<div dir="ltr"></div>
<div dir="rtl"></div>
```

Zugehörige Elemente

A	H1	P
ABBR	H2	PRE
ACRONYM	H3	Q
ADDRESS	H4	S
AREA	H5	SAMP
B	H6	SELECT
BIG	HEAD	SMALL
BLOCKQUOTE	HTML	SPAN
BODY	I	STRIKE
BUTTON	IMG	STRONG
CAPTION	INPUT	STYLE
CENTER	INS	SUB
CITE	ISINDEX	SUP
CODE	KBD	TABLE
COL	LABEL	TBODY
COLGROUP	LEGEND	TD
DD	LI	TEXTAREA
DEL	LINK	TFOOT
DFN	MAP	TH
DIR	MENU	THEAD
DIV	META	TITLE
DL	NOFRAMES	TR
DT	NOSCRIPT	TT
EM	OBJECT	U
FIELDSET	OL	UL
FONT	OPTGROUP	VAR
FORM	OPTION	

DIR

Markieren von Verzeichnislisten

Beschreibung

Mit diesem Befehl ist es möglich, Verzeichnislisten zu kennzeichnen.

Anwendung

Der Befehl DIR wird dann eingesetzt, wenn Verzeichnislisten markiert werden sollen. In diesen Verzeichnislisten sind kurze Einträge enthalten, die bis zu 20 Zeichen lang sein können. Die Listen werden spaltenweise angeordnet. In der Version 4.0 von HTML wir dieser Befehl missbilligt.

Die einzelnen Listeneinträge innerhalb des DIR-Containers werden mit LI kenntlich gemacht.

HTML-4.0-Standard

ID, CLASS, LANG, DIR, TITLE, STYLE

Der Einsatz dieses Befehls wird in der aktuellen HTML-Version nicht mehr empfohlen, er wurde durch andere Befehle ersetzt.

Starttag: zwingend erforderlich; Endtag: zwingend erforderlich.

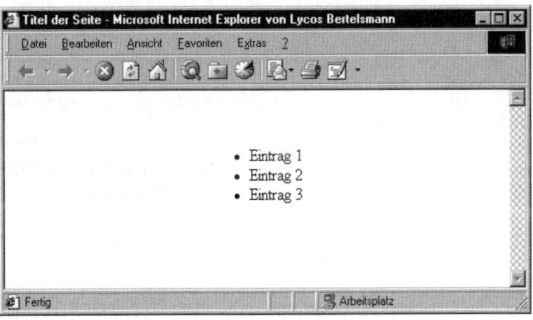

Verzeichnislisten werden meist als normale Aufzählungen dargestellt.

Attribute

CLASS

Über das Attribut CLASS lässt sich das Element einer Gruppe (Klasse) zuordnen. Geben Sie dazu einen frei wählbaren Klassennamen als Wert an. Diese Gruppierungen erlauben Ihnen anschließend einen leichten Zugriff auf alle zugehörigen Elemente. So können Sie später beispielsweise mit Hilfe von Cascading-Stylesheets oder anderen Sprachen leicht die Eigenschaften aller Elemente einer Klasse verändern oder Werte auslesen.

DIR

Dieses Attribut ist für die Bestimmung der Laufrichtung des Textes notwendig. Zwei Werte können alternativ übergeben werden:

LTR

Dieser Wert bestimmt die Laufrichtung des Textes von links nach rechts (Abkürzung für »left to right«). Diese Laufrichtung ist im Browser voreingestellt.

RTL

Soll der Text entgegen der Standardlaufrichtung vom rechten Bildschirmrand zum linken Rand laufen, dann wählen Sie den Wert RTL (Abkürzung für »right to left«).

ID

Über das Attribut ID wird das Element mit einer für das Dokument eindeutigen Kennzeichnung versehen. Über diese ID lässt sich anschließend beispielsweise mit Hilfe einer Scriptsprache gezielt auf einzelne Elemente zugreifen, um z. B. deren Werte auszulesen oder zu verändern.

LANG

Dieses Attribut gibt die Sprache des Zieldokuments an. Das ist insbesondere für die Indizierung in Suchmaschinen wichtig. Verwenden Sie die Sprachcodes nach ISO-639, z. B. "de" für Deutsch oder "en" für Englisch oder "en-us" für amerikanisches Englisch.

ONCLICK

Dieses Ereignis findet statt, wenn mit der Maus das benannte Element angeklickt wird. Durch diese Aktion wird ein angegebenes Script ausgeführt.

ONDBLCLICK

Dieses Ereignis findet statt, wenn mit der Maus das benannte Element doppelt angeklickt wird. Durch diese Aktion wird ein angegebenes Script ausgeführt.

ONKEYDOWN

Dieses Ereignis findet statt, wenn man sich über dem bezeichneten Element befindet und gleichzeitig eine Taste gedrückt wird. Durch diese Aktion wird ein angegebenes Script ausgeführt.

ONKEYPRESS

Dieses Ereignis findet statt, wenn man sich über dem bezeichneten Element befindet und gleichzeitig eine Taste drückt und wieder loslässt. Durch diese Aktion wird ein angegebenes Script ausgeführt.

ONKEYUP

Dieses Ereignis findet statt, wenn man sich über dem bezeichneten Element befindet und eine gedrückte Taste losgelassen wird. Durch diese Aktion wird ein angegebenes Script ausgeführt.

ONMOUSEDOWN

Dieses Ereignis findet statt, wenn man sich über dem bezeichneten Element befindet und gleichzeitig eine Maustaste gedrückt wird. Durch diese Aktion wird ein angegebenes Script ausgeführt.

ONMOUSEMOVE

Dieses Ereignis findet statt, wenn man sich mit der Maus über das benannte Element bewegt. Durch diese Aktion wird ein angegebenes Script ausgeführt.

ONMOUSEOUT

Dieses Ereignis findet statt, wenn man sich mit der Maus von dem benannten Element fortbewegt. Durch diese Aktion wird ein angegebenes Script ausgeführt.

ONMOUSEOVER

Dieses Ereignis findet statt, wenn der Mauszeiger direkt auf das benannte Element zeigt. Durch diese Aktion wird ein angegebenes Script ausgeführt.

ONMOUSEUP

Dieses Ereignis findet statt, wenn man sich über dem bezeichneten Element befindet und eine gedrückte Maustaste losgelassen wird. Durch diese Aktion wird ein angegebenes Script ausgeführt.

TITLE

Geben Sie dem Anwender weitere Informationen über das verwendete Element, indem Sie mit Hilfe des TITLE-Befehls einen aussagekräftigen Titel festlegen. Insbesondere Anwendern, die auf eine Sprachausgabe angewiesen sind, wird so die Navigation durch Ihre Seiten erleichtert.

Beispiel

```
<dir>
<li>Eintrag 1</li>
<li>Eintrag 2</li>
<li>Eintrag 3</li>
</dir>
```

Ereignisse

ONCLICK, ONDBLCLICK, ONKEYDOWN, ONKEYPRESS, ONKEYUP, ONMOUSEDOWN, ONMOUSEMOVE, ONMOUSEOUT, ONMOUSEOVER, ONMOUSEUP

Verwandte Befehle

MENU
UL

DISABLE <html attribut>
Elemente deaktivieren

Beschreibung
Mit diesem Attribut ist es möglich, Schaltflächen oder Eingabefelder eines Formulars zu deaktivieren.

Anwendung
Über den Zusatz DISABLE lassen sich einzelne Elemente eines Formulars für die Benutzung deaktivieren. Die Felder werden dennoch weiterhin angezeigt, bleiben aber grau hinterlegt und werden so als inaktiv kenntlich gemacht. Der Einsatz dieses Attributs ist optional.

Werte
Um diese Option zu aktivieren, setzen Sie einfach den Namen des Attributes ein. Sie müssen diesem Attribut keinen Wert übergeben. Wird das Attribut nicht eingesetzt, so bleibt die Option deaktiviert. Dabei ist dieses Attribut case-insensitive. Es wird also nicht zwischen Groß- und Kleinschreibung unterschieden.

Beispiel
```
<textarea cols="10" rows="3" disable>

<select name="Betriebssystem" size="3" multiple>
<option> Windows 3.11
<option> Windows 95
<option> Windows 98
<option> Windows NT 4.0
<option disable>Windows 2000
</select>
```

Zugehörige Elemente
BUTTON
INPUT
OPTGROUP
OPTION
SELECT
TEXTAREA

display

Automatischen Zeilenumbruch festlegen

Beschreibung

Um dem Browser mitzuteilen, ob auf ein Textelement ein automatischer Zeilenumbruch erfolgt, wird das Schlüsselwort display verwendet. Innerhalb eines Textes erfolgte Zuweisungen erfordern gewöhnlich keinen Zeilenumbruch, während Elemente wie Absätze natürlich mit einem Zeilenumbruch abschließen.

Parameter

Elemente, die sich innerhalb eines Textes befinden (beispielsweise als Zitat gekennzeichnete Sätze), sollen meist nicht umgebrochen werden, hier ist der Parameter inline zu verwenden. Andere Elemente, auf die zwingend ein Zeilenumbruch erfolgt (beispielsweise der Titel), werden als Block gekennzeichnet.

Beispiel

```
<style type="text/css">
h1, h2 { display: inline }
h3, h4 { display: block }
</style>

<div style="display: inline">
</div>
```

DIV

Strukturieren von Text

Beschreibung

Mit diesem Befehl können HTML-Dokumente strukturiert werden.

Anwendung

Der Befehl DIV dient, ebenso wie der Befehl SPAN. der Strukturierung eines Textes. Dieser Befehl ersetzt mit dem entsprechenden Attribut das mittlerweile mißbilligte CENTER-Tag. Der Befehl wird dann eingesetzt, wenn Abschnitte eines HTML-Dokuments zentriert, rechts- oder linksbündig dargestellt werden sollen.

Elemente, die auf diese Art formatiert werden können, sind beispielsweise Text, Grafiken, Überschriften und Tabellen. DIV kommt immer dann zum Einsatz, wenn ein Textabschnitt nicht bereits durch andere Container festgelegt ist, die diese Formatierung übernehmen könnten.

HTML-4.0-Standard

CLASS, DIR, ID, LANG, STYLE, TITLE

Starttag: zwingend erforderlich; Endtag: zwingend erforderlich.

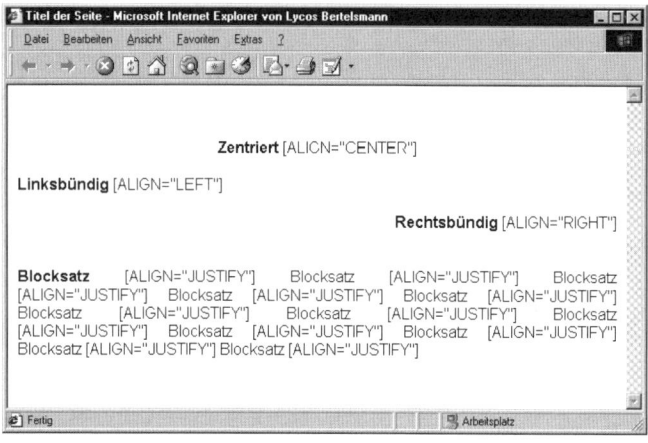

Mit Hilfe von DIV lassen sich Absätze auf der Seite ausrichten.

Attribute

ALIGN

Mit diesem Attribut legen Sie fest, ob Sie einen mit dem Befehl DIV formatierten Abschnitt linksbündig, rechtsbündig oder zentriert ausrichten.

CENTER

Zentrierte Ausrichtung eines Abschnitts.

LEFT

Linksbündige Ausrichtung eines Abschnitts.

RIGHT

Rechtsbündige Ausrichtung eines Abschnitts.

JUSTIFY

Sorgt für eine Ausrichtung des Textes zu beiden Seiten (Blocksatz).

DIR

Dieses Attribut ist für die Bestimmung der Laufrichtung des Textes notwendig.

LTR

Dieser Wert bestimmt die Laufrichtung des Textes von links nach rechts (Abkürzung für »left to right«). Diese Laufrichtung ist im Browser voreingestellt.;

RTL

Soll der Text entgegen der Standardlaufrichtung vom rechten Bildschirmrand zum linken Rand laufen, dann wählen Sie den Wert RTL (Abkürzung für »right to left«).

CLASS

Über das Attribut CLASS lässt sich das Element einer Gruppe (Klasse) zuordnen. Geben Sie dazu einen frei wählbaren Klassennamen als Wert an. Diese Gruppierungen erlauben Ihnen anschließend einen leichten Zugriff auf alle zugehörigen Elemente. So können Sie später beispielsweise mit Hilfe von Cascading-Stylesheets oder anderen Sprachen leicht die Eigenschaften aller Elemente einer Klasse verändern oder Werte auslesen.

ID

Über das Attribut ID wird das Element mit einer für das Dokument eindeutigen Kennzeichnung versehen. Über diese ID lässt sich anschließend beispielsweise mit Hilfe einer Scriptsprache gezielt auf einzelne Elemente zugreifen, um z.B. deren Werte auszulesen oder zu verändern.

LANG

Dieses Attribut gibt die Sprache des Zieldokuments an. Das ist insbesondere für die Indizierung in Suchmaschinen wichtig. Verwenden Sie die Sprachcodes nach ISO-639, z.B. "de" für Deutsch oder "en" für Englisch oder "en-us" für amerikanisches Englisch.

ONCLICK

Dieses Ereignis findet statt, wenn mit der Maus das benannte Element angeklickt wird. Durch diese Aktion wird ein angegebenes Script ausgeführt.

ONDBLCLICK

Dieses Ereignis findet statt, wenn mit der Maus das benannte Element doppelt angeklickt wird. Durch diese Aktion wird ein angegebenes Script ausgeführt.

ONKEYDOWN

Dieses Ereignis findet statt, wenn man sich über dem bezeichneten Element befindet und gleichzeitig eine Taste gedrückt wird. Durch diese Aktion wird ein angegebenes Script ausgeführt.

ONKEYPRESS

Dieses Ereignis findet statt, wenn man sich über dem bezeichneten Element befindet und gleichzeitig eine Taste drückt und wieder loslässt. Durch diese Aktion wird ein angegebenes Script ausgeführt.

ONKEYUP

Dieses Ereignis findet statt, wenn man sich über dem bezeichneten Element befindet und eine gedrückte Taste losgelassen wird. Durch diese Aktion wird ein angegebenes Script ausgeführt.

ONMOUSEDOWN

Dieses Ereignis findet statt, wenn man sich über dem bezeichneten Element befindet und gleichzeitig eine Maustaste gedrückt wird. Durch diese Aktion wird ein angegebenes Script ausgeführt.

ONMOUSEMOVE

Dieses Ereignis findet statt, wenn man sich mit der Maus über das benannte Element bewegt. Durch diese Aktion wird ein angegebenes Script ausgeführt.

ONMOUSEOUT

Dieses Ereignis findet statt, wenn man sich mit der Maus von dem benannten Element fortbewegt. Durch diese Aktion wird ein angegebenes Script ausgeführt.

ONMOUSEOVER

Dieses Ereignis findet statt, wenn der Mauszeiger direkt auf das benannte Element zeigt. Durch diese Aktion wird ein angegebenes Script ausgeführt.

ONMOUSEUP

Dieses Ereignis findet statt, wenn man sich über dem bezeichneten Element befindet und eine gedrückte Maustaste losgelassen wird. Durch diese Aktion wird ein angegebenes Script ausgeführt.

STYLE

Das Attribut STYLE wird zur Festlegung spezifischer Eigenschaften in Bezug auf die Darstellung so gekennzeichneter Elemente verwendet. Die Vorgabe eines verwendeten Stils wird durch die Cascading-Stylesheets definiert.

TITLE

Durch dieses Attribut werden markierten Elementen zusätzliche Informationen zugewiesen. Bei vielen Browsern werden diese Informationen in einem Pop-up-Fenster angezeigt, wenn sich der Mauszeiger auf dem Element befindet.

Beispiel

```
<div align=right>
Rechtsbündiger Text
</div>
```

Ereignisse

ONCLICK, ONDBLCLICK, ONKEYDOWN, ONKEYPRESS, ONKEYUP, ONMOUSEDOWN, ONMOUSEMOVE, ONMOUSEOUT, ONMOUSEOVER, ONMOUSEUP

XML-Definition

```
<!ELEMENT DIV>
<!ATTLIST DIV
%attrs;
%reserved;>
```

Verwandte Befehle

SPAN

DL

Kennzeichnung von Definitionslisten

Beschreibung

Mit diesem Befehl werden Texte gekennzeichnet, die Definitionen darstellen.

Anwendung

Der Befehl DL wird verwendet, um den Beginn bzw. das Ende einer Definitionsliste innerhalb eines HTML-Dokuments anzuzeigen. Dieser Befehl ist in Verbindung mit den dazugehörigen Kommandos DT und DD ein hilfreiches Mittel, um Text oder beispielsweise ein Glossar zu strukturieren.

HTML-4.0-Standard

CLASS, DIR, ID, LANG, STYLE, TITLE

Starttag: zwingend erforderlich; Endtag: zwingend erforderlich.

Attribute

CLASS

   Über das Attribut CLASS lässt sich das Element einer Gruppe (Klasse) zuordnen. Geben Sie dazu einen frei wählbaren Klassennamen als Wert an. Diese Gruppierungen erlauben Ihnen anschließend einen leichten Zugriff auf alle zugehörigen Elemente. So können Sie später beispielsweise mit Hilfe von Cascading-Stylesheets oder anderen Sprachen leicht die Eigenschaften aller Elemente einer Klasse verändern oder Werte auslesen.

DIR

   Dieses Attribut ist für die Bestimmung der Laufrichtung des Textes notwendig. Zwei Werte können alternativ übergeben werden:

   LTR

      Dieser Wert bestimmt die Laufrichtung des Textes von links nach rechts (Abkürzung für »left to right«). Diese Laufrichtung ist im Browser voreingestellt.

   RTL

      Soll der Text entgegen der Standardlaufrichtung vom rechten Bildschirmrand zum linken Rand laufen, dann wählen Sie den Wert RTL (Abkürzung für »right to left«).

ID

   Über das Attribut ID wird das Element mit einer für das Dokument eindeutigen Kennzeichnung versehen. Über diese ID lässt sich anschließend beispielsweise mit Hilfe einer Scriptsprache gezielt auf einzelne Elemente zugreifen, um z.B. deren Werte auszulesen oder zu verändern.

LANG
  Dieses Attribut gibt die Sprache des Zieldokuments an. Das ist insbesondere für die Indizierung in Suchmaschinen wichtig. Verwenden Sie die Sprachcodes nach ISO-639, z.B. `de` für Deutsch oder `en` für Englisch oder `en-us` für amerikanisches Englisch.

ONCLICK
  Dieses Ereignis findet statt, wenn mit der Maus das benannte Element angeklickt wird. Durch diese Aktion wird ein angegebenes Script ausgeführt.

ONDBLCLICK
  Dieses Ereignis findet statt, wenn mit der Maus das benannte Element doppelt angeklickt wird. Durch diese Aktion wird ein angegebenes Script ausgeführt.

ONKEYDOWN
  Dieses Ereignis findet statt, wenn man sich über dem bezeichneten Element befindet und gleichzeitig eine Taste gedrückt wird. Durch diese Aktion wird ein angegebenes Script ausgeführt.

ONKEYPRESS
  Dieses Ereignis findet statt, wenn man sich über dem bezeichneten Element befindet und gleichzeitig eine Taste drückt und wieder loslässt. Durch diese Aktion wird ein angegebenes Script ausgeführt.

ONKEYUP
  Dieses Ereignis findet statt, wenn man sich über dem bezeichneten Element befindet und eine gedrückte Taste losgelassen wird. Durch diese Aktion wird ein angegebenes Script ausgeführt.

ONMOUSEDOWN
  Dieses Ereignis findet statt, wenn man sich über dem bezeichneten Element befindet und gleichzeitig eine Maustaste gedrückt wird. Durch diese Aktion wird ein angegebenes Script ausgeführt.

ONMOUSEMOVE
  Dieses Ereignis findet statt, wenn man sich mit der Maus über das benannte Element bewegt. Durch diese Aktion wird ein angegebenes Script ausgeführt.

ONMOUSEOUT
  Dieses Ereignis findet statt, wenn man sich mit der Maus von dem benannten Element fortbewegt. Durch diese Aktion wird ein angegebenes Script ausgeführt.

ONMOUSEOVER
  Dieses Ereignis findet statt, wenn der Mauszeiger direkt auf das benannte Element zeigt. Durch diese Aktion wird ein angegebenes Script ausgeführt.

ONMOUSEUP
  Dieses Ereignis findet statt, wenn man sich über dem bezeichneten Element befindet und eine gedrückte Maustaste losgelassen wird. Durch diese Aktion wird ein angegebenes Script ausgeführt.

STYLE
  Das Attribut STYLE lässt sich dazu nutzen, um Stilvorgaben, insbesondere das Aussehen des Elements, zu verändern. Als Wert des Attributs übergeben Sie die entsprechenden Optionen einer Stylesheet-Sprache (meist CSS).

TITLE

Geben Sie dem Anwender weitere Informationen über das verwendete Element, indem Sie mit Hilfe des TITLE-Befehls einen aussagekräftigen Titel festlegen. Insbesondere Anwendern, die auf eine Sprachausgabe angewiesen sind, wird so die Navigation durch Ihre Seiten erleichtert.

Beispiel

```
<dl>
<dt>einzelner Ausdruck</dt>
<dd>Definition dieses Ausdrucks</dd>
<dt>Weiterer Ausdruck</dt>
<dd>Definition des zweiten Ausdrucks</dd>
</dl>
```

Ereignisse

ONCLICK, ONDBLCLICK, ONKEYDOWN, ONKEYPRESS, ONKEYUP, ONMOUSEDOWN, ONMOUSEMOVE, ONMOUSEOUT, ONMOUSEOVER, ONMOUSEUP

XML-Definition

```
<!ELEMENT DL - - (DT|DD)+>
<!ATTLIST DL %attrs;>
```

Verwandte Befehle

DD

DT

DOCTYPE

DTD einem Dokument zuordnen

Beschreibung

Es gibt zwei Möglichkeiten, eine DTD einer XML-Datei zuzuordnen. Einerseits in einer separaten Datei und alternativ innerhalb des Dokuments. Der Parser muss sich die Angaben zur DTD dann nicht aus einer externen Datei holen, sondern kann sie direkt der XML-Datei entnehmen.

Ein Verweis auf eine interne oder externe Document Type Definition erfolgt in der Regel am Anfang des Dokuments.

Anwendung

Externe DTD:

```
<!DOCTYPE Adressen SYSTEM "Adressen.dtd">
```

Möchten Sie auf eine öffentlich zugängliche DTD-Definition verweisen, so verwenden Sie statt des Schlüsselworts SYSTEM einfach PUBLIC und geben den vollständigen URL-Pfad an.

```
<!DOCTYPE Adressen
    PUBLIC "http://www.domain.de/Adressen.dtd">
```

Interne DTD:

```
<!DOCTYPE Adressen [ interne DTD-Anweisungen ]>
```

Beispiel

```
<!DOCTYPE adressen
    [
        <!ELEMENT nachname (#PCDATA)>
        <!ELEMENT vorname (#PCDATA)>
    ]>
```

DT

Kennzeichnung von zu definierenden Begriffen

Beschreibung

Mit diesem Befehl werden Ausdrücke gekennzeichnet, die im Anschluss näher definiert werden.

Anwendung

Der Befehl DT wird verwendet, um Begriffe innerhalb einer Definitionsliste eindeutig zu kennzeichnen, die im Folgenden näher beschrieben werden. Die Befehle DL, DT und DD können als Einheit angesehen werden, mit deren Hilfe Definitionen innerhalb von HTML-Seiten eindeutig strukturiert werden können.

HTML-4.0-Standard

CLASS, DIR, ID, LANG, STYLE, TITLE

Starttag: zwingend erforderlich; Endtag: optional.

Attribute

CLASS

    Über das Attribut CLASS lässt sich das Element einer Gruppe (Klasse) zuordnen. Geben Sie dazu einen frei wählbaren Klassennamen als Wert an. Diese Gruppierungen erlauben Ihnen anschließend einen leichten Zugriff auf alle zugehörigen Elemente. So können Sie später beispielsweise mit Hilfe von Cascading-Stylesheets oder anderen Sprachen leicht die Eigenschaften aller Elemente einer Klasse verändern oder Werte auslesen.

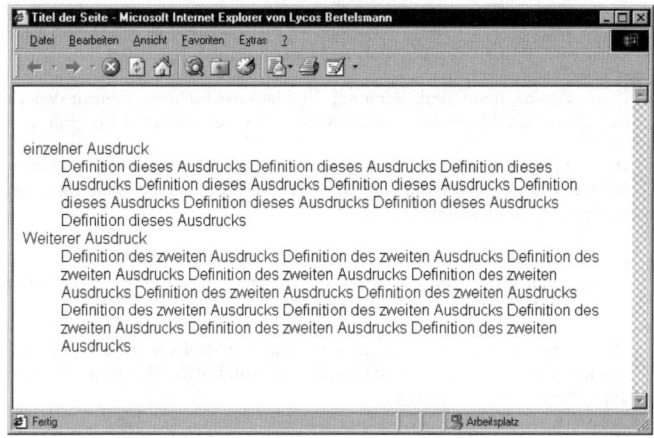

DT eignet sich zusammen mit DL und DD beispielsweise zur Darstellung eines Glossars.

DIR

Dieses Attribut ist für die Bestimmung der Laufrichtung des Textes notwendig. Zwei Werte können alternativ übergeben werden:

LTR

Dieser Wert bestimmt die Laufrichtung des Textes von links nach rechts (Abkürzung für »left to right«). Diese Laufrichtung ist im Browser voreingestellt.

RTL

Soll der Text entgegen der Standardlaufrichtung vom rechten Bildschirmrand zum linken Rand laufen, dann wählen Sie den Wert RTL (Abkürzung für »right to left«).

ID

Über das Attribut ID wird das Element mit einer für das Dokument eindeutigen Kennzeichnung versehen. Über diese ID lässt sich anschließend beispielsweise mit Hilfe einer Scriptsprache gezielt auf einzelne Elemente zugreifen, um z.B. deren Werte auszulesen oder zu verändern.

LANG

Dieses Attribut gibt die Sprache des Zieldokuments an. Das ist insbesondere für die Indizierung in Suchmaschinen wichtig. Verwenden Sie die Sprachcodes nach ISO-639, z.B. "de" für Deutsch oder "en" für Englisch oder "en-us" für amerikanisches Englisch.

ONCLICK

Dieses Ereignis findet statt, wenn mit der Maus das benannte Element ange-klickt wird. Durch diese Aktion wird ein angegebenes Script ausgeführt.

ONDBLCLICK

Dieses Ereignis findet statt, wenn mit der Maus das benannte Element doppelt angeklickt wird. Durch diese Aktion wird ein angegebenes Script ausgeführt.

ONKEYDOWN

Dieses Ereignis findet statt, wenn man sich über dem bezeichneten Element befindet und gleichzeitig eine Taste gedrückt wird. Durch diese Aktion wird ein angegebenes Script ausgeführt.

ONKEYPRESS

Dieses Ereignis findet statt, wenn man sich über dem bezeichneten Element befindet und gleichzeitig eine Taste drückt und wieder loslässt. Durch diese Aktion wird ein angegebenes Script ausgeführt.

ONKEYUP

Dieses Ereignis findet statt, wenn man sich über dem bezeichneten Element befindet und eine gedrückte Taste losgelassen wird. Durch diese Aktion wird ein angegebenes Script ausgeführt.

ONMOUSEDOWN

Dieses Ereignis findet statt, wenn man sich über dem bezeichneten Element befindet und gleichzeitig eine Maustaste gedrückt wird. Durch diese Aktion wird ein angegebenes Script ausgeführt.

ONMOUSEMOVE

Dieses Ereignis findet statt, wenn man sich mit der Maus über das benannte Ele-ment bewegt. Durch diese Aktion wird ein angegebenes Script ausgeführt.

ONMOUSEOUT

Dieses Ereignis findet statt, wenn man sich mit der Maus von dem benannten Element fortbewegt. Durch diese Aktion wird ein angegebenes Script ausge-führt.

ONMOUSEOVER

Dieses Ereignis findet statt, wenn der Mauszeiger direkt auf das benannte Ele-ment zeigt. Durch diese Aktion wird ein angegebenes Script ausgeführt.

ONMOUSEUP

Dieses Ereignis findet statt, wenn man sich über dem bezeichneten Element befindet und eine gedrückte Maustaste losgelassen wird. Durch diese Aktion wird ein angegebenes Script ausgeführt.

STYLE

Das Attribut STYLE lässt sich dazu nutzen, um Stilvorgaben, insbesondere das Aussehen des Elements, zu verändern. Als Wert des Attributs übergeben Sie die entsprechenden Optionen einer Stylesheet-Sprache (meist CSS).

TITLE

Geben Sie dem Anwender weitere Informationen über das verwendete Element, indem Sie mit Hilfe des TITLE-Befehls einen aussagekräftigen Titel festlegen. Insbesondere Anwendern, die auf eine Sprachausgabe angewiesen sind, wird so die Navigation durch Ihre Seiten erleichtert.

Beispiel

```
<dl>
<dt>einzelner Ausdruck</dt>
<dd>Definition dieses Ausdrucks</dd>
<dt>Weiterer Ausdruck</dt>
<dd>Definition des zweiten Ausdrucks</dd>
</dl>
```

Ereignisse

ONCLICK, ONDBLCLICK, ONKEYDOWN, ONKEYPRESS, ONKEYUP, ONMOUSEDOWN, ONMOUSEMOVE, ONMOUSEOUT, ONMOUSEOVER, ONMOUSEUP

XML-Definition

```
<!ELEMENT DT - O (%inline;)*>
<!ELEMENT DD - O (%flow;)*>
<!ATTLIST (DT|DD) %attrs;>
```

Verwandte Befehle

DD
DT

DTD

Document-Type-Definition

Beschreibung

Jede XML-Definition kann sich auf eine oder mehrere DTDs beziehen. Sollten sich einzelne Befehle in den DTDs überschneiden, so ist die Definition gültig, die zuerst eingelesen wurde. Mit diesem wichtigen Feature ist es möglich, ein Dokument auf der Basis von HTML zu schreiben und mit Hilfe einer weiteren DTD eigene Befehle hinzuzufügen oder bestehende anzupassen. Dies erleichtert den Umgang mit XML. Das Rad muss nicht jedes Mal neu erfunden werden, lediglich einzelne Befehle werden neu definiert.

Anwendung

Die folgenden Schlüsselwörter klassifizieren jeden Eintrag in der DTD:

`<!ELEMENT ... >`	Definition eines neuen Markup-Befehls
`<!ATTLIST ... >`	Definition von Attributen
`<!ENTITY ... >`	Definition von Entitys
`<!NOTATION ... >`	Definition einer Datentyp-Notation
`<!-- Kommentar -->`	Einfügen eines Kommentars

Man unterscheidet grundsätzlich zwischen logischen und physischen Strukturen. Und so kann man auch die Befehle, die in der DTD eingesetzt werden, in diese zwei Gruppen einteilen.

Logische Strukturen lassen sich mit Hilfe der ELEMENT-Definition und den zugehörigen ATTLIST-Deklarationen darstellen. ENTITIY und NOTATION bilden die physischen Strukturen.

Beispiel

```
<?xml version="1.0"?>
<!-- interne DTD -->
<!DOCTYPE adressen [
<!ELEMENT adresse (vorname, name, strasse, plz, ort)>
     <!ELEMENT vorname  #PCDATA>
     <!ELEMENT name     #PCDATA>
     <!ELEMENT strasse  #PCDATA>
     <!ELEMENT plz      #PCDATA>
     <!ELEMENT ort      #PCDATA>
]>
<!-- Beginn des Textkörpers -->
<ADRESSE>
     <VORNAME>    Peter        </VORNAME>
     <NAME>       Meyer        </NAME>
     <STRASSE>    Waldweg 5    </STRASSE>
     <PLZ>        36756        </PLZ>
     <ORT>        Detmold      </ORT>
</ADRESSE>
```

(interne DTD)

ELEMENT

Eigene Auszeichnungsbefehle definieren

Beschreibung

Das Element ist der wichtigste Bestandteil einer DTD. Es legt fest, welche Markup-Befehle verwendet werden dürfen.

Anwendung

Die Definition eines neuen Tags wird mit dem Stichwort ELEMENT, gefolgt von einem Leerzeichen, eingeleitet.

Ein Elementname muss mindestens mit einem Buchstaben beginnen, zusätzlich kann er aber auch Zahlen enthalten. Außerdem sind einige weitere Interpunktionszeichen zulässig (".", "-", "_" und ":"). Sonst sind der Wahl des Elementnamens keine Grenzen, insbesondere nicht der Länge, gesetzt. Sie dürfen allerdings keinen Elementnamen in einer DTD doppelt verwenden. Namen, die mit der Zeichenkette `"xml"` beginnen, sollten im Hinblick auf kommende Entwicklungen keine Verwendung finden.

Der Doppelpunkt kann zwar innerhalb eines gültigen Namens eingesetzt werden, die Spezifikation sieht ihn aber schon heute als Trennzeichen beispielsweise für Namensräume vor. Das bedeutet, dass das Zeichen in Zukunft eine andere Verwendung finden kann und bestehende Dokumente dann aktualisiert werden müssten.

Beispiel

```
<i>
<Artikel:B-5000>
<Auch_laengere_Elementnamen_sind_kein_Problem>
```

element

Definition eines Musters

Beschreibung

Die einfachste Definition eines Musters berücksichtigt den Kontext, in dem sich der Markup-Befehl befindet, nicht. Oft ist diese Berücksichtigung nicht notwendig, in komplexeren Dokumenten findet aber häufig auch eine zusätzliche Angabe zum Kontext Verwendung. Wie im Beispiel, eine Adressenliste, die zwischen privaten und geschäftlichen Adressen unterscheidet.

Anwendung

Die Angabe eines zusätzlichen Kontextes erfolgt über das Tag `<element>`. Über das Attribut `type` wird ein weiteres Muster angegeben, innerhalb dessen sich das `target-element` befinden muss.

Parameter

`type`
  Ermöglicht die nähere Eingrenzung des Musters durch Angabe des übergeordneten Elements, in dem sich das `target-element` befinden muss.

Beispiel

```
<element type="element">

<rule>
    <!-- Muster für private Adressen / Vorname -->
    <element type="private">
        <target-element type="vorname">
```

```
      </element>
      <P color="red">
            <children/>
      </P>
</rule>

<rule>
      <!-- Muster für private Adressen / Nachname -->
      <element type="private">
            <target-element type="nachname">
      </element>
      <P color="red" font-style="bold">
            <children/>
      </P>
</rule>
```

EM

Kennzeichnen von hervorgehobenem Text

Beschreibung

Mit diesem Befehl werden Wörter oder Sätze gekennzeichnet, die in einem Textzusammenhang besonders betont werden sollen.

Anwendung

Der Befehl EM (Abkürzung für »emphasize« / betonen) wird dann benutzt, wenn Text sich gegenüber dem normalen Text abheben soll. Eine weitere Steigerung der Betonung kann mit dem Befehl STRONG erreicht werden.

HTML-4.0-Standard

CLASS, DIR, ID, LANG, STYLE, TITLE

Starttag: zwingend erforderlich; Endtag: zwingend erforderlich.

Attribute

CLASS
  Über das Attribut CLASS lässt sich das Element einer Gruppe (Klasse) zuordnen. Geben Sie dazu einen frei wählbaren Klassennamen als Wert an. Diese Gruppierungen erlauben Ihnen anschließend einen leichten Zugriff auf alle zugehörigen Elemente. So können Sie später beispielsweise mit Hilfe von Cascading-Stylesheets oder anderen Sprachen leicht die Eigenschaften aller Elemente einer Klasse verändern oder Werte auslesen.

DIR

Dieses Attribut ist für die Bestimmung der Laufrichtung des Textes notwendig. Zwei Werte können alternativ übergeben werden:

LTR

Dieser Wert bestimmt die Laufrichtung des Textes von links nach rechts (Abkürzung für »left to right«). Diese Laufrichtung ist im Browser voreingestellt.

RTL

Soll der Text entgegen der Standardlaufrichtung vom rechten Bildschirmrand zum linken Rand laufen, dann wählen Sie den Wert RTL (Abkürzung für »right to left«).

ID

Über das Attribut ID wird das Element mit einer für das Dokument eindeutigen Kennzeichnung versehen. Über diese ID lässt sich anschließend beispielsweise mit Hilfe einer Scriptsprache gezielt auf einzelne Elemente zugreifen, um z.B. deren Werte auszulesen oder zu verändern.

LANG

Dieses Attribut gibt die Sprache des Zieldokuments an. Das ist insbesondere für die Indizierung in Suchmaschinen wichtig. Verwenden Sie die Sprachcodes nach ISO-639, z.B. "de" für Deutsch oder "en" für Englisch oder "en-us" für amerikanisches Englisch.

ONCLICK

Dieses Ereignis findet statt, wenn mit der Maus das benannte Element angeklickt wird. Durch diese Aktion wird ein angegebenes Script ausgeführt.

ONDBLCLICK

Dieses Ereignis findet statt, wenn mit der Maus das benannte Element doppelt angeklickt wird. Durch diese Aktion wird ein angegebenes Script ausgeführt.

ONKEYDOWN

Dieses Ereignis findet statt, wenn man sich über dem bezeichneten Element befindet und gleichzeitig eine Taste gedrückt wird. Durch diese Aktion wird ein angegebenes Script ausgeführt.

ONKEYPRESS

Dieses Ereignis findet statt, wenn man sich über dem bezeichneten Element befindet und gleichzeitig eine Taste drückt und wieder loslässt. Durch diese Aktion wird ein angegebenes Script ausgeführt.

ONKEYUP

Dieses Ereignis findet statt, wenn man sich über dem bezeichneten Element befindet und eine gedrückte Taste losgelassen wird. Durch diese Aktion wird ein angegebenes Script ausgeführt.

ONMOUSEDOWN

Dieses Ereignis findet statt, wenn man sich über dem bezeichneten Element befindet und gleichzeitig eine Maustaste gedrückt wird. Durch diese Aktion wird ein angegebenes Script ausgeführt.

ONMOUSEMOVE

Dieses Ereignis findet statt, wenn man sich mit der Maus über das benannte Element bewegt. Durch diese Aktion wird ein angegebenes Script ausgeführt.

ONMOUSEOUT

Dieses Ereignis findet statt, wenn man sich mit der Maus von dem benannten Element fortbewegt. Durch diese Aktion wird ein angegebenes Script ausgeführt.

ONMOUSEOVER

Dieses Ereignis findet statt, wenn der Mauszeiger direkt auf das benannte Element zeigt. Durch diese Aktion wird ein angegebenes Script ausgeführt.

ONMOUSEUP

Dieses Ereignis findet statt, wenn man sich über dem bezeichneten Element befindet und eine gedrückte Maustaste losgelassen wird. Durch diese Aktion wird ein angegebenes Script ausgeführt.

STYLE

Das Attribut STYLE wird zur Festlegung spezifischer Eigenschaften in Bezug auf die Darstellung so gekennzeichneter Elemente verwendet. Die Vorgabe eines verwendeten Stils wird durch die Cascading-Stylesheets definiert.

TITLE

Geben Sie dem Anwender weitere Informationen über das verwendete Element, indem Sie mit Hilfe des TITLE-Befehls einen aussagekräftigen Titel festlegen. Insbesondere Anwendern, die auf eine Sprachausgabe angewiesen sind, wird so die Navigation durch Ihre Seiten erleichtert.

Beispiel

```
<em>
Fazit der Ausführungen ...
</em>
```

Ereignisse

ONCLICK, ONDBLCLICK, ONKEYDOWN, ONKEYPRESS, ONKEYUP, ONMOUSEDOWN, ONMOUSEMOVE, ONMOUSEOUT, ONMOUSEOVER, ONMOUSEUP

Verwandte Befehle

ACRONYM
CITE
CODE
DFN
KBD
SAMP
STRONG
VAR

EMBED

Einbinden von Multimedia-Dateien

Beschreibung

Mit diesem Befehl ist es möglich, verschiedene Multimedia-Dateien in ein HTML-Dokument einzubinden.

Anwendung

Der Befehl EMBED (»embed« / einbetten) wird genutzt, um verschiedene Multimedia-Dateien in ein HTML-Dokument einzubetten. Bei diesen Dateien kann es sich beispielsweise um Video-, Sound- oder verschiedene Grafikdateien handeln. Um solche Dateien ablaufen zu lassen, müssen vorher häufig sogenannte Plug-Ins installiert worden sein. Diese Plug-Ins ermöglichen dann ein Abspielen der verschiedenen Multimedia-Dateien. Aktuelle Browser unterstützen die am häufigsten verwendeten Formate allerdings schon durch interne Routinen.

HTML-4.0-Standard

Der Befehl EMBED wurde von Netscape eingeführt und ist in der offiziellen HTML-Definition nicht vorgesehen. Externe Medienquellen werden besser über OBJECT in die Seite eingefügt.

Attribute

ALIGN

Dieses Attribut ermöglicht, ein eingebundenes Objekt zu beschriften. Sie können mit diesem Attribut aber auch Text um das Objekt fließen lassen.

TOP

Diese Einstellung richtet den folgenden Text obenbündig aus.

MIDDLE

Diese Einstellung richtet das Objekt mittig aus.

BOTTOM

Diese Einstellung richtet den folgenden Text untenbündig aus.

LEFT

Diese Einstellung richtet das Objekt linksbündig aus.

RIGHT

Diese Einstellung richtet ein Objekt rechtsbündig aus.

AUTOSTART

Wenn der Wert dieses Attributs auf den Wert "true" gesetzt wird, erreicht man damit ein sofortiges Abspielen einer Multimedia-Datei, ohne dass vorher eine Wiedergabefunktion aktiviert werden muss. Bitte beachten Sie, dass diese Funktion ab der Version 4.x von Netscape, im Gegensatz zu älteren Versionen, nicht mehr dokumentiert ist und nicht mehr interpretiert wird.

BORDER

Wenn Sie diesem Attribut einen Wert zuweisen, der größer als 0 ist, zieht ein Browser einen Rand in der angegebenen Größe um das eingebundene Objekt.

HEIGHT

Mit diesem Attribut wird die Höhe eines einzubindenden Objektes in Pixel angegeben.

HIDDEN

Wenn der Wert dieses Attributs auf den Wert `"true"` gesetzt wird, kommt das eingebundene Objekt nicht zur Anzeige. Diese Vorgehensweise wird in erster Linie dann angewendet, wenn Audio-Dateien abgespielt werden sollen, ohne dass gleichzeitig ein Sound-Player angezeigt wird.

HSPACE

Mit diesem Attribut wird der horizontale Abstand eines eingebundenen Objekts im Verhältnis zu seiner Umgebung innerhalb eines Fensters festgelegt.

LOOP

Wenn der Wert dieses Attributs auf den Wert `"true"` gesetzt wird, erreicht man eine endlose Wiederholung einer abspielbaren Multimedia-Datei. Bitte beachten Sie, dass dieses Funktion ab der Version 4.x von Netscape, im Gegensatz zu älteren Versionen, nicht mehr dokumentiert ist und nicht mehr interpretiert wird.

PALETTE

Wenn der Wert dieses Attributs auf den Wert `"foreground"` gesetzt wird, erreicht man, dass ein entsprechendes Plug-In mit den Vordergrundfarben des Anwenderrechners angezeigt wird. Wenn der Wert dieses Attributs auf den Wert `"background"` gesetzt wird, erreicht man, dass ein entsprechendes Plug-In mit den Hintergrundfarben des Anwenderrechners angezeigt wird.

PLUGINSPAGE

Dieses Attribut dient der Angabe einer URI-Adresse im Internet, die Installationshinweise für ein Plug-In enthält, welches für die Anzeige oder das Abspielen eines eingebundenen Objektes notwendig ist.

PLUGINURI

Dieses Attribut dient der Angabe einer URI-Adresse im Internet, die ein Plug-In für die Anzeige oder das Abspielen eines eingebundenen Objektes zur Verfügung stellt. Bitte beachten Sie, dass es sich dabei um eine Java-Archivdatei (Dateien `*.jar`) handeln muss. Durch diese Angabe wird der in Netscape 4.0 integrierte JAR-Installationsmanager (JIM) gestartet. Das gewünschte Plug-In lässt sich dann online von der angegebenen URI-Adresse installieren.

SRC

Mit diesem Attribut definiert man den Ursprung einer einzubettenden Multimedia-Datei.

TYPE

Mit diesem Attribut ist es möglich, den Mime-Type einer eingebundenen Datei anzugeben. Achten Sie darauf, dass die Angabe des Mime-Types immer in Anführungszeichen stehen sollte.

VSPACE

Mit diesem Attribut wird der vertikale Abstand eines eingebundenen Objekts im Verhältnis zu seiner Umgebung innerhalb eines Fensters festgelegt.

WIDTH

Dieses Attribut dient der Festlegung der angezeigten Breite eines einzubindenden Objektes in Pixel. Die Wirkungsweise dieses Attributs ist bei der Einbindung von Multimedia-Dateien genauso wie bei sonstigen Objekten.

Beispiel

```
<embed src="tabelle1.xls">
<embed src="video1.avi" width="200" height="100">
<embed src="file://localhost/d:/windows/progman.hlp">

<embed src="sound.mid" autostart="true" loop="true">
```

Verwandte Befehle

BGSOUND

OBJECT

ENCTYPE   `<html attribut>`

Format von Formulardaten festlegen

Beschreibung

Mit diesem Attribut wird die Art der Codierung bei der Übertragung von Formulardaten festgelegt. Sie geben innerhalb des Formulars an, in welchem Format der Anwender die Daten übermittelt.

Anwendung

Normalerweise sollte die Standardeinstellung für die meisten Anwendungen ausreichen, dann müssen Sie keine Veränderungen vornehmen. In einigen Fällen, insbesondere bei der Kombination des Elements INPUT mit dem Attribut TYPE="FILE", kann es sinnvoll sein, das Dateiformat näher zu spezifizieren.

Werte

Gültige Werte für das Attribut ENCTYPE sind die sogenannten Inhalts-Typen (»content types«). Mit diesen werden spezielle Datenformate gekennzeichnet. Zum Beispiel ein Microsoft-Word-Dokument oder ein Adobe-PDF-Dokument. Verwenden Sie zur Bezeichnung des Datenformats die Definitionen, die Sie unter dem Stichwort **MIME-Typen** finden. Es lassen sich mehrere Werte durch Komma getrennt angeben.

Voreingestellt ist der MIME-Type `"application/x-www-form-urlencoded"`.

Beispiel

```
<form
    action="http://www.domain.de/action.cgi"
    enctype="multipart/form-data"
    method="post">
<input type="file">

<form
    action="http://www.domain.de/action.cgi"
    enctype="text/html"
    method="post">
```

Zugehörige Elemente
FORM

eval

Funktionelle Ausdrücke in Textzeichen umsetzen

Beschreibung

Automatische Seiten- oder Absatznummerierungen kennen wir heute eigentlich aus jedem noch so simplen Textverarbeitungsprogramm, nur in HTML waren solche Funktionen nicht implementiert oder nur schwer umzusetzen. XSL macht es uns leicht, mit Hilfe eines `<eval>`-Abschnitts solche Nummerierungen durchzuführen. Zahlreiche eingebaute Funktionen, auf die wir im nächsten Abschnitt im Einzelnen eingehen, helfen uns beispielsweise eine automatisch generierte Seitenzahl einzufügen.

Anwendung

Das `<eval>`-Element dient in erster Linie dazu, funktionelle Ausdrücke und Variablen in Textzeichen umzusetzen. Das Ergebnis einer solchen Anweisung ist also eine Zeichenkette. Neben den vorgegebenen Funktionen können zusätzliche eigene in benutzerdefinierte Funktionen eingesetzt werden. Diese müssen allerdings innerhalb der globalen Definition festgelegt sein. Das `<eval>`-Element selbst darf nur einen einzeiligen Funktionsaufruf ausführen und nicht zur Definition von Funktionen verwendet werden.

Beispiel

```
<rule>
    <element type="dokument">
    <target-element type="seite"/>
```

```
    </element>
    <P><children/><BR/>
    Seite
    <eval>
    formatNumber (childNumber (this), "1")
    </eval>
    </P>
</rule>
```

FACE <html attribut>

Schriftart angeben

Beschreibung

Dieses Attribut erlaubt Ihnen die Angabe einer der unter Windows installierten True-Type-Schriften zur Verwendung in Ihrem Dokument.

Anwendung

Übergeben Sie dem Attribut FACE einen oder mehrere durch Kommata oder Leerzeichen getrennte Schriftnamen. Achten Sie dabei auf die korrekte Schreibweise der TrueType-Fonts. Mit diesem Befehl werden allerdings keine Schriftfonts automatisch übertragen, die von Ihnen gewählten Schrifttypen haben nur eine Auswirkung auf die Anzeige Ihres Dokuments, wenn Sie beim Anwender auch installiert sind.

Werte

Diesem Attribut können Sie als Wert eine beliebige Zeichenfolge übergeben. Dabei sollte diese Zeichenkette möglichst nicht mit Leerzeichen beginnen oder enden. Eventuell wird der verarbeitende Browser diese herausfiltern.

Wenn Sie mehrere Schriftarten angeben, versucht der Browser zunächst die erste Schriftart zu finden. Ist diese auf dem Rechner des Anwenders nicht verfügbar, versucht er den nächsten angegebenen Font zu erreichen. Daher sollten Sie auf jeden Fall mehrere Schriften angeben.

Auf Macintosh-Rechnern ist beispielsweise die Schriftart »Arial« nur sehr selten verfügbar. Sie wird dort ersetzt durch den fast gleichen Font »Helvetica«. Geben Sie also hier als Wert FACE="Arial, Helvetica" an, um optimale Ergebnisse zu erzielen.

Beispiel

```
<font face="Arial" size="+2">
</font>
<basefont face="Arial, Helvetica, Times, Courier">
```

Zugehörige Elemente
BASEFONT
FONT

FIELDSET

Formularelemente zusammenfassen

Beschreibung
Mit diesem Befehl ist es möglich, Formularelemente, die thematisch zusammengehören, in Gruppen zusammenzufassen.

Anwendung
Der Befehl FIELDSET wird dann eingesetzt, wenn Daten eines Formulars zu einer Gruppe zusammengefasst werden sollen. Mit diesem Element markierte Daten werden mit einem Rahmen versehen. Dieser Befehl dient also in erster Linie dazu, um mehr Übersichtlichkeit in Formulare zu bringen.

Die mit FIELDSET erzeugten Gruppierungen können zusätzlich über LEGEND mit einer zugehörigen Feldüberschrift versehen werden.

HTML-4.0-Standard
CLASS, DIR, ID, LANG, STYLE, TITLE

Starttag: zwingend erforderlich; Endtag: zwingend erforderlich.

Attribute
ACCESSKEY
 Das Attribut ACCESSKEY ermöglicht den Zugriff auf ein Element über die Tastatur. Durch die Definition eines Tastaturkürzels wird beim Drücken der entsprechenden Taste ein mit dem Kürzel verbundenes Dokument geladen. So führt z.B. die Angabe ACCESSKEY="A" dazu, dass nach dem Drücken der Taste »A« durch den Anwender das Element aktiviert wird.

CLASS
 Über das Attribut CLASS lässt sich das Element einer Gruppe (Klasse) zuordnen. Geben Sie dazu einen frei wählbaren Klassennamen als Wert an. Diese Gruppierungen erlauben Ihnen anschließend einen leichten Zugriff auf alle zugehörigen Elemente. So können Sie später beispielsweise mit Hilfe von Cascading-Stylesheets oder anderen Sprachen leicht die Eigenschaften aller Elemente einer Klasse verändern oder Werte auslesen.

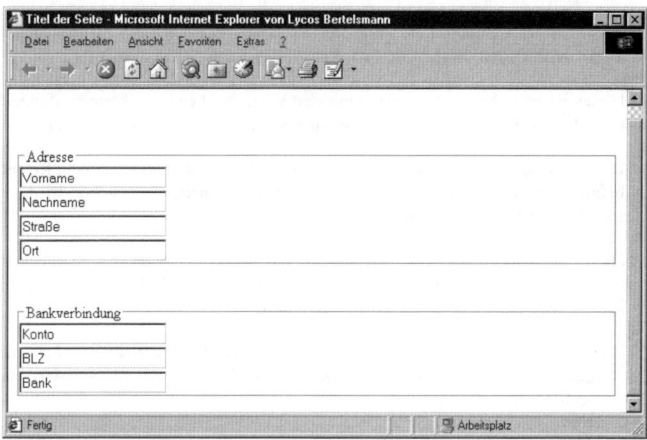

Formularfelder zu Gruppen zusammengefaßt.

DIR

Dieses Attribut ist für die Bestimmung der Laufrichtung des Textes notwendig. Zwei Werte können alternativ übergeben werden:

LTR

Dieser Wert bestimmt die Laufrichtung des Textes von links nach rechts (Abkürzung für »left to right«). Diese Laufrichtung ist im Browser voreingestellt.

RTL

Soll der Text entgegen der Standardlaufrichtung vom rechten Bildschirmrand zum linken Rand laufen, dann wählen Sie den Wert RTL (Abkürzung für »right to left«).

ID

Über das Attribut ID wird das Element mit einer für das Dokument eindeutigen Kennzeichnung versehen. Über diese ID lässt sich anschließend beispielsweise mit Hilfe einer Scriptsprache gezielt auf einzelne Elemente zugreifen, um z. B. deren Werte auszulesen oder zu verändern.

LANG

Dieses Attribut gibt die Sprache des Zieldokuments an. Das ist insbesondere für die Indizierung in Suchmaschinen wichtig. Verwenden Sie die Sprachcodes nach ISO-639, z. B. "de" für Deutsch oder "en" für Englisch oder "en-us" für amerikanisches Englisch.

ONCLICK
   Dieses Ereignis findet statt, wenn mit der Maus das benannte Element angeklickt wird. Durch diese Aktion wird ein angegebenes Script ausgeführt.

ONDBLCLICK
   Dieses Ereignis findet statt, wenn mit der Maus das benannte Element doppelt
   angeklickt wird. Durch diese Aktion wird ein angegebenes Script ausgeführt.

ONKEYDOWN
   Dieses Ereignis findet statt, wenn man sich über dem bezeichneten Element
   befindet und gleichzeitig eine Taste gedrückt wird. Durch diese Aktion wird ein
   angegebenes Script ausgeführt.

ONKEYPRESS
   Dieses Ereignis findet statt, wenn man sich über dem bezeichneten Element
   befindet und gleichzeitig eine Taste drückt und wieder loslässt. Durch diese
   Aktion wird ein angegebenes Script ausgeführt.

ONKEYUP
   Dieses Ereignis findet statt, wenn man sich über dem bezeichneten Element
   befindet und eine gedrückte Taste losgelassen wird. Durch diese Aktion wird ein
   angegebenes Script ausgeführt.

ONMOUSEDOWN
   Dieses Ereignis findet statt, wenn man sich über dem bezeichneten Element
   befindet und gleichzeitig eine Maustaste gedrückt wird. Durch diese Aktion
   wird ein angegebenes Script ausgeführt.

ONMOUSEMOVE
   Dieses Ereignis findet statt, wenn man sich mit der Maus über das benannte Element bewegt. Durch diese Aktion wird ein angegebenes Script ausgeführt.

ONMOUSEOUT
   Dieses Ereignis findet statt, wenn man sich mit der Maus von dem benannten
   Element fortbewegt. Durch diese Aktion wird ein angegebenes Script ausge-
   führt.

ONMOUSEOVER
   Dieses Ereignis findet statt, wenn der Mauszeiger direkt auf das benannte Element zeigt. Durch diese Aktion wird ein angegebenes Script ausgeführt.

ONMOUSEUP
   Dieses Ereignis findet statt, wenn man sich über dem bezeichneten Element
   befindet und eine gedrückte Maustaste losgelassen wird. Durch diese Aktion
   wird ein angegebenes Script ausgeführt.

STYLE
   Das Attribut STYLE lässt sich dazu nutzen, um Stilvorgaben, insbesondere das
   Aussehen des Elements, zu verändern. Als Wert des Attributs übergeben Sie die
   entsprechenden Optionen einer Stylesheet-Sprache (meist CSS).

TITLE
   Geben Sie dem Anwender weitere Informationen über das verwendete Element,
   indem Sie mit Hilfe des TITLE-Befehls einen aussagekräftigen Titel festlegen.
   Insbesondere Anwendern, die auf eine Sprachausgabe angewiesen sind, wird so
   die Navigation durch Ihre Seiten erleichtert.

Beispiel

```
<form>
<fieldset>
<legend>Adresse</legend>
<input name="Vorname" type="text" value="Vorname"><br>
<input name="Nachname" type="text" value="Nachname"><br>
</fieldset>
```

Ereignisse

ONCLICK, ONDBLCLICK, ONKEYDOWN, ONKEYPRESS, ONKEYUP, ONMOUSEDOWN, ONMOUSEMOVE, ONMOUSEOUT, ONMOUSEOVER, ONMOUSEUP

XML-Definition

```
<!ELEMENT FIELDSET - - (#PCDATA,LEGEND,(%flow;)*)>
<!ATTLIST FIELDSET %attrs;>
```

Verwandte Befehle

LEGEND

FONT

Bestimmung der Standardschriftgröße

Beschreibung

Durch diesen Befehl wird im Verlauf eines Dokuments eine Standardschriftart festgelegt.

Anwendung

Der Befehl FONT legt die Standardschriftart fest. Im Gegensatz dazu wird der BASE-FONT-Befehl bereits im Header für den gesamten Bereich des Textes festgelegt. In der Version 4.0 von HTML wir dieser Befehl missbilligt. Verwenden Sie statt dessen StyleSheets zur Formatierung von Text.

HTML-4.0-Standard

CLASS, COLOR, DIR, FACE, ID, LANG, SIZE, STYLE, TITLE

Der Einsatz dieses Befehls wird in der aktuellen HTML-Version nicht mehr empfohlen, er wurde durch andere Befehle ersetzt.

Starttag: zwingend erforderlich; Endtag: zwingend erforderlich.

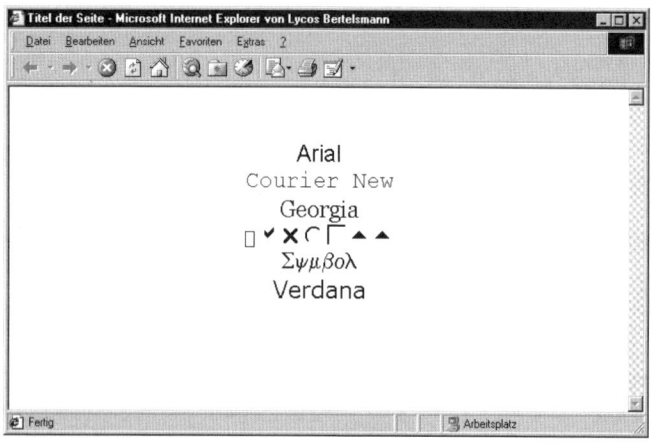

Wenn Sie verschiedene Schriftarten verwenden, müssen diese beim Anwender auch verfügbar sein.

Attribute

CLASS

Über das Attribut CLASS lässt sich das Element einer Gruppe (Klasse) zuordnen. Geben Sie dazu einen frei wählbaren Klassennamen als Wert an. Diese Gruppierungen erlauben Ihnen anschließend einen leichten Zugriff auf alle zugehörigen Elemente. So können Sie später beispielsweise mit Hilfe von Cascading-Stylesheets oder anderen Sprachen leicht die Eigenschaften aller Elemente einer Klasse verändern oder Werte auslesen.

COLOR

Mit diesem Attribut wird die Farbe des darzustellenden Textes festgelegt. Neben den sechzehn definierten Farbschlüsselwörtern können bis zu 256 Farben dargestellt werden, die durch dafür festgelegte Hexadezimalzahlen eindeutig gekennzeichnet sind. Ab der Version 4.0 von HTML werden diese Einstellungen normalerweise mit Hilfe der StyleSheets vorgenommen.

DIR

Dieses Attribut ist für die Bestimmung der Laufrichtung des Textes notwendig. Zwei Werte können alternativ übergeben werden:

LTR

Dieser Wert bestimmt die Laufrichtung des Textes von links nach rechts (Abkürzung für »left to right«). Diese Laufrichtung ist im Browser voreingestellt.

RTL
> Soll der Text entgegen der Standardlaufrichtung vom rechten Bildschirmrand zum linken Rand laufen, dann wählen Sie den Wert RTL (Abkürzung für »right to left«).

ID
> Über das Attribut ID wird das Element mit einer für das Dokument eindeutigen Kennzeichnung versehen. Über diese ID lässt sich anschließend beispielsweise mit Hilfe einer Scriptsprache gezielt auf einzelne Elemente zugreifen, um z.B. deren Werte auszulesen oder zu verändern.

FACE
> Mit dem Attribut FACE wird die Schriftart festgelegt, in der eine Webseite dargestellt werden soll. Dabei sollte darauf geachtet werden, dass man mehrere Schriftarten, die durch Kommata getrennt sind, angibt. Es muss nämlich gewährleistet sein, dass sich zumindest eine der angegebenen Schriftarten auf dem Client befindet. Bei der Angabe mehrerer Schriftarten probiert der Browser nacheinander, ob die angegebenen Schriftarten vorhanden und damit darstellbar sind.

LANG
> Dieses Attribut gibt die Sprache des Zieldokuments an. Das ist insbesondere für die Indizierung in Suchmaschinen wichtig. Verwenden Sie die Sprachcodes nach ISO-639, z.B. "de" für Deutsch oder "en" für Englisch oder "en-us" für amerikanisches Englisch.

SIZE
> Das Attribut SIZE wird für die Festlegung der Schriftgröße genutzt. Für die Größenangabe stehen die Werte von 1 bis 7 zur Verfügung. Wenn diese Zahl nicht explizit bestimmt wird, werden Schriften standardmäßig in Schriftgröße 3 dargestellt. Zusätzlich können die Werte mit negativem oder positivem Vorzeichen zur relativen Verkleinerung und Vergrößerung der Schriftgröße im Verhältnis zur Standardschriftgröße angegeben werden.

STYLE
> Das Attribut STYLE lässt sich dazu nutzen, um Stilvorgaben, insbesondere das Aussehen des Elements, zu verändern. Als Wert des Attributs übergeben Sie die entsprechenden Optionen einer Stylesheet-Sprache (meist CSS).

TITLE
> Geben Sie dem Anwender weitere Informationen über das verwendete Element, indem Sie mit Hilfe des TITLE-Befehls einen aussagekräftigen Titel festlegen. Insbesondere Anwendern, die auf eine Sprachausgabe angewiesen sind, wird so die Navigation durch Ihre Seiten erleichtert.

Beispiel

```
<basefont color=blau>
Ich bin blau, nur <font color=#000000>hier nicht</font>
Jetzt wieder blau
```

```
<basefont face="Arial">
Ich bin eine Schriftart und heiße Arial, nur
<font face="Courier" size="+2">hier bin ich Courier</font>
Und jetzt wieder Arial

<font face="Bookman, Arial, Helvetica">
```

Verwandte Befehle

BASEFONT

font-family

Schriftfamilie festlegen

Beschreibung

Mit dieser Referenz kann man die Schriftfamilie näher spezifizieren, die eingesetzt werden soll. Die korrekte Ausführung im Browser hängt stark vom verwendeten System und den installierten Schriften ab.

Parameter

family-name
    Name des Fonts (z.B. Arial, Symbol, Times, Helvetica)
generic-family
    Um einen robusteren Code unabhängig von installierten Schriften zu erzeugen, kann man noch die Schriftfamilie näher definieren. Falls die angegebene Schrift auf dem Rechner nicht existiert, wird dann eine ähnliche Schrift verwendet. Mögliche Angaben sind: "serif", "sans-serif", "cursive", "fantasy" und "monospace".

Beispiel

```
<style type="text/css">
h1, h2 { font-family: Arial }
h3, h4 { font-family: serif }
</style>

<div style="font-family: Arial, Helvetica">
</div>
```

font-size

Schriftgröße festlegen

Beschreibung

Der wichtigste Faktor ist sicherlich die Größe der Schrift, diese lässt sich prozentual und absolut verändern.

Parameter

length

Definiert die absolute Größe der Schrift in der Maßeinheit Punkte. Diese Einstellung ist unabhängig vom verwendeten System und von voreingestellten Schriftgrößen (z. B. "12pt").

percentage

Erlaubt eine relative Änderung der Schriftgröße zur voreingestellten Standardschrift (z. B. "150%").

Beispiel

```
<style type="text/css">
h1, h2 { font-size: 12pt }
h3, h4 { font-size: 120% }
</style>

<div style="font-size: 150%">
</div>
```

font-stretch

Schriftweite verändern

Beschreibung

Die Schriftweite lässt sich über die Referenz font-stretch beeinflussen.

Parameter

Als Parameter lassen sich die folgenden Schlüsselwörter übergeben. Sie sind in aufsteigender Reihenfolge von sehr gedrungener bis zu sehr weiter Schrift aufgelistet:

```
ultra-condensed
extra-condensed
condensed
semi-condensed
normal
```

```
semi-expanded
expanded
extra-expanded
ultra-expanded
```

Beispiel

```
<style type="text/css">
h1, h2 { font-strech: expanded }
h3, h4 { font-strech: condensed }
</style>

<div style="font-strech: ultra-condensed">
</div>
```

font-style

Normale oder kursive Schrift wählen

Beschreibung

Über den font-style kann man zwischen normaler und kursiver Ausrichtung der Schrift auswählen.

Parameter

normal
> Der Standardwert ist die normale Schrift.

italic
> Mit diesem Wert erzeugen Sie ein kursives Schriftbild.

Beispiel

```
<style type="text/css">
h1, h2 { font-style: italic }
h3, h4 { font-style: normal }
</style>

<div style="font-style: italic">
</div>
```

font-weight

Schriftstärke festlegen

Beschreibung

Dieser Parameter gibt Auskunft über die Schriftstärke, von normal starker bis zu fetter Schrift.

Parameter

Neben Zahlenwerten können alternativ die folgenden Schlüsselwörter zur Angabe der Schriftstärke verwendet werden:

normal
  Normale Schriftstärke (entspricht einem Zahlenwert von "400").
bold
  Fettschrift (entspricht einem Zahlenwert von "700").
bolder
  Bewirkt eine automatische Steigerung der Schriftstärke gegenüber der verwendeten Standardschrift um eine Stufe.
lighter
  Bewirkt eine Verringerung der Schriftstärke um eine Stufe.
  Zusätzlich kann die Schriftstärke auch als Zahlenwert von "100" bis "900" angegeben werden.

Beispiel

```
<style type="text/css">
h1, h2 { font-weight: 300 }
h3, h4 { font-weight: bold }
</style>

<div style="font-weight: bold">
</div>
```

FOR   <html attribut>

Bezeichnung für Formularfeld zuweisen

Beschreibung

Mit diesem Attribut wird ein Label einem Formularelement mit einer entsprechenden ID zugewiesen.

Anwendung

Der Einsatz dieses Attributs ist optional und führt noch nicht auf allen Browsern zum gewünschten Erfolg. Das bedeutet, die Bezeichnung des Formularfeldes wird im Browser nicht angezeigt.

Werte

Mit diesem Attribut wird ein Label einem Tabellenelement mit einer entsprechenden ID zugewiesen. Eine gültige ID muss mit einem Buchstaben beginnen (A-Z, a-z) gefolgt von einer beliebigen Anzahl von Zeichen oder Zahlen. Folgende zusätzliche Zeichen sind erlaubt: Bindestrich ("-"), Unterstrich ("_"), Doppelpunkt (":") und Punkt (".").

Beispiel

```
<label for="Wohnort">Wohnort</label>
<input type="text" id="Wohnort">
```

Zugehörige Elemente
LABEL

FORM
Kennzeichnen von Formularen

Beschreibung
Mit diesem Befehl werden interaktive Formulare für Webseiten erstellt. Diese Formulare können verschiedene Steuerelemente enthalten.

Anwendung

Der Befehl FORM dient der Einleitung von Formularen, die sich auf HTML-Seiten befinden können. Für Anwender besteht dann die Möglichkeit, Eingabefelder auszufüllen, Einträge auszuwählen oder Text einzugeben.

HTML-4.0-Standard

ACCEPT-CHARSET, ACTION, CLASS, DIR, ENCTYPE, ID, LANG, METHOD, STYLE, TITLE
Starttag: zwingend erforderlich; Endtag: zwingend erforderlich.

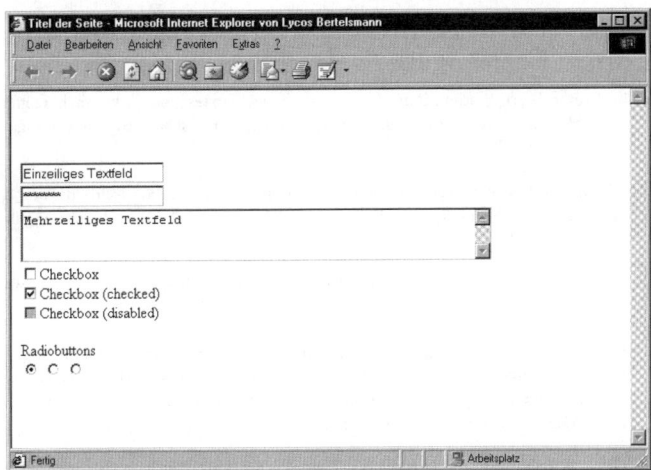

Verschiedene Formularfelder im Vergleich.

Attribute

ACCEPT

Dieses Attribut gibt eine durch Kommata getrennte Liste von gültigen Inhaltstypen an, die der Server problemlos verarbeiten kann. Dieses Attribut lässt sich beispielsweise dazu einsetzen, um bei einer Dateiauswahl des Anwenders nichtkonforme Dateien herauszufiltern.

ACCEPT-CHARSET

Mit Hilfe dieses Attributs können Sie die Zeichensätze definieren, die für die Eingabe in die jeweiligen Formularfelder Gültigkeit haben.

ACTION

Dieses Attribut verweist auf Scripts oder Programme, welche die von Anwendern erhaltenen Eingaben weiterverarbeiten. Bitte beachten Sie, dass die Angabe dieses Attributs zwingend vorgeschrieben ist. Andernfalls kann keine Interaktion mit dem Server durchgeführt werden.

CLASS

Über das Attribut CLASS lässt sich das Element einer Gruppe (Klasse) zuordnen. Geben Sie dazu einen frei wählbaren Klassennamen als Wert an. Diese Gruppierungen erlauben Ihnen anschließend einen leichten Zugriff auf alle zugehörigen Elemente. So können Sie später beispielsweise mit Hilfe von Cascading-Stylesheets oder anderen Sprachen leicht die Eigenschaften aller Elemente einer Klasse verändern oder Werte auslesen.

DIR

Dieses Attribut ist für die Bestimmung der Laufrichtung des Textes notwendig. Zwei Werte können alternativ übergeben werden:

LTR

Dieser Wert bestimmt die Laufrichtung des Textes von links nach rechts (Abkürzung für »left to right«). Diese Laufrichtung ist im Browser voreingestellt.

RTL

Soll der Text entgegen der Standardlaufrichtung vom rechten Bildschirmrand zum linken Rand laufen, dann wählen Sie den Wert RTL (Abkürzung für »right to left«).

ENCTYPE

Mit diesem Attribut wir die Art der Kodierung bei der Übertragung von Formulardaten festgelegt.

ID

Über das Attribut ID wird das Element mit einer für das Dokument eindeutigen Kennzeichnung versehen. Über diese ID lässt sich anschließend beispielsweise mit Hilfe einer Scriptsprache gezielt auf einzelne Elemente zugreifen, um z.B. deren Werte auszulesen oder zu verändern.

LANG

Dieses Attribut gibt die Sprache des Zieldokuments an. Das ist insbesondere für die Indizierung in Suchmaschinen wichtig. Verwenden Sie die Sprachcodes nach ISO-639, z.B. "de" für Deutsch oder "en" für Englisch oder "en-us" für amerikanisches Englisch.

METHOD

Es gibt zwei verschiedene Übertragungsarten von Formulardaten an einen Server.

GET

Die Einstellung METHOD=GET bewirkt, dass Daten eines ausgefüllten Formulars im QUERY_STRING, der Standard-Umgebungsvariablen eines WWW-Servers, gespeichert werden. Der Inhalt dieser Umgebungsvariablen wird dann mit Hilfe eines CGI-Programms bzw. -Skripts ausgelesen.

POST

Die Einstellung METHOD=POST bewirkt, dass Eingaben wie Kommandos behandelt werden. In diesem Fall muss ein auswertendes Programm die Länge der übertragenen Daten selbsttätig ermitteln. Das geschieht normalerweise mit Hilfe der Standard-Umgebungsvariablen CONTENT_LENGTH.

NAME

Mit diesem Attribut wird dem Formular ein Name gegeben. Insbesondere für eine spätere Auswertung oder einen Zugriff auf einzelne Elemente des Formulars ist die eindeutige Bezeichnung zur Identifizierung wichtig.

ONCLICK

Dieses Ereignis findet statt, wenn mit der Maus das benannte Element angeklickt wird. Durch diese Aktion wird ein angegebenes Script ausgeführt.

ONDBLCLICK

Dieses Ereignis findet statt, wenn mit der Maus das benannte Element doppelt angeklickt wird. Durch diese Aktion wird ein angegebenes Script ausgeführt.

ONKEYDOWN

Dieses Ereignis findet statt, wenn man sich über dem bezeichneten Element befindet und gleichzeitig eine Taste gedrückt wird. Durch diese Aktion wird ein angegebenes Script ausgeführt.

ONKEYPRESS

Dieses Ereignis findet statt, wenn man sich über dem bezeichneten Element befindet und gleichzeitig eine Taste drückt und wieder loslässt. Durch diese Aktion wird ein angegebenes Script ausgeführt.

ONKEYUP

Dieses Ereignis findet statt, wenn man sich über dem bezeichneten Element befindet und eine gedrückte Taste losgelassen wird. Durch diese Aktion wird ein angegebenes Script ausgeführt.

ONMOUSEDOWN

Dieses Ereignis findet statt, wenn man sich über dem bezeichneten Element befindet und gleichzeitig eine Maustaste gedrückt wird. Durch diese Aktion wird ein angegebenes Script ausgeführt.

ONMOUSEMOVE

Dieses Ereignis findet statt, wenn man sich mit der Maus über das benannte Element bewegt. Durch diese Aktion wird ein angegebenes Script ausgeführt.

ONMOUSEOUT

Dieses Ereignis findet statt, wenn man sich mit der Maus von dem benannten Element fortbewegt. Durch diese Aktion wird ein angegebenes Script ausgeführt.

ONMOUSEOVER

Dieses Ereignis findet statt, wenn der Mauszeiger direkt auf das benannte Element zeigt. Durch diese Aktion wird ein angegebenes Script ausgeführt.

ONMOUSEUP

Dieses Ereignis findet statt, wenn man sich über dem bezeichneten Element befindet und eine gedrückte Maustaste losgelassen wird. Durch diese Aktion wird ein angegebenes Script ausgeführt.

ONRESET

Wenn Formulardaten in ihren Ausgangszustand versetzt werden, findet dieses Ereignis statt. Im Anschluß daran läuft das angegebene Script ab.

ONSUBMIT

Wenn Formulardaten zu einem Server übertragen werden, findet dieses Ereignis statt. Im Anschluß daran läuft das angegebene Script ab.

STYLE

Das Attribut STYLE lässt sich dazu nutzen, um Stilvorgaben, insbesondere das Aussehen des Elements, zu verändern. Als Wert des Attributs übergeben Sie die entsprechenden Optionen einer Stylesheet-Sprache (meist CSS).

TARGET

Das Attribut TARGET wird verwendet, um den Namen eines Fensters festzulegen, in dem ein Link geöffnet wird. Dieses Attribut wird genutzt, wenn mehrere Fenster offen sind oder mit einem Link ein neues Fenster geöffnet werden soll.

TITLE

Geben Sie dem Anwender weitere Informationen über das verwendete Element, indem Sie mit Hilfe des TITLE-Befehls einen aussagekräftigen Titel festlegen. Insbesondere Anwendern, die auf eine Sprachausgabe angewiesen sind, wird so die Navigation durch Ihre Seiten erleichtert.

Beispiel

```
<form action="../cgi-bin/auswert.pl" method=get>
...
Elemente des Formulars
wie Eingabefelder, Auswahllisten, Buttons etc.
...
</form>

<form>

<input name="Einzeiliges Textfeld"
value="Einzeiliges Textfeld"><hr>
<input name="Passwort" type=password value="Passwort">

<textarea name="Mehrzeiliges Textfeld""
cols=60 rows=3 wrap=virtual>Mehrzeiliges Textfeld
</textarea><br>

<input name="Checkbox" type=checkbox
value="Checkbox">Checkbox<br>
<input name="Checkbox" type=checkbox
value="Checkbox" checked>Checkbox (checked)<br>
<input name="Checkbox" type=checkbox
value="Checkbox" disabled>Checkbox (disabled)<br><br>

</form>
```

Ereignisse

ONCLICK, ONDBLCLICK, ONKEYDOWN, ONKEYPRESS, ONKEYUP, ONMOUSEDOWN, ONMOUSEMOVE, ONMOUSEOUT, ONMOUSEOVER, ONMOUSEUP, ONSUBMIT, ONRESET

XML-Definition

```
<!ELEMENT FORM - - (%block;|SCRIPT)+ -(FORM)>
<!ATTLIST FORM
%attrs;
action      %URI;            #REQUIRED
method      (GET|POST) GET
```

```
enctype        %ContentType;
"application/x-www-form-urlencoded"
onsubMit       %Script;           #IMPLIED
onreset        %Script;           #IMPLIED
accept-charset %Charsets;         #IMPLIED>
```

Verwandte Befehle

BUTTON
INPUT
SELECT
TEXTAREA

FRAME   <html attribut>

Rahmen um Tabelle definieren

Beschreibung

Standardmäßig wird bei Verwendung des Attributs BORDER ein Rahmen um die gesamte Tabelle gezogen. Mit dem Attribut FRAME lässt sich dieser Rahmen individuell einstellen.

Anwendung

Über das Attribut lässt sich die Position des Tabellenrahmens näher definieren. Über die verschiedenen vorgegebenen Wert können Sie beispielsweise bestimmen, dass die Rahmen nur außen um die Tabelle herumläuft. Weisen Sie zusätzlich über BORDER eine Rahmenstärke zu, damit diese Option wirksam wird. Der Einsatz dieses Attributs ist optional.

Werte

Die folgenden Werte sind für FRAME zulässig:

ABOVE
  Zeigt den Rahmen nur am oberen Rand der Tabelle an.
BELOW
  Zeigt den Rahmen nur am unteren Rand der Tabelle an.
BORDER
  Bewirkt, dass die Voreinstellung genutzt wird. Ein Rahmen wird um die gesamte Tabelle gezogen.
BOX
  Diese Angabe ist identisch mit dem Wert FRAME=BORDER oder der Angabe von BOR-DER ohne Verwendung des Attributs FRAME.

LHS

Nur am linken Rand der Tabelle wird eine Rahmenlinie erzeugt (LHS = »left hand side«).

RHS

Nur am rechten Rand der Tabelle wird eine Rahmenlinie erzeugt (RHS = »right hand side«).

VOID

Bei der Angabe von VOID wird kein Rahmen angezeigt. Verwenden Sie dennoch das Attribut BORDER, dann wird lediglich das innenliegende Gitter der Tabelle erzeugt. Die äußere Rahmenlinie wird nicht angezeigt (VOID = leer).

VSIDES

Nur am linken und rechten Rand der Tabelle werden Rahmenlinien angezeigt (VSIDES = »vertical sides«).

Beispiel

```
<table border="3" frame="box">
<table border="2" frame="vsides">
<table border frame="void">
```

Zugehörige Elemente

TABLE

FRAME

Definieren von Unterfenstern

Beschreibung

Mit diesem Befehl werden Fenster innerhalb von bereits vorhandenen Browser-Fenstern definiert.

Anwendung

Dieser Befehl dient dem Aufbau eines oder mehrerer Fenster innerhalb von bereits bestehenden Browser-Fenstern. Der Inhalt dieser Frames sind HTML-Dateien, die in speziell dafür mit dem Befehl FRAMESET festgelegten Fenstern dargestellt werden.

HTML-4.0-Standard

CLASS, FRAMEBORDER, ID, LONGDESC, MARGINHEIGHT, MARGINWIDTH, NAME, NORESIZE, SCROLLING, SRC, STYLE, TITLE

Starttag: zwingend erforderlich; Endtag: nicht zulässig.

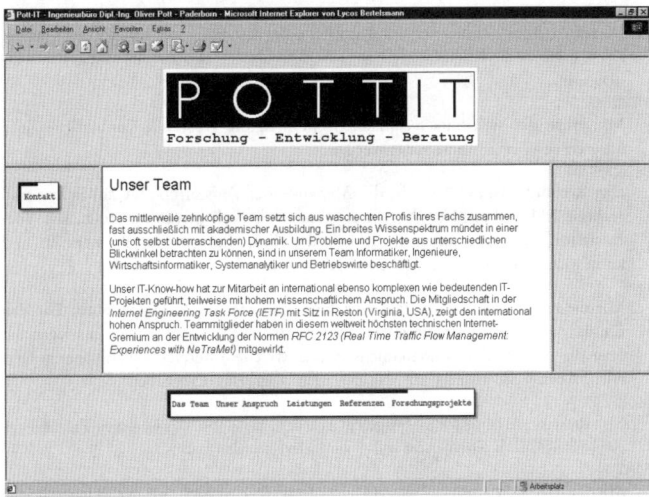

Aufteilung des Bildschirms mit Frames.

Attribute

CLASS

Über das Attribut CLASS lässt sich das Element einer Gruppe (Klasse) zuordnen. Geben Sie dazu einen frei wählbaren Klassennamen als Wert an. Diese Gruppierungen erlauben Ihnen anschließend einen leichten Zugriff auf alle zugehörigen Elemente. So können Sie später beispielsweise mit Hilfe von Cascading-Stylesheets oder anderen Sprachen leicht die Eigenschaften aller Elemente einer Klasse verändern oder Werte auslesen.

FRAMEBORDER

Wenn dieses Attribut auf den Wert 1 gesetzt wird, hat das zur Folge, dass ein dreidimensionaler Rahmen um das Fenster gezeichnet wird. Das Fenster bleibt rahmenlos, wenn der Wert auf 0 gesetzt wird.

ID

Über das Attribut ID wird das Element mit einer für das Dokument eindeutigen Kennzeichnung versehen. Über diese ID lässt sich anschließend beispielsweise mit Hilfe einer Scriptsprache gezielt auf einzelne Elemente zugreifen, um z.B. deren Werte auszulesen oder zu verändern.

LONGDESC

Dieses Attribut definiert eine ausführliche Beschreibung des Inhalts des Frames. Diese ergänzt die Kursbeschreibung, die über das TITLE-Attribut angegeben werden kann.

MARGINHEIGHT

Mit Hilfe des Attributs MARGINHEIGHT können die Abstände zum oberen und unteren Fensterrand festgelegt werden.

MARGINWIDTH

Das Attribut MARGINWIDTH gibt die Abstände des Fensterinhaltes am linken und rechten Bildrand an. Der Wert muss größer als Null gewählt werden. Die Voreinstellung des Abstandes hängt von den Einstellungen des Browers ab und kann nicht einheitlich angegeben werden.

NAME

Mit diesem Attribut wird dem einzelnen Rahmen ein Name gegeben. Für den Einsatz von Frames ist dieses Attribut relativ wichtig, denn meistens legen Sie über die Angabe des Framenamens fest, in welchem Bereich eine Seite angezeigt wird. Achten Sie also darauf, Namen nicht doppelt zu vergeben.

NORESIZE

Mit diesem Attribut kann festgelegt werden, dass die Größe eines Frame-Fensters nicht durch einen Anwender verändert werden kann.

SCROLLING

Mit Hilfe des Attributs SCROLLING kann festgelegt werden, ob der entsprechende FRAME mit einer Scrollleiste ausgestattet werden soll. Mögliche Werte sind:

YES

Eine Scrollleiste wird für den entsprechenden Rahmen grundsätzlich immer angezeigt, unabhängig davon, ob sie notwendig ist.

NO

Das Einblenden einer Scrollleiste wird verhindert. Möglicherweise sind Teile des Bildinhaltes für den Besucher dann nicht erreichbar.

AUTO

Dieser Wert ist zugleich die Voreinstellung. Sofern der Inhalt des Fensters die Größe überschreitet, wird ein Scrollbalken eingeblendet.

SRC

Mit diesem Attribut ist es möglich, den Quellpfad festzulegen. Diese Quellpfade beziehen sich auf Inhalte eines oder mehrerer Frames.

STYLE

Das Attribut STYLE lässt sich dazu nutzen, um Stilvorgaben, insbesondere das Aussehen des Elements, zu verändern. Als Wert des Attributs übergeben Sie die entsprechenden Optionen einer Stylesheet-Sprache (meist CSS).

TARGET

Das Attribut TARGET wird verwendet, um den Namen eines Fensters festzulegen, in dem ein Link geöffnet wird. Dieses Attribut wird genutzt, wenn mehrere Fenster offen sind oder mit einem Link ein neues Fenster geöffnet werden soll.

TITLE

Geben Sie dem Anwender weitere Informationen über das verwendete Element, indem Sie mit Hilfe des TITLE-Befehls einen aussagekräftigen Titel festlegen. Insbesondere Anwendern, die auf eine Sprachausgabe angewiesen sind, wird so die Navigation durch Ihre Seiten erleichtert.

Beispiel

```
<html>
<head>
<title>Frame-Test</title>
</head>
<frameset cols="40%,60%">
<frame src="verweise.htm" name="Verweise">
<frame src="titel.htm" name="Daten">
</frameset>
</html>


<html>
<head>
<title>Industria Firmengruppe</title>
</head>
<frameset rows="*,35" frameborder=0>
<frame src="start.htm" name="Hauptfenster" scrolling=auto>
<frame src="menue.htm" name="Menue"
   marginwidth=0 marginheight=0 scrolling=no noresize>
</frameset>
</html>
```

Verwandte Befehle

FRAMESET
IFRAME
NOFRAMES

FRAMEBORDER   <html attribut>

Dreidimensionalen Rahmen um Frame aktivieren

Beschreibung

Über FRAMEBORDER legen Sie weitere Eigenschaften für die Rahmenlinie eines Frames fest.

Anwendung

Mit dem Attribut können Sie zwischen zwei Einstellungen wählen. Weitere Werte lassen sich nicht übergeben. Entweder wird zwischen dem Frame-Fenster und den angrenzenden Fenstern ein sichtbarer Rahmen angezeigt oder nicht. Der Einsatz dieses Attributs ist optional.

Werte

Wenn dieses Attribut auf den Wert 1 gesetzt wird, hat das zur Folge, dass ein dreidimensionaler Rahmen um das Fenster gezeichnet wird. Das Fenster bleibt rahmenlos, wenn der Wert auf 0 gesetzt wird. Alternativ zu den Werten 0 und 1 können Sie auch YES oder NO einsetzen.

Beispiel

```
<frameset cols="20%,80%" border="0" frameborder="0">
<frame src="links.htm">
<frame src="rechts.htm">
</frameset>

<frameset cols="20%,80%" border="2" frameborder="yes">
<frame src="links.htm">
<frame src="rechts.htm">
</frameset>
```

Zugehörige Elemente
FRAME
IFRAME

FRAMESET

Strukturieren von Unterfenstern

Beschreibung

Mit diesem Befehl werden Strukturen von Fenstern innerhalb bereits vorhandener Browser-Fenster definiert.

Anwendung

Dieser Befehl dient dem Aufbau einer Struktur von Frames. Man kann diesen Befehl auch als Strukturbaustein für die Verwendung von Frames bezeichnen. So werden mit diesem Befehl beispielsweise die Anzahl und die Größe der in den Framesets enthaltenen Frames festgelegt. Die einzelnen Bereiche werden anschließend innerhalb des FRAMESET-Containers über den Befehl FRAME definiert. HTML-Dokumente mit einer Framedefinition enthalten meist keinen BODY-Bereich, sondern ausschließlich die FRAMESET-Definition und eventuell einen NOFRAMES-Bereich.

HTML-4.0-Standard

ID, CLASS, COLS, ROWS, STYLE, TITLE

Starttag: zwingend erforderlich; Endtag: zwingend erforderlich.

Attribute

BORDER

Übergeben Sie diesem Attribut als Wert die gwünschte Rahmenstärke in Pixel. Ein Wert von Null lässt den Rahmen verschwinden. Dieses Attribut gehört nicht zum offiziellen HTML-4.0-Standard, es funktioniert nur bei Netscape-Browsern.

BORDERCOLOR

Auch dieses Attribut ist kein offizieller HTML-Standard. Mit ihm legen Sie die Farbe des Rahmens fest. Der Befehl wird allerdings inzwischen so von allen gängigen Browsern verstanden.

CLASS

Über das Attribut CLASS lässt sich das Element einer Gruppe (Klasse) zuordnen. Geben Sie dazu einen frei wählbaren Klassennamen als Wert an. Diese Gruppierungen erlauben Ihnen anschließend einen leichten Zugriff auf alle zugehörigen Elemente. So können Sie später beispielsweise mit Hilfe von Cascading-Stylesheets oder anderen Sprachen leicht die Eigenschaften aller Elemente einer Klasse verändern oder Werte auslesen.

COLS

Dieses Attribut dient der Festlegung der Spalten mit den dazugehörigen Breitenangaben eines Frames. Der Wert für die Breite des Frames kann in Pixel oder prozentual auf die Gesamtbreite des Bildschirms bezogen erfolgen.

FRAMEBORDER

Wenn dieses Attribut auf den Wert 1 gesetzt wird, hat das zur Folge, dass ein dreidimensionaler Rahmen um das Fenster gezeichnet wird. Das Fenster bleibt rahmenlos, wenn der Wert auf 0 gesetzt wird. Alternativ können auch die Werte »yes« und »no« verwendet werden.

FRAMESPACING

Mit diesem Attribut wird der Raum zwischen den einzelnen Frames in Pixel angegeben.

ID

Über das Attribut ID wird das Element mit einer für das Dokument eindeutigen Kennzeichnung versehen. Über diese ID lässt sich anschließend beispielsweise mit Hilfe einer Scriptsprache gezielt auf einzelne Elemente zugreifen, um z.B. deren Werte auszulesen oder zu verändern.

ONLOAD

Dieses Ereignis findet dann statt, wenn ein Browser ein HTML-Dokument komplett geladen hat. Bezogen auf ein FRAMESET-Dokument bedeutet das, dass ein Script dann ausgeführt wird, wenn alle dazugehörigen Frames geladen worden sind.

ONUNLOAD

Dieses Ereignis findet dann statt, wenn ein Browser ein HTML-Dokument komplett gelöscht hat. Bezogen auf ein FRAMESET-Dokument bedeutet das, dass ein Script dann ausgeführt wird, wenn alle dazugehörigen Frames gelöscht worden sind.

ROWS

Dieses Attribut dient der Festlegung der Zeilen mit den dazugehörigen Höhenangaben eines Frames. Der Wert für die Breite des Frames kann in Pixel oder prozentual auf die Gesamthöhe des Bildschirms bezogen erfolgen. Höhenangaben einzelner Zeilen werden durch Kommata getrennt.

STYLE

Das Attribut STYLE lässt sich dazu nutzen, um Stilvorgaben, insbesondere das Aussehen des Elements, zu verändern. Als Wert des Attributs übergeben Sie die entsprechenden Optionen einer Stylesheet-Sprache (meist CSS).

TITLE

Geben Sie dem Anwender weitere Informationen über das verwendete Element, indem Sie mit Hilfe des TITLE-Befehls einen aussagekräftigen Titel festlegen. Insbesondere Anwendern, die auf eine Sprachausgabe angewiesen sind, wird so die Navigation durch Ihre Seiten erleichtert.

Beispiel

```html
<html>
<head>
<title>Frame-Test</title>
</head>
<frameset cols="40%,60%">
<frame src="verweise.htm" name="Verweise">
<frame src="titel.htm" name="Daten">
</frameset>
<body>
Bitte rufen Sie die <a href="titel.htm">Titelseite</a> auf!
</body>
</html>
```

Ereignisse

ONLOAD, ONUNLOAD

Verwandte Befehle

FRAME
IFRAME
NOFRAMES

Gültigkeit

Voraussetzung für gültige XML-Dokumente

Beschreibung

Neben der Wohlgeformtheit eines Dokuments spielt auch die Überprüfung auf die Gültigkeit eine wichtige Rolle. Drei Punkte bestimmen, ob ein XML-Dokument Gültigkeit besitzt oder nicht:

– Es handelt sich um ein wohlgeformtes Dokument.

– Eine zugehörige interne oder externe DTD existiert und ist verfügbar.

– Das Dokument ist in Bezug auf die in der DTD aufgestellten Regeln gültig.

Anwendung

Das bedeutet, schon das Fehlen einer DTD wirkt sich auf die Gültigkeit des Dokuments aus. XML-Dokumente ohne DTD können keine gültigen Dokumente im Sinne der Spezifikation sein. Da die Verarbeitung und Überprüfung der DTD nicht einfach ist, verzichten viele Parser darauf, Dokumente auf Gültigkeit zu überprüfen.

Wie man aus den Bedingungen für Gültigkeit ersehen kann, folgert daraus, dass jedes gültige Dokument auch ein wohlgeformtes Dokument sein muss. Die Überprüfung auf Gültigkeit schließt die Überprüfung auf Wohlgeformtheit ein.

In vielen Fällen ist die weitreichende Überprüfung auf Gültigkeit nicht notwendig. Beispielsweise wenn die Dokumentenstruktur so einfach ist, dass keine DTD erforderlich ist oder der Processor die DTD sowieso nicht berücksichtigt.

Das einfachste gültige XML-Dokument mit integrierter DTD-Definition eines Elements müsste also mindestens aus den folgenden Zeilen bestehen:

Beispiel

```
<?xml version="1.0"?>
<!DOCTYPE dokument [
<!ELEMENT daten (#PCDATA)>
]>
<daten>Hier sind die Daten ...</daten>

<?xml version="1.0"?>
<!DOCTYPE dokument [
<!ELEMENT daten (#PCDATA)>
]>
<daten>
Dieses Dokument ist zwar
<fachbegriff>wohlgeformt</fachbegriff>,
aber nicht
<fachbegriff>gültig</fachbegriff>.
</daten>
```

191

H1

Hierarchische Überschriften

Beschreibung

Mit diesem Befehl werden Überschriften von HTML-Dokumenten hierarchisch gegliedert.

Anwendung

Dieser Befehl dient der Strukturierung von HTML-Dokumenten in Bezug auf die hierarchische Ordnung ihrer Überschriften. Für die unterschiedliche Gewichtung der Überschriften sind sechs Ebenen vorgesehen, die sich durch eine unterschiedlich große Schriftart auszeichnen. Die Überschriftsebenen selbst erreicht man über die Container H1, H2, H3, H4, H5 und H6, wobei der eigentliche Text der Überschrift zum Container gehört. Die wichtigste, also meist die am größten dargestellte Ebene ist H1.

HTML-4.0-Standard

CLASS, DIR, ID, LANG, STYLE, TITLE

Starttag: zwingend erforderlich; Endtag: zwingend erforderlich.

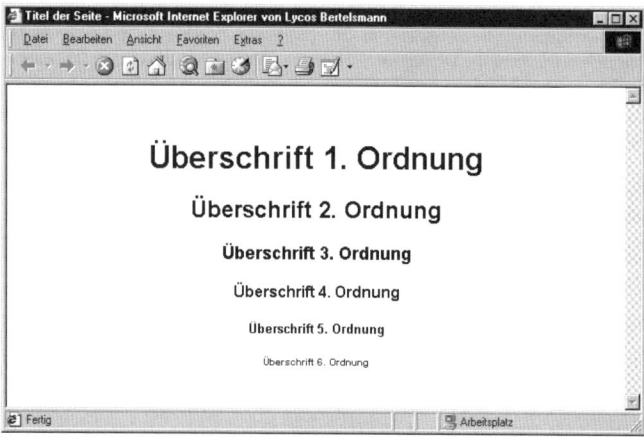

Mit den verschiedenen Überschriftenebenen lässt sich Ihr Dokument gliedern.

Attribute

ALIGN

Attribut, das für die Bestimmung der Ausrichtung einer Überschrift im Bereich eines umgebenden Fensters genutzt wird. Folgende Werte können diesem Attribut übergeben werden.

CENTER

Zentrierte Ausrichtung eines Abschnitts.

LEFT

Linksbündige Ausrichtung eines Abschnitts.

RIGHT

Rechtsbündige Ausrichtung eines Abschnitts.

JUSTIFY

Sorgt für eine Ausrichtung des Textes zu beiden Seiten (Blocksatz).

CLASS

Über das Attribut CLASS lässt sich das Element einer Gruppe (Klasse) zuordnen. Geben Sie dazu einen frei wählbaren Klassennamen als Wert an. Diese Gruppierungen erlauben Ihnen anschließend einen leichten Zugriff auf alle zugehörigen Elemente. So können Sie später beispielsweise mit Hilfe von Cascading-Stylesheets oder anderen Sprachen leicht die Eigenschaften aller Elemente einer Klasse verändern oder Werte auslesen.

DIR

Dieses Attribut ist für die Bestimmung der Laufrichtung des Textes notwendig. Zwei Werte können alternativ übergeben werden:

LTR

Dieser Wert bestimmt die Laufrichtung des Textes von links nach rechts (Abkürzung für »left to right«). Diese Laufrichtung ist im Browser voreingestellt.

RTL

Soll der Text entgegen der Standardlaufrichtung vom rechten Bildschirmrand zum linken Rand laufen, dann wählen Sie den Wert RTL (Abkürzung für »right to left«).

ID

Über das Attribut ID wird das Element mit einer für das Dokument eindeutigen Kennzeichnung versehen. Über diese ID lässt sich anschließend beispielsweise mit Hilfe einer Scriptsprache gezielt auf einzelne Elemente zugreifen, um z.B. deren Werte auszulesen oder zu verändern.

LANG

Dieses Attribut gibt die Sprache des Zieldokuments an. Das ist insbesondere für die Indizierung in Suchmaschinen wichtig. Verwenden Sie die Sprachcodes nach ISO-639, z.B. "de" für Deutsch oder "en" für Englisch oder "en-us" für amerikanisches Englisch.

ONCLICK

Dieses Ereignis findet statt, wenn mit der Maus das benannte Element angeklickt wird. Durch diese Aktion wird ein angegebenes Script ausgeführt.

ONDBLCLICK

Dieses Ereignis findet statt, wenn mit der Maus das benannte Element doppelt angeklickt wird. Durch diese Aktion wird ein angegebenes Script ausgeführt.

ONKEYDOWN

Dieses Ereignis findet statt, wenn man sich über dem bezeichneten Element befindet und gleichzeitig eine Taste gedrückt wird. Durch diese Aktion wird ein angegebenes Script ausgeführt.

ONKEYPRESS

Dieses Ereignis findet statt, wenn man sich über dem bezeichneten Element befindet und gleichzeitig eine Taste drückt und wieder loslässt. Durch diese Aktion wird ein angegebenes Script ausgeführt.

ONKEYUP

Dieses Ereignis findet statt, wenn man sich über dem bezeichneten Element befindet und eine gedrückte Taste losgelassen wird. Durch diese Aktion wird ein angegebenes Script ausgeführt.

ONMOUSEDOWN

Dieses Ereignis findet statt, wenn man sich über dem bezeichneten Element befindet und gleichzeitig eine Maustaste gedrückt wird. Durch diese Aktion wird ein angegebenes Script ausgeführt.

ONMOUSEMOVE

Dieses Ereignis findet statt, wenn man sich mit der Maus über das benannte Element bewegt. Durch diese Aktion wird ein angegebenes Script ausgeführt.

ONMOUSEOUT

Dieses Ereignis findet statt, wenn man sich mit der Maus von dem benannten Element fortbewegt. Durch diese Aktion wird ein angegebenes Script ausgeführt.

ONMOUSEOVER

Dieses Ereignis findet statt, wenn der Mauszeiger direkt auf das benannte Element zeigt. Durch diese Aktion wird ein angegebenes Script ausgeführt.

ONMOUSEUP

Dieses Ereignis findet statt, wenn man sich über dem bezeichneten Element befindet und eine gedrückte Maustaste losgelassen wird. Durch diese Aktion wird ein angegebenes Script ausgeführt.

STYLE

Das Attribut STYLE wird zur Festlegung spezifischer Eigenschaften in Bezug auf die Darstellung so gekennzeichneter Elemente verwendet. Die Vorgabe eines verwendeten Stils wird durch die Cascading-Stylesheets definiert.

TITLE

Geben Sie dem Anwender weitere Informationen über das verwendete Element, indem Sie mit Hilfe des TITLE-Befehls einen aussagekräftigen Titel festlegen. Insbesondere Anwendern, die auf eine Sprachausgabe angewiesen sind, wird so die Navigation durch Ihre Seiten erleichtert.

Beispiel

```
<h1>Überschrift 1. Ordnung</h1>
<h2>Überschrift 2. Ordnung</h2>
<h3>Überschrift 3. Ordnung</h3>
<h4>Überschrift 4. Ordnung</h4>
<h5>Überschrift 5. Ordnung</h5>
<h6>Überschrift 6. Ordnung</h6>
```

Ereignisse

ONCLICK, ONDBLCLICK, ONKEYDOWN, ONKEYPRESS, ONKEYUP, ONMOUSEDOWN, ONMOUSEMOVE, ONMOUSEOUT, ONMOUSEOVER, ONMOUSEUP

Verwandte Befehle

DIV

P

HEAD

Kopfinformationen eines SMIL-Dokuments

Beschreibung

In einem SMIL-Dokument können innerhalb des Dokumentenkopfes beispielsweise META-Informationen definiert werden.

Anwendung

Der Befehl HEAD umschließt die Kopfinformationen des Dokuments. Innerhalb des Kopfes dürfen die Befehle META, LAYOUT und SWITCH eingesetzt werden.

Parameter

id

> Über das Attribut ID wird das Element mit einer für das Dokument eindeutigen Kennzeichnung versehen. Über diese ID lässt sich von anderen Elementen auf diesen Bereich zugreifen.

Beispiel

```
<smil>
<head id="identifier">
</head>
<!-- Kopfinformationen -->
</head>
<body>
</body>
</smil>
```

HEAD

Informationen zu HTML-Dokumenten

Beschreibung

Mit diesem Befehl werden Informationen für HTML-Dokumente verfasst.

Anwendung

Der Befehl HEAD (»head« / Kopf) dient der Sammlung von Informationen und Einstellungen, die notwendig sind, um ein Dokument zu charakterisieren. So kann mit dem Befehl HEAD beispielsweise angegeben werden, welche Überschrift ein HTML-Dokument tragen soll, von wem es wann erstellt worden ist und welche Hyperlink-Verknüpfungen vorhanden sind.

HTML-4.0-Standard

LANG, DIR, PROFILE

Starttag: optional; Endtag: optional.

Attribute

DIR

Dieses Attribut ist für die Bestimmung der Laufrichtung des Textes notwendig. Zwei Werte können alternativ übergeben werden:

LTR

Dieser Wert bestimmt die Laufrichtung des Textes von links nach rechts (Abkürzung für »left to right«). Diese Laufrichtung ist im Browser voreingestellt.

RTL

Soll der Text entgegen der Standardlaufrichtung vom rechten Bildschirmrand zum linken Rand laufen, dann wählen Sie den Wert RTL (Abkürzung für »right to left«).

LANG

Dieses Attribut gibt die Sprache des Dokuments an. Das ist insbesondere für die Indizierung in Suchmaschinen wichtig. Verwenden Sie die Sprachcodes nach ISO-639, z.B. "de" für Deutsch oder "en" für Englisch oder "en-us" für amerikanisches Englisch.

PROFILE

Mit dem Attribut PROFILE werden eine oder mehrere externe Dateien bezeichnet. In diesen Dateien, die durch Leerzeichen voneinander getrennt sind, werden META-Informationen der entsprechenden Dateien abgelegt. Dieses Attribut wird von den meisten Browsern noch nicht unterstützt. Die vollständige Implementierung der Funktion befindet sich noch in der Diskussionsphase.

Beispiel

```
<head lang="de">
<title>Titeltext</title>
</head>
<body>
...
```

XML-Definition

```
<!ENTITY % head.content "TITLE & BASE?">

<!ELEMENT HEAD O O (%head.content;) +(%head.misc;)>
<!ATTLIST HEAD
%i18n;
profile       %URI;       #IMPLIED>
```

XML-Definition

```
<!ENTITY % html.content "HEAD, BODY">

<!ELEMENT HTML O O (%html.content;)>
<!ATTLIST HTML %i18n;>
```

Verwandte Befehle

BODY
HTML
TITLE

HEADERS   <html attribut>

Bezug zwischen Zelle und Spalte herstellen

Beschreibung

Über das Attribut HEADERS wird ein Bezug zwischen Zelleninhalt und Spaltenüberschrift hergestellt. So ist es z.B. Sprachausgabesystemen leichter möglich, den Zelleninhalt zusammen mit
der passenden Spaltenüberschrift auszugeben.

Anwendung

Als Wert wird hier die ID der Spaltenüberschrift angegeben. Der Einsatz dieses
Attributs ist optional.

Werte

Mit diesem Attribut wird ein HEADER einem Tabellenelement mit einer entsprechenden ID zugewiesen. Eine gültige ID muss mit einem Buchstaben beginnen (A-Z, a-z) gefolgt von einer beliebigen Anzahl von Zeichen oder Zahlen. Folgende zusätzliche Zeichen sind erlaubt: Bindestrich ("-"), Unterstrich ("_"), Doppelpunkt (":") und Punkt ("."). Mehrere Elemente können durch Kommata getrennt angegeben werden.

Beispiel

```
<table>
<tr>
      <th id="Monat_1" width="50%">Januar</td>
      <th id="Monat_2" width="50%">Februar</td>
      </tr>
<tr>
      <td headers="Monat_1" width="50%">100.000 DM</td>
<td headers="Monat_2" width="50%">123.000 DM</td>
      </tr>
</table>
```

Zugehörige Elemente

TD
TH

HEIGHT   <html attribut>

Höhe eines Elements angeben

Beschreibung

Attribut für die Bestimmung der Höhe eines Fensters oder Objekts.

Anwendung

Übergeben Sie dem Element über dieses Attribut die gewünschte Höhe als Zahlenwert. Wenn Sie mit Hilfe dieses Attributs beispielsweise die Größe einer eingebundenen Grafik verändern möchten und Sie nur die Höhe verändern, wird die Breite automatisch im richtigen Seitenverhältnis angepaßt. Neben Zahlenwerten lassen sich Werte auch als prozentuale Angaben relativ zur absoluten Fensterbreite angeben.

Werte

Der Wert dieses Attributs gibt eine Größe in Pixel oder Prozent an. Gültige Werte für Pixel sind positive ganze Zahlen (Integer-Werte). Die Eingabe von ="100" entspricht zum Beispiel einer Größe von 100 Pixeln. Eine Prozentangabe entspricht dem prozentualen Anteil der im Browser verfügbaren horizontalen oder vertikalen Fensterbreite. Eine Eingabe von ="30%" entspricht einer Breite von 30 Prozent.

Beispiel

```
<img src="bild.gif" height="10%">
<img src="bild.gif" height="200" width="300">
<img src="bild.gif" height="10%" width="100">

<td height="120">
</td>
```

Zugehörige Elemente

APPLET
IFRAME
IMG
ONJECT
TD
TH

HR

Horizontale Trennung von Abschnitten

Beschreibung

Durch diesen Befehl werden Abschnitte innerhalb eines HTML-Dokuments grafisch durch eine horizontale Linie voneinander getrennt.

Anwendung

Der Befehl HR dient dazu, Abschnitte eines HTML-Textes voneinander zu trennen. Diese Trennung erfolgt, indem eine horizontale Linie eingefügt wird. Dieser Befehl gehört zu den ersten grafischen Elementen, die unter HTML zur Verfügung stehen. Inzwischen wird dieser Befehl nur noch selten verwendet. Er bietet sich vor allem für lange HTML-Dokumente an.

HTML-4.0-Standard

ALIGN, ID, CLASS, NOSHADE, SIZE, STYLE, TITLE, WIDTH

Starttag: zwingend erforderlich; Endtag: nicht zulässig.

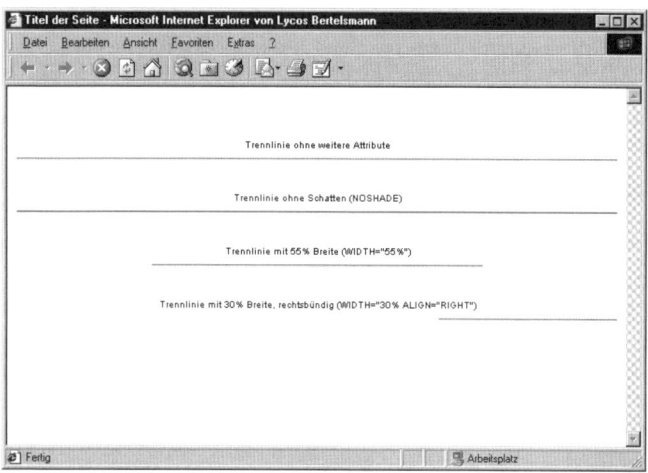

Der Einsatz von Trennlinien mit verschiedenen Attributen.

Attribute

ALIGN

Dieses Attribut ist für die Festlegung der Ausrichtung der horizontalen Linie zuständig.

LEFT

Die horizontale Trennlinie wird linksbündig ausgerichtet.

RIGHT

Die horizontale Trennlinie wird rechtsbündig ausgerichtet.

CENTER

Die horizontale Trennlinie wird zentriert ausgerichtet. Fehlt das Attribut ALIGN, dann wird der Wert CENTER als Voreinstellung angenommen.

CLASS

Über das Attribut CLASS lässt sich das Element einer Gruppe (Klasse) zuordnen. Geben Sie dazu einen frei wählbaren Klassennamen als Wert an. Diese Gruppierungen erlauben Ihnen anschließend einen leichten Zugriff auf alle zugehörigen Elemente. So können Sie später beispielsweise mit Hilfe von Cascading-Stylesheets oder anderen Sprachen leicht die Eigenschaften aller Elemente einer Klasse verändern oder Werte auslesen.

COLOR

Mit diesem Attribut wird die Farbe des darzustellenden Trennbalkens festgelegt. Neben den sechzehn definierten Farbschlüsselwörtern können bis zu 256 Farben dargestellt werden, die durch dafür festgelegte Hexadezimalzahlen eindeutig gekennzeichnet sind. Ab der Version 4.0 von HTML werden diese Einstellungen normalerweise mit den StyleSheets vorgenommen.

ID

Über das Attribut ID wird das Element mit einer für das Dokument eindeutigen Kennzeichnung versehen. Über diese ID lässt sich anschließend, beispielsweise mit Hilfe einer Scriptsprache, gezielt auf einzelne Elemente zugreifen, um z.B. deren Werte auszulesen oder zu verändern.

NOSHADE

Wenn Sie dieses Attribut verwenden, werden Trennlinien zwischen den einzelnen Abschnitten ohne 3D-Effekte dargestellt.

ONCLICK

Dieses Ereignis findet statt, wenn mit der Maus das benannte Element angeklickt wird. Durch diese Aktion wird ein angegebenes Script ausgeführt.

ONDBLCLICK

Dieses Ereignis findet statt, wenn mit der Maus das benannte Element doppelt angeklickt wird. Durch diese Aktion wird ein angegebenes Script ausgeführt.

ONKEYDOWN

Dieses Ereignis findet statt, wenn man sich über dem bezeichneten Element befindet und gleichzeitig eine Taste gedrückt wird. Durch diese Aktion wird ein angegebenes Script ausgeführt.

ONKEYPRESS

Dieses Ereignis findet statt, wenn man sich über dem bezeichneten Element befindet und gleichzeitig eine Taste drückt und wieder loslässt. Durch diese Aktion wird ein angegebenes Script ausgeführt.

ONKEYUP

Dieses Ereignis findet statt, wenn man sich über dem bezeichneten Element befindet und eine gedrückte Taste losgelassen wird. Durch diese Aktion wird ein angegebenes Script ausgeführt.

ONMOUSEDOWN

Dieses Ereignis findet statt, wenn man sich über dem bezeichneten Element befindet und gleichzeitig eine Maustaste gedrückt wird. Durch diese Aktion wird ein angegebenes Script ausgeführt.

ONMOUSEMOVE

Dieses Ereignis findet statt, wenn man sich mit der Maus über das benannte Element bewegt. Durch diese Aktion wird ein angegebenes Script ausgeführt.

ONMOUSEOUT

Dieses Ereignis findet statt, wenn man sich mit der Maus von dem benannten Element fortbewegt. Durch diese Aktion wird ein angegebenes Script ausgeführt.

ONMOUSEOVER

Dieses Ereignis findet statt, wenn der Mauszeiger direkt auf das benannte Element zeigt. Durch diese Aktion wird ein angegebenes Script ausgeführt.

ONMOUSEUP

Dieses Ereignis findet statt, wenn man sich über dem bezeichneten Element befindet und eine gedrückte Maustaste losgelassen wird. Durch diese Aktion wird ein angegebenes Script ausgeführt.

SIZE

Mit diesem Attribut ist es möglich, die Höhe der Trennlinien in Pixel anzugeben.

STYLE

Das Attribut STYLE lässt sich dazu nutzen, um Stilvorgaben, insbesondere das Aussehen des Elements, zu verändern. Als Wert des Attributs übergeben Sie die entsprechenden Optionen einer Stylesheet-Sprache (meist CSS).

WIDTH

Dieses Attribut dient der Festlegung der Zeichenbreite in Pixel. Durch diese Angabe wird es einem Browser ermöglicht, eine Schriftart zu wählen, welche die Darstellung des gesamten Textes garantiert.

TITLE

Geben Sie dem Anwender weitere Informationen über das verwendete Element, indem Sie mit Hilfe des TITLE-Befehls einen aussagekräftigen Titel festlegen. Insbesondere Anwendern, die auf eine Sprachausgabe angewiesen sind, wird so die Navigation durch Ihre Seiten erleichtert.

Beispiel

```
Jetzt ist dieser Abschnitt zu Ende.
<hr size="5" width="65%" align="right" noshade>
Hier beginnt ein neuer Abschnitt.

<hr>
<hr noshade>
<hr width="55%">
<hr align="right" width="30%">
```

Ereignisse

ONCLICK, ONDBLCLICK, ONKEYDOWN, ONKEYPRESS, ONKEYUP, ONMOUSEDOWN, ONMOUSEMOVE, ONMOUSEOUT, ONMOUSEOVER, ONMOUSEUP

XML-Definition

```
<!ELEMENT HR>
<!ATTLIST HR
%coreattrs;
%events;>
```

Verwandte Befehle

BR

HREF   **\<html attribut\>**

Verweisziel definieren

Beschreibung

Mit dem Attribut HREF wird das Zielelement angegeben, auf das der Anker verweist. Verwenden Sie dabei die sonst auch übliche Schreibweise für Internetadressen (URI). Der Anker kann auf beliebige Webseiten verweisen.

Anwendung

Der Einsatz dieses Attributs ist für die Funktionalität der zugehörigen Befehle zwingend erforderlich.

Werte

Ein gültiger Wert für dieses Attribut ist ein sogenannter URI (*Uniform Resource Identifier*). Der Aufbau eines URI entspricht dem folgenden Schema:

```
[Protokoll]://[Domain]/[Verzeichnis]/[Datei]
```

Mögliche Angaben für das verwendete Protokoll sind die folgenden Werte:

ftp	File Transfer Protocol
http	Hypertext Transfer Protocol
gopher	Gopher Protocol
mailto	Electronic Mail Address
news	USENET News
nntp	USENET News (NNTP-Zugriff)
telnet	Reference to interactive sessions
wais	Wide Area Information Server
file	Host-specific file names
prospero	Prospero Directory Service

Beispiel

```
<a href="seite2.htm">Weiter</a>
<a href="http://www.microsoft.de">Microsoft</a>
<a href="mailto:gunter@wielage.de">Schreiben Sie mir</a>
<a href="ftp://www.download.com/public/archive/windows/">
```

Zugehörige Elemente

A
AREA
BASE
LINK

HREFLANG <html attribut>
Sprache eines Zieldokuments angeben

Beschreibung

Dieses Attribut gibt die Sprache des Zieldokuments an. Das ist insbesondere für die Indizierung in Suchmaschinen wichtig. So können Sie beispielsweise schon vom Quelldokument aus festlegen, in welcher Sprache das über einen Link verbundene Dokument geschrieben ist. Suchmaschinen müssten so beispielsweise bei der Suche nach deutschsprachigen Dokumenten nicht zunächst die Zielseite übertragen, um festzustellen, in welcher Sprache das Dokument verfasst ist.

Anwendung

Verwenden Sie die Sprachcodes nach ISO-639, z.B. "de" für Deutsch oder "en" für Englisch oder "en-us" für amerikanisches Englisch. Der Einsatz dieses Attributs ist optional.

Werte

Übergeben Sie diesem Attribut als Wert einen sogenannten Language-Code. Er gibt nähere Auskunft über die verwendete Sprache. Der Sprachcode besteht aus zwei Teilen. So lässt sich neben einer verwendeten Sprache (z.B. Deutsch oder Englisch) zusätzlich noch die lokale Ausprägung festlegen. Diese zweite Angabe ist allerdings optional. Sprachcodes sind in der ISO-639 festgelegt, die Sie unter dem Stichwort **ISO-639** finden. Gültige Werte für die verwendete Sprache sind z.B.:

FR	Französisch	DE	Deutsch
IT	Italienisch	ES	Spanisch
EN	Englisch	NL	Niederländisch

Zusätzlich kann neben der Verwendung des Sprachcodes (z.B.: ="DE" für Deutsch) optional die Angabe eines Landes erfolgen (z.B. ="DE-CH" für Deutsch mit lokaler Ausprägung der Schweiz). Die vollständige Übersicht der Ländercodes finden Sie unter dem Stichwort **ISO-3166**.

DE	Deutschland	US	USA
UK	Großbritannien	NL	Niederlande

Beispiel

```
<a href="englisch.htm" hreflang="en">
<a href="deutsch1.htm hreflang="de-ch">
<a href="deutsch2.htm hreflang="de-de">
```

Zugehörige Elemente

A
LINK

HSPACE <html attribut>
Horizontalen Abstand angeben

Beschreibung
Mit diesem Attribut wird der horizontale Abstand eines eingebundenen Objekts im Verhältnis zu seiner Umgebung innerhalb eines Fensters festgelegt.

Anwendung
Geben Sie einen horizontalen Abstand des Objekts zu dem umgebenden Text links und rechts ein. Der Einsatz dieses Attributs ist optional.

Werte
Der Wert dieses Attributs gibt eine Größe in Pixel, also in Bildpunkten, an. Gültige Werte sind positive ganze Zahlen (Integer-Werte). Die Eingabe von ="100" entspricht zum Beispiel einer Größe von 100 Pixel.

Beispiel
```
<object
     data="video.avi"
     width="100"
     height="100"
     hspace=25
     vspace=25>
</object>
```

Zugehörige Elemente
APPLET
IMG
OBJECT

HTML
Basis-Markups für ein HTML-Dokument

Beschreibung
Jedes HTML-Dokument besteht zumindest aus einigen Basis-Befehlen, die dem Dokument die notwendige Grundstruktur verleihen.

Anwendung

Ein HTML-Dokument besteht mindestens aus den umschließenden HTML-Tags. Zusätzlich wird in der Regel noch ein Dokumentenkopf mit HEAD definiert, auf den dann der Textkörper mit BODY folgt. Das Element HTML ist allerdings nur optional zu verwenden. Auch ohne diesen Befehl können Sie gültige HTML-Dokumente erzeugen.

HTML-4.0-Standard

DIR, LANG

Starttag: optional; Endtag: optional.

Attribute

DIR

Dieses Attribut ist für die Bestimmung der Laufrichtung des Textes notwendig. Zwei Werte können alternativ übergeben werden:

LTR

Dieser Wert bestimmt die Laufrichtung des Textes von links nach rechts (Abkürzung für »left to right«). Diese Laufrichtung ist im Browser voreingestellt.

RTL

Soll der Text entgegen der Standardlaufrichtung vom rechten Bildschirmrand zum linken Rand laufen, dann wählen Sie den Wert RTL (Abkürzung für »right to left«).

LANG

Dieses Attribut gibt die Sprache des Zieldokuments an. Das ist insbesondere für die Indizierung in Suchmaschinen wichtig. Verwenden Sie die Sprachcodes nach ISO-639, z.B. "de" für Deutsch oder "en" für Englisch oder "en-us" für amerikanisches Englisch.

VERSION

Über das Attribut VERSION kann die verwendete HTML-Version angegeben werden. Dieses Attribut ist in Version HTML 4.0 allerdings nicht mehr empfohlen. Ersetzen Sie es durch eine entsprechende Angabe im Element DOCTYPE.

Beispiel

```
<html>
<head>
<title> Der Titel der Seite</title>
</head>
<body>
Hier folgt der eigentliche Textkörper oder der Inhalt des Dokuments.
</body>
</html>
```

Verwandte Befehle
BODY
HEAD
TITLE

HTTP-EQUIV <html attribut>

Meta-Informationen angeben

Beschreibung

Mit Hilfe des Attributs HTTP-EQUIV bestimmen Sie, welche Meta-Informationen Sie mit dem Befehl META übermitteln.

Anwendung

Der Befehl META erwartet zumindest den Einsatz des Attributs HTTP-EQUIV, alternativ lässt sich auch das Attribut NAME verwenden.

Werte

Dem Attribut HTTP-EQUIV können Sie einen der folgenden Werte übergeben. Neben den aufgezählten Werten sind theoretisch zwar auch weitere Bezeichnungen denkbar, denn eine eindeutige Festlegung der gültigen Begriffe ist in HTML 4.0 nicht definiert. Dennoch sollten Sie sich auf die gängigen und bekannten Bezeichnungen beschränken, um die gewünschten Funktionen zu erreichen.

Eine offizielle Definition der möglichen Werte ist vom W3C nicht vorgesehen. Folgende Inhaltstypen sind weit verbreitet und können angewendet werden:

CONTENT-LANGUAGE
Gibt die Sprache des HTML-Dokuments an. Verwenden Sie als Werte für CONTENT die üblichen Definitionen einer Sprache von HTML (z.B. "de" für Deutsch, "de-ch" für Deutsch/Schweiz, "en" für Englisch, "en-uk" für Englisch/Großbritannien).

CONTENT-SCRIPT-TYPE
Wenn das Dokument Skriptsprachen einsetzt, können Sie mit diesem Wert die voreingestellte Scriptsprache angeben (z.B. "text/vbscript" oder "text/javascript").

CONTENT-STYLE-TYPE
Gibt die Standard-Stylesprache an. Verwenden Sie beispielsweise für StyleSheets "text/css".

CONTENT-TYPE
Über den CONTENT-TYPE geben Sie den voreingestellten Zeichensatz an. Beispielsweise: "text/html; charset=iso-8859-1" für den westeuropäischen Zeichensatz.

EXPIRES

Über EXPIRES können Sie mitteilen, wann Ihre Seite aktualisiert werden soll. Wird sie etwa in einem Proxy-Cache zwischengespeichert, dann lädt dieser Ihre Seite nach der eingestellten Zeitspanne erneut aus dem Netz und aktualisiert die vorliegende Version.

PRAGMA

Übergeben Sie mit CONTENT den Wert "no-cache", um zu verhindern, dass Ihre Seiten im Cache-Speicher zwischengespeichert werden.

REFRESH

Mit REFRESH können Sie erreichen, dass nach einer angegebenen Wartezeit in Sekunden automatisch ein anderes HTML-Dokument in den Browser geladen wird. Natürlich lässt sich auch das aktuelle Dokument erneut übertragen, beispielsweise bei Live-Bildern einer Videokamera. Geben Sie dazu die Anzahl an Sekunden, gefolgt von der URL des zu ladenden Dokuments, an: CONTENT="10; URL=seite2.html".

Beispiel

```
<meta http-equiv="content-type"
    content="text/html; charset=iso-8859-1">
<meta http-equiv="expires"
    content="Thu, 24 Jun 1999 12:00:00 GMT">
```

Zugehörige Elemente

META

I

Darstellung von Text in kursiver Schriftart

Beschreibung

Mit diesem Befehl werden Texte in Kursivschrift bzw. schräggestellt angezeigt. Der Ausdruck »I« ist vom englischen Begriff »Italic« hergeleitet.

Anwendung

Der Befehl I (Abkürzung für »italic« / schräg) findet vor allem Anwendung, wenn größere Mengen Text dargestellt werden und sich der »kursive« Text von dem mit dem B-Tag-markierten fett dargestellten Text unterscheidet.

HTML-4.0-Standard

CLASS, DIR, ID, LANG, STYLE, TITLE

Starttag: zwingend erforderlich; Endtag: zwingend erforderlich.

Attribute

CLASS

Über das Attribut CLASS lässt sich das Element einer Gruppe (Klasse) zuordnen. Geben Sie dazu einen frei wählbaren Klassennamen als Wert an. Diese Gruppierungen erlauben Ihnen anschließend einen leichten Zugriff auf alle zugehörigen Elemente. So können Sie später beispielsweise mit Hilfe von Cascading-Stylesheets oder anderen Sprachen leicht die Eigenschaften aller Elemente einer Klasse verändern oder Werte auslesen.

DIR

Dieses Attribut ist für die Bestimmung der Laufrichtung des Textes notwendig. Zwei Werte können alternativ übergeben werden:

LTR

Dieser Wert bestimmt die Laufrichtung des Textes von links nach rechts (Abkürzung für »left to right«). Diese Laufrichtung ist im Browser voreingestellt.

RTL

Soll der Text entgegen der Standardlaufrichtung vom rechten Bildschirmrand zum linken Rand laufen, dann wählen Sie den Wert RTL (Abkürzung für »right to left«).

ID

Über das Attribut ID wird das Element mit einer für das Dokument eindeutigen Kennzeichnung versehen. Über diese ID lässt sich anschließend beispielsweise mit Hilfe einer Scriptsprache gezielt auf einzelne Elemente zugreifen, um z.B. deren Werte auszulesen oder zu verändern.

LANG

Dieses Attribut gibt die Sprache des Zieldokuments an. Das ist insbesondere für die Indizierung in Suchmaschinen wichtig. Verwenden Sie die Sprachcodes nach ISO-639, z.B. "de" für Deutsch oder "en" für Englisch oder "en-us" für amerikanisches Englisch.

ONCLICK

Dieses Ereignis findet statt, wenn mit der Maus das benannte Element angeklickt wird. Durch diese Aktion wird ein angegebenes Script ausgeführt.

ONDBLCLICK

Dieses Ereignis findet statt, wenn mit der Maus das benannte Element doppelt angeklickt wird. Durch diese Aktion wird ein angegebenes Script ausgeführt.

ONKEYDOWN

Dieses Ereignis findet statt, wenn man sich über dem bezeichneten Element befindet und gleichzeitig eine Taste gedrückt wird. Durch diese Aktion wird ein angegebenes Script ausgeführt.

ONKEYPRESS

Dieses Ereignis findet statt, wenn man sich über dem bezeichneten Element befindet und gleichzeitig eine Taste drückt und wieder loslässt. Durch diese Aktion wird ein angegebenes Script ausgeführt.

ONKEYUP

Dieses Ereignis findet statt, wenn man sich über dem bezeichneten Element befindet und eine gedrückte Taste losgelassen wird. Durch diese Aktion wird ein angegebenes Script ausgeführt.

ONMOUSEDOWN

Dieses Ereignis findet statt, wenn man sich über dem bezeichneten Element befindet und gleichzeitig eine Maustaste gedrückt wird. Durch diese Aktion wird ein angegebenes Script ausgeführt.

ONMOUSEMOVE

Dieses Ereignis findet statt, wenn man sich mit der Maus über das benannte Element bewegt. Durch diese Aktion wird ein angegebenes Script ausgeführt.

ONMOUSEOUT

Dieses Ereignis findet statt, wenn man sich mit der Maus von dem benannten Element fortbewegt. Durch diese Aktion wird ein angegebenes Script ausgeführt.

ONMOUSEOVER

Dieses Ereignis findet statt, wenn der Mauszeiger direkt auf das benannte Element zeigt. Durch diese Aktion wird ein angegebenes Script ausgeführt.

ONMOUSEUP

Dieses Ereignis findet statt, wenn man sich über dem bezeichneten Element befindet und eine gedrückte Maustaste losgelassen wird. Durch diese Aktion wird ein angegebenes Script ausgeführt.

STYLE

Das Attribut STYLE wird zur Festlegung spezifischer Eigenschaften in Bezug auf die Darstellung so gekennzeichneter Elemente verwendet. Die Vorgabe eines verwendeten Stils wird durch die Cascading-Stylesheets definiert.

TITLE

Geben Sie dem Anwender weitere Informationen über das verwendete Element, indem Sie mit Hilfe des TITLE-Befehls einen aussagekräftigen Titel festlegen. Insbesondere Anwendern, die auf eine Sprachausgabe angewiesen sind, wird so die Navigation durch Ihre Seiten erleichtert.

Beispiel

```
Das ist <I>kursive</I>Schrift!
Und jetzt in <B>Fettschrift</B>
Natürlich lässt sich beides auch verbinden:
<B><I>Fett und kursiv</I></B>
```

Ereignisse

ONCLICK, ONDBLCLICK, ONKEYDOWN, ONKEYPRESS, ONKEYUP, ONMOUSEDOWN, ONMOUSEMOVE, ONMOUSEOUT, ONMOUSEOVER, ONMOUSEUP

Verwandte Befehle

B
BIG
LISTING
PLAINTEXT
PRE
S
SMALL
STRIKE
TT
U
XMP

ID <html attribut>

Eindeutige Bezeichnung zuweisen

Beschreibung

Über das Attribut ID wird das Element mit einer für das Dokument eindeutigen Kennzeichnung versehen. Über diese ID lässt sich anschließend beispielsweise mit Hilfe einer Scriptsprache gezielt auf einzelne Elemente zugreifen, um z. B. deren Werte auszulesen oder zu verändern.

Anwendung

Weisen Sie dem Element einen Namen oder eine Bezeichnung zu, die nur einmal im gesamten Dokument vorkommt. Der Einsatz dieses Attributs ist optional, wird aber häufig eingesetzt, um beispielsweise per JavaScript auf ein Element zugreifen zu können oder Beziehungen zwischen Tabellenzellen herzustellen.

Werte

Mit diesem Attribut wird ein Label einem Element mit einer entsprechenden ID zugewiesen. Eine gültige ID muss mit einem Buchstaben beginnen (A-Z, a-z), gefolgt von einer beliebigen Anzahl von Zeichen oder Zahlen. Folgende zusätzliche Zeichen sind erlaubt: Bindestrich ("-"), Unterstrich ("_"), Doppelpunkt (":") und Punkt (".").

Beispiel

```
<div id="Absatz_1"></div>
<div id="A1.2"></div>
<div id="a-z.d.3-67"></div>
```

Zugehörige Elemente

A	FONT	OPTGROUP
ABBR	FORM	OPTION
ACRONYM	FRAME	P
ADDRESS	FRAMESET	PARAM
APPLET	H1	PRE
AREA	H2	Q
B	H3	S
BASEFONT	H4	SAMP
BDO	H5	SELECT
BIG	H6	SMALL
BLOCKQUOTE	HR	SPAN
BODY	HTML	STRIKE
BR	I	STRONG
BUTTON	IFRAME	SUB
CAPTION	IMG	SUP
CENTER	INPUT	TABLE
CITE	INS	TBODY
CODE	ISINDEX	TD
COL	KBD	TEXTAREA
COLGROUP	LABEL	TFOOT
DD	LEGEND	TH
DEL	LI	THEAD
DFN	LINK	TR
DIR	MAP	TT
DIV	MENU	U
DL	NOFRAMES	UL
DT	NOSCRIPT	VAR
EM	OBJECT	
FIELDSET	OL	

IFRAME

Definieren von eigenständigen Unterfenstern

Beschreibung

Mit diesem Befehl werden in sich abgeschlossene Fenster innerhalb von bereits vorhandenen Browser-Fenstern definiert. Im Gegensatz zu Frames, sind eingebettete Frames (IFRAME) keine eigenen Bildschirmfenster, sondern lediglich beliebige Bereiche eines Fensters. Vergleichbar sind eingebettete Frames mit in die Seite integrierten Bildern und Grafiken.

Anwendung

Dieser Befehl dient dem Aufbau eines eingebetteten Frames innerhalb von bereits bestehenden Browser-Fenstern. Viele der Attribute dieser Inline-Frames sind auch bei den herkömmlichen Frames anwendbar. Innerhalb des definierten Bereiches können, wie in einem Frame, andere HTML-Dokumente angezeigt werden. Eingebettete Frames lassen sich vom Anwender nicht in ihrer Größe verändern.

Obwohl der Befehl IFRAME in HTML 4.0 offiziell definiert ist, wird er bisher nur vom Microsoft Internet Explorer unterstützt.

HTML-4.0-Standard

ALIGN, CLASS, FRAMEBORDER, HEIGHT, ID, LONGDESC, MARGINHEIGHT, MARGINWIDTH, NAME, SCROLLING, SRC, STYLE, TITLE, WIDTH

Starttag: zwingend erforderlich; Endtag: zwingend erforderlich.

Attribute

ALIGN
> Mit diesem Attribut legen Sie fest, wie der IFRAME innerhalb des Browserfensters platziert wird.
>
> TOP
>> Mit ALIGN=TOP legen Sie fest, dass umgebender Text an der Oberseite eines Fensters ausgerichtet wird.
>
> BOTTOM
>> Mit ALIGN=BOTTOM legen Sie fest, dass umgebender Text an der Unterseite eines Fensters ausgerichtet wird.
>
> MIDDLE
>> Mit ALIGN=MIDDLE legen Sie fest, dass umgebender Text in der Mitte eines Fensters ausgerichtet wird.
>
> LEFT
>> Mit ALIGN=LEFT wird das Fenster linksbündig ausgerichtet.
>
> RIGHT
>> Mit ALIGN=RIGHT wird das Fenster rechtsbündig ausgerichtet.
>
> CENTER
>> Mit ALIGN=CENTER wird das Fenster zentriert ausgerichtet.

CLASS
> Über das Attribut CLASS lässt sich das Element einer Gruppe (Klasse) zuordnen. Geben Sie dazu einen frei wählbaren Klassennamen als Wert an. Diese Gruppierungen erlauben Ihnen anschließend einen leichten Zugriff auf alle zugehörigen Elemente. So können Sie später beispielsweise mit Hilfe von Cascading-Stylesheets oder anderen Sprachen leicht die Eigenschaften aller Elemente einer Klasse verändern oder Werte auslesen.

FRAMEBORDER

Wenn dieses Attribut auf den Wert 1 gesetzt wird, hat das zur Folge, dass ein dreidimensionaler Rahmen um das Fenster gezeichnet wird. Das Fenster bleibt rahmenlos, wenn der Wert auf 0 gesetzt wird.

HEIGHT

Mit diesem Attribut kann die Breite eines Fensters in Pixel angegeben werden.

HSPACE

Mit diesem Attribut können Sie den horizontalen (links und rechts) Abstand des Textes zum eingebetteten Frame festlegen. Dieses Attribut wird nur vom Internet Explorer interpretiert und ist nicht im offiziellen HTML-Standard vorgesehen.

ID

Über das Attribut ID wird das Element mit einer für das Dokument eindeutigen Kennzeichnung versehen. Über diese ID lässt sich anschließend beispielsweise mit Hilfe einer Scriptsprache gezielt auf einzelne Elemente zugreifen, um z.B. deren Werte auszulesen oder zu verändern.

LONGDESC

Dieses Attribut definiert eine ausführliche Beschreibung des Inhalts des Frames. Diese ergänzt die Kursbeschreibung, die über das TITLE-Attribut angegeben werden kann.

MARGINHEIGHT

Mit Hilfe des Attributs MARGINHEIGHT kann die Randhöhe des Fensters festgelegt werden.

MARGINWIDTH

Mit Hilfe des Attributs MARGINWIDTH kann die Randbreite des Fensters festgelegt werden.

NAME

Über das Attribut NAME lässt sich dem Element eine Bezeichnung zuweisen. Sie sollten nur eindeutige, das heißt im Dokument nur einmal vorkommende Namen verwenden. Dieser Befehl ist vergleichbar mit dem Attribut ID.

SCROLLING

Mit Hilfe des Attributs SCROLLING kann festgelegt werden, ob der entsprechende FRAME mit einer Scroll-Leiste ausgestattet werden soll. Mögliche Werte sind YES, NO und AUTO.

SRC

Mit diesem Attribut ist es möglich, den Quellpfad festzulegen. Diese Quellpfade beziehen sich auf Inhalte eines oder mehrerer Frames.

STYLE

Das Attribut STYLE lässt sich dazu nutzen, um Stilvorgaben, insbesondere das Aussehen des Elements, zu verändern. Als Wert des Attributs übergeben Sie die entsprechenden Optionen einer Stylesheet-Sprache (meist CSS).

TARGET

Das Attribut TARGET wird verwendet, um den Namen eines Fensters festzulegen, in dem ein Link geöffnet wird. Dieses Attribut wird genutzt, wenn mehrere Fenster offen sind oder mit einem Link ein neues Fenster geöffnet werden soll.

TITLE

Geben Sie dem Anwender weitere Informationen über das verwendete Element, indem Sie mit Hilfe des TITLE-Befehls einen aussagekräftigen Titel festlegen. Insbesondere Anwendern, die auf eine Sprachausgabe angewiesen sind, wird so die Navigation durch Ihre Seiten erleichtert.

VSPACE

Mit diesem Attribut können Sie den vertikalen (oben und unten) Abstand des Textes zum eingebetteten Frame festlegen. Dieses Attribut wird nur vom Internet Explorer interpretiert und ist nicht im offiziellen HTML-Standard vorgesehen.

WIDTH

Mit diesem Attribut wird die Breite des eingebetteten Frames in Pixel angegeben.

Beispiel

```
<iframe src="info.html" scrolling="auto" frameborder="1">
Dieser Test wird angezeigt,
wenn der Browser den Befehl nicht kennt
</iframe>
```

Verwandte Befehle

FRAMESET
FRAME
NOFRAMES
OBJECT

ILAYER

Definieren von Inline-Layern

Beschreibung

Mit diesem Befehl ist es möglich, Bereiche für Inline-Layer innerhalb einer HTML-Datei zu positionieren.

Anwendung

Der Befehl ILAYER wird dann eingesetzt, wenn Inline-Layer innerhalb von Layern dargestellt werden sollen. Innerhalb einer HTML-Datei beginnen Inline-Layer relativ an der Position, wo sie sich befinden. Abgesehen davon, dass sie im Fließtext keinen eigenen Absatz erzeugen, verfügen sie über alle Eigenschaften, die auch normale Layer besitzen.

HTML-4.0-Standard

Dieser Befehl gehört nicht zum offiziellen HTML-Standard und wird genauso wie der Befehl LAYER nur vom Netscape-Browser ausgewertet. Ersetzen Sie die zahlreichen Möglichkeiten, die Layer bieten, durch Stylesheets.

Attribute

ABOVE

Wenn Sie mehrere Layer übereinanderlegen, können Sie durch die Angabe von ABOVE festlegen, über welcher anderen Schicht sich der aktuelle Layer befinden soll. Übergeben Sie dazu im Attribut ABOVE als Wert den Namen der darunterliegenden Schicht. Sie müssen die Schicht, deren Namen Sie hier angeben, unbedingt bereits vorher definiert haben.

ALIGN

Mit diesem Attribut lässt sich festlegen, an welcher Stelle des Dokuments ein Inline-Layer eingebunden wird, wie Text in oder neben einer Grafik aufgebaut wird. Die festgelegten Werte beziehen sich jedoch nicht als Werte abhängig vom Fensterrand, sondern orientieren sich an der der normalen Position des Inline-Layers.

LEFT

Mit ALIGN=LEFT wird ein Inline-Layer linksbündig ausgerichtet.

RIGHT

Mit ALIGN=RIGHT wird ein Inline-Layer rechtsbündig ausgerichtet.

TOP

Mit ALIGN=TOP legen Sie fest, dass ein Inline-Layer im oberen Bereich eines Fensters ausgerichtet wird.

BOTTOM

Mit ALIGN=BOTTOM legen Sie fest, dass ein Inline-Layer im oberen Bereich eines Fensters ausgerichtet wird.

MIDDLE

Mit ALIGN=MIDDLE legen Sie fest, dass ein Inline-Layer im mittleren Bereich eines Fensters ausgerichtet wird.

BACKGROUND

Für jede Schicht kann ein eigenes Hintergrundbild angegeben werden. Ähnlich wie beispielsweise mit dem BODY-Befehl können Sie hier eine Grafik für den Hintergrund angeben.

BELOW

Wenn Sie mehrere Layer übereinanderlegen, können Sie durch die Angabe von BELOW festlegen, unter welcher anderen Schicht sich der aktuelle Layer befinden soll. Übergeben Sie dazu im Attribut BELOW als Wert den Namen der darüberliegenden Schicht. Sie müssen die Schicht, deren Namen Sie hier angeben, unbedingt bereits vorher definiert haben.

BGCOLOR

Ähnlich wie mit BACKGROUND kann mit diesem Attribut ein Hintergrund definiert werden. Allerdings kann hier nur eine einzelne Farbe nach HTML-Standard angegeben werden.

CLASS

Über das Attribut CLASS lässt sich das Element einer Gruppe (Klasse) zuordnen. Geben Sie dazu einen frei wählbaren Klassennamen als Wert an. Diese Gruppierungen erlauben Ihnen anschließend einen leichten Zugriff auf alle zugehörigen Elemente. So können Sie später beispielsweise mit Hilfe von Cascading-Stylesheets oder anderen Sprachen leicht die Eigenschaften aller Elemente einer Klasse verändern oder Werte auslesen.

CLIP

Dem Attribut CLIP müssen Sie zwei oder vier durch Kommata getrennte Zahlen als Wert übergeben. Mit CLIP lässt sich der Bereich eines Layers weiter beschneiden. Geben Sie vier Werte an, dann werden diese als Koordinaten eines rechteckigen Ausschnittes interpretiert. Übergeben Sie dagegen nur zwei Werte, dann werden diese als Höhe und Breite eines Rechtecks angesehen.

HEIGHT

Legen Sie mit diesem Attribut die genaue Höhe des ausgewählten Bereichs an.

ID

Über das Attribut ID wird das Element mit einer für das Dokument eindeutigen Kennzeichnung versehen. Über diese ID lässt sich anschließend beispielsweise mit Hilfe einer Scriptsprache gezielt auf einzelne Elemente zugreifen, um z.B. deren Werte auszulesen oder zu verändern.

LEFT

Über LEFT bestimmen Sie die genaue Position der Schicht in Pixel vom linken Rand des Dokuments gemessen.

NAME

Über das Attribut NAME lässt sich dem Element eine Bezeichnung zuweisen. Sie sollten nur eindeutige, das heißt im Dokument nur einmal vorkommende Namen verwenden. Dieser Befehl ist vergleichbar mit dem Attribut ID.

PAGEX

Über PAGEX bestimmen Sie die genaue Position der Schicht in Pixel vom linken Rand des Fensters gemessen (ähnlich wie LEFT).

PAGEY

Über PAGEY bestimmen Sie die genaue Position der Schicht in Pixel vom oberen Rand des Fensters gemessen (ähnlich wie TOP).

SRC

Ähnlich wie in einem Frame können Sie innnerhalb einer Schicht den Inhalt eines anderen HTML-Dokuments anzeigen. Geben Sie dazu über SRC den URI der anderen Datei an.

TOP

Über TOP bestimmen Sie die genaue Position der Schicht in Pixel vom oberen Rand des Dokuments gemessen.

VISIBILITY

Einzelne Schichten lassen sich ein- und ausblenden. Dies macht allerdings nur dann Sinn, wenn Sie mit Hilfe von JavaScript nachträglich die Sichtbarkeit der Layers verändern möchten. Drei Werte können für dieses Attribut übergeben werden:

HIDE

Versteckt die angegebene Schicht zunächst.

SHOW

Zeigt den Layer an. Dieser Wert ist die Voreinstellung.

INHERIT

Der Layer wird nur dann angezeigt, wenn seine übergeordnete Schicht auch sichtbar ist. Dieser Wert macht nur bei ineinander verschachtelten Schichten Sinn.

WIDHT

Mit diesem Attribut können Sie die genaue Breite der Layer-Schicht festlegen.

Z-INDEX

Die Lage der einzelnen verschachtelten Schichten kann nicht nur mit Hilfe der Namen über die Attribute ABOVE und BELOW organisiert werden. Noch einfacher ist die Vergabe von Indexnummern über das Attribut Z-INDEX. Schichten mit höheren Indexnummern überdecken dabei Schichten mit niedrigen Ziffern.

Beispiel

```
Hier handelt es sich um einen
<ilayer left="50" top="100">Layer-Text</ilayer>
```

Verwandte Befehle

LAYER

IMG

Wiedergabe einer Grafik

Beschreibung

Dieser Befehl (alternativ auch: IMAGE) erlaubt es, eine Grafik in einem begrenzten Bereich des Fensters darzustellen.

Parameter

abstract

Geben Sie mit Hilfe dieses Attributs eine Kurzbeschreibung für die Gruppe an.

author
> Über dieses Attribut lässt sich ein Autor für diese Mediengruppierung angeben.

begin
> Gibt die Wiedergabezeit an. Sie können als Einheit die Bezeichnungen h, min, s oder ms verwenden.

copyright
> Informationen über den Urheber und das Copyright lassen sich als Wert dieses Attributs übergeben.

dur
> Gibt die Gesamtspielzeit der Gruppe an. Sie können als Einheit die Bezeichnungen h, min, s oder ms verwenden.

end
> Gibt die Endzeit der Gruppe an. Dieser Wert bezieht sich relativ auf das Attribut begin. Sie können als Einheit die Bezeichnungen h, min, s oder ms verwenden.

id
> Über das Attribut ID wird das Element mit einer für das Dokument eindeutigen Kennzeichnung versehen. Über diese ID lässt sich von anderen Elementen auf diesen Bereich zugreifen.

repeat
> Wiederholt die gesamte Gruppe in der angegebenen Anzahl.

src
> Gibt die Quelle des Medien-Clips oder der Grafik an. Als Wert wird hier eine gültige URL erwartet.

title
> Gibt der gesamten Gruppe einen eindeutigen Titel mit einer Kurzbeschreibung des Inhalts.

Beispiel

```
<img id="identifier"
    src="URL"
    alt="string"
    region="identifier"
    title="string"
    abstract="string"
    author="string"
    copyright="string"
    longdesc="string"
    type="string"
    begin="clock-value"
    end="clock-value"
    dur="clock-value"
    repeat="integer"
    fill="remove|freeze"
    system-bitrate="integer"
    system-captions="on|off"
    system-language="coma-separated-list"
```

```
system-overdub-or-caption="caption|overdub"

system-required="string"
system-screen-depth="integer"
system-screen-size="integerXinteger" />
```

IMG

Einbinden von Bildern

Beschreibung

Mit diesem Befehl ist es möglich, Grafiken und Bilder in ein HTML-Dokument einzubinden.

Anwendung

Der Befehl IMG wird verwendet, um sogenannte Inline-Images in ein HTML-Dokument einzubinden. Bilder waren die ersten visuellen Objekte, die auf Web-Seiten dargestellt werden konnten. Diese Bilder haben nicht nur einen informativen oder dekorativen Zweck, sondern häufig werden sie auch als Schaltflächen benötigt. Dem IMG-Tag folgt kein Schluß-Tag.

HTML-4.0-Standard

ALT, CLASS, DIR, HEIGHT, ID, ISMAP, LANG, LONGDESC, SRC, STYLE, TITLE, USEMAP, WIDTH

Starttag: zwingend erforderlich; Endtag: nicht zulässig.

Attribute

ALIGN

Mit diesem Attribut lässt sich festlegen, wie Text in oder neben einer Grafik aufgebaut wird.

LEFT

Richtet die gesamte Grafik linksbündig auf der Seite aus. Der auf die Grafik folgende Text fließt rechts um die Grafik herum.

RIGHT

Richtet die gesamte Grafik rechtsbündig auf der Seite aus. Der auf die Grafik folgende Text fließt links um die Grafik herum.

TOP

Mit ALIGN=TOP legen Sie fest, dass vorhandener Text im oberen Bereich neben der Grafik ausgerichtet wird.

BOTTOM

Mit ALIGN=BOTTOM legen Sie fest, dass vorhandener Text im unteren Bereich neben der Grafik ausgerichtet wird.

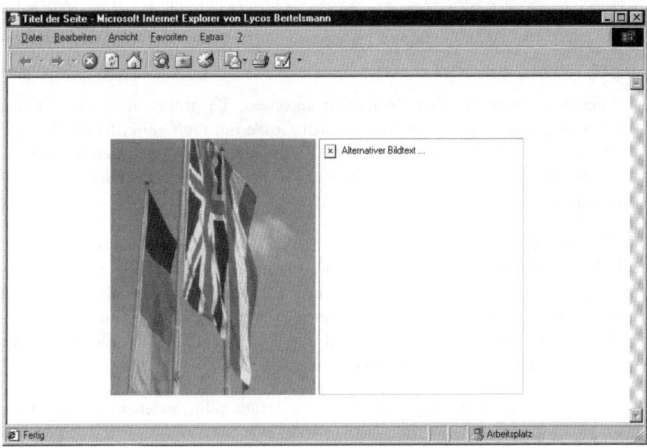

Kann das Bild nicht angezeigt werden, dann wird nur der Alternativtext angegeben.

MIDDLE

Mit ALIGN=MIDDLE legen Sie fest, dass vorhandener Text im mittleren Bereich neben der Grafik ausgerichtet wird.

ABSMIDDLE

Richtet den vorhandenen Text an der Oberkante absolut mittig zur Grafik aus. Dieser Wert ist nicht in HTML 4.0 definiert und wird nur mit dem Netscape-Browser ausgewertet.

ABSBOTTOM

Richtet den vorhandenen Text an der Unterkante nach unten bündig zur Grafik aus. Dieser Wert ist nicht in HTML 4.0 definiert und wird nur mit dem Netscape-Browser ausgewertet.

BASELINE

Entspricht dem Wert BOTTOM. Dieser Wert ist nicht in HTML 4.0 definiert und wird nur mit dem Netscape-Browser ausgewertet.

TEXTTOP

Richtet den vorhandenen Text an der Oberkante nach oben bündig zur Grafik aus. Dieser Wert ist nicht in HTML 4.0 definiert und wird nur mit dem Netscape-Browser ausgewertet.

ALT

Dieses Attribut beinhaltet alternativen Text für den Fall, dass ein Browser eine Grafik nicht darstellen kann. Dieser Text sollte die Grafik dann nach Möglichkeit ersetzen können. In HTML 4.0 wird die Verwendung dieses Attributs unbedingt empfohlen. Insbesondere Anwender, die ausschließlich textorientierte Browser verwenden, können so trotzdem die Informationen Ihrer Seiten auswerten.

BORDER

Wenn Sie diesem Attribut einen Wert zuweisen, der größer als 0 ist, zieht ein Browser einen Rand in der angegebenen Größe um die Grafik. Ist das Bild als Hyperlink markiert, wird standardmäßig immer ein Rahmen gesetzt, um die Grafik als solchen kenntlich zu machen. Möchten Sie dies verhindern, dann setzen Sie den Wert BORDER="0" ein.

CLASS

Über das Attribut CLASS lässt sich das Element einer Gruppe (Klasse) zuordnen. Geben Sie dazu einen frei wählbaren Klassennamen als Wert an. Diese Gruppierungen erlauben Ihnen anschließend einen leichten Zugriff auf alle zugehörigen Elemente. So können Sie später beispielsweise mit Hilfe von Cascading-Stylesheets oder anderen Sprachen leicht die Eigenschaften aller Elemente einer Klasse verändern oder Werte auslesen.

CONTROLS

Dieses Attribut wird eingesetzt, wenn es darum geht, Videoclips einzubinden und abzuspielen. Das Attribut CONTROL stellt eine Schaltleiste zur Kontrolle eines Videos zur Verfügung. Dieses Attribut gehört nicht zum offiziellen Sprachumfang und wird nur vom Explorer ausgewertet.

DIR

Dieses Attribut ist für die Bestimmung der Laufrichtung des Textes notwendig. Zwei Werte können alternativ übergeben werden:

LTR

Dieser Wert bestimmt die Laufrichtung des Textes von links nach rechts (Abkürzung für »left to right«). Diese Laufrichtung ist im Browser voreingestellt.

RTL

Soll der Text entgegen der Standardlaufrichtung vom rechten Bildschirmrand zum linken Rand laufen, dann wählen Sie den Wert RTL (Abkürzung für »right to left«).

DYNSRC

Dieses Attribut verweist auf einen Videoclip, der in einem Fenster dargestellt werden soll. Dieses Attribut gehört nicht zum offiziellen Sprachumfang und wird nur vom Explorer ausgewertet.

HEIGHT

Mit diesem Attribut wir die Höhe einer Grafik in Pixel angegeben. Es empfiehlt sich, diese Angaben immer vorzunehmen, damit einem Anwender schon vor dem Laden der eigentlichen Grafik etwas angezeigt wird.

HSPACE

Dieses Attribut legt den freien Bereich in horizontaler Richtung um eine Grafik herum in Pixel fest.

ID

Über das Attribut ID wird das Element mit einer für das Dokument eindeutigen Kennzeichnung versehen. Über diese ID lässt sich anschließend beispielsweise mit Hilfe einer Scriptsprache gezielt auf einzelne Elemente zugreifen, um z.B. deren Werte auszulesen oder zu verändern.

ISMAP

Mit diesem Attribut zeigen Sie an, dass Sie eine Verzweigung, in der sich eine Grafik befindet, an ein Imagemap-Programm auf den Server leiten wollen. So kann ein Browser die Koordinaten eines Bildes an einen Server schicken, der dann mit Hilfe dieser Informationen die dazugehörige Verzweigung ermitteln kann.

LANG

Dieses Attribut gibt die Sprache des Zieldokuments an. Das ist insbesondere für die Indizierung in Suchmaschinen wichtig. Verwenden Sie die Sprachcodes nach ISO-639, z.B. "de" für Deutsch oder "en" für Englisch oder "en-us" für amerikanisches Englisch.

LONGDESC

Dieses Attribut definiert eine ausführliche Beschreibung des Inhalts des Frames. Diese ergänzt die Kursbeschreibung, die über das TITLE-Attribut angegeben werden kann.

LOOP

Mit diesem Attribut können Sie die Anzahl der Wiederholungen eines Videoclips festlegen. Die Angabe -1 oder Infinite bewirkt unendlich viele Wiederholungen des Clips. Dieses Attribut gehört nicht zum offiziellen Sprachumfang und wird nur vom Explorer ausgewertet.

LOWSRC

Ausschließlich für Netscape-Browser haben Sie mit diesem Attribut die Möglichkeit, eine zweite Grafik anzugeben, die vor dem eigentlichen Bild angezeigt wird. Geben Sie mit LOWSCR eine Vorschau des Originals in niedrigerer Qualität an. Diese Vorschau wird aufgrund der geringeren Dateigröße sehr schnell übertragen und beim Anwender angezeigt. Ist später das umfangreichere Original angekommen, wird dieses an der gleichen Stelle angezeigt.

NAME

Über das Attribut NAME lässt sich dem Element eine Bezeichnung zuweisen. Sie sollten nur eindeutige, das heißt im Dokument nur einmal vorkommende Namen verwenden. Dieser Befehl ist vergleichbar mit dem Attribut ID.

ONCLICK

Dieses Ereignis findet statt, wenn mit der Maus das benannte Element angeklickt wird. Durch diese Aktion wird ein angegebenes Script ausgeführt.

ONDBLCLICK

Dieses Ereignis findet statt, wenn mit der Maus das benannte Element doppelt angeklickt wird. Durch diese Aktion wird ein angegebenes Script ausgeführt.

ONKEYDOWN

Dieses Ereignis findet statt, wenn man sich über dem bezeichneten Element befindet und gleichzeitig eine Taste gedrückt wird. Durch diese Aktion wird ein angegebenes Script ausgeführt.

ONKEYPRESS

Dieses Ereignis findet statt, wenn man sich über dem bezeichneten Element befindet und gleichzeitig eine Taste drückt und wieder loslässt. Durch diese Aktion wird ein angegebenes Script ausgeführt.

ONKEYUP

Dieses Ereignis findet statt, wenn man sich über dem bezeichneten Element befindet und eine gedrückte Taste losgelassen wird. Durch diese Aktion wird ein angegebenes Script ausgeführt.

ONMOUSEDOWN

Dieses Ereignis findet statt, wenn man sich über dem bezeichneten Element befindet und gleichzeitig eine Maustaste gedrückt wird. Durch diese Aktion wird ein angegebenes Script ausgeführt.

ONMOUSEMOVE

Dieses Ereignis findet statt, wenn man sich mit der Maus über das benannte Element bewegt. Durch diese Aktion wird ein angegebenes Script ausgeführt.

ONMOUSEOUT

Dieses Ereignis findet statt, wenn man sich mit der Maus von dem benannten Element fortbewegt. Durch diese Aktion wird ein angegebenes Script ausgeführt.

ONMOUSEOVER

Dieses Ereignis findet statt, wenn der Mauszeiger direkt auf das benannte Element zeigt. Durch diese Aktion wird ein angegebenes Script ausgeführt.

ONMOUSEUP

Dieses Ereignis findet statt, wenn man sich über dem bezeichneten Element befindet und eine gedrückte Maustaste losgelassen wird. Durch diese Aktion wird ein angegebenes Script ausgeführt.

SRC

Mit diesem Attribut wird einer Grafik eine absolute oder relative Adresse zugewiesen.

START

Mit Hilfe dieses Attributs können Sie festlegen, wann ein Videoclip, der mit dem Befehl DYNSRC angegeben wurde, abgespielt wird. Dieses Attribut gehört nicht zum offiziellen Sprachumfang und wird nur vom Explorer ausgewertet.

MOUSEOVER

Die eingebundene Videosequenz wird erst gestartet, wenn der Anwender mit seinem Mauszeiger über den Anzeigebereich fährt.

FILEOPEN

Das Video wird sofort gestartet, nachdem es komplett auf den Rechner des Anwenders übertragen wurde.

STYLE
> Das Attribut STYLE lässt sich dazu nutzen, um Stilvorgaben, insbesondere das Aussehen des Elements, zu verändern. Als Wert des Attributs übergeben Sie die entsprechenden Optionen einer Stylesheet-Sprache (meist CSS).

TITLE
> Durch dieses Attribut werden markierten Elementen zusätzliche Informationen zugewiesen. Bei vielen Browsern werden diese Informationen in einem Pop-up-Fenster angezeigt, wenn sich der Mauszeiger auf dem Element befindet.

USEMAP
> Dieses Attribut wird für client-side-Imagemaps genutzt. Hier werden Informationen zur Imagemap eingetragen.

VSPACE
> Dieses Attribut legt den freien Bereich in vertikaler Richtung um eine Grafik herum in Pixel fest.

WIDTH
> Mit diesem Attribut wir die Höhe einer Grafik in Pixel angegeben. Es empfiehlt sich, diese Angaben immer vorzunehmen, damit einem Anwender schon vor dem Laden der eigentlichen Grafik etwas angezeigt wird.

Beispiel

```
<img src="bild.gif" alt="Alternative Beschreibung">
<img src="grafik.jpg" width="200" height="158">
<img src="original.gif" lowsrc="sw.gif">

<a href="http://www.mut.com">
<img src="logo.jpg" border="0">
</a>

<img src="logo.jpg" width="100">
```

Ereignisse

ONCLICK, ONDBLCLICK, ONKEYDOWN, ONKEYPRESS, ONKEYUP, ONMOUSEDOWN, ONMOUSEMOVE, ONMOUSEOUT, ONMOUSEOVER, ONMOUSEUP

XML-Definition

```
<!ENTITY % Length        "CDATA">
<!ENTITY % MultiLength   "CDATA">
<!ENTITY % MultiLengths  "CDATA">
<!ENTITY % Pixels        "CDATA">

<!ELEMENT IMG>
<!ATTLIST IMG
%attrs;
src        %URI;      #REQUIRED
alt        %Text;     #REQUIRED
longdesc   %URI;      #IMPLIED
```

```
height      %Length;      #IMPLIED
width       %Length;      #IMPLIED
usemap      %URI;         #IMPLIED>
```

Verwandte Befehle

OBJECT

import

Import eines Stylesheets

Beschreibung

Innerhalb eines XSL-Stylesheets lassen sich weitere XSL-Dateien per Verweis integrieren. Somit ist eine Aufteilung größerer Projekte in einzelne Module möglich. Zusätzlich wird die Wiederverwendung von fertigen XSL-Dokumenten erleichtert. Diese müssen nicht per »Copy-Paste« in einer Datei zusammengeführt werden, sondern können per Befehl eingeschlossen werden:

Parameter

href

    Importiert ein Stylesheet zur Übersetzungszeit in ein anderes XSL-Stylesheet. Gibt die Quelle des Stylesheets an.

Beispiel

```
<import href="kunden.xsl"/>
```

INPUT

Definieren von Steuerelementen

Beschreibung

Mit diesem elementaren Befehl wird eine Eingabemöglichkeit für Anwender ausgewiesen.

Anwendung

Der Befehl INPUT wird verwendet, um Steuerelemente festzulegen. Mit dem Attribut TYPE wird die Art des Steuerelements näher festgelegt. Der Befehl wird in einem Formular innerhalb des FORM-Containers verwendet.

HTML-4.0-Standard

ACCEPT, ACCESSKEY, ALT, CHECKED, CLASS, DIR, DISABLED, ID, LANG, MAXLENGTH, NAME, READONLY, SIZE, SRC, STYLE, TABINDEX, TITLE, TYPE, USEMAP, VALUE

Starttag: zwingend erforderlich; Endtag: nicht zulässig.

Attribute

ACCEPT

Mit Hilfe dieses Attributs können Sie die Zeichensätze definieren, die für die Eingabe in die jeweiligen Formularfelder Gültigkeit haben.

ACCESSKEY

Das Attribut ACCESSKEY ermöglicht den Zugriff auf ein Element über die Tastatur. Durch die Definition eines Tastaturkürzels wird beim Drücken der entsprechenden Taste ein mit dem Kürzel verbundenes Dokument geladen. So führt z.B. die Angabe ACCESSKEY="A" dazu, dass nach dem Drücken der Taste »A« durch den Anwender das Element aktiviert wird.

ALIGN

Über ALIGN wird die Ausrichtung des Dialogelements festgelegt.

> TOP
>
> Mit ALIGN=TOP wird der dem Eingabefeld folgende Text an der Oberseite des Elements ausgerichtet.
>
> BOTTOM
>
> Mit ALIGN=BOTTOM wird der dem Eingabefeld folgende Text an der Unterseite des Elements ausgerichtet.
>
> MIDDLE
>
> Mit ALIGN=MIDDLE wird der dem Eingabefeld folgende Text zentriert zum Element ausgerichtet.
>
> LEFT
>
> Mit ALIGN=LEFT wird das Objekt linksbündig auf der Seite ausgerichtet.
>
> RIGHT
>
> Mit ALIGN=RIGHT wird das Objekt rechtsbündig auf der Seite ausgerichtet.

ALT

Dieses Attribut beinhaltet alternativen Text für den Fall, dass ein Browser ein Objekt nicht darstellen kann. Dieser Text sollte das Eingabefeld näher erklären. Insbesondere beim Eingabetyp IMAGE gewinnt dieses Attribut an Bedeutung. Denn eventuell kann der Anwender dann die Beschriftung der grafischen Schaltfläche nicht sehen.

CHECKED

Bei den Dialogtypen CheckBox und RadioButton dient das Attribut CHECKED dazu, ein Auswahlfeld bereits als Vorauswahl zu aktivieren. Bei den anderen Eingabetypen bleibt die Angabe ohne Bedeutung.

CLASS

Über das Attribut CLASS lässt sich das Element einer Gruppe (Klasse) zuordnen. Geben Sie dazu einen frei wählbaren Klassennamen als Wert an. Diese Gruppierungen erlauben Ihnen anschließend einen leichten Zugriff auf alle zugehörigen

Elemente. So können Sie später beispielsweise mit Hilfe von Cascading-Style-sheets oder anderen Sprachen leicht die Eigenschaften aller Elemente einer Klasse verändern oder Werte auslesen.

DIR

Dieses Attribut ist für die Bestimmung der Laufrichtung des Textes notwendig. Zwei Werte können alternativ übergeben werden:

LTR

Dieser Wert bestimmt die Laufrichtung des Textes von links nach rechts (Abkürzung für »left to right«). Diese Laufrichtung ist im Browser voreingestellt.

RTL

Soll der Text entgegen der Standardlaufrichtung vom rechten Bildschirmrand zum linken Rand laufen, dann wählen Sie den Wert RTL (Abkürzung für »right to left«).

DISABLED

Die Verwendung dieses Attributs deaktiviert die komplette zugehörige Schaltfläche und verhindert eine Eingabe.

ID

Über das Attribut ID wird das Element mit einer für das Dokument eindeutigen Kennzeichnung versehen. Über diese ID lässt sich anschließend beispielsweise mit Hilfe einer Scriptsprache gezielt auf einzelne Elemente zugreifen, um z.B. deren Werte auszulesen oder zu verändern.

LANG

Dieses Attribut gibt die Sprache des Zieldokuments an. Das ist insbesondere für die Indizierung in Suchmaschinen wichtig. Verwenden Sie die Sprachcodes nach ISO-639, z.B. "de" für Deutsch oder "en" für Englisch oder "en-us" für amerikanisches Englisch.

MAXLENGTH

Mit TYPE=TEXT werden Eingabefelder erstellt, in die von einem Anwender die Anzahl von Zeichen eingegeben werden kann, die mit dem Attribut MAXLENGTH festgelegt worden ist. Dieses Attribut ist nicht zu verwechseln mit der Länge des Feldes, die im Fenster angezeigt wird. Diese wird über SIZE festgelegt. Auch der Eingabetyp PASSWORD wertet diese Angabe aus, bei anderen Feldern bleibt der Wert ohne Bedeutung.

NAME

Mit dem Attribut TYPE wird die Art der Eingabemöglichkeit definiert. Jeder definierten Eingabemöglichkeit muss mit dem Attribut NAME ein Name zugewiesen werden. Die zugehörigen Daten werden beim Absenden des Formulars meist in Verbindung mit dem Namen übermittelt und erleichtern so die Zuordnung.

ONBLUR

Das Ereignis ONBLUR tritt dann ein, wenn ein Eingabelement seinen Focus verliert. Der Anwender hat sich also per Mausklick oder Tastatur zum nächsten Feld bewegt. Über dieses Ereignis könnte zum Beispiel ein Script aufgerufen werden, das die eingegebenen Werte überprüft und weiterverarbeitet.

ONCHANGE
: Dieses Ereignis findet statt, wenn der Inhalt des Eingabefeldes verändert wird. Durch diese Aktion wird ein angegebenes Script ausgeführt.

ONCLICK
: Dieses Ereignis findet statt, wenn mit der Maus das benannte Element angeklickt wird. Durch diese Aktion wird ein angegebenes Script ausgeführt.

ONDBLCLICK
: Dieses Ereignis findet statt, wenn mit der Maus das benannte Element doppelt angeklickt wird. Durch diese Aktion wird ein angegebenes Script ausgeführt.

ONKEYDOWN
: Dieses Ereignis findet statt, wenn man sich über dem bezeichneten Element befindet und gleichzeitig eine Taste gedrückt wird. Durch diese Aktion wird ein angegebenes Script ausgeführt.

ONKEYPRESS
: Dieses Ereignis findet statt, wenn man sich über dem bezeichneten Element befindet und gleichzeitig eine Taste drückt und wieder loslässt. Durch diese Aktion wird ein angegebenes Script ausgeführt.

ONKEYUP
: Dieses Ereignis findet statt, wenn man sich über dem bezeichneten Element befindet und eine gedrückte Taste losgelassen wird. Durch diese Aktion wird ein angegebenes Script ausgeführt.

ONMOUSEDOWN
: Dieses Ereignis findet statt, wenn man sich über dem bezeichneten Element befindet und gleichzeitig eine Maustaste gedrückt wird. Durch diese Aktion wird ein angegebenes Script ausgeführt.

ONMOUSEMOVE
: Dieses Ereignis findet statt, wenn man sich mit der Maus über das benannte Element bewegt. Durch diese Aktion wird ein angegebenes Script ausgeführt.

ONMOUSEOUT
: Dieses Ereignis findet statt, wenn man sich mit der Maus von dem benannten Element fortbewegt. Durch diese Aktion wird ein angegebenes Script ausgeführt.

ONMOUSEOVER
: Dieses Ereignis findet statt, wenn der Mauszeiger direkt auf das benannte Element zeigt. Durch diese Aktion wird ein angegebenes Script ausgeführt.

ONMOUSEUP
: Dieses Ereignis findet statt, wenn man sich über dem bezeichneten Element befindet und eine gedrückte Maustaste losgelassen wird. Durch diese Aktion wird ein angegebenes Script ausgeführt.

ONFOCUS
: Das Ereignis ONFOCUS tritt ein, wenn das aktuelle Element den Focus erhält. Wenn der Anwender also per Mausklick oder Tastatur auf dieses Feld geht und dieses so zum aktiven Element wird.

ONSELECT

Dieses Ereignis wird dann aktiv, wenn der Anwender Text im Eingabefeld auswählt bzw. markiert (selektiert).

READONLY

Dieses Attribut markiert ein Eingabefeld als nur lesbar. Andere Veränderungen,
wie Beschreiben des Eingabefelds, sind nicht gestattet.

SIZE

Mit diesem Attribut wird die Größe eines Eingabefelds angegeben. Übersteigt
der angegebene Wert den darzustellenden Bereich, wird der eingegebene Text
gescrollt.

SRC

Sofern der Eingabetyp IMAGE ist, müssen Sie über das Attribut SRC eine Bild-
quelle angeben. Geben Sie den URI einer Grafik an. Diese wird dann als grafische Schaltfläche eingesetzt.

STYLE

Das Attribut STYLE lässt sich dazu nutzen, um Stilvorgaben, insbesondere das
Aussehen des Elements, zu verändern. Als Wert des Attributs übergeben Sie die
entsprechenden Optionen einer Stylesheet-Sprache (meist CSS).

TABINDEX

Dieses Attribut weist einem Element durch die Verwendung von positiven oder
negativen Ganzzahlen eine Reihenfolgeposition zu. Elemente, die mit diesem
Attribut versehen sind, können mit der Tabulatortaste nacheinander ausgewählt
werden.

TYPE

Mit diesem Attribut legen Sie fest, welche Art von Steuerelement Sie verwenden
wollen. Folgende Eingabetypen stehen zur Auswahl:

BUTTON

Erstellt eine einfache Schaltfläche im Windows-Stil. Über diese Schaltfläche
lassen sich diverse Aktionen starten, beispielsweise ein Script. Grafische
Schaltflächen erzeugen Sie mit der Option IMAGE.

CHECKBOX

Erzeugt eine sogenannte CheckBox. Dieses Kontrollkästchen gibt dem
Anwender die Möglichkeit eine Option durch »Ankreuzen« des Feldes zu
wählen. Für jedes Kontrollkästchen existieren die zwei Zustände gewählt
oder nicht gewählt.

FILE

Dieser Kontrolltyp erlaubt dem Anwender, eine Datei auszuwählen, so dass
deren Inhalt mit dem Formular übermittelt werden kann.

HIDDEN

Dieser Wert erzeugt ein verstecktes Dialogfeld. Das Eingabefeld erscheint
nicht auf dem Bildschirm. Es dient in erster Linie dazu, um dem Server
zusätzliche Informationen zu übermitteln, die der Anwender nicht eingeben
muss. Der Wert des Feldes kann mit VALUE angegeben werden.

IMAGE

Mit IMAGE erstellen Sie eine grafische Schaltfläche. Das Bild, das an dieser Stelle angezeigt wird, muss über SRC angegeben werden. Als Eingabeergebnis werden zum Server die Koordinaten übermittelt, an denen der Anwender die Grafik angeklickt hat (X- und Y-Wert).

PASSWORD

Erzeugt ein einfaches einzeiliges Eingabefeld. Die eingegebenen Buchstaben werden allerdings nicht angezeigt, sondern durch Sternchen ersetzt. So wird verhindert, dass Passwörter oder andere sensible Daten vom Bildschirm abgelesen werden können. Diese Option sollte aber nicht dazu verleiten, dem Anwender irgendeine Sicherheit vorzugaukeln. Die Daten des Feldes werden unverschlüsselt zum Server übertragen.

RADIO

Ein RadioButton oder ein Optionsfeld erlauben dem Anwender, zwischen mehreren Optionen eine einzige auszuwählen. Die RadioButtons, die zu einer Entscheidung gehören, werden zu einer Gruppe zusammengefasst, indem sie den gleichen Namen erhalten. Innerhalb einer Gruppe kann immer nur ein einziges Optionsfeld ausgewählt sein.

RESET

Wenn der ResetButton vom Anwender aktiviert wird, dann werden alle Daten des Eingabeformulars auf den Ursprungszustand zurückgesetzt.

SUBMIT

Diese Option erzeugt eine Schaltfläche. Wird die Submit-Schaltfläche vom Besucher aktiviert, dann werden alle Daten des Formulars vom Browser zum Server übertragen.

TEXT

Erzeugt ein einfaches einzeiliges Eingabefeld.

USEMAP

Dieses Attribut wird für client-side-Imagemaps genutzt. Hier werden Informationen zur Imagemap eingetragen.

VALUE

Mit TYPE=CHECKBOX werden Auswahlfelder erstellt, die von einem Anwender ausgewählt werden können. Mit dem Attribut TYPE wird die Art der Eingabemöglichkeit definiert. Allen Auswahlfeldern einer Gruppe von Eingabemöglichkeiten sollte mit dem Attribut NAME ein gleicher Name zugewiesen werden. Das Attribut VALUE sollte jedoch für jede Eingabemöglichkeit unterschiedlich sein.

Beispiel

```
<input type=text name="Vorname" size="30" maxlength="60">

<input type=radio name="Betriebssystem" value="Linux">
<input type=radio name="Betriebssystem" value="Windows 95">
<input type=radio name="Betriebssystem" value="Windows 98">
<input type=radio name="Betriebssystem" value="Windows NT">
```

```
<input type=checkbox name="Programme" value="MS Word">
<input type=checkbox name="Programme" value="MS Excel">
<input type=checkbox name="Programme" value="MS Access">
<input type=checkbox name="Programme" value="MS Outlook">

<input type=image src="klick.gif">

<input type=hidden name="Formularversion" value="12.08.99">
```

Ereignisse

ONBLUR, ONCHANGE, ONCLICK, ONDBLCLICK, ONFOCUS, ONKEYDOWN, ONKEYPRESS, ONKEYUP,
ONMOUSEDOWN, ONMOUSEMOVE, ONMOUSEOUT, ONMOUSEOVER, ONMOUSEUP, ONSELECT

XML-Definition

```
<!ENTITY % InputType
"(TEXT | PASSWORD | CHECKBOX | RADIO | SUBMIT | RESET | FILE | HIDDEN | IMAGE |
BUTTON)">

<!ELEMENT INPUT >
<!ATTLIST INPUT
%attrs;
type         %InputType;     TEXT
name         CDATA           #IMPLIED
value        CDATA           #IMPLIED
checked (checked)            #IMPLIED
disabled (disabled)          #IMPLIED
readonly (readonly)          #IMPLIED
size         CDATA           #IMPLIED
maxlength    NUMBER          #IMPLIED
src          %URI;           #IMPLIED
alt          CDATA           #IMPLIED
usemap       %URI;           #IMPLIED
tabindex     NUMBER          #IMPLIED
accesskey    %Character;     #IMPLIED
onfocus      %Script;        #IMPLIED
onblur       %Script;        #IMPLIED
onselect     %Script;        #IMPLIED
onchange     %Script;        #IMPLIED
accept       %ContentTypes;  #IMPLIED
%reserved;>
```

Verwandte Befehle
FORM

INS

Markieren von eingefügtem Text

Beschreibung
Mit diesem Befehl wird Text markiert, der in einer neueren Version eingefügt wird.

Anwendung

Der Befehl INS wird verwendet, um bei Texten, an denen beispielsweise mehrere Personen arbeiten, Änderungen kenntlich zu machen. In diesem Fall handelt es sich dabei um Text, der in einer aktuelleren Version eines HTML-Dokuments als eingefügt markiert werden soll. Ein Befehl, der dazugehört, aber genau das Gegenteil bewirkt, ist der Befehl DEL. Diese Funktion der Dokumentation von Dokumentänderungen ist bereits aus verschiedenen Textverarbeitungsprogrammen bekannt.

HTML-4.0-Standard

CITE, CLASS, DATETIME, DIR, ID, LANG, STYLE, TITLE

Starttag: zwingend erforderlich; Endtag: zwingend erforderlich.

Attribute

CITE

Mit diesem Attribut ist es möglich, Dokumente zu kennzeichnen, die entweder auf das ursprüngliche Dokument verweisen oder es erfolgt eine Angabe zu dem Dokument, in dem vorgenommene Änderungen erläutert werden.

DATETIME

Mit Hilfe dieses Attributs können exakte Zeitangaben für vorgenommene Änderungen durchgeführt werden. Wenn Sie dieses Attribut verwenden, müssen Sie darauf achten, dass die entsprechenden Angaben dem sogenannten ISO-8601-Standard entsprechen.

Wenn Sie so verfahren, hat der Eintrag folgendes Aussehen:

JJJJ-MMDDThh:mm:ssTZD

Diese Einträge haben folgende Bedeutung:

JJJJ

vierstellige Jahreszahl

MM

zweistellige Monatsangabe (03=März)

DD

zweistellige Tagesdatumsangabe (05, 27)

T

Trennzeichen nach ISO-8061 zwischen Datums- und Zeitangabe

hh

zweistellige Stundenangabe (00 – 23)

mm
> zweistellige Minutenangabe (00 – 59)

ss
> zweistellige Sekundenangabe (00 – 59)

TZD
> Abkürzung für »Time Zone Designator«. Bezeichnung der Zeitzone. Das Z in dieser Abkürzung steht für »Coordinated Universal Time« (UTC). Demnach stellen Einträge wie +hh:mm oder -hh:mm lokale Zeitangaben dar, die entweder vor oder nach UTC bedeuten.

LANG
> Dieses Attribut gibt die Sprache des Zieldokuments an. Das ist insbesondere für die Indizierung in Suchmaschinen wichtig. Verwenden Sie die Sprachcodes nach ISO-639, z.B. "de" für Deutsch oder "en" für Englisch oder "en-us" für amerikanisches Englisch.

Beispiel

```
<del datetime="1999-06-08T06:00:01Z">Fluß</del>
<ins>Fluss</ins>

<ins datetime="1999-06-08T06:00:01+03:00">Eingefügt</ins>
```

XML-Definition

```
<!ELEMENT (INS|DEL) - - (%flow;)*>
<!ATTLIST (INS|DEL)
%attrs;
cite        %URI;        #IMPLIED
datetime    %Datetime;   #IMPLIED>
```

Verwandte Befehle

DEL

ISINDEX

Definieren von indizierten Dokumenten

Beschreibung

Mit diesem Befehl markieren Sie eine Datei als durchsuchbar. In der Version 4.0 von HTML wird dieser Befehl missbilligt.

Anwendung

Der Befehl ISINDEX wird verwendet, um HTML-Dokumente nach dem Vorkommen bestimmter Wörter zu durchsuchen. Bei einer mit diesem Befehl indizierten Datei wird Ihnen am Anfang ein Eingabefeld zur Verfügung gestellt, wo Sie Ihren Suchbegriff eingeben können.

HTML-4.0-Standard

CLASS, DIR, LANG, ID, TITLE, STYLE

Der Einsatz dieses Befehls wird in der aktuellen HTML-Version nicht mehr empfohlen, er wurde durch andere Befehle ersetzt.

Starttag: zwingend erforderlich; Endtag: nicht zulässig.

Attribute

CLASS

Mit diesem Attribut erfolgt eine Zuweisung zu einer Klasse bzw. einer Gruppe von Klassen. Die Verwendung von Klassen ist hilfreich, wenn Elemente verändert werden sollen. Die Veränderung betrifft dann nicht ein einzelnes Element, sondern jedes einer Klasse zugehörige Element.

DIR

Dieses Attribut ist für die Bestimmung der Laufrichtung des Textes notwendig. Zwei Werte können alternativ übergeben werden:

LTR

Dieser Wert bestimmt die Laufrichtung des Textes von links nach rechts (Abkürzung für »left to right«). Diese Laufrichtung ist im Browser voreingestellt.

RTL

Soll der Text entgegen der Standardlaufrichtung vom rechten Bildschirmrand zum linken Rand laufen, dann wählen Sie den Wert RTL (Abkürzung für »right to left«).

ID

Über das Attribut ID wird das Element mit einer für das Dokument eindeutigen Kennzeichnung versehen. Über diese ID lässt sich anschließend beispielsweise mit Hilfe einer Scriptsprache gezielt auf einzelne Elemente zugreifen, um z.B. deren Werte auszulesen oder zu verändern.

LANG

Dieses Attribut gibt die Sprache des Zieldokuments an. Das ist insbesondere für die Indizierung in Suchmaschinen wichtig. Verwenden Sie die Sprachcodes nach ISO-639, z.B. "de" für Deutsch oder "en" für Englisch oder "en-us" für amerikanisches Englisch.

PROMPT

Mit diesem Attribut lässt sich bei der Suche nach bestimmten Begriffen der unter Umständen voreingestellte Suchtext abändern.

STYLE

Das Attribut STYLE wird zur Festlegung spezifischer Eigenschaften in Bezug auf die Darstellung so gekennzeichneter Elemente verwendet. Die Vorgabe eines verwendeten Stils wird durch die Cascading-Stylesheets definiert.

TITLE

Durch dieses Attribut werden markierten Elementen zusätzliche Informationen zugewiesen. Bei vielen Browsern werden diese Informationen in einem Pop-up-Fenster angezeigt, wenn sich der Mauszeiger auf dem Element befindet.

Beispiel

```
<head>
<isindex prompt="Geben Sie einen Suchbegriff ein">
</head>
```

ISMAP   <html attribut>

Serverseitige Imagemap definieren

Beschreibung

Mit diesem Attribut zeigen Sie an, dass Sie eine Verzweigung, in der sich eine Grafik befindet, an ein Imagemap-Programm auf den Server leiten wollen. So kann ein Browser die Koordinaten eines Bildes an einen Server schicken, der dann mit Hilfe dieser Informationen die dazugehörige Verzweigung ermitteln kann.

Anwendung

Heute werden in erster Linie Client-orientierte Imagemaps mit Hilfe der Befehle AREA und MAP eingesetzt. Im Gegensatz dazu sind bei einer Server-seitigen Lösung die möglichen Koordinaten der verweissensitiven Bereiche auf dem Server hinterlegt. Der Browser selbst übergibt dem Server dabei lediglich die Koordinaten, die der Besucher auf einer Grafik angeklickt hat. Die weitere Verarbeitung bleibt dann dem Server überlassen. Der Einsatz dieses Attributs ist optional.

Werte

Um diese Option zu aktivieren, setzen Sie einfach den Namen des Attributs ein. Sie müssen diesem Attribut keinen Wert übergeben. Wird das Attribut nicht eingesetzt, so bleibt die Option deaktiviert. Dabei ist dieses Attribut case-insensitive. Es wird also nicht zwischen Groß- und Kleinschreibung unterschieden.

Beispiel

```
<a href="inhalt.htm">
<img src="image.gif" ismap>
</a>
```

Zugehörige Elemente

IMG

KBD

Markieren von Texten, die Tastatureingaben erfordern

Beschreibung

Mit diesem Befehl werden Abschnitte eines Dokuments gekennzeichnet, in dem Tastatureingaben eines Benutzers erforderlich sind.

Anwendung

Der Befehl KBD wird zur Kennzeichnung von Textabschnitten verwendet, die eine anschließende Tastatureingabe eines Benutzers erfordern könnten. Denkbar sind solche Formatierungen beispielsweise bei Anleitungen für diverse Computerprogramme.

HTML-4.0-Standard

CLASS, DIR, ID, LANG, STYLE, TITLE

Starttag: zwingend erforderlich; Endtag: zwingend erforderlich.

Attribute

CLASS
> Über das Attribut CLASS lässt sich das Element einer Gruppe (Klasse) zuordnen. Geben Sie dazu einen frei wählbaren Klassennamen als Wert an. Diese Gruppierungen erlauben Ihnen anschließend einen leichten Zugriff auf alle zugehörigen Elemente. So können Sie später beispielsweise mit Hilfe von Cascading-Stylesheets oder anderen Sprachen leicht die Eigenschaften aller Elemente einer Klasse verändern oder Werte auslesen.

DIR
> Dieses Attribut ist für die Bestimmung der Laufrichtung des Textes notwendig. Zwei Werte können alternativ übergeben werden:
>
> LTR
>> Dieser Wert bestimmt die Laufrichtung des Textes von links nach rechts (Abkürzung für »left to right«). Diese Laufrichtung ist im Browser voreingestellt.
>
> RTL
>> Soll der Text entgegen der Standardlaufrichtung vom rechten Bildschirmrand zum linken Rand laufen, dann wählen Sie den Wert RTL (Abkürzung für »right to left«).

ID
> Über das Attribut ID wird das Element mit einer für das Dokument eindeutigen Kennzeichnung versehen. Über diese ID lässt sich anschließend beispielsweise mit Hilfe einer Scriptsprache gezielt auf einzelne Elemente zugreifen, um z.B. deren Werte auszulesen oder zu verändern.

LANG

Dieses Attribut gibt die Sprache des Zieldokuments an. Das ist insbesondere für die Indizierung in Suchmaschinen wichtig. Verwenden Sie die Sprachcodes nach ISO-639, z.B. "de" für Deutsch oder "en" für Englisch oder "en-us" für amerikanisches Englisch.

ONCLICK

Dieses Ereignis findet statt, wenn mit der Maus das benannte Element angeklickt wird. Durch diese Aktion wird ein angegebenes Script ausgeführt.

ONDBLCLICK

Dieses Ereignis findet statt, wenn mit der Maus das benannte Element doppelt angeklickt wird. Durch diese Aktion wird ein angegebenes Script ausgeführt.

ONKEYDOWN

Dieses Ereignis findet statt, wenn man sich über dem bezeichneten Element befindet und gleichzeitig eine Taste gedrückt wird. Durch diese Aktion wird ein angegebenes Script ausgeführt.

ONKEYPRESS

Dieses Ereignis findet statt, wenn man sich über dem bezeichneten Element befindet und gleichzeitig eine Taste drückt und wieder loslässt. Durch diese Aktion wird ein angegebenes Script ausgeführt.

ONKEYUP

Dieses Ereignis findet statt, wenn man sich über dem bezeichneten Element befindet und eine gedrückte Taste losgelassen wird. Durch diese Aktion wird ein angegebenes Script ausgeführt.

ONMOUSEDOWN

Dieses Ereignis findet statt, wenn man sich über dem bezeichneten Element befindet und gleichzeitig eine Maustaste gedrückt wird. Durch diese Aktion wird ein angegebenes Script ausgeführt.

ONMOUSEMOVE

Dieses Ereignis findet statt, wenn man sich mit der Maus über das benannte Element bewegt. Durch diese Aktion wird ein angegebenes Script ausgeführt.

ONMOUSEOUT

Dieses Ereignis findet statt, wenn man sich mit der Maus von dem benannten Element fortbewegt. Durch diese Aktion wird ein angegebenes Script ausgeführt.

ONMOUSEOVER

Dieses Ereignis findet statt, wenn der Mauszeiger direkt auf das benannte Element zeigt. Durch diese Aktion wird ein angegebenes Script ausgeführt.

ONMOUSEUP

Dieses Ereignis findet statt, wenn man sich über dem bezeichneten Element befindet und eine gedrückte Maustaste losgelassen wird. Durch diese Aktion wird ein angegebenes Script ausgeführt.

STYLE

Das Attribut STYLE lässt sich dazu nutzen, um Stilvorgaben, insbesondere das Aussehen des Elements, zu verändern. Als Wert des Attributs übergeben Sie die entsprechenden Optionen einer Stylesheet-Sprache (meist CSS).

TITLE

Geben Sie dem Anwender weitere Informationen über das verwendete Element, indem Sie mit Hilfe des TITLE-Befehls einen aussagekräftigen Titel festlegen. Insbesondere Anwendern, die auf eine Sprachausgabe angewiesen sind, wird so die Navigation durch Ihre Seiten erleichtert.

Beispiel

```
<kbd>
DIR/p
</kbd>
```

Ereignisse

ONCLICK, ONDBLCLICK, ONKEYDOWN, ONKEYPRESS, ONKEYUP, ONMOUSEDOWN, ONMOUSEMOVE, ONMOUSEOUT, ONMOUSEOVER, ONMOUSEUP

Verwandte Befehle

ACRONYM
CITE
CODE
DFN
EM
SAMP
STRONG
VAR

Kommentare

Kommentare in XML-Dokumente einfügen

Beschreibung

Kommentare dürfen innerhalb eines Dokuments und in der Document Type Definition an beliebiger Stelle eingefügt werden.

Anwendung

Kommentare müssen sich immer außerhalb von Markup-Befehlen befinden. Ein Parser muss Kommentare nicht auswerten und anzeigen. Innerhalb eines Kommentars darf die Zeichenkette "--" nicht erscheinen. Kommentare müssen, wie in HTML, delimitiert werden.

Beispiel

```
<adresse>
<!-- Kommentar -->
</adresse>
```

LABEL   <html attribut>
Beschriftung angeben

Beschreibung

Geben Sie über dieses Attribut nähere Informationen zu einer OPTION oder einer OPTIONGROUP.

Anwendung

Die meisten Browser werten dieses Attribut noch nicht entsprechend aus. Der Einsatz dieses Attributs ist optional.

Werte

Je nachdem, für welchen Befehl Sie dieses Attribut verwenden, existieren unterschiedliche Gültigkeitsbereiche für den übergebenen Wert. Im Folgenden haben wir die einzelnen Befehle und möglichen Werte aufgelistet:

OPTION

Dieses Attribut erlaubt Ihnen, eine Kurzbezeichnung für eine Option anzugeben. Der Browser kann diese Beschriftung als zusätzliche Information anzeigen.

OPTGROUP

Dieses Attribut ermöglicht eine Beschriftung in Form einer Zeichenkette für die jeweils ausgewählten Eintragsgruppen.

Beispiel

```
<option value="01" label="Beschriftung">

<optgroup label="Region Süd">
<option label="Süd 1">München
<option label="Süd 2">Stuttgart
<option label="Süd 3">Nürnberg
</optgroup>
```

Zugehörige Elemente
OPTION
OPTGROUP

LABEL

Zuweisen von zusätzlichen Informationen für Formularelemente

Beschreibung

Mit diesem Befehl ist es möglich, Steuer- oder Formularelementen Informationen zuzuweisen.

Anwendung

Der Befehl LABEL (»Label« / Beschriftung) wird dann eingesetzt, wenn Steuerelemente mit Beschriftungen ausgestattet werden sollen. Diese Steuerelemente können Kontrollkästchen, Textfelder etc. sein.

HTML-4.0-Standard

ACCESSKEY, CLASS, DIR, FOR, ID, LANG, STYLE, TITLE

Starttag: zwingend erforderlich; Endtag: zwingend erforderlich.

Attribute

ACCESSKEY

Das Attribut ACCESSKEY ermöglicht den Zugriff auf ein Element über die Tastatur. Durch die Definition eines Tastaturkürzels wird beim Drücken der entsprechenden Taste ein mit dem Kürzel verbundenes Dokument geladen. So führt z.B. die Angabe ACCESSKEY="A" dazu, dass nach dem Drücken der Taste »A« durch den Anwender das Element aktiviert wird.

CLASS

Über das Attribut CLASS lässt sich das Element einer Gruppe (Klasse) zuordnen. Geben Sie dazu einen frei wählbaren Klassennamen als Wert an. Diese Gruppierungen erlauben Ihnen anschließend einen leichten Zugriff auf alle zugehörigen Elemente. So können Sie später beispielsweise mit Hilfe von Cascading-Stylesheets oder anderen Sprachen leicht die Eigenschaften aller Elemente einer Klasse verändern oder Werte auslesen.

DIR

Dieses Attribut ist für die Bestimmung der Laufrichtung des Textes notwendig. Zwei Werte können alternativ übergeben werden:

LTR

Dieser Wert bestimmt die Laufrichtung des Textes von links nach rechts (Abkürzung für »left to right«). Diese Laufrichtung ist im Browser voreingestellt.

RTL

Soll der Text entgegen der Standardlaufrichtung vom rechten Bildschirmrand zum linken Rand laufen, dann wählen Sie den Wert RTL (Abkürzung für »right to left«).

DISABLED

Mit diesem Attribut ist es möglich, dazugehörige Schaltflächen zu deaktivieren.

ID

Über das Attribut ID wird das Element mit einer für das Dokument eindeutigen Kennzeichnung versehen. Über diese ID lässt sich anschließend beispielsweise mit Hilfe einer Scriptsprache gezielt auf einzelne Elemente zugreifen, um z.B. deren Werte auszulesen oder zu verändern.

FOR

Mit diesem Attribut wird ein Label einem Formularfeld mit einer entsprechenden ID zugewiesen.

LANG

Dieses Attribut gibt die Sprache des Zieldokuments an. Das ist insbesondere für die Indizierung in Suchmaschinen wichtig. Verwenden Sie die Sprachcodes nach ISO-639, z.B. "de" für Deutsch oder "en" für Englisch oder "en-us" für amerikanisches Englisch.

ONBLUR

Dieses Ereignis findet statt, wenn der Mauszeiger von einer bestimmten Position aus über das benannte Element bewegt wird. Durch diese Aktion wird ein angegebenes Script ausgeführt.

ONCLICK

Dieses Ereignis findet statt, wenn mit der Maus das benannte Element angeklickt wird. Durch diese Aktion wird ein angegebenes Script ausgeführt.

ONDBLCLICK

Dieses Ereignis findet statt, wenn mit der Maus das benannte Element doppelt angeklickt wird. Durch diese Aktion wird ein angegebenes Script ausgeführt.

ONKEYDOWN

Dieses Ereignis findet statt, wenn man sich über dem bezeichneten Element befindet und gleichzeitig eine Taste gedrückt wird. Durch diese Aktion wird ein angegebenes Script ausgeführt.

ONKEYPRESS

Dieses Ereignis findet statt, wenn man sich über dem bezeichneten Element befindet und gleichzeitig eine Taste drückt und wieder loslässt. Durch diese Aktion wird ein angegebenes Script ausgeführt.

ONKEYUP

Dieses Ereignis findet statt, wenn man sich über dem bezeichneten Element befindet und eine gedrückte Taste losgelassen wird. Durch diese Aktion wird ein angegebenes Script ausgeführt.

ONMOUSEDOWN

Dieses Ereignis findet statt, wenn man sich über dem bezeichneten Element befindet und gleichzeitig eine Maustaste gedrückt wird. Durch diese Aktion wird ein angegebenes Script ausgeführt.

ONMOUSEMOVE

Dieses Ereignis findet statt, wenn man sich mit der Maus über das benannte Element bewegt. Durch diese Aktion wird ein angegebenes Script ausgeführt.

ONMOUSEOUT

Dieses Ereignis findet statt, wenn man sich mit der Maus von dem benannten Element fortbewegt. Durch diese Aktion wird ein angegebenes Script ausgeführt.

ONMOUSEOVER

Dieses Ereignis findet statt, wenn der Mauszeiger direkt auf das benannte Element zeigt. Durch diese Aktion wird ein angegebenes Script ausgeführt.

ONMOUSEUP

Dieses Ereignis findet statt, wenn man sich über dem bezeichneten Element befindet und eine gedrückte Maustaste losgelassen wird. Durch diese Aktion wird ein angegebenes Script ausgeführt.

ONFOCUS

Dieses Ereignis findet statt, wenn der Mauszeiger von einer bestimmten Position aus über das benannte Element bewegt wird. Durch diese Aktion wird ein angegebenes Script ausgeführt.

STYLE

Das Attribut STYLE lässt sich dazu nutzen, um Stilvorgaben, insbesondere das Aussehen des Elements, zu verändern. Als Wert des Attributs übergeben Sie die entsprechenden Optionen einer Stylesheet-Sprache (meist CSS).

TITLE

Geben Sie dem Anwender weitere Informationen über das verwendete Element, indem Sie mit Hilfe des TITLE-Befehls einen aussagekräftigen Titel festlegen. Insbesondere Anwendern, die auf eine Sprachausgabe angewiesen sind, wird so die Navigation durch Ihre Seiten erleichtert.

Beispiel

```
<label for="Wohnort">Wohnort</label>
<input type="text" id="Wohnort">
```

Ereignisse

ONBLUR, ONCLICK, ONDBLCLICK, ONFOCUS, ONKEYDOWN, ONKEYPRESS, ONKEYUP, ONMOUSEDOWN, ONMOUSEMOVE, ONMOUSEOVER, ONMOUSEOUT, ONMOUSEUP

XML-Definition

```
<!ELEMENT LABEL - - (%inline;)* -(LABEL)>
<!ATTLIST LABEL
%attrs;
for          IDREF        #IMPLIED
accesskey    %Character;  #IMPLIED
onfocus      %Script;     #IMPLIED
onblur       %Script;     #IMPLIED>
```

Verwandte Befehle

INPUT

LANG   <html attribut>

Verwendete Sprache angeben

Beschreibung

Mit Hilfe dieses Attributs ist es Ihnen möglich, die genau verwendete Sprache für ein Dokument oder einen einzelnen Abschnitt anzugeben.

Anwendung

Vor allem bei der Suche und Indizierung von Dokumenten ist dieses Attribut hilfreich. So unterstützt es beispielsweise eine Suchmaschine bei der Suche nach deutschsprachigen Seiten oder startet ein entsprechendes Übersetzungsprogramm. Der Einsatz dieses Attributs ist optional.

Werte

Übergeben Sie diesem Attribut als Wert einen sogenannten Language-Code. Er gibt nähere Auskunft über die verwendete Sprache. Der Sprachcode besteht aus zwei Teilen. So lässt sich neben einer verwendeten Sprache (z.B. Deutsch oder Englisch) zusätzlich noch die lokale Ausprägung festlegen. Diese zweite Angabe ist allerdings optional. Sprachcodes sind in der ISO-639 festgelegt, die Sie unter dem Stichwort **ISO-639** finden. Gültige Werte für die verwendete Sprache sind z.B.:

FR	Französisch	DE	Deutsch
IT	Italienisch	ES	Spanisch
EN	Englisch	NL	Niederländisch

Zusätzlich kann neben der Verwendung des Sprachcodes (z.B. ="DE" für Deutsch) optional die Angabe eines Landes erfolgen (z.B. ="DE-CH" für Deutsch mit lokaler Ausprägung der Schweiz). Die vollständige Übersicht der Ländercodes finden Sie unter dem Stichwort **ISO-3166**.

DE	Deutschland	US	USA
UK	Großbritannien	NL	Niederlande

Beispiel

```
<div lang="en-uk"></div>
<html lang="de"></html>
<strong lang="de-ch"></strong>
```

Zugehörige Elemente

A	AREA	BLOCKQUOTE
ABBR	B	BODY
ACRONYM	BDO	BUTTON
ADDRESS	BIG	CAPTION

CENTER	HTML	S
CITE	I	SAMP
CODE	IMG	SELECT
COL	INPUT	SMALL
COLGROUP	INS	SPAN
DD	ISINDEX	STRIKE
DEL	KBD	STRONG
DFN	LABEL	STYLE
DIR	LEGEND	SUB
DIV	LI	SUP
DL	LINK	TABLE
DT	MAP	TBODY
EM	MENU	TD
FIELDSET	META	TEXTAREA
FONT	NOFRAMES	TFOOT
FORM	NOSCRIPT	TH
H1	OBJECT	THEAD
H2	OL	TITLE
H3	OPTGROUP	TR
H4	OPTION	TT
H5	P	U
H6	PRE	UL
HEAD	Q	VAR

LANGUAGE   <html attribut>

Verwendete Scriptsprache angeben

Beschreibung

Über dieses Attribut können Sie die verwendete Scriptsprache näher definieren.

Anwendung

Geben Sie die entsprechende Bezeichnung für die verwendete Scriptsprache an. Bisher sind allerdings diese Bezeichnungen noch nicht einheitlich in einem Standard festgelegt. Daher empfiehlt das W3C, bis auf weiteres auf dieses Attribut zu verzichten. Der Einsatz dieses Attributs ist optional.

Werte

Diesem Attribut können Sie als Wert eine beliebige Zeichenfolge übergeben. Dabei sollte diese Zeichenkette möglichst nicht mit Leerzeichen beginnen oder enden. Eventuell wird der verarbeitende Browser diese herausfiltern.

Beispiel

```
<script language="JavaScript">
<script language="VBScript">
<script language="Jscript">
```

Zugehörige Elemente

SCRIPT

LAYER

Positionieren von Bereichen

Beschreibung

Mit diesem Befehl ist es möglich, verschiedene Bereiche einer HTML-Datei exakt zu positionieren.

Anwendung

Der Befehl LAYER (»Layer« / Schichten) wird dann eingesetzt, wenn Elemente einer HTML-Datei als Einheit definiert werden sollen. Auf dieses Art und Weise lassen sich verschiedene Bestandteile einer Datei, wie beispielsweise Überschriften, Grafiken und Text, zu einem Layer zusammenfassen.

HTML-4.0-Standard

Layer sind kein offizielles Sprachelement von HTML. Sie werden nur vom Netscape-Browser interpretiert. Verwenden Sie konform zu den HTML-Bestimmungen StyleSheets.

Attribute

ABOVE

Wenn Sie mehrere Layer übereinanderlegen, können Sie durch die Angabe von ABOVE festlegen, über welcher anderen Schicht sich der aktuelle Layer befinden soll. Übergeben Sie dazu im Attribut ABOVE als Wert den Namen der darunterliegenden Schicht. Sie müssen die Schicht, deren Namen Sie hier angeben, unbedingt bereits vorher definiert haben.

ALIGN

Mit diesem Attribut lässt sich festlegen, an welcher Stelle des Dokuments ein Layer eingebunden wird, wie Text in oder neben einer Grafik aufgebaut wird. Die festgelegten Werte beziehen sich jedoch nicht als Werte abhängig vom Fensterrand, sondern orientieren sich an der normalen Position des Layers.

LEFT

Mit `ALIGN=LEFT` wird ein Layer linksbündig ausgerichtet.

RIGHT

Mit `ALIGN=RIGHT` wird ein Layer rechtsbündig ausgerichtet.

TOP

Mit `ALIGN=TOP` legen Sie fest, dass ein Layer im oberen Bereich eines Fensters ausgerichtet wird.

BOTTOM

Mit `ALIGN=BOTTOM` legen Sie fest, dass ein Layer im oberen Bereich eines Fensters ausgerichtet wird.

MIDDLE

Mit `ALIGN=MIDDLE` legen Sie fest, dass ein Layer im mittleren Bereich eines Fensters ausgerichtet wird.

BACKGROUND

Für jede Schicht kann ein eigenes Hintergrundbild angegeben werden. Ähnlich wie beispielsweise mit dem `BODY`-Befehl können Sie hier eine Grafik für den Hintergrund angeben.

BELOW

Wenn Sie mehrere Layer übereinanderlegen, können Sie durch die Angabe von `BELOW` festlegen, unter welcher anderen Schicht sich der aktuelle Layer befinden soll. Übergeben Sie dazu im Attribut `BELOW` als Wert den Namen der darüberliegenden Schicht. Sie müssen die Schicht, deren Namen Sie hier angeben, unbedingt bereits vorher definiert haben.

BGCOLOR

Ähnlich wie mit `BACKGROUND` kann mit diesem Attribut ein Hintergrund definiert werden. Allerdings kann hier nur eine einzelne Farbe nach HTML-Standard angegeben werden.

CLASS

Über das Attribut `CLASS` lässt sich das Element einer Gruppe (Klasse) zuordnen. Geben Sie dazu einen frei wählbaren Klassennamen als Wert an. Diese Gruppierungen erlauben Ihnen anschließend einen leichten Zugriff auf alle zugehörigen Elemente. So können Sie später beispielsweise mit Hilfe von Cascading-Stylesheets oder anderen Sprachen leicht die Eigenschaften aller Elemente einer Klasse verändern oder Werte auslesen.

CLIP

Dem Attribut `CLIP` müssen Sie zwei oder vier durch Kommata getrennte Zahlen als Wert übergeben. Mit `CLIP` lässt sich der Bereich eines Layers weiter beschneiden. Geben Sie vier Werte an, dann werden diese als Koordinaten eines rechteckigen Ausschnitts interpretiert. Übergeben Sie dagegen nur zwei Werte, dann werden diese als Höhe und Breite eines Rechtecks angesehen.

HEIGHT

Legen Sie mit diesem Attribut die genaue Höhe des ausgewählten Bereichs an.

ID

Über das Attribut ID wird das Element mit einer für das Dokument eindeutigen Kennzeichnung versehen. Über diese ID lässt sich anschließend beispielsweise mit Hilfe einer Scriptsprache gezielt auf einzelne Elemente zugreifen, um z.B. deren Werte auszulesen oder zu verändern.

LEFT

Über LEFT bestimmen Sie die genaue Position der Schicht in Pixel vom linken Rand des Dokuments gemessen.

NAME

Über das Attribut NAME lässt sich dem Element eine Bezeichnung zuweisen. Sie sollten nur eindeutige, das heißt im Dokument nur einmal vorkommende Namen verwenden. Dieser Befehl ist vergleichbar mit dem Attribut ID.

PAGEX

Über PAGEX bestimmen Sie die genaue Position der Schicht in Pixel vom linken Rand des Fensters gemessen (ähnlich wie LEFT).

PAGEY

Über PAGEY bestimmen Sie die genaue Position der Schicht in Pixel vom oberen Rand des Fensters gemessen (ähnlich wie TOP).

SRC

Ähnlich wie in einem Frame können Sie innerhalb einer Schicht den Inhalt eines anderen HTML-Dokuments anzeigen. Geben Sie dazu über SRC den URI der anderen Datei an.

TOP

Über TOP bestimmen Sie die genaue Position der Schicht in Pixel vom oberen Rand des Dokuments gemessen.

VISIBILITY

Einzelne Schichten lassen sich ein- und ausblenden. Dies macht allerdings nur dann Sinn, wenn Sie mit Hilfe von Java-Script nachträglich die Sichtbarkeit der Layers verändern möchten. Drei Werte können für dieses Attribut übergeben werden:

HIDE

Versteckt die angegebene Schicht zunächst.

SHOW

Zeigt den Layer an. Dieser Wert ist die Voreinstellung.

INHERIT

Der Layer wird nur dann angezeigt, wenn seine übergeordnete Schicht auch sichtbar ist. Dieser Wert macht nur bei ineinander verschachtelten Schichten Sinn.

WIDTH

Mit diesem Attribut können Sie die genaue Breite der Layer-Schicht festlegen.

Z-INDEX

Die Lage der einzelnen verschachtelten Schichten kann nicht nur mit Hilfe der Namen über die Attribute ABOVE und BELOW organisiert werden. Noch einfacher ist die Vergabe von Indexnummern über das Attribut Z-INDEX. Schichten mit höheren Indexnummern überdecken dabei Schichten mit niedrigen Ziffern.

Beispiel

```
<layer top="10" left="50" width="200" height="150">
Dies ist Layer
</layer>

<layer id="Oben" left="100" top="100">
Schicht 1
</layer>
<layer id="Unten" below="Oben" left="200" top="200">
Schicht 2
</layer>
<layer id="Mitte" above="Unten" left="300" top="300">
Schicht 3
</layer>
```

Verwandte Befehle

ILAYER

LAYOUT

Layout spezifizieren

Beschreibung

Der Befehl LAYOUT wird eingesetzt, um das Aussehen der Seite näher zu bestimmen.

Anwendung

LAYOUT muss grundsätzlich im Kopf des Dokuments eingesetzt werden.

Parameter

type
   Gibt den Datentyp an, in dem das Layout erstellt ist.

Beispiel

```
<layout>
<root-layout/>
<region id="video" top="10" left="10"
     width="100" height="100"/>
</layout>

<layout type="string">
</layout>
```

```
<!-- Voreinstellung: -->
<layout type="text/smil-basic-layout" />
</layout>
```

Leerraum

Definition des Leerraums

Beschreibung

Leerzeichen oder Leerraum (engl. *White Space*) ist ein sehr einfacher Inhalt eines Dokuments. Dennoch kann er gerade, wenn Sie mit Hilfe von Leerzeichen etwas »Übersicht« in Ihr Dokument gebracht haben, von nicht unerheblicher Bedeutung sein.

Zur Definition des Leerraums gehören insgesamt vier unsichtbare und unscheinbare, aber wichtige Zeichen:

– Leerzeichen

– Wagenrücklauf

– Zeilenvorschub

– Tabulator

Anwendung

Die Behandlung von Leerraum ist in XML genauso schonungslos wie in HTML. Jede Stelle, an er mehr als ein Leerzeichen vorkommt, wird von überschüssigen Leerzeichen befreit und erst dann vom Parser weitergegeben. Manchmal kann es notwendig sein, wichtigen Leerraum so zu erhalten, wie er eingegeben wurde. Diesen wichtigen Leerraum bezeichnet man als *signifikant*.

Um dem Parser mitzuteilen, wann Leerraum signifikant und wann insignifikant ist, deklarieren Sie ein neues Attribut des Typs:

```
xml:space
```

Das Attribut kann die Werte `"default"` und `"preserve"` annehmen. Der voreingestellte Wert, also die oben beschriebene Vorgehensweise, lässt sich über das Schlüsselwort `"default"` erreichen. Soll signifikanter White Space gerettet und erhalten werden, wählen Sie `"preserve"`.

Beispiel

```
<!ATTLIST absatz xml:space (default|preserve) "preserve">
```

Auf das folgende Beispiel angewandt, ergibt sich eine Ausgabe, in der Leerzeichen innerhalb des `<text>`-Markups erhalten bleiben.

```
<!ATTLIST text xml:space (default|preserve) "preserve">
<?xml version="1.0"?>
<text xml:space="preserve">
            Wort


     Wort
         Wort
             Wort
</text>
```

LEGEND

Einem FIELDSET eine Überschrift zuweisen

Beschreibung

Mit diesem Befehl ist es möglich, Fieldsets Überschriften zuzuweisen. Ein Fieldset ist eine Gruppe von Formularfeldern, die zu einer Einheit zusammengestellt wurde.

Anwendung

Der Befehl LEGEND (»Legend« / Legende) wird dann eingesetzt, wenn mit FIELDSET markierte Elemente beschriftet werden sollen.

HTML-4.0-Standard

ACCESSKEY, CLASS, DIR, ID, LANG, STYLE, TITLE

Starttag: zwingend erforderlich; Endtag: zwingend erforderlich.

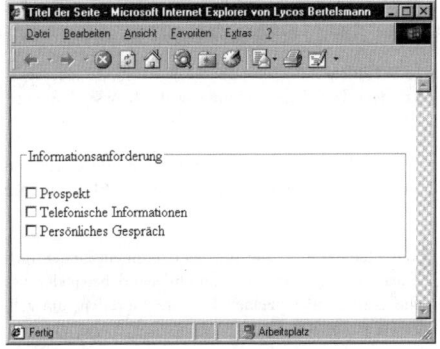

Formularfelder zu einer Gruppe zusammengefasst und mit einem LABEL versehen.

Attribute

ACCESSKEY

Das Attribut ACCESSKEY ermöglicht den Zugriff auf ein Element über die Tastatur. Durch die Definition eines Tastaturkürzels wird beim Drücken der entsprechenden Taste ein mit dem Kürzel verbundenes Dokument geladen. So führt z.B. die Angabe ACCESSKEY="A" dazu, dass nach dem Drücken der Taste »A« durch den Anwender das Element aktiviert wird.

ALIGN

Dieses Attribut ist für die Festlegung der Positionierung der Legende zuständig. Die Legende kann variabel an allen vier Kanten des rechteckigen Gruppenbereichs abgelegt werden.

TOP

Die Legende wird oberhalb der Gruppe positioniert. Dieser Wert ist bereits voreingestellt.

BOTTOM

Die Legende wird unterhalb der Gruppe positioniert.

LEFT

Linksbündige Ausrichtung der Legende innerhalb der Formularfeld-Gruppe.

RIGHT

Rechtsbündige Ausrichtung der Legende innerhalb der Gruppe.

CLASS

Über das Attribut CLASS lässt sich das Element einer Gruppe (Klasse) zuordnen. Geben Sie dazu einen frei wählbaren Klassennamen als Wert an. Diese Gruppierungen erlauben Ihnen anschließend einen leichten Zugriff auf alle zugehörigen Elemente. So können Sie später beispielsweise mit Hilfe von Cascading-Stylesheets oder anderen Sprachen leicht die Eigenschaften aller Elemente einer Klasse verändern oder Werte auslesen.

DIR

Dieses Attribut ist für die Bestimmung der Laufrichtung des Textes notwendig. Zwei Werte können alternativ übergeben werden:

LTR

Dieser Wert bestimmt die Laufrichtung des Textes von links nach rechts (Abkürzung für »left to right«). Diese Laufrichtung ist im Browser voreingestellt.

RTL

Soll der Text entgegen der Standardlaufrichtung vom rechten Bildschirmrand zum linken Rand laufen, dann wählen Sie den Wert RTL (Abkürzung für »right to left«).

ID

Über das Attribut ID wird das Element mit einer für das Dokument eindeutigen Kennzeichnung versehen. Über diese ID lässt sich anschließend beispielsweise mit Hilfe einer Scriptsprache gezielt auf einzelne Elemente zugreifen, um z.B. deren Werte auszulesen oder zu verändern.

LANG

Dieses Attribut gibt die Sprache des Zieldokuments an. Das ist insbesondere für die Indizierung in Suchmaschinen wichtig. Verwenden Sie die Sprachcodes nach ISO-639, z.B. `"de"` für Deutsch oder `"en"` für Englisch oder `"en-us"` für amerikanisches Englisch.

ONCLICK

Dieses Ereignis findet statt, wenn mit der Maus das benannte Element angeklickt wird. Durch diese Aktion wird ein angegebenes Script ausgeführt.

ONDBLCLICK

Dieses Ereignis findet statt, wenn mit der Maus das benannte Element doppelt angeklickt wird. Durch diese Aktion wird ein angegebenes Script ausgeführt.

ONKEYDOWN

Dieses Ereignis findet statt, wenn man sich über dem bezeichneten Element befindet und gleichzeitig eine Taste gedrückt wird. Durch diese Aktion wird ein angegebenes Script ausgeführt.

ONKEYPRESS

Dieses Ereignis findet statt, wenn man sich über dem bezeichneten Element befindet und gleichzeitig eine Taste drückt und wieder loslässt. Durch diese Aktion wird ein angegebenes Script ausgeführt.

ONKEYUP

Dieses Ereignis findet statt, wenn man sich über dem bezeichneten Element befindet und eine gedrückte Taste losgelassen wird. Durch diese Aktion wird ein angegebenes Script ausgeführt.

ONMOUSEDOWN

Dieses Ereignis findet statt, wenn man sich über dem bezeichneten Element befindet und gleichzeitig eine Maustaste gedrückt wird. Durch diese Aktion wird ein angegebenes Script ausgeführt.

ONMOUSEMOVE

Dieses Ereignis findet statt, wenn man sich mit der Maus über das benannte Element bewegt. Durch diese Aktion wird ein angegebenes Script ausgeführt.

ONMOUSEOUT

Dieses Ereignis findet statt, wenn man sich mit der Maus von dem benannten Element fortbewegt. Durch diese Aktion wird ein angegebenes Script ausgeführt.

ONMOUSEOVER

Dieses Ereignis findet statt, wenn der Mauszeiger direkt auf das benannte Element zeigt. Durch diese Aktion wird ein angegebenes Script ausgeführt.

ONMOUSEUP

Dieses Ereignis findet statt, wenn man sich über dem bezeichneten Element befindet und eine gedrückte Maustaste losgelassen wird. Durch diese Aktion wird ein angegebenes Script ausgeführt.

STYLE

Das Attribut STYLE lässt sich dazu nutzen, um Stilvorgaben, insbesondere das Aussehen des Elements, zu verändern. Als Wert des Attributs übergeben Sie die entsprechenden Optionen einer Stylesheet-Sprache (meist CSS).

TITLE

Geben Sie dem Anwender weitere Informationen über das verwendete Element, indem Sie mit Hilfe des TITLE-Befehls einen aussagekräftigen Titel festlegen. Insbesondere Anwendern, die auf eine Sprachausgabe angewiesen sind, wird so die Navigation durch Ihre Seiten erleichtert.

Beispiel

```
<fieldset>
<legend>Persönliche Angaben</legend>
<input name="Vorname" type="text">
<input name="Nachname" type="text">
<input name="Wohnort" type="text">
</fieldset>

<fieldset>
<legend align="bottom">Informationsanforderung</legend>
<input type="checkbox" name="Prospekt">
<input type="checkbox" name="Telefonische Informationen">
<input type="checkbox" name="Persönliches Gespräch">
</fieldset>
```

Ereignisse

ONCLICK, ONDBLCLICK, ONKEYDOWN, ONKEYPRESS, ONKEYUP, ONMOUSEDOWN, ONLOAD, ONUN-LOAD, ONMOUSEMOVE, ONMOUSEOVER, ONMOUSEOUT, ONMOUSEUP

XML-Definition

```
<!ELEMENT LEGEND - - (%inline;)*>
<!ENTITY % LAlign "(top|bottom|left|right)">
<!ATTLIST LEGEND
%attrs;
accesskey    %Character; #IMPLIED>
```

Verwandte Befehle

FIELDSET
FORM
INPUT

letter-spacing

Abstand zwischen Buchstaben

Beschreibung

Ähnlich wie die Funktion word-spacing gibt letter-spacing nicht den Abstand zwischen ganzen Wörtern, sondern den Abstand zwischen einzelnen Buchstaben wieder.

Parameter

Die Länge des Abstands zwischen den einzelnen Buchstaben kann als absolute Zahl oder als Schlüsselwort normal für die Voreinstellung angegeben werden.

Beispiel

```
<style type="text/css">
h1, h2 { letter-spacing: 5 }
h3, h4 { letter-spacing: normal }
</style>

<div style="letter-spacing: 6">
</div>
```

LI

Kennzeichnen von Listen

Beschreibung

Mit diesem Befehl ist es möglich, ein einzelnes Listenelement innerhalb von Listen zu kennzeichnen.

Anwendung

Der Befehl LI wird dann eingesetzt, wenn Listeneinträge gekennzeichnet werden sollen. Achten Sie darauf, dass jede Liste über mindestens einen Listeneintrag verfügen muss. Der Befehl für ein einzelnes Listenelement muss immer im Zusammenhang mit einem umschließenden Listencontainer stehen (z. B. UL oder OL).

HTML-4.0-Standard

CLASS, COMPACT, DIR, ID, LANG STYLE, TITLE, TYPE, START, VALUE

Starttag: zwingend erforderlich; Endtag: optional.

Nummerierte Liste und Aufzählung im Vergleich.

Attribute

CLASS

Über das Attribut CLASS lässt sich das Element einer Gruppe (Klasse) zuordnen. Geben Sie dazu einen frei wählbaren Klassennamen als Wert an. Diese Gruppierungen erlauben Ihnen anschließend einen leichten Zugriff auf alle zugehörigen Elemente. So können Sie später beispielsweise mit Hilfe von Cascading-Stylesheets oder anderen Sprachen leicht die Eigenschaften aller Elemente einer Klasse verändern oder Werte auslesen.

COMPACT

Sofern dieser Wert gesetzt ist, versucht der Browser, diese Aufzählung in einer kompakten Form darzustellen. Die Interpretation dieser Option hängt sehr stark vom verwendeten Browser ab.

DIR

Dieses Attribut ist für die Bestimmung der Laufrichtung des Textes notwendig. Zwei Werte können alternativ übergeben werden:

LTR

Dieser Wert bestimmt die Laufrichtung des Textes von links nach rechts (Abkürzung für »left to right«). Diese Laufrichtung ist im Browser voreingestellt.

RTL

Soll der Text entgegen der Standardlaufrichtung vom rechten Bildschirmrand zum linken Rand laufen, dann wählen Sie den Wert RTL (Abkürzung für »right to left«).

ID

Über das Attribut ID wird das Element mit einer für das Dokument eindeutigen Kennzeichnung versehen. Über diese ID lässt sich anschließend beispielsweise mit Hilfe einer Scriptsprache gezielt auf einzelne Elemente zugreifen, um z.B. deren Werte auszulesen oder zu verändern.

LANG

Dieses Attribut gibt die Sprache des Zieldokuments an. Das ist insbesondere für die Indizierung in Suchmaschinen wichtig. Verwenden Sie die Sprachcodes nach ISO-639, z.B. "de" für Deutsch oder "en" für Englisch oder "en-us" für amerikanisches Englisch.

ONCLICK

Dieses Ereignis findet statt, wenn mit der Maus das benannte Element angeklickt wird. Durch diese Aktion wird ein angegebenes Script ausgeführt.

ONDBLCLICK

Dieses Ereignis findet statt, wenn mit der Maus das benannte Element doppelt angeklickt wird. Durch diese Aktion wird ein angegebenes Script ausgeführt.

ONKEYDOWN

Dieses Ereignis findet statt, wenn man sich über dem bezeichneten Element befindet und gleichzeitig eine Taste gedrückt wird. Durch diese Aktion wird ein angegebenes Script ausgeführt.

ONKEYPRESS

Dieses Ereignis findet statt, wenn man sich über dem bezeichneten Element befindet und gleichzeitig eine Taste drückt und wieder loslässt. Durch diese Aktion wird ein angegebenes Script ausgeführt.

ONKEYUP

Dieses Ereignis findet statt, wenn man sich über dem bezeichneten Element befindet und eine gedrückte Taste losgelassen wird. Durch diese Aktion wird ein angegebenes Script ausgeführt.

ONMOUSEDOWN

Dieses Ereignis findet statt, wenn man sich über dem bezeichneten Element befindet und gleichzeitig eine Maustaste gedrückt wird. Durch diese Aktion wird ein angegebenes Script ausgeführt.

ONMOUSEMOVE

Dieses Ereignis findet statt, wenn man sich mit der Maus über das benannte Element bewegt. Durch diese Aktion wird ein angegebenes Script ausgeführt.

ONMOUSEOUT

Dieses Ereignis findet statt, wenn man sich mit der Maus von dem benannten Element fortbewegt. Durch diese Aktion wird ein angegebenes Script ausgeführt.

ONMOUSEOVER

Dieses Ereignis findet statt, wenn der Mauszeiger direkt auf das benannte Element zeigt. Durch diese Aktion wird ein angegebenes Script ausgeführt.

ONMOUSEUP

Dieses Ereignis findet statt, wenn man sich über dem bezeichneten Element befindet und eine gedrückte Maustaste losgelassen wird. Durch diese Aktion wird ein angegebenes Script ausgeführt.

TYPE

Mit diesem Attribut können Sie innerhalb einer Liste das Erscheinungsbild eines Aufzählungszeichens vor einem entsprechenden Listenelement festlegen. Je nachdem, ob Sie eine »unordered List« (nichtnummerierte Liste) mit dem Befehl UL erzeugen oder eine nummerierte Aufzählung mit OL (»ordered List«), existieren verschiedene mögliche Werte. Für eine UL gelten folgende Einstellungen:

DISC

Es erscheint ein Diskettensymbol als Aufzählungszeichen (funktioniert nicht bei allen Browsern).

SQUARE

Mit diesem Wert können Sie ein kleines Quadrat als Aufzählungszeichen auswählen.

CIRCLE

Einen kleinen ausgefüllten Kreis als Aufzählungszeichen erhalten Sie mit dem Wert CIRCLE.

Mit diesem Attribut können Sie aber auch innerhalb einer OL jedem Element ein Aufzählungszeichen voranstellen. Die folgenden Werte sind zulässig.

1

Arabische Ziffern (1, 2, 3,...); dieser Wert ist voreingestellt

a

Alphanumerische Kleinschreibung (a, b, c,...)

A

Alphanumerische Großschreibung (A, B, C,...)

i

Römische Ziffern in Kleinschreibung (i, ii, iii, iv,...)

I

Römische Ziffern in Großschreibung (I, II, III, IV,...)

START

Dieses Attribut ist ausschließlich im Zusammenhang mit einer nummerierten Liste möglich. Es gibt Ihnen die Möglichkeit, einen Startwert anzugeben und die Liste beispielsweise mit dem Wert 100 beginnen zu lassen.

STYLE

Das Attribut STYLE lässt sich dazu nutzen, um Stilvorgaben, insbesondere das Aussehen des Elements, zu verändern. Als Wert des Attributs übergeben Sie die entsprechenden Optionen einer Stylesheet-Sprache (meist CSS).

TITLE

Geben Sie dem Anwender weitere Informationen über das verwendete Element, indem Sie mit Hilfe des TITLE-Befehls einen aussagekräftigen Titel festlegen. Insbesondere Anwendern, die auf eine Sprachausgabe angewiesen sind, wird so die Navigation durch Ihre Seiten erleichtert.

VALUE

Mit diesem Attribut können Sie innerhalb einer OL (Ordered List) einen Nummerierungswert frei festlegen.

Beispiel

```
<ol>
     <li>Erstens</li>
     <li>Zweitens</li>
     <li>Drittens</li>
</ol>
<ul>
     <li>Erstens</li>
     <li>Zweitens</li>
     <li>Drittens</li>
</ul>
```

Ereignisse

ONCLICK, ONDBLCLICK, ONKEYDOWN, ONKEYPRESS, ONKEYUP, ONMOUSEDOWN, ONMOUSEMOVE, ONMOUSEOVER, ONMOUSEOUT, ONMOUSEUP

XML-Definition

```
<!ELEMENT LI - O (%flow;)*>
<!ATTLIST LI %attrs;>
```

Verwandte Befehle

DIR
OL
UL

LINK   \<html attribut\>

Farbe eines Hyperlinks festlegen

Beschreibung

Mit diesem Attribut wird die Farbe der Verweise in einem HTML-Dokument bestimmt. Dieser Befehl wird ab der Version 4.0 von HTML missbilligt.

Anwendung

Geben Sie innerhalb des BODY-Tags die Farbe für noch nicht angeklickte Hyperlinks an. Der Einsatz dieses Attributs ist optional.

Werte

Übergeben Sie dem Attribut entweder einen Farbwert in RGB-Syntax oder einen gültigen Farbnamen. Für den RGB-Wert geben Sie die Farbanteile der Farben Rot, Gelb und Blau in hexadezimaler Schreibweise an: #RRGGBB (z.B. #008000 für Grün). Alternativ lassen sich vordefinierte Farbnamen verwenden (z.B. YELLOW). Unter dem Stichwort **Farbtabelle** finden Sie eine komplette Aufstellung aller Standardfarben. Hier zunächst die 16 am häufigsten verwendeten Grundfarben:

```
BLACK     = #000000      SILVER    = #C0C0C0
GRAY      = #808080      WHITE     = #FFFFFF
MAROON    = #800000      RED       = #FF0000
PURPLE    = #800080      FUCHSIA   = #FF00FF
GREEN     = #008000      LIME      = #00FF00
OLIVE     = #808000      YELLOW    = #FFFF00
NAVY      = #000080      BLUE      = #0000FF
TEAL      = #008080      AQUA      = #00FFFF
```

Beispiel

```
<body alink="black">
<body vlink="red">
<body link="#00FFFF">
```

Zugehörige Elemente

BODY

LINK

Markieren von Verknüpfungen

Beschreibung

Mit diesem Befehl werden Verknüpfungen zwischen Dokumenten definiert. Im Gegensatz zum Befehl A wird der Befehl LINK ausschließlich im Header eines Dokuments definiert. Er gibt keinen direkten anklickbaren Link an, sondern definiert Beziehungsgeflechte zwischen verschiedenen Seiten eines Projektes.

Anwendung

Der Befehl LINK (»link« / Verknüpfung) erfordert zwingend die Angabe des Attributs HREF. Über dieses Attribut wird dem Browser mitgeteilt, zu welcher Zieladresse er springen muss, um eine Verknüpfung herzustellen. Der Befehl LINK erzeugt zunächst kein sichtbares Objekt im Browser, die Auswertung der Verknüpfungen hängt vom verwendeten Programm ab.

HTML-4.0-Standard

CHARSET, CLASS, DIR, HREF, HREFLANG, ID, LANG, MEDIA, REL, REV, STYLE, TITLE, TYPE

Starttag: zwingend erforderlich; Endtag: nicht zulässig.

Attribute

CHARSET

Dieses Attribut dient der Festlegung des Zeichensatzes für die Daten, die durch die Verknüpfung verbunden sind. Ist der Zeichensatz nicht explizit angegeben, ist es die Aufgabe der Browser, den benutzten Zeichensatz zu ermitteln.

CLASS

Über das Attribut CLASS lässt sich das Element einer Gruppe (Klasse) zuordnen. Geben Sie dazu einen frei wählbaren Klassennamen als Wert an. Diese Gruppierungen erlauben Ihnen anschließend einen leichten Zugriff auf alle zugehörigen Elemente. So können Sie später beispielsweise mit Hilfe von Cascading-Stylesheets oder anderen Sprachen leicht die Eigenschaften aller Elemente einer Klasse verändern oder Werte auslesen.

DIR

Dieses Attribut ist für die Bestimmung der Laufrichtung des Textes notwendig. Zwei Werte können alternativ übergeben werden:

LTR

Dieser Wert bestimmt die Laufrichtung des Textes von links nach rechts (Abkürzung für »left to right«). Diese Laufrichtung ist im Browser voreingestellt.

RTL

Soll der Text entgegen der Standardlaufrichtung vom rechten Bildschirmrand zum linken Rand laufen, dann wählen Sie den Wert RTL (Abkürzung für »right to left«).

ID

Über das Attribut ID wird das Element mit einer für das Dokument eindeutigen Kennzeichnung versehen. Über diese ID lässt sich anschließend beispielsweise mit Hilfe einer Scriptsprache gezielt auf einzelne Elemente zugreifen, um z.B. deren Werte auszulesen oder zu verändern.

HREF

Mit dem Attribut HREF wird das Zielelement angegeben, auf das der Anker verweist. Verwenden Sie dabei die sonst auch übliche Schreibweise für Internetadressen (URI). Der Anker kann auf beliebige Webseiten verweisen.

HREFLANG

Dieses Attribut gibt die Sprache des Zieldokuments an. Das ist insbesondere für die Indizierung in Suchmaschinen wichtig. Verwenden Sie die Sprachcodes nach ISO-639, z.B. "de" für Deutsch oder "en" für Englisch oder "en-us" für amerikanisches Englisch.

MEDIA

Mit diesem Attribut kann näher festgelegt werden, welche Ausgabegeräte für die verknüpfte Datei am besten geeignet sind. Mögliche Werte sind:

ALL

Dieses Dokument eignet sich für alle Ausgabemedien gleichermaßen gut.

AURAL

Dieses Dokument ist in erster Linie für die Ausgabe über eine elektronische Sprachwiedergabe gedacht.

BRAILLE

Dieses Dokument ist speziell für die Ausgabe an eine Braille-Tastatur optimiert.

HANDHELD

Dieses Dokument ist für die Ausgabe auf Handheld-Computern optimiert (kleiner monochromer Bildschirm, wenige Bitmapgrafiken, geringe Bandbreite).

PRINT

Dieses Dokument ist für die Ausgabe auf einem Drucker empfohlen.

PROJECTION

Empfohlen für eine Ausgabe auf einem Videoprojektor oder Beamer.

SCREEN

Diese Standardeinstellung gibt an, dass das Dokument für die am häufigsten verwendete Form der Ausgabe, nämlich auf dem Computermonitor, optimiert ist.

TTY

Ausgabe optimiert für Terminalgeräte oder Computer mit geringen grafischen Fähigkeiten.

TV

Speziell geeignet für die Ausgabe auf einem Fernsehgerät (geringere Auflösung und geringere Wiederholfrequenz als ein Monitor).

ONCLICK

Dieses Ereignis findet statt, wenn mit der Maus das benannte Element angeklickt wird. Durch diese Aktion wird ein angegebenes Script ausgeführt.

ONDBLCLICK

Dieses Ereignis findet statt, wenn mit der Maus das benannte Element doppelt angeklickt wird. Durch diese Aktion wird ein angegebenes Script ausgeführt.

ONKEYDOWN

Dieses Ereignis findet statt, wenn man sich über dem bezeichneten Element befindet und gleichzeitig eine Taste gedrückt wird. Durch diese Aktion wird ein angegebenes Script ausgeführt.

ONKEYPRESS

Dieses Ereignis findet statt, wenn man sich über dem bezeichneten Element befindet und gleichzeitig eine Taste drückt und wieder loslässt. Durch diese Aktion wird ein angegebenes Script ausgeführt.

ONKEYUP

Dieses Ereignis findet statt, wenn man sich über dem bezeichneten Element befindet und eine gedrückte Taste losgelassen wird. Durch diese Aktion wird ein angegebenes Script ausgeführt.

ONMOUSEDOWN

Dieses Ereignis findet statt, wenn man sich über dem bezeichneten Element befindet und gleichzeitig eine Maustaste gedrückt wird. Durch diese Aktion wird ein angegebenes Script ausgeführt.

ONMOUSEMOVE

Dieses Ereignis findet statt, wenn man sich mit der Maus über das benannte Element bewegt. Durch diese Aktion wird ein angegebenes Script ausgeführt.

ONMOUSEOUT

Dieses Ereignis findet statt, wenn man sich mit der Maus von dem benannten Element fortbewegt. Durch diese Aktion wird ein angegebenes Script ausgeführt.

ONMOUSEOVER

Dieses Ereignis findet statt, wenn der Mauszeiger direkt auf das benannte Element zeigt. Durch diese Aktion wird ein angegebenes Script ausgeführt.

ONMOUSEUP

Dieses Ereignis findet statt, wenn man sich über dem bezeichneten Element befindet und eine gedrückte Maustaste losgelassen wird. Durch diese Aktion wird ein angegebenes Script ausgeführt.

REL

Mit diesem Attribut lassen sich Linktypen für das verknüpfte Dokument festlegen. So kann beispielsweise ein Verweis auf ein Glossar oder das Inhaltsverzeichnis der Präsenz definiert werden. Diese Angaben ermöglichen es dem Browser, Navigationshilfen zu erstellen.

ALTERNATE

Gibt eine alternative Version des Dokuments an. Beispielsweise eine andere Sprachversion oder eine verkürzte Textversion.

APPENDIX

Verweist auf einen Anhang des Webangebots.

BOOKMARK

Gibt eine spezielle Seite an, die Sie als Lesezeichen in Ihren Browser aufnehmen können.

CHAPTER

Verweist auf das übergeordnete Kapitel, zu dem das Dokument gehört.

CONTENTS

Weist auf ein Inhaltsverzeichnis hin, in dem alle Seiten der Präsenz übersichtlich aufgelistet sind.

COPYRIGHT

Auf dieser Seite finden Sie Hinweise zum Urheber des Dokuments.

GLOSSARY

Auf der hier angegebenen Seite finden Sie ein Glossar, in dem wichtige Begriffe näher erläutert werden.

HELP
> Verweist auf eine Hilfeseite, die bei der Navigation und Bedienung der Seiten weiterhilft.

INDEX
> Verweist auf einen Index, der alle Stichwörter der Webseite enthält.

NEXT
> Gibt die logisch auf dieses Dokument folgende nächste Seite an.

PREV
> Gibt die logisch diesem Dokument vorausgehende Seite an.

SECTION
> Verweist auf den übergeordneten Abschnitt, der zu diesem Dokument gehört.

START
> Gibt die Ursprungs- oder Startseite des Webangebots an.

STYLESHEET
> Verweist auf ein externes Stylesheet, in dem Formatangaben zu diesem Dokument zu finden sind.

SUBSECTION
> Verweist auf einen diesem Dokument untergeordneten Abschnitt.

REV

Ähnlich wie REL gibt dieses Attribut einen Rückwärtslink zu dem vorhergehenden Dokument an. Dieses Attribut findet nur selten Anwendung. Es gibt im Gegensatz zu einem normalen Hyperlink nicht das Sprungziel, sondern die Sprungquelle an.

ALTERNATE
> Gibt eine alternative Version des Dokuments an. Beispielsweise eine andere Sprachversion oder eine verkürzte Textversion.

APPENDIX
> Verweist auf einen Anhang des Webangebots.

BOOKMARK
> Gibt eine spezielle Seite an, die Sie als Lesezeichen in Ihren Browser aufnehmen können.

CHAPTER
> Verweist auf das übergeordnete Kapitel, zu dem das Dokument gehört.

CONTENTS
> Weist auf ein Inhaltsverzeichnis hin, in dem alle Seiten der Präsenz übersichtlich aufgelistet sind.

COPYRIGHT
> Auf dieser Seite finden Sie Hinweise zum Urheber des Dokuments.

GLOSSARY
> Auf der hier angegebenen Seite finden Sie ein Glossar, in dem wichtige Begriffe näher erläutert werden.

HELP
> Verweist auf eine Hilfeseite, die bei der Navigation und Bedienung der Seiten weiterhilft.

INDEX
> Verweist auf einen Index, der alle Stichwörter der Webseite enthält.

NEXT
> Gibt die logisch auf dieses Dokument folgende nächste Seite an.

PREV
> Gibt die logisch diesem Dokument vorausgehende Seite an.

SECTION
> Verweist auf den übergeordneten Abschnitt, der zu diesem Dokument gehört.

START
> Gibt die Ursprungs- oder Startseite des Webangebots an.

STYLESHEET
> Verweist auf ein externes Stylesheet, in dem Formatangaben zu diesem Dokument zu finden sind.

SUBSECTION
> Verweist auf einen diesem Dokument untergeordneten Abschnitt.

STYLE
> Das Attribut STYLE lässt sich dazu nutzen, um Stilvorgaben, insbesondere das Aussehen des Elements, zu verändern. Als Wert des Attributs übergeben Sie die entsprechenden Optionen einer Stylesheet-Sprache (meist CSS).

TARGET
> Das Attribut TARGET wird verwendet, um den Namen eines Fensters festzulegen, in dem ein Link geöffnet wird. Dieses Attribut wird genutzt, wenn mehrere Fenster offen sind oder mit einem Link ein neues Fenster geöffnet werden soll.

TITLE
> Geben Sie dem Anwender weitere Informationen über das verwendete Element, indem Sie mit Hilfe des TITLE-Befehls einen aussagekräftigen Titel festlegen. Insbesondere Anwendern, die auf eine Sprachausgabe angewiesen sind, wird so die Navigation durch Ihre Seiten erleichtert.

TYPE
> Gibt den MIME-Typ des Zieldokuments an. Damit wird der Browser angewiesen, eventuell ein spezielles Anzeigemodul für den Inhaltstyp zu starten und das Dokument anzuzeigen. Beispielsweise "text/plain" für normalen Text oder "application/msword" für ein MS-Word-Dokument.

Beispiel

```
<head>
<link rel="next" href="seite3.htm">
<link rel="previous" href="seite1.htm">
</head>

<head>
<link rev="Index" href="index.htm">
</head>
```

Ereignisse

```
ONCLICK, ONDBLCLICK, ONKEYDOWN, ONKEYPRESS, ONKEYUP, ONMOUSEDOWN, ONMOUSEMOVE,
ONMOUSEOVER, ONMOUSEOUT, ONMOUSEUP
```

XML-Definition

```
<!ELEMENT LINK>
<!ATTLIST LINK
%attrs;
charset       %Charset;        #IMPLIED
href          %URI;            #IMPLIED
hreflang      %LanguageCode;   #IMPLIED
type          %ContentType;    #IMPLIED
rel           %LinkTypes;      #IMPLIED
rev           %LinkTypes;      #IMPLIED
media         %MediaDesc;      #IMPLIED>
```

Verwandte Befehle

A

LISTING

Darstellung von bereits formatiertem Text

Beschreibung

Mit diesem Befehl ist es möglich, alle dargestellten Zeichen und Buchstaben in gleicher Größe erscheinen zu lassen.

Anwendung

Der Befehl LISTING ermöglicht die Darstellung von Zeichen in exakt gleicher Größe. Diese Art der Darstellung wird verwendet, um Quelltext von Programmen darzustellen.

HTML-4.0-Standard

Anstelle dieses Befehls ist der Befehl PRE vorzuziehen, da Listing kein offizieller HTML-Befehl ist.

Beispiel

```
<listing>
Textabsatz in nichtproportionaler Schrift
</listing>
```

Verwandte Befehle

B
BIG
I
PLAINTEXT
PRE
S
SMALL
STRIKE
TT
U
XMP

Literale

Werte an ein Attribut übergeben

Beschreibung

In der Regel geben Literale den Wert eines Attributs wieder. Durch einfache oder doppelte Anführungszeichen begrenzte Zeichenketten werden als literale Daten bezeichnet.

Anwendung

Ein Literal ist eine Zeichenkette, die in Anführungszeichen angegeben ist. Ein Literal darf sich nicht in den gleichen Anführungszeichen befinden, die zur Begrenzung der Zeichenkette eingesetzt werden.

Ein externer Bezeichner (SystemLiteral) kann auch analysiert werden, ohne nach einem Markup zu suchen.

Beispiel

```
<adresse type="privat">
<adresse id="123">
<adresse att="'Literal'">
<adresse att="'Literal"'>
```

LONGDESC <html attribut>
Ausführliche Beschreibung eines Elements

Beschreibung

Dieses Attribut definiert eine ausführliche Beschreibung des Inhalts des Frames oder Bildes. Diese ergänzt die Kursbeschreibung, die über das TITLE-Attribut angegeben werden kann.

Anwendung

Geben Sie über LONGDESC eine zusätzliche ausführlichere Beschreibung des Elements an. Der Einsatz dieses Attributs ist optional.

Werte

Ein gültiger Wert für dieses Attribut ist ein sogenannter URI (*Uniform Resource Identifier*). Der Aufbau eines URI entspricht dem folgenden Schema:

```
[Protokoll]://[Domain]/[Verzeichnis]/[Datei]
```

Mögliche Angaben für das verwendete Protokoll sind die folgenden Werte:

ftp	File Transfer Protocol
http	Hypertext Transfer Protocol
gopher	Gopher Protocol
mailto	Electronic Mail Address
news	USENET News
nntp	USENET News (NNTP-Zugriff)
telnet	Reference to interactive sessions
wais	Wide Area Information Server
file	Host-specific file names
prospero	Prospero Directory Service

Beispiel

```
<img
    src="auto.gif"
    title="Audi TT"
    alt="Audi TT Bj. 98 Farbe Silber"
    longdesc="Audi TT Baujahr 98, 168 PS, 128.000 km, Farbe Silber-Metallic">
```

Zugehörige Elemente

FRAME
IFRAME
IMG

MAP

Definition einer Imagemap bzw. verweissensitiven Grafik

Beschreibung

Mit dem Befehl MAP erstellen Sie eine Client-seitige Imagemap. In einer solchen verweissensitiven Grafik können einzelne Bereiche als Link gekennzeichnet werden.

Anwendung

Innerhalb des MAP-Containers müssen Sie die einzelnen Flächen der Grafik über den Befehl AREA als Link kennzeichnen. Geben Sie der Imagemap über das Attribut NAME unbedingt einen eindeutigen Namen.

HTML-4.0-Standard

ACCESSKEY, ALT, CLASS, COORDS, DIR, HREF, ID, LANG, NOHREF, SHAPE, STYLE, TABINDEX, TITLE

Starttag: zwingend erforderlich; Endtag: zwingend erforderlich.

Attribute

ONBLUR

Das Ereignis ONBLUR tritt dann ein, wenn ein Eingabeelement seinen Focus verliert. Der Anwender hat sich also per Mausklick oder Tastatur zum nächsten Feld bewegt. Über dieses Ereignis könnte zum Beispiel ein Script aufgerufen werden, das die eingegebenen Werte überprüft und weiterverarbeitet.

ONFOCUS

Das Ereignis ONFOCUS tritt ein, wenn das aktuelle Element den Focus erhält. Wenn der Anwender also per Mausklick oder Tastatur auf dieses Feld geht und dieses so zum aktiven Element wird.

NAME

Über Dieses Attribut können Sie der Imagemap einen Namen zuweisen. Verwenden Sie für mehrere Imagemaps innerhalb eines Dokuments nie zweimal den gleichen Namen.

Beispiel

```
<map name="Standorte">
<area shape="circle" coords="242, 206, 8" href="ort1.htm">
<area shape="circle" coords="198, 290, 8" href="ort2.htm">
<area shape="circle" coords="182, 389, 8" href="ort3.htm">
<area shape="circle" coords="100, 311, 8" href="ort4.htm">
</map>
<img src="landkarte.gif" usemap="#Standorte">
```

Ereignisse
ONBLUR, ONFOCUS

Verwandte Befehle
AREA

MARGINHEIGHT   <html attribut>
Abstand zum oberen und unteren Rand

Beschreibung
Mit Hilfe des Attributs MARGINHEIGHT können die Abstände zum oberen und unteren Fensterrand festgelegt werden.

Anwendung
Geben Sie den Abstand als einzelnen Wert an. Dieser Abstand wird dann automatisch oben und unten gleichermaßen angewendet. Der Einsatz dieses Attributs ist optional.

Werte
Der Wert dieses Attributs gibt eine Größe in Pixel, also in Bildpunkten, an. Gültige Werte sind positive ganze Zahlen (Integer-Werte). Die Eingabe von ="100" entspricht zum Beispiel einer Größe von 100 Pixel.

Beispiel
```
<frame marginheight="10">
</frame>
```

Zugehörige Elemente
FRAME
IFRAME

MARGINWIDTH <html attribut>

Abstand zum linken und rechten Rand

Beschreibung

Das Attribut MARGINWIDTH gibt die Abstände des Fensterinhaltes am linken und rechten Bildrand an. Der Wert muss größer als Null gewählt werden. Die Voreinstellung des Abstandes hängt von den Einstellungen des Browers ab und kann nicht einheitlich angegeben werden.

Anwendung

Geben Sie den Abstand als einzelnen Wert an. Dieser Abstand wird dann automatisch links und rechts gleichermaßen angewendet. Der Einsatz dieses Attributs ist optional.

Werte

Der Wert dieses Attributs gibt eine Größe in Pixel, also in Bildpunkten, an. Gültige Werte sind positive ganze Zahlen (Integer-Werte). Die Eingabe von ="100" entspricht zum Beispiel einer Größe von 100 Pixel.

Beispiel

```
<frame marginheight="10">
</frame>
```

Zugehörige Elemente

FRAME
IFRAME

MARQUEE

Einen Text als Laufschrift definieren

Beschreibung

Der mit MARQUEE definierte Text wird an der eingefügten Stelle des Dokuments als Laufschrift angezeigt. Sowohl Scrollrichtung als auch Geschwindigkeit und Verhalten des Textes lassen sich genau bestimmen.

Anwendung

Der Text, der sich über den Bildschirm bewegen soll, wird mit den Marquee-Tags umschlossen. Über die unten beschriebenen Attribute bestimmen Sie das genaue Verhalten der Laufschrift.

HTML-4.0-Standard

Der von Microsoft eingeführte Befehl versteht sich inzwischen auch mit der neuen Browser-Generation von Netscape, gehört aber nicht zum offiziellen HTML-Standard.

Attribute

ALIGN

Dieses Attribut legt fest, wie der Verlauf des umgebenden Textes aussieht. Folgende Werte sind möglich:

TOP

Der umfließende Text befindet sich oberhalb des Marquee.

MIDDLE

Der Text befindet sich auf der Höhe des Mittelpunktes des Marquee.

BOTTOM

Der Text befindet sich unterhalb des Marquee.

ALTERNATE

Das Attribut ALTERNATE, das keinen Wert enthält, bewirkt, dass sich der Text in »Ping-Pong«-Manier abwechselnd von einem Bildschirmrand zum anderen bewegt.

BEHAVIOR

Zwei Werte sind für BEHAVIOR möglich:

SLIDE

Lässt den Text anhalten, sobald er vollständig ins Bild gerückt ist.

SCROLL

Ergibt eine echte Laufschrift. Der Text rollt auf der einen Seite ins Bild und verlässt den Schirm auf der anderen Seite wieder komplett.

BGCOLOR

Mit diesem Attribut wird die Farbe des Hintergrunds festgelegt.

DIRECTION

Sie können den Text mit dem Wert LEFT nach links und über RIGHT nach rechts scrollen lassen.

HEIGHT

Mit diesem Attribut wird die Höhe des Marquee in Pixel angegeben.

HSPACE

Mit diesem Attribut wird der linke und rechte Rand außerhalb des Marquee festgelegt.

LOOP

Geben Sie die Anzahl der Wiederholungen als Wert von LOOP an. Bei LOOP="1" wird der Text genau einmal über den Bildschirm gescrollt. LOOP="infinite" bewirkt eine unendliche Wiederholung des Vorgangs.

SCROLLAMOUNT

Der Wert, den Sie diesem Attribut übergeben, legt fest, um wie viele Pixel sich der Text beim Scrollen jeweils verschieben soll. Je kleiner der Pixelwert ist, desto »weicher« bewegt sich der Text.

SCROLLDELAY

Über SCROLLDELAY geben Sie die Verzögerung in Millisekunden an, die zwischen zwei Scroll-Schritten und der Verschiebung um den definierten Abstand eingehalten werden soll. Je höher dieser Wert ist, desto langsamer bewegt sich Ihr Text.

VSPACE

Mit diesem Attribut wird der obere und untere Rand außerhalb des Marquee festgelegt.

WIDTH

Mit diesem Attribut wird die Breite des Marquee in Pixel angegeben.

Beispiel

```
<marquee behavior=scroll loop=infinite>

Dieser Text wird über den Bildschirm gescrollt...

</marquee>
```

MAXLENGTH   <html attribut>

Maximale Eingabelänge festlegen

Beschreibung

Bei Texteingabefeldern können Sie die Anzahl der Zeichen, die der Anwender eingeben kann, begrenzen. So können Sie erreichen, dass beispielsweise bei Eingabe einer 5-stelligen Postleitzahl auch wirklich nur fünf Zeichen eingegeben werden.

Anwendung

Mit TYPE=TEXT werden Eingabefelder erstellt, die von einem Anwender die Anzahl von Zeichen eingeben kann, die mit dem Attribut MAXLENGTH festgelegt worden ist. Dieses Attribut ist nicht zu verwechseln mit der Länge des Feldes, die im Fenster angezeigt wird. Diese wird über SIZE festgelegt. Auch der Eingabetyp PASSWORD wertet diese Angabe aus, bei anderen Feldern bleibt der Wert ohne Bedeutung. Der Einsatz dieses Attributs ist optional.

Werte

Gültige Werte für dieses Attribut sind ganze Zahlen. Die Zahl muss mindestens eine Ziffer der Zahlen 0 bis 9 enthalten (="9").

Beispiel

```
<input
      name="PLZ"
      type="text"
      size="7"
      value="D-"
      maxlength="7">
```

Zugehörige Elemente

INPUT

MEDIA   <html attribut>
Ausgabegeräte zuordnen

Beschreibung

Mit diesem Attribut kann näher festgelegt werden, welche Ausgabegeräte für die verknüpfte Datei am besten geeignet sind.

Anwendung

Geben Sie als Wert dieses Attributs eines der unten genannten Schlüsselwörter ein. So können Sie spezielle Seiten für die Sprachausgabe oder eine Druckausgabe erstellen und angeben.

Werte

ALL
    Dieses Dokument eignet sich für alle Ausgabemedien gleichermaßen gut.
AURAL
    Dieses Dokument ist in erster Linie für die Ausgabe über eine elektronische Sprachwiedergabe gedacht.
BRAILLE
    Dieses Dokument ist speziell für die Ausgabe an eine Braille-Tastatur optimiert.
HANDHELD
    Dieses Dokument ist für die Ausgabe auf Handheld-Computern optimiert (kleiner monochromer Bildschirm, wenige Bitmapgrafiken, geringe Bandbreite).
PRINT
    Dieses Dokument ist für die Ausgabe auf einem Drucker empfohlen.

PROJECTION
Empfohlen für eine Ausgabe auf einem Videoprojektor oder Beamer.

SCREEN
Diese Standardeinstellung gibt an, dass das Dokument für die am häufigsten verwendete Form der Ausgabe, nämlich auf dem Computermonitor, optimiert ist.

TTY
Ausgabe optimiert für Terminalgeräte oder Computer mit geringen grafischen Fähigkeiten.

TV
Speziell geeignet für die Ausgabe auf einem Fernsehgerät (geringere Auflösung und geringere Wiederholfrequenz als ein Monitor).

Beispiel
```
<link rev="Index" href="index.htm" media="aural">
```

Zugehörige Elemente
LINK
STYLE

MENU

Markieren von Menülisten

Beschreibung
Mit diesem Befehl ist es möglich, Menülisten zu kennzeichnen.

Anwendung
Der Befehl MENU wird dann eingesetzt, wenn Menülisten markiert werden sollen. In diesen Menülisten sind kurze Einträge enthalten, die nicht länger als eine Zeile sind. In der Version 4.0 von HTML wir dieser Befehl missbilligt.

HTML-4.0-Standard
ID, CLASS, LANG, DIR, TITLE, STYLE

Der Einsatz dieses Befehls wird in der aktuellen HTML-Version nicht mehr empfohlen, er wurde durch andere Befehle ersetzt.

Starttag: zwingend erforderlich; Endtag: zwingend erforderlich.

Attribute

CLASS

Über das Attribut CLASS lässt sich das Element einer Gruppe (Klasse) zuordnen. Geben Sie dazu einen frei wählbaren Klassennamen als Wert an. Diese Gruppierungen erlauben Ihnen anschließend einen leichten Zugriff auf alle zugehörigen Elemente. So können Sie später beispielsweise mit Hilfe von Cascading-Stylesheets oder anderen Sprachen leicht die Eigenschaften aller Elemente einer Klasse verändern oder Werte auslesen.

DIR

Dieses Attribut ist für die Bestimmung der Laufrichtung des Textes notwendig. Zwei Werte können alternativ übergeben werden:

LTR

Dieser Wert bestimmt die Laufrichtung des Textes von links nach rechts (Abkürzung für »left to right«). Diese Laufrichtung ist im Browser voreingestellt.

RTL

Soll der Text entgegen der Standardlaufrichtung vom rechten Bildschirmrand zum linken Rand laufen, dann wählen Sie den Wert RTL (Abkürzung für »right to left«).

ID

Über das Attribut ID wird das Element mit einer für das Dokument eindeutigen Kennzeichnung versehen. Über diese ID lässt sich anschließend beispielsweise mit Hilfe einer Scriptsprache gezielt auf einzelne Elemente zugreifen, um z.B. deren Werte auszulesen oder zu verändern.

LANG

Dieses Attribut gibt die Sprache des Zieldokuments an. Das ist insbesondere für die Indizierung in Suchmaschinen wichtig. Verwenden Sie die Sprachcodes nach ISO-639, z.B. "de" für Deutsch oder "en" für Englisch oder "en-us" für amerikanisches Englisch.

ONCLICK

Dieses Ereignis findet statt, wenn mit der Maus das benannte Element angeklickt wird. Durch diese Aktion wird ein angegebenes Script ausgeführt.

ONDBLCLICK

Dieses Ereignis findet statt, wenn mit der Maus das benannte Element doppelt angeklickt wird. Durch diese Aktion wird ein angegebenes Script ausgeführt.

ONKEYDOWN

Dieses Ereignis findet statt, wenn man sich über dem bezeichneten Element befindet und gleichzeitig eine Taste gedrückt wird. Durch diese Aktion wird ein angegebenes Script ausgeführt.

ONKEYPRESS

Dieses Ereignis findet statt, wenn man sich über dem bezeichneten Element befindet und gleichzeitig eine Taste drückt und wieder loslässt. Durch diese Aktion wird ein angegebenes Script ausgeführt.

ONKEYUP
Dieses Ereignis findet statt, wenn man sich über dem bezeichneten Element befindet und eine gedrückte Taste losgelassen wird. Durch diese Aktion wird ein angegebenes Script ausgeführt.

ONMOUSEDOWN
Dieses Ereignis findet statt, wenn man sich über dem bezeichneten Element befindet und gleichzeitig eine Maustaste gedrückt wird. Durch diese Aktion wird ein angegebenes Script ausgeführt.

ONMOUSEMOVE
Dieses Ereignis findet statt, wenn man sich mit der Maus über das benannte Element bewegt. Durch diese Aktion wird ein angegebenes Script ausgeführt.

ONMOUSEOUT
Dieses Ereignis findet statt, wenn man sich mit der Maus von dem benannten Element fortbewegt. Durch diese Aktion wird ein angegebenes Script ausgeführt.

ONMOUSEOVER
Dieses Ereignis findet statt, wenn der Mauszeiger direkt auf das benannte Element zeigt. Durch diese Aktion wird ein angegebenes Script ausgeführt.

ONMOUSEUP
Dieses Ereignis findet statt, wenn man sich über dem bezeichneten Element befindet und eine gedrückte Maustaste losgelassen wird. Durch diese Aktion wird ein angegebenes Script ausgeführt.

STYLE
Das Attribut STYLE lässt sich dazu nutzen, um Stilvorgaben, insbesondere das Aussehen des Elements, zu verändern. Als Wert des Attributs übergeben Sie die entsprechenden Optionen einer Stylesheet-Sprache (meist CSS).

TITLE
Geben Sie dem Anwender weitere Informationen über das verwendete Element, indem Sie mit Hilfe des TITLE-Befehls einen aussagekräftigen Titel festlegen. Insbesondere Anwendern, die auf eine Sprachausgabe angewiesen sind, wird so die Navigation durch Ihre Seiten erleichtert.

Beispiel

```
<menu>
<li>Eintrag 1</li>
<li>Eintrag 2</li>
<li>Eintrag 3</li>
</menu>
```

Ereignisse

ONCLICK, ONDBLCLICK, ONKEYDOWN, ONKEYPRESS, ONKEYUP, ONMOUSEDOWN, ONMOUSEMOVE, ONMOUSEOVER, ONMOUSEOUT, ONMOUSEUP

Verwandte Befehle

DIR
LI
OL
UL

META

Zusätzliche Informationen über das Dokument angeben

Beschreibung

Über die META-Tags können innerhalb des SMIL-Dokuments weitere META-Informationen zum Inhalt angegeben werden. Zu diesen Informationen gehört etwa der Name des Autors oder Copyright-Bestimmungen.

Anwendung

Der META-Befehl wird innerhalb des Dokumentenkopfes eingesetzt. Zwei Attribute müssen dem Befehl übergeben werden. Neben dem Attribut NAME, das einen der festgelegten Werte annehmen kann, muss über CONTENT der Inhalt des META-Tags angegeben werden.

Parameter

CONTENT
Dieses Attribut kann einen beliebigen Wert annehmen und enthält den Inhalt des META-Tags. Beispielsweise den Namen des Autors oder eine Kurzbeschreibung der Seite.

NAME
Das Attribut NAME bestimmt, welche Informationen Sie mit CONTENT übergeben. NAME kann folgende Werte annehmen:

ABSTRACT
Eine Kurzbeschreibung des Inhalts der Seite.

AUTHOR
Der Autor dieses Dokuments.

BASE
Der Basis-URL für alle Multimedia-Clips.

COPYRIGHT
Informationen zum Urheber und Copyright.

TITLE
Gibt der Präsentation einen eindeutigen und beschreibenden Titel.

Beispiel

```
<meta name="title" content="HTML/XML Referenz"/>
<meta name="author" content="Gunter Wielage"/>
<meta name="copyright" content="(c) 1999 M&T Verlag"/>
<meta name="base" content="http://www.wielage.de"/>

<meta name="title"
      content="Inhalt"
      skip-content="true" />
```

META

Informationen zu einem HTML-Dokument

Beschreibung

Mit diesem elementaren Befehl können Eigenschaften eines Dokuments spezifiziert werden, die durch andere Elemente nicht näher beschrieben werden können. Die definierten Angaben werden im Browser nicht angezeigt, sondern können lediglich von Suchmaschinen oder Servern ausgewertet werden.

Anwendung

Der Befehl META wird genutzt, um Informationen zu einem HTML-Dokument zu beschreiben. So lassen sich mit diesem Befehl Dokumente beispielsweise für Suchmaschinen aufbereiten, indem Stichwörter zum Inhalt des Dokuments mit diesem Befehl angegeben werden können.

HTML-4.0-Standard

CONTENT, DIR, HTTP-EQUIV, LANG, NAME, SCHEME

Starttag: zwingend erforderlich; Endtag: nicht zulässig.

Attribute

CONTENT

Die Verwendung dieses Attributs ist zwingend vorgeschrieben. Durch dieses Attribut lassen sich Angaben zum Inhalt eines Dokuments vornehmen. Allerdings müssen Sie zusätzlich über HTTP-EQUIV oder NAME festlegen, welche Informationen Sie geben.

HTTP-EQUIV

Mit dem von Netscape eingeführten Attribut HTTP-EQUIV kann der Meta-Information ein Name zugewiesen werden. Einen ähnlichen Zweck erfüllt auch das Attribut NAME. Zunächst geben Sie über den in HTTP-EQUIV vorgegebenen Namen an, welche Informationen Sie definieren möchten. Anschließend geben Sie die eigentlichen Informationen über den Wert des Attributs CONTENT an. Zur Verwendung dieses Befehls gehören also immer zwei Attribute.

Eine offizielle Definition der möglichen Werte ist vom W3C nicht vorgesehen. Folgende Inhaltstypen sind weit verbreitet und können angewendet werden:

CONTENT-LANGUAGE
> Gibt die Sprache des HTML-Dokuments an. Verwenden Sie als Werte für CONTENT die üblichen Definitionen einer Sprache von HTML (z.B. "de" für Deutsch, "de-ch" für Deutsch/Schweiz, "en" für Englisch, "en-uk" für Englisch/Großbritannien).

CONTENT-SCRIPT-TYPE
> Wenn das Dokument Skriptsprachen einsetzt, können Sie mit diesem Wert die voreingestellte Scriptsprache angeben (z.B. "text/vbscript" oder "text/javascript").

CONTENT-STYLE-TYPE
> Gibt die Standard-Stylesprache an. Verwenden Sie beispielsweise für Stylesheets "text/css".

CONTENT-TYPE
> Über den CONTENT-TYPE geben Sie den voreingestellte Zeichensatz an. Beispielsweise: "text/html; charset=iso-8859-1" für den westeuropäischen Zeichensatz.

EXPIRES
> Über EXPIRES können Sie mitteilen, wann Ihre Seite aktualisiert werden soll. Wird sie etwa in einem Proxy-Cache zwischengespeichert, dann lädt dieser Ihre Seite nach der eingestellten Zeitspanne erneut aus dem Netz und aktualisiert die vorliegende Version.

PRAGMA
> Übergeben Sie mit CONTENT den Wert "no-cache", um zu verhindern dass Ihre Seiten im Cache-Speicher zwischengespeichert werden.

REFRESH
> Mit REFRESH können Sie erreichen, dass nach einer angegebenen Wartezeit in Sekunden automatisch ein anderes HTML-Dokument in den Browser geladen wird. Natürlich lässt sich auch das aktuelle Dokument erneut übertragen, beispielsweise bei Live-Bildern einer Videokamera. Geben Sie dazu die Anzahl an Sekunden, gefolgt vom URL des zu ladenden Dokuments, an:
> CONTENT="10; URL=seite2.html"

LANG
Geben Sie über die Meta-Tags Stichwörter oder eine Beschreibung Ihrer Seite an eine Suchmaschine weiter, dann können Sie zusätzlich über das Attribut LANG die Sprache der Stichwörter angeben. So lassen sich beispielsweise gleichzeitig Stichwörter in Deutsch und Englisch angeben.

NAME
Das Attribut NAME wird fast genauso verwendet wie das Attribut HTTP-EQUIV. Beide unterscheiden sich lediglich in der Art der Verarbeitung durch den Server.

AUTHOR
Über AUTHOR benennen Sie den Autor des HTML-Dokuments.

DATE
Mit DATE kennzeichnen Sie das genaue Erstelldatum Ihres Dokuments.

DESCRIPTION
Geben Sie mit DESCRIPTION eine kurze Beschreibung des Seiteninhalts an.

GENERATOR
Die meisten HTML-Editoren fügen dieses Meta-Tag automatisch ein, um zu kennzeichnen, mit welcher Software die Seite erstellt wurde. Insbesondere bei Teamarbeit, bei der mit verschiedenen Produkten gearbeitet wird, kann diese Angabe hilfreich sein.

KEYWORDS
Eines der wichtigsten Meta-Tags ist KEYWORDS. Mit ihm geben Sie einer Such-maschine Stichwörter vor, unter denen Ihre Seite gefunden werden soll. Die einzelnen Keywords werden über CONTENT durch Komma oder Leerzeichen getrennt eingegeben.

REVISIT-AFTER
Damit teilen Sie einem Suchroboter mit, wann er Ihre Seite erneut besuchen soll, um immer die aktuellen Informationen verfügbar zu haben.

ROBOTS
Speziell für Suchroboter ist auch die Option ROBOTS gedacht. Damit weisen Sie den Suchroboter an, wie Ihre Seiten indiziert werden sollen. Zwei Begriffe werden über CONTENT durch Komma getrennt angegeben:

INDEX, NOINDEX
Geben Sie INDEX an, wenn der Suchroboter diese Seite in den Index auf-nehmen soll. Möchten Sie eine Aufnahme verhindern, weil es sich viel-leicht nur um eine firmeninterne Informationsseite handelt, geben Sie NOINDEX vor. Die Seite wird dann nicht in den Index übernommen.

FOLLOW, NOFOLLOW
Über FOLLOW und NOFOLLOW legen Sie fest, wie der Suchroboter mit Links auf Ihrer Seite verfahren soll. Mit FOLLOW erreichen Sie, dass alle verknüpf-ten Seiten auch untersucht und in den Index aufgenommen werden. Bei NOFOLLOW bricht der Suchroboter die weitere Verfolgung der Links ab und nimmt nur die aktuelle Seite auf.

SCHEME
Das Attribut SCHEME gibt an, welches Format genutzt werden soll, um ein Doku-ment zu übertragen.

Beispiel

```
<head>
<title>
<meta scheme="ISBN" name="identifier"
content="3-8272-548-X">
```

```
<meta http-equiv="content-language" content="de">
<meta http-equiv="content-script-type"
content="text/vbscript">

<meta http-equiv="content-style-type" content="text/css">

<meta http-equiv="content-type"
content="text/html; charset=iso-8859-1">

<meta http-equiv="expires"
content="Thu, 24 Jun 1999 12:00:00 GMT">

<meta http-equiv="pragma" content="no-cache">

<meta http-equiv="refresh"
content="10; URL=seite2.htm">

<meta name="keywords" lang="de"
content="Gebrauchtwagen, Autos">

<meta name="keywords" lang="en" content="used cars, cars">
<meta name="author" content="Gunter Wielage">

<meta name="generator" content="Frontpage 2000">
<meta name="date" content="1999-06-25T12:00:00+00:00">
<meta name="description" lang="de"
content="Gebrauchtwagenbörse">

<meta name="revisit-after" content="30 days">
<meta name="robots" content="index, follow">
</head>
```

XML-Definition

```
<!ELEMENT META>
<!ATTLIST META
%i18n;
http-equiv    NAME       #IMPLIED
name          NAME       #IMPLIED
content       CDATA      #REQUIRED
scheme        CDATA      #IMPLIED>
```

Verwandte Befehle
HEAD
HTML

METHOD <html attribut>
Übertragungsmethode festlegen

Beschreibung
Sie können zwischen zwei Übertragungsarten wählen, wenn es darum geht, Daten eines Formulares zum Server zu senden. Sie sind hier in der Einstellung allerdings abhängig von der verwendeten Software des Servers.

Anwendung
Dieses Attribut ist im Zusammenhang mit der Übertragung der Daten eines Formulars zum Server unbedingt erforderlich.

Werte
GET
> Die Einstellung METHOD=GET bewirkt, dass Daten eines ausgefüllten Formulars im QUERY_STRING, der Standard-Umgebungsvariablen eines WWW-Servers, gespeichert werden. Der Inhalt dieser Umgebungsvariablen wird dann mit Hilfe eines CGI-Programms bzw. -Skripts ausgelesen.

POST
> Die Einstellung METHOD=POST bewirkt, dass Eingaben wie Kommandos behandelt werden. In diesem Fall muss ein auswertendes Programm die Länge der übertragenen Daten selbsttätig ermitteln. Das geschieht normalerweise mit Hilfe der Standard-Umgebungsvariablen CONTENT_LENGTH.

Beispiel
```
<form method="post">
<form method="get">
```

Zugehörige Elemente
FORM

MULTICOL
Definieren von mehrspaltigen Tabellen

Beschreibung
Mit diesem Befehl ist es möglich, Tabellen zu definieren, die mehrspaltig sind.

Anwendung

Der Befehl `MULTICOL` dient der Definition von Tabellen, die über mehrere Spalten verfügen. Dieser Befehl wird bislang nur von Netscape ab der Version 3.0 interpretiert und ist nicht im offiziellen HTML vorgesehen.

Attribute

COLS

Mit diesem Attribut lässt sich die Anzahl der gewünschten Spalten festlegen. Bei dem Befehl `MULTICOL` ist die Angabe dieses Attributs zwingend erforderlich.

GUTTER

Dieses Attribut wird dazu verwendet, den Abstand zwischen den einzelnen Spalten in Pixel festzulegen. Der standardmäßig voreingestellte Wert lautet 10. Durch die Eingabe größerer oder kleinerer Werte wird der Abstand zwischen den Spalten entsprechend erhöht oder vermindert.

WIDTH

Dieses Attribut dient der Festlegung der Spaltenbreite in Pixel. Mit der Eingabe `WIDTH="0*"` erreichen Sie, dass eine Spalte auf eine optimale bzw. für diese Spalte ausreichende Breite gesetzt wird. Andere zulässige Werte können Ganzzahlen für die Anzahl von Pixeln pro Spalte oder Prozentzahlen für den Bezug auf die Bildschirmbreite sein.

Beispiel

```
<multicol cols=5 width=300 gutter=10>
```
Die Darstellung von Text mit Titeln, Tabellen, Bildern
```
etc., es gibt viele Möglichkeiten
</multicol>
```

Verwandte Befehle

TABLE

MULTIPLE   <html attribut>

Mehrfachauswahl zulassen

Beschreibung

Die Verwendung dieses Attributs bewirkt, dass ein Benutzer mehrere Auswahlmöglichkeiten zur Verfügung hat. Es aktiviert die sogenannte Mehrfachauswahl, das bedeutet, mehrere Einträge können mit gedrückter Strg-Taste gleichzeitig ausgewählt werden.

Anwendung

Diese Option lässt sich nur an- oder ausschalten. Weitere Werte sind nicht möglich. Der Einsatz dieses Attributs ist optional. Die Standardeinstellung erlaubt jeweils nur die Auswahl eines einzelnen Eintrags.

Wenn Sie ein einzeiliges Drop-down-Feld erzeugen möchten, müssen Sie auf die Mehrfachauswahl verzichten, diese ist nur bei mehrzeiligen Auswahllisten möglich.

Werte

Um diese Option zu aktivieren, setzen Sie einfach den Namen des Attributs ein. Sie müssen diesem Attribut keinen Wert übergeben. Wird das Attribut nicht eingesetzt, so bleibt die Option deaktiviert. Dabei ist dieses Attribut case-insensitive. Es wird also nicht zwischen Groß- und Kleinschreibung unterschieden.

Beispiel

```
<select name="Pasta" size=5 multiple>
<option value="P101"> Spaghetti Napoli
<option value="P102"> Spaghetti Bolognese
<option value="P103"> Spaghetti al Pesto
<option value="P104"> Spaghetti Mare e Monti
<option value="P105"> Spaghetti Aglio e Olio
<option value="P106"> Spaghetti Carbonara
</select>
```

Zugehörige Elemente

SELECT

NAME   <html attribut>

Eindeutige Bezeichnung zuweisen

Beschreibung

Über das Attribut NAME lässt sich dem Element eine Bezeichnung zuweisen. Sie sollten nur eindeutige, das heißt im Dokument nur einmal vorkommende Namen verwenden. Dieser Befehl ist vergleichbar mit dem Attribut ID.

Anwendung

Der Einsatz dieses Attributs ist für einige Befehle optional (A, APPLET, OBJECT, PARAM). Für die meisten Elemente ist eine eindeutige Bezeichnung über NAME allerdings zwingend erforderlich (BUTTON, FRAME, IFRAME, INPUT, MAP, META, SELECT, TEXTAREA).

Werte

Diesem Attribut können Sie als Wert eine beliebige Zeichenfolge übergeben. Dabei sollte diese Zeichenkette möglichst nicht mit Leerzeichen beginnen oder enden. Eventuell wird der verarbeitende Browser diese herausfiltern.

Beispiel

```
<input name="Vorname" type="text">
<meta name="keywords" content="Wort1, Wort2, Wort3">
```

Zugehörige Elemente

A
APPLET
BUTTON
FRAME
IFRAME
INPUT
MAP
META
OBJECT
PARAM
SELECT
TEATAREA

Name

Regeln für die Definition eigener XML-Befehle

Beschreibung

Eine Name oder Token ist eine gültige Bezeichnung beispielsweise für ein Markup oder einen Attributnamen.

Anwendung

Ein gültiger Name muss mit einem Buchstaben anfangen. Erlaubt sind zusätzlich Interpunktionszeichen, Buchstaben, Ziffern, Unterstriche und Bindestriche.

Die Buchstaben XML am Anfang eines Namens (in Klein- und Großbuchstaben) sowie die Verwendung des Doppelpunkt sollte möglichst vermieden werden.

Beispiel

```
<adresse>
<kapitel_5>
```

```
<das_xml_referenz_buch>
<ein-gueltiger__Name_123>
```

NOBR

Verhindern von Zeilenumbrüchen

Beschreibung

Mit diesem Befehl können Sie verhindern, dass Zeilen automatisch umgebrochen werden.

Anwendung

Der Befehl NOBR (Abkürzung für »Nobreak« / kein Umbruch) wird dann eingesetzt, wenn Zeilen nicht automatisch umgebrochen werden sollen. Darzustellender Text wird dann in einer langen Zeile dargestellt, die man sich mit Hilfe einer horizontalen Scroll-Leiste anzeigen lassen kann.

HTML-4.0-Standard

Bitte beachten Sie, dass dieser Befehl nicht zu den offiziellen HTML-Befehlen gehört, aber dennoch vom Netscape-Browser und dem Internet Explorer interpretiert wird.

Beispiel

```
<nobr>
    Hier handelt es sich um eine Zeile, die nicht umgebrochen wird.
</nobr>
```

Verwandte Befehle

BR

NOEMBED

Alternative Ausgabe für Multimedia-Elemente

Beschreibung

Mit NOEMBED können Sie eine Ausgabe erzeugen, die dann angezeigt wird, wenn der Browser den EMBED-Befehl nicht kennt. So lässt sich alternativ zu einer Videodatei wenigstens ein einzelnes Bild oder eine GIF-Animation anzeigen.

Anwendung

Der Befehl ist immer dann notwendig, wenn Sie den Netscape-spezifischen Befehl EMBED benutzen, um eine Videosequenz einzubinden. Jeder Browser (Explorer), der diesen Befehl nicht kennt, wird natürlich auch den NOEMBED-Befehl nicht kennen. Trotzdem stellt er den Text oder die Grafik im NOEMBED-Container dar. Lediglich beim Netscape-Browser wird der Befehl dann erkannt und statt des NOEMBED-Bereichs wird das Video angezeigt.

Beispiel

```
<noembed>
<img src="animation.gif">
</noembed>
<embed src="video.avi">
```

Verwandte Befehle

EMBED
NOFRAMES

NOFRAMES

Darstellung von Alternativtext für Frames

Beschreibung

Mit diesem Befehl ist es möglich, Alternativtext für den Fall zu kennzeichnen, dass ein Browser, der keine Frames darstellen kann, überhaupt Text anzeigt.

Anwendung

Dieser Befehl dient der Kennzeichnung von Dokumentenabschnitten, die keine Frames enthalten bzw. darstellen können. Fügen Sie den NOFRAMES-Container abschließend in die FRAMESET-Definition in das Dokument ein. Browser, die Frames kennen, werden diesen Teil dann einfach ignorieren.

HTML-4.0-Standard

CLASS, DIR, ID, LANG, STYLE, TITLE

Starttag: zwingend erforderlich; Endtag: zwingend erforderlich.

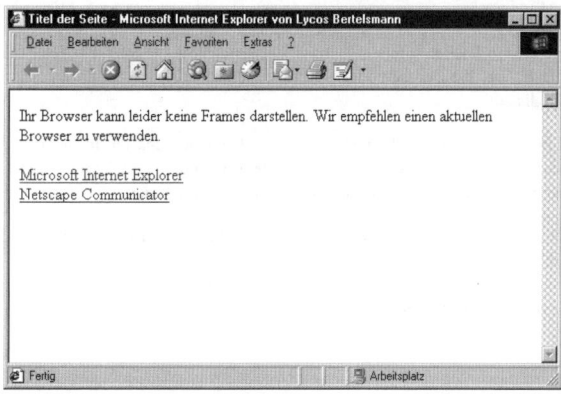

Auf Browsern, die keine Frames unterstützen, erscheint ein entsprechender Hinweis.

Attribute

CLASS

Über das Attribut CLASS lässt sich das Element einer Gruppe (Klasse) zuordnen. Geben Sie dazu einen frei wählbaren Klassennamen als Wert an. Diese Gruppierungen erlauben Ihnen anschließend einen leichten Zugriff auf alle zugehörigen Elemente. So können Sie später beispielsweise mit Hilfe von Cascading-Stylesheets oder anderen Sprachen leicht die Eigenschaften aller Elemente einer Klasse verändern oder Werte auslesen.

DIR

Dieses Attribut ist für die Bestimmung der Laufrichtung des Textes notwendig. Zwei Werte können alternativ übergeben werden:

LTR

Dieser Wert bestimmt die Laufrichtung des Textes von links nach rechts (Abkürzung für »left to right«). Diese Laufrichtung ist im Browser voreingestellt.

RTL

Soll der Text entgegen der Standardlaufrichtung vom rechten Bildschirmrand zum linken Rand laufen, dann wählen Sie den Wert RTL (Abkürzung für »right to left«).

ID

Über das Attribut ID wird das Element mit einer für das Dokument eindeutigen Kennzeichnung versehen. Über diese ID lässt sich anschließend beispielsweise mit Hilfe einer Scriptsprache gezielt auf einzelne Elemente zugreifen, um z.B. deren Werte auszulesen oder zu verändern.

LANG

Dieses Attribut gibt die Sprache des Zieldokuments an. Das ist insbesondere für die Indizierung in Suchmaschinen wichtig. Verwenden Sie die Sprachcodes nach ISO-639, z.B. "de" für Deutsch oder "en" für Englisch oder "en-us" für amerikanisches Englisch.

STYLE

Das Attribut STYLE wird zur Festlegung spezifischer Eigenschaften in Bezug auf die Darstellung so gekennzeichneter Elemente verwendet. Die Vorgabe eines verwendeten Stils wird durch die Cascading-Stylesheets definiert.

TITLE

Geben Sie dem Anwender weitere Informationen über das verwendete Element, indem Sie mit Hilfe des TITLE-Befehls einen aussagekräftigen Titel festlegen. Insbesondere Anwendern, die auf eine Sprachausgabe angewiesen sind, wird so die Navigation durch Ihre Seiten erleichtert.

Beispiel

```html
<html>
<head>
   <title>Seite mit und ohne Frames</title>
</head>
<frameset cols="60%, 40%">
<frame src="links.htm">
<frame src="rechts.htm">
<noframes>
   Ihr Browser kann leider keine Frames darstellen.
Wir empfehlen einen aktuellen Browser zu verwenden.
<a href="http://www.microsoft.de">
Microsoft Internet Explorer</a>
<a href="http://www.netscape.de">
Netscape Communicator</a>
</noframes>
</frameset>
```

Verwandte Befehle

FRAMESET
FRAME
IFRAME

NOHREF <html attribut>

Verweis deaktivieren

Beschreibung

Wird dieses Attribut für eine Anklickregion angegeben, besteht kein Verweis zu anderen Dokumenten.

Anwendung

Sie können dieses Attribut für verweissensitive Grafiken verwenden. Wenn Sie einen Hyperlink zeitweise außer Kraft setzen möchten, ohne ihn zu löschen, deaktivieren Sie ihn einfach mit diesem Befehl. Der Einsatz dieses Attributs ist optional.

Werte

Um diese Option zu aktivieren, setzen Sie einfach den Namen des Attributs ein. Sie müssen diesem Attribut keinen Wert übergeben. Wird das Attribut nicht eingesetzt, so bleibt die Option deaktiviert. Dabei ist dieses Attribut case-insensitive. Es wird also nicht zwischen Groß- und Kleinschreibung unterschieden.

Beispiel

```
<area shape=rect coords="1,1,249,49" href="seite3">
<area shape=rect coords="1,51,149,299" nohref>
<area shape=rect coords="251,1,399,399" href="seite2.htm">
```

Zugehörige Elemente

AREA

NORESIZE <html attribut>

Größenveränderungen eines Frames verhindern

Beschreibung

Mit diesem Attribut kann festgelegt werden, dass die Größe eines Frame-Fensters nicht durch einen Anwender verändert werden kann.

Anwendung

Normalerweise kann der Anwender bei Frames deren Größe durch Ziehen mit der Maus verändern. Normalerweise sollten Sie dem Besucher diese Möglichkeit auch offen lassen. Manchmal kann der Einsatz des NORESIZE-Attributs allerdings sinnvoll sein. Wenn Sie beispielsweise einen Frame als Menüleiste nutzen, könnten Sie diesen als feste unveränderbare Größe definieren. Die übrigen Bereiche des Bildschirms lassen Sie als variable Größen bestehen. Der Einsatz dieses Attributs ist optional.

Werte

Um diese Option zu aktivieren, setzen Sie einfach den Namen des Attributs ein. Sie müssen diesem Attribut keinen Wert übergeben. Wird das Attribut nicht eingesetzt, so bleibt die Option deaktiviert. Dabei ist dieses Attribut case-insensitive. Es wird also nicht zwischen Groß- und Kleinschreibung unterschieden.

Beispiel

```
<html>
<head>
<title>Frame-Test</title>
</head>
<frameset cols="40%,150">
<frame src="menue.htm" name="Menü" noresize>
<frame src="titel.htm" name="Daten">
</frameset>
</html>
```

Zugehörige Elemente

FRAME

NOSCRIPT

Markieren von Alternativtext

Beschreibung

Mit diesem Befehl ist es möglich, Alternativtext für Browser, die nicht scriptfähig sind, zu markieren.

Anwendung

Der Befehl NOSCRIPT dient der Markierung von Texten, die alternativ dargestellt werden, wenn ein nicht scriptfähiger Browser eingesetzt wird.

HTML-4.0-Standard

CLASS, DIR, ID, LANG, STYLE, TITLE

Starttag: zwingend erforderlich; Endtag: zwingend erforderlich.

Attribute

CLASS

Mit diesem Attribut erfolgt eine Zuweisung zu einer Klasse bzw. einer Gruppe von Klassen. Die Verwendung von Klassen ist hilfreich, wenn Elemente verändert werden sollen. Die Veränderung betrifft dann nicht ein einzelnes Element, sondern jedes einer Klasse zugehörige Element.

DIR

Dieses Attribut ist für die Bestimmung der Laufrichtung des Textes notwendig. Zwei Werte können alternativ übergeben werden:

LTR

Dieser Wert bestimmt die Laufrichtung des Textes von links nach rechts (Abkürzung für »left to right«). Diese Laufrichtung ist im Browser voreingestellt.

RTL

Soll der Text entgegen der Standardlaufrichtung vom rechten Bildschirmrand zum linken Rand laufen, dann wählen Sie den Wert RTL (Abkürzung für »right to left«).

ID

Dieses Attribut kann einem markierten Element einen dokumentenweit einzigartigen Bezeichner zuweisen.

LANG

Dieses Attribut gibt die Sprache des Zieldokuments an. Das ist insbesondere für die Indizierung in Suchmaschinen wichtig. Verwenden Sie die Sprachcodes nach ISO-639, z.B. "de" für Deutsch oder "en" für Englisch oder "en-us" für amerikanisches Englisch.

STYLE

Das Attribut STYLE wird zur Festlegung spezifischer Eigenschaften in Bezug auf die Darstellung so gekennzeichneter Elemente verwendet. Die Vorgabe eines verwendeten Stils wird durch die Cascading-Stylesheets definiert.

TITLE

Durch dieses Attribut werden markierten Elementen zusätzliche Informationen zugewiesen. Bei vielen Browsern werden diese Informationen in einem Pop-up-Fenster angezeigt, wenn sich der Mauszeiger auf dem Element befindet.

Beispiel

```
<head>
<title>Titeltext</title>
<script language="JavaScript">
<!--
 UserName = window.prompt("Ihr Name:","Nachname");
//-->
</script>
</head>
<body>
<script language="JavaScript">
<!--
 document.write("<h1>Hallo " + UserName + "!</h1>");
//-->
</script>
<noscript>
```

```
<b>Dieser Text wird angezeigt, wenn JavaScript nicht funktioniert</b>
</noscript>
</body>
</html>
<head>
<title>HTML Referenz: Referenz von HTML-Befehlen</title>
weitere Angaben im Dateikopf
</head>
```

Ereignisse
ONCLICK, ONDBLCLICK, ONKEYDOWN, ONKEYPRESS, ONKEYUP, ONMOUSEDOWN, ONMOUSEMOVE, ONMOUSEOVER, ONMOUSEOUT, ONMOUSEUP

Verwandte Befehle
SCRIPT

NOSHADE   <html attribut>
3D-Effekt bei Trennlinien verhindern

Beschreibung
Wenn Sie dieses Attribut verwenden, werden Trennlinien zwischen den einzelnen Abschnitten ohne 3D-Effekte dargestellt.

Anwendung
Der Einsatz dieses Attributs ist in Verbindung mit dem Befehl HR optional.

Werte
Um diese Option zu aktivieren, setzen Sie einfach den Namen des Attributs ein. Sie müssen diesem Attribut keinen Wert übergeben. Wird das Attribut nicht eingesetzt, so bleibt die Option deaktiviert. Dabei ist dieses Attribut case-insensitive. Es wird also nicht zwischen Groß- und Kleinschreibung unterschieden.

Beispiel
```
<hr noshade>
<hr size="5" width="65%" align="right" noshade>
```

Zugehörige Elemente
HR

NOTATION

Datenformate definieren

Beschreibung

In der Notation werden Datenformate definiert, auf die bei der Anzeige oder Verarbeitung von binären Daten verwiesen werden kann. In der Notation ist festgelegt, mit welcher Anwendung externe Daten, die nicht zur Verarbeitung mit dem Parser bestimmt sind, behandelt werden sollen. Eine Notation könnte festlegen, was die Anwendung mit Daten beispielsweise der folgenden Formate anfangen soll:

Anwendung

Neben der Option SYSTEM für Zugriffe auf Hilfsapplikationen, die über einen URL zugewiesen werden, kann für öffentlich zugängliche Definitionen auch PUBLIC als Schlüsselwort gewählt werden.

Das Problem bei der Verwendung von Notationen ist zur Zeit noch, dass die Struktur des übergebenen Wertes noch nicht standardisiert ist. Sie können also vom Programmnamen bis zum URL-Pfad alle möglichen Informationen angeben. Was dann daraus gemacht wird und wie die Werte interpretiert werden, ist einzig Sache der Anwendung. Solange diese wichtige Schnittstelle noch nicht genormt ist, ist die Verwendung der Notation immer abhängig von der zugehörigen Applikation.

Beispiel

```
<!NOTATION htm PUBLIC "-//W3C//DTD HTML 3.2//EN">
<!NOTATION gif87a SYSTEM "GIF">
<!NOTATION doc SYSTEM "winword.exe">
<!NOTATION xsl SYSTEM "Microsoft Excel 9.0">
```

NOWRAP   <html attribut>

Automatische Zeilenumbrüche in Tabellen verhindern

Beschreibung

Mit diesem Attribut wird festgelegt, dass Text innerhalb einer Zelle nicht automatisch umgebrochen wird. Wenn Sie auf Zeilenumbrüche nicht verzichten wollen, müssen Sie diese manuell mit dem Befehl BR eingeben.

Anwendung

Geben Sie in der Tabellenzelle oder im Tabellenkopf das Attribut NOSHADE ein, um automatische Zeilenumbrüche auszuschalten. Der Einsatz dieses Attributs ist optional.

Werte

Um diese Option zu aktivieren, setzen Sie einfach den Namen des Attributs ein. Sie müssen diesem Attribut keinen Wert übergeben. Wird das Attribut nicht eingesetzt, so bleibt die Option deaktiviert. Dabei ist dieses Attribut case-insensitive. Es wird also nicht zwischen Groß- und Kleinschreibung unterschieden.

Beispiel

```
<table>
<tr>
<td nowrap>Zelle 1</td>
<td nowrap>Zelle 2<br>Hier gehts weiter</td>
</tr>
```

Zugehörige Elemente

TD
TH

OBJECT   <html attribut>

Klasse eines Java-Applets festlegen

Beschreibung

Die Ausführung dieses Attributs wird verwendet, um einen APPLET-Klassencode, abhängig vom Pfad eines CODEBASE-Attributs, auszuführen. Beachten Sie, dass das APPLET beim Start nur die Methode start ( ), nicht aber die Methode init ( ) ausführt.

Anwendung

Dieses Attribut kann alternativ zum CODE-Befehl verwendet werden. Allerdings dürfen keinesfalls beide Attribute gleichzeitig verwendet werden, das führt unweigerlich zu einem Fehler. Das Attribut enthält den Klassen-Namen des Applets, aber nicht seine Implementation.

Werte

Diesem Attribut können Sie als Wert eine beliebige Zeichenfolge übergeben. Dabei sollte diese Zeichenkette möglichst nicht mit Leerzeichen beginnen oder enden. Eventuell wird der verarbeitende Browser diese herausfiltern.

Zugehörige Elemente

APPLET

OBJECT

Einfügen von Objekten in ein HTML-Dokument

Beschreibung

Mit diesem elementaren Befehl lassen sich Objekte aller Art in ein HTML-Dokument einfügen.

Anwendung

Der Befehl OBJECT wird genutzt, um verschiedenste Objekte in ein HTML-Dokument einzubinden. Dabei kann es sich um Elemente wie Grafiken, Bilder, Kontrollen usw. handeln.

HTML-4.0-Standard

CLASS, DIR, ID, LANG STYLE, TITLE, DECLARE, CLASSID, CODEBASE, DATA, TYPE, CODE-TYPE, ARCHIVE, STANDBY, HEIGHT, WIDTH, USEMAP, NAME, TABINDEX

Starttag: zwingend erforderlich; Endtag: zwingend erforderlich.

Attribute

ALIGN

Dieses Attribut ist für die Festlegung der Ausrichtung des jeweiligen Objektes zuständig. Sie können die folgenden Werte benutzen:

BASELINE

Bei der Angabe dieses Werts befindet sich die Unterseite des entsprechenden Objektes über der Basislinie des umgebenden Textes.

CENTER

Bei der Angabe dieses Werts wird das entsprechende Objekt zwischen rechtem und linkem Rand zentriert. Nachfolgender Text wird darunter angezeigt.

RIGHT

Das Objekt wird rechtsbündig ausgerichtet. Sollte Text nachfolgen, wird der Text an der rechten Seite des Objekts dargestellt.

LEFT

Das Objekt wird linkssbündig ausgerichtet. Sollte Text nachfolgen, wird der Text an der linken Seite des Objekts dargestellt.

MIDDLE

Wenn dieser Wert angegeben wird, befindet sich das Objekt auf der Basislinie des umgebenden Textes.

TEXTBOTTOM

Wenn dieser Wert angegeben wird, befindet sich die Unterseite des Objekts auf der Unterseite des umgebenden Textes.

TEXTMIDDLE

Wenn dieser Wert angegeben wird, befindet sich die Mitte des Objekts im Mittelpunkt von der Basislinie und der Höhe des umgebenden Textes.

ARCHIVE

Mit diesem Attribut wird eine Liste von Archiven übergeben, in denen Java-Klassen oder verschiedene andere Ressourcen enthalten sind. Die Inhalte dieser Listen, die durch Kommata getrennt dargestellt werden, sollen bereits vor einer Ausführung eines Java-Applets geladen werden.

BORDER

Wenn Sie diesem Attribut einen Wert zuweisen, der größer als 0 ist, zieht ein Browser einen Rand in der angegebenen Größe um das eingebundene Objekt.

CLASS

Mit diesem Attribut erfolgt eine Zuweisung zu einer Klasse bzw. einer Gruppe von Klassen. Die Verwendung von Klassen ist hilfreich, wenn Elemente verändert werden sollen. Die Veränderung betrifft dann nicht ein einzelnes Element, sondern jedes einer Klasse zugehörige Element.

CLASSID

Dieses Attribut wird genutzt, um die Programmdatei zu referenzieren *(classid = class identifier = Klassenbezeichner)*. Bitte beachten Sie, dass diese Angabe in Anführungszeichen stehen muss. Die Angabe selbst besteht aus folgender fester Zeichenfolge: `java:` – anschließend muss der Name der `.class`-Datei (also der ausführbaren Java-Programmdatei) folgen.

CODEBASE

Mit diesem Attribut wird die Code-Basis eines Objekts identifiziert. Von Fall zu Fall kann die Angabe von `codebase=` auch notwendig sein, wenn Teile eines Java-Applets von einem speziellen Internet-Server nachzuladen sind.

CODETYPE

Mit Hilfe dieses Attributs wir der Internet-Mediatyp eines entsprechenden Objekts festgelegt.

DATA

Mit diesem Attribut wird auf Daten verwiesen, die dem Objekt zugehörig sind.

DECLARE

Mit diesem Attribut wird ein Objekt in eine Definition umgewandelt. Zur Anwendung kommt dieses Attribut, wenn zu einem entsprechenden Objekt Kreuzreferenzen gebildet werden sollen oder wenn es sich bei dem Objekt selbst um einen Parameter eines anderen Objekts handelt.

DIR

Dieses Attribut ist für die Bestimmung der Laufrichtung des Textes notwendig. Zwei Werte können alternativ übergeben werden:

LTR

Dieser Wert bestimmt die Laufrichtung des Textes von links nach rechts (Abkürzung für »left to right«). Diese Laufrichtung ist im Browser voreingestellt.

RTL

Soll der Text entgegen der Standardlaufrichtung vom rechten Bildschirmrand zum linken Rand laufen, dann wählen Sie den Wert RTL (Abkürzung für »right to left«).

HEIGHT

Mit diesem Attribut wird die Höhe eines einzubindenden Objekts in Pixel angegeben.

HSPACE

Mit diesem Attribut wird der horizontale Zwischenraum festgelegt, der zwischen dem Objekt selbst und dem Text besteht.

ID

Dieses Attribut kann einem markierten Element einen dokumentenweit einzigartigen Bezeichner zuweisen.

LANG

Dieses Attribut gibt die Sprache des Zieldokuments an. Das ist insbesondere für die Indizierung in Suchmaschinen wichtig. Verwenden Sie die Sprachcodes nach ISO-639, z.B. "de" für Deutsch oder "en" für Englisch oder "en-us" für amerikanisches Englisch.

ONCLICK

Dieses Ereignis findet statt, wenn mit der Maus das benannte Element angeklickt wird. Durch diese Aktion wird ein angegebenes Script ausgeführt.

ONDBLCLICK

Dieses Ereignis findet statt, wenn mit der Maus das benannte Element doppelt angeklickt wird. Durch diese Aktion wird ein angegebenes Script ausgeführt.

ONKEYDOWN

Dieses Ereignis findet statt, wenn man sich über dem bezeichneten Element befindet und gleichzeitig eine Taste gedrückt wird. Durch diese Aktion wird ein angegebenes Script ausgeführt.

ONKEYPRESS

Dieses Ereignis findet statt, wenn man sich über dem bezeichneten Element befindet und gleichzeitig eine Taste drückt und wieder loslässt. Durch diese Aktion wird ein angegebenes Script ausgeführt.

ONKEYUP

Dieses Ereignis findet statt, wenn man sich über dem bezeichneten Element befindet und eine gedrückte Taste losgelassen wird. Durch diese Aktion wird ein angegebenes Script ausgeführt.

ONMOUSEDOWN

Dieses Ereignis findet statt, wenn man sich über dem bezeichneten Element befindet und gleichzeitig eine Maustaste gedrückt wird. Durch diese Aktion wird ein angegebenes Script ausgeführt.

ONMOUSEMOVE

Dieses Ereignis findet statt, wenn man sich mit der Maus über das benannte Element bewegt. Durch diese Aktion wird ein angegebenes Script ausgeführt.

ONMOUSEOUT

Dieses Ereignis findet statt, wenn man sich mit der Maus von dem benannten Element fortbewegt. Durch diese Aktion wird ein angegebenes Script ausgeführt.

ONMOUSEOVER

Dieses Ereignis findet statt, wenn der Mauszeiger direkt auf das benannte Element zeigt. Durch diese Aktion wird ein angegebenes Script ausgeführt.

ONMOUSEUP

Dieses Ereignis findet statt, wenn man sich über dem bezeichneten Element befindet und eine gedrückte Maustaste losgelassen wird. Durch diese Aktion wird ein angegebenes Script ausgeführt.

STANDBY

Mit diesem Attribut wird die Nachricht angegeben, die während des Aufbaus eines Objekts angezeigt werden soll.

STYLE

Das Attribut STYLE wird zur Festlegung spezifischer Eigenschaften in Bezug auf die Darstellung so gekennzeichneter Elemente verwendet. Die Vorgabe eines verwendeten Stils wird durch die Cascading-Stylesheets definiert.

TABINDEX

Dieses Attribut weist einem Element durch die Verwendung von positiven oder negativen Ganzzahlen eine Reihenfolgeposition zu. Elemente, die mit diesem Attribut versehen sind, können mit der Tabulatortaste nacheinander ausgewählt werden.

TYPE

Mit diesem Attribut wird der Internet-Mediatyp für die Daten eines entsprechenden Objekts angegeben.

USEMAP

Mit diesem Attribut wird die Imagemap angegeben, die in Verbindung mit einem entsprechenden Objekt genutzt werden soll.

VSPACE

Mit diesem Attribut wird der vertikale Zwischenraum festgelegt, der zwischen dem Objekt selbst und dem Text besteht.

WIDTH

Mit diesem Attribut wird die Breite eines einzubindenden Objekts in Pixel angegeben.

TITLE

Durch dieses Attribut werden markierten Elementen zusätzliche Informationen zugewiesen. Bei vielen Browsern werden diese Informationen in einem Pop-up-Fenster angezeigt, wenn sich der Mauszeiger auf dem Element befindet.

Beispiel

```
<object classid="java:animation" "codebase=../java/"
codetype="application/java-vm">
<param name=animation_text
value="Hier handelt es um animierten Text">
</object>
```

XML-Definition

```
<!ELEMENT OBJECT - - (PARAM | %flow;)*>
<!ATTLIST OBJECT
%attrs;
classid      %URI;            #IMPLIED
codebase     %URI;            #IMPLIED
data         %URI;            #IMPLIED
type         %ContentType;    #IMPLIED
codetype     %ContentType;    #IMPLIED
archive      %URI;            #IMPLIED
standby      %Text;           #IMPLIED
height       %Length;         #IMPLIED
width        %Length;         #IMPLIED
usemap       %URI;            #IMPLIED
name         CDATA            #IMPLIED
tabindex     NUMBER           #IMPLIED
%reserved;>
```

Verwandte Befehle

EMBED

IMG

OL

Kennzeichnen von numerierten Listen

Beschreibung

Mit diesem Befehl ist es möglich, Listen zu kennzeichnen, die numeriert sind.

Anwendung

Der Befehl OL (»ordered list«) wird dann eingesetzt, wenn Listen nummeriert werden sollen. Am Anfang jeder Zeile befindet sich dann ein Aufzählungszeichen.

HTML-4.0-Standard

CLASS, COMPACT, DIR, ID, LANG, START, STYLE, TITLE, TYPE, VALUE

Starttag: zwingend erforderlich; Endtag: zwingend erforderlich.

Attribute

CLASS

Über das Attribut CLASS lässt sich das Element einer Gruppe (Klasse) zuordnen. Geben Sie dazu einen frei wählbaren Klassennamen als Wert an. Diese Gruppierungen erlauben Ihnen anschließend einen leichten Zugriff auf alle zugehörigen Elemente. So können Sie später beispielsweise mit Hilfe von Cascading-Stylesheets oder anderen Sprachen leicht die Eigenschaften aller Elemente einer Klasse verändern oder Werte auslesen.

COMPACT

Dieses Attribut wird dazu verwendet, anzugeben, dass die Listeneinträge sehr kurz sein sollen und in einer kompakten Form dargestellt werden können.

DIR

Dieses Attribut ist für die Bestimmung der Laufrichtung des Textes notwendig. Zwei Werte können alternativ übergeben werden:

LTR

Dieser Wert bestimmt die Laufrichtung des Textes von links nach rechts (Abkürzung für »left to right«). Diese Laufrichtung ist im Browser voreingestellt.

RTL

Soll der Text entgegen der Standardlaufrichtung vom rechten Bildschirmrand zum linken Rand laufen, dann wählen Sie den Wert RTL (Abkürzung für »right to left«).

ID

Über das Attribut ID wird das Element mit einer für das Dokument eindeutigen Kennzeichnung versehen. Über diese ID lässt sich anschließend beispielsweise mit Hilfe einer Scriptsprache gezielt auf einzelne Elemente zugreifen, um z.B. deren Werte auszulesen oder zu verändern.

LANG

Dieses Attribut gibt die Sprache des Zieldokuments an. Das ist insbesondere für die Indizierung in Suchmaschinen wichtig. Verwenden Sie die Sprachcodes nach ISO-639, z.B. "de" für Deutsch oder "en" für Englisch oder "en-us" für amerikanisches Englisch.

TYPE

Mit diesem Attribut können Sie innerhalb einer OL (Ordered List) jedem Element ein Aufzählungszeichen voranstellen. Die folgenden Werte sind zulässig:

1

    Arabische Ziffern (1, 2, 3,...); dieser Wert ist voreingestellt

a

    Alphanumerische Kleinschreibung (a, b, c,...)

A

    Alphanumerische Großschreibung (A, B, C,...)

i

    Römische Ziffern in Kleinschreibung (i, ii, iii, iv,...)

I

    Römische Ziffern in Großschreibung (I, II, III, IV,...)

START

    Dieses Attribut ist ausschließlich im Zusammenhang mit einer nummerierten Liste möglich. Es gibt Ihnen die Möglichkeit, einen Startwert anzugeben und die Liste beispielsweise mit dem Wert 100 beginnen zu lassen.

STYLE

    Das Attribut STYLE lässt sich dazu nutzen, um Stilvorgaben, insbesondere das Aussehen des Elements, zu verändern. Als Wert des Attributs übergeben Sie die entsprechenden Optionen einer Stylesheet-Sprache (meist CSS).

TITLE

    Geben Sie dem Anwender weitere Informationen über das verwendete Element, indem Sie mit Hilfe des TITLE-Befehls einen aussagekräftigen Titel festlegen. Insbesondere Anwendern, die auf eine Sprachausgabe angewiesen sind, wird so die Navigation durch Ihre Seiten erleichtert.

Beispiel

```
<ol start="10" type="I">
<li>Erstens</li>
<li value="3">Zweitens</li>
<li>Drittens</li>
</ol>
```

Ereignisse

ONCLICK, ONDBLCLICK, ONKEYDOWN, ONKEYPRESS, ONKEYUP, ONMOUSEDOWN, ONMOUSEMOVE, ONMOUSEOVER, ONMOUSEOUT, ONMOUSEUP

XML-Definition

```
<!ELEMENT OL - - (LI)+>
<!ATTLIST OL %attrs;>
```

Verwandte Befehle

LI

UL

OPTGROUP

Definieren von Menüstrukturen

Beschreibung

Dieser Befehl dient dazu, Gruppen, die inhaltlich zusammengehören, in eine Struktur zu bringen.

Anwendung

Der Befehl OPTGROUP ermöglicht eine logische Anordnung von Gruppenelementen. Der Befehl lässt sich vor allem dann sinnvoll einsetzen, wenn ein Anwender aus einer großen Anzahl von Optionen eine Auswahl treffen muss. Das OPTGROUP-Element muss innerhalb des SELECT-Befehls definiert werden.

HTML-4.0-Standard

CLASS, DISABLED, DIR, ID, LABEL, LANG, NAME, STYLE, TITLE
   Starttag: zwingend erforderlich; Endtag: zwingend erforderlich.

Attribute

DISABLED
   Mit diesem Attribut ist es möglich, Schaltflächen, die zu dem Element gehören, zu deaktivieren.

LABEL
   Dieses Attribut ermöglicht eine Beschriftung in Form einer Zeichenkette für die jeweils ausgewählten Eintragsgruppen.

Beispiel

```
<select name="Standorte" size=3>
     <optgroup label="Region West">
     <option label="West 1">Dortmund
     <option label="West 2">Essen
     <option label="West 3">Köln
     </optgroup>

     <optgroup label="Region Süd">
     <option label="Süd 1">München
     <option label="Süd 2">Stuttgart
     <option label="Süd 3">Nürnberg
     </optgroup>

     <optgroup label="Region Nord">
     <option label="Nord 1">Hamburg
     <option label="Nord 2">Hannover
     <option label="Nord 3">Bremen
     </optgroup>
</select>
```

Ereignisse

ONBLUR, ONCHANGE, ONFOCUS

XML-Definition

```
<!ELEMENT OPTGROUP - - (OPTION)+>
<!ATTLIST OPTGROUP
%attrs;
disabled (disabled)     #IMPLIED
label       %Text;      #REQUIRED>
```

Verwandte Befehle

FORM
INPUT
OPTION
SELECT

OPTION

Angeben von Auswahlmöglichkeiten

Beschreibung

Dieser Befehl dient dazu, innerhalb von Daten, die mit dem SELECT-Befehl markiert worden sind, Möglichkeiten zur Auswahl anzubieten.

Anwendung

Mit dem Markup OPTION geben Sie Anwendern die Möglichkeit, aus einer Auswahlliste eine oder mehrere Dinge anzukreuzen und damit auszuwählen. Der OPTION-Befehl dient dabei der Festlegung der einzelnen Einträge in der Auswahlliste.

HTML-4.0-Standard

CLASS, DIR, DISABLED, ID, LABEL, LANG, MULTIPLE, NAME, SIZE, STYLE, TABINDEX, TITLE

Starttag: zwingend erforderlich; Endtag: optional.

Attribute

CLASS

Über das Attribut CLASS lässt sich das Element einer Gruppe (Klasse) zuordnen. Geben Sie dazu einen frei wählbaren Klassennamen als Wert an. Diese Gruppierungen erlauben Ihnen anschließend einen leichten Zugriff auf alle zugehörigen

Auswahlliste erstellt mit SELECT und OPTION.

Elemente. So können Sie später beispielsweise mit Hilfe von Cascading-Stylesheets oder anderen Sprachen leicht die Eigenschaften aller Elemente einer Klasse verändern oder Werte auslesen.

DIR

Dieses Attribut ist für die Bestimmung der Laufrichtung des Textes notwendig. Zwei Werte können alternativ übergeben werden:

LTR

Dieser Wert bestimmt die Laufrichtung des Textes von links nach rechts (Abkürzung für »left to right«). Diese Laufrichtung ist im Browser voreingestellt.

RTL

Soll der Text entgegen der Standardlaufrichtung vom rechten Bildschirmrand zum linken Rand laufen, dann wählen Sie den Wert RTL (Abkürzung für »right to left«).

DISABLED

Mit diesem Attribut ist es möglich, dazugehörige Schaltflächen zu deaktivieren.

ID

Über das Attribut ID wird das Element mit einer für das Dokument eindeutigen Kennzeichnung versehen. Über diese ID lässt sich anschließend beispielsweise mit Hilfe einer Scriptsprache gezielt auf einzelne Elemente zugreifen, um z.B. deren Werte auszulesen oder zu verändern.

LABEL

Dieses Attribut erlaubt Ihnen, eine Kurzbezeichnung für eine Option anzugeben. Der Browser kann diese Beschriftung als zusätzliche Information anzeigen.

LANG

Dieses Attribut gibt die Sprache des Zieldokuments an. Das ist insbesondere für die Indizierung in Suchmaschinen wichtig. Verwenden Sie die Sprachcodes nach ISO-639, z.B. "de" für Deutsch oder "en" für Englisch oder "en-us" für amerikanisches Englisch.

MULTIPLE

Die Verwendung dieses Attributs bewirkt, dass ein Benutzer mehrere Auswahlmöglichkeiten zur Verfügung hat. Es aktiviert die sogenannte Mehrfachauswahl, das bedeutet, mehrere Einträge können mit gedrückter Strg-Taste gleichzeitig ausgewählt werden. Die Standardeinstellung erlaubt jeweils nur die Auswahl eines einzelnen Eintrags.

NAME

Durch dieses Attribut erhält ein Auswahlfeld einen Namen.

ONBLUR

Das Ereignis ONBLUR tritt dann ein, wenn ein Eingabeelement seinen Focus verliert. Der Anwender hat sich also per Mausklick oder Tastatur zum nächsten Feld bewegt. Über dieses Ereignis könnte beispielsweise ein Script aufgerufen werden, das die eingegebenen Werte überprüft und weiterverarbeitet.

ONCHANGE

Dieses Ereignis findet statt, wenn der Inhalt des Eingabefeldes verändert wird. Durch diese Aktion wird ein angegebenes Script ausgeführt.

ONCLICK

Dieses Ereignis findet statt, wenn mit der Maus das benannte Element angeklickt wird. Durch diese Aktion wird ein angegebenes Script ausgeführt.

ONDBLCLICK

Dieses Ereignis findet statt, wenn mit der Maus das benannte Element doppelt angeklickt wird. Durch diese Aktion wird ein angegebenes Script ausgeführt.

ONKEYDOWN

Dieses Ereignis findet statt, wenn man sich über dem bezeichneten Element befindet und gleichzeitig eine Taste gedrückt wird. Durch diese Aktion wird ein angegebenes Script ausgeführt.

ONKEYPRESS

Dieses Ereignis findet statt, wenn man sich über dem bezeichneten Element befindet und gleichzeitig eine Taste drückt und wieder loslässt. Durch diese Aktion wird ein angegebenes Script ausgeführt.

ONKEYUP

Dieses Ereignis findet statt, wenn man sich über dem bezeichneten Element befindet und eine gedrückte Taste losgelassen wird. Durch diese Aktion wird ein angegebenes Script ausgeführt.

ONMOUSEDOWN

Dieses Ereignis findet statt, wenn man sich über dem bezeichneten Element befindet und gleichzeitig eine Maustaste gedrückt wird. Durch diese Aktion wird ein angegebenes Script ausgeführt.

ONMOUSEMOVE

Dieses Ereignis findet statt, wenn man sich mit der Maus über das benannte Element bewegt. Durch diese Aktion wird ein angegebenes Script ausgeführt.

ONMOUSEOUT

Dieses Ereignis findet statt, wenn man sich mit der Maus von dem benannten Element fortbewegt. Durch diese Aktion wird ein angegebenes Script ausgeführt.

ONMOUSEOVER

Dieses Ereignis findet statt, wenn der Mauszeiger direkt auf das benannte Element zeigt. Durch diese Aktion wird ein angegebenes Script ausgeführt.

ONMOUSEUP

Dieses Ereignis findet statt, wenn man sich über dem bezeichneten Element befindet und eine gedrückte Maustaste losgelassen wird. Durch diese Aktion wird ein angegebenes Script ausgeführt.

ONFOCUS

Das Ereignis ONFOCUS tritt ein, wenn das aktuelle Element den Focus erhält. Wenn der Anwender also per Mausklick oder Tastatur auf dieses Feld geht.

SELECTED

Dieses Attribut markiert Auswahlmöglichkeiten, die einem Anwender als vorausgewählt angezeigt werden.

SIZE

Mit diesem Attribut wird festgelegt, wie viele Zeilen der Auswahlmöglichkeiten einem Anwender angezeigt werden.

STYLE

Das Attribut STYLE wird zur Festlegung spezifischer Eigenschaften in Bezug auf die Darstellung so gekennzeichneter Elemente verwendet. Die Vorgabe eines verwendeten Stils wird durch die Cascading-Stylesheets definiert.

TABINDEX

Dieses Attribut weist einem Element durch die Verwendung von positiven oder negativen Ganzzahlen eine Reihenfolgeposition zu. Elemente, die mit diesem Attribut versehen sind, können mit der Tabulatortaste nacheinander ausgewählt werden.

TITLE

Durch dieses Attribut werden markierten Elementen zusätzliche Informationen zugewiesen. Bei vielen Browsern werden diese Informationen in einem Pop-up-Fenster angezeigt, wenn sich der Mauszeiger auf dem Element befindet.

VALUE

Dieses Attribut weist jeder Auswahlmöglichkeit einen beliebigen Wert zu. Es ist empfehlenswert, für jede Auswahlmöglichkeit einen verschiedenen Wert zu nutzen.

Beispiel

```
<p>Ihre Pasta-Bestellung:</p>

<select name="Pasta" size=5>
```

```
<option value="P101"> Spaghetti Napoli
<option value="P102"> Spaghetti Bolognese
<option value="P103"> Spaghetti al Pesto
<option value="P104"> Spaghetti Mare e Monti
<option value="P105"> Spaghetti Aglio e Olio
<option value="P106"> Spaghetti Carbonara
<option value="P107"> Spaghetti Alfredo
<option value="P108"> Spaghetti Diavolo
<option value="P109"> Spaghetti Nettuno
</select>
```

Ereignisse

ONBLUR, ONCHANGE, ONCLICK, ONDBLCLICK, ONFOCUS, ONKEYDOWN, ONKEYPRESS, ONKEYUP, ONMOUSEDOWN, ONMOUSEMOVE, ONMOUSEOVER, ONMOUSEOUT, ONMOUSEUP

XML-Definition

```
<!ELEMENT OPTION - O (#PCDATA)>
<!ATTLIST OPTION
%attrs;
selected (selected)      #IMPLIED
disabled (disabled)      #IMPLIED
label       %Text;       #IMPLIED
value       CDATA        #IMPLIED>
```

Verwandte Befehle

FORM
INPUT
OPTION

P

Markieren von Absätzen

Beschreibung

Durch diesen Befehl werden Absätze innerhalb eines HTML-Dokuments markiert.

Anwendung

Der Befehl P dient dazu, Abschnitte eines HTML-Textes zu markieren. Diese Markierung wird in erster Linie bei Fließtext angewendet. Wenn Sie nach einem mit dem Befehl P markierten Absatz vermeiden wollen, dass eine Leerzeile eingefügt wird, können Sie das verhindern, indem Sie den Befehl BR einsetzen.

HTML-4.0-Standard

CLASS, DIR, ID, LANG, STYLE, TITLE

Starttag: zwingend erforderlich; Endtag: optional.

Attribute

ALIGN

Dieses Attribut ist für die Festlegung der Ausrichtung des jeweiligen Absatzes zuständig.

LEFT

Der Absatz wird linksbündig ausgerichtet.

RIGHT

Der Absatz wird rechtsbündig ausgerichtet.

CENTER

Der Absatz wird zentriert ausgerichtet.

CLASS

Über das Attribut CLASS lässt sich das Element einer Gruppe (Klasse) zuordnen. Geben Sie dazu einen frei wählbaren Klassennamen als Wert an. Diese Gruppierungen erlauben Ihnen anschließend einen leichten Zugriff auf alle zugehörigen Elemente. So können Sie später beispielsweise mit Hilfe von Cascading-Stylesheets oder anderen Sprachen leicht die Eigenschaften aller Elemente einer Klasse verändern oder Werte auslesen.

DIR

Dieses Attribut ist für die Bestimmung der Laufrichtung des Textes notwendig. Zwei Werte können alternativ übergeben werden:

LTR

Dieser Wert bestimmt die Laufrichtung des Textes von links nach rechts (Abkürzung für »left to right«). Diese Laufrichtung ist im Browser voreingestellt.

RTL

Soll der Text entgegen der Standardlaufrichtung vom rechten Bildschirmrand zum linken Rand laufen, dann wählen Sie den Wert RTL (Abkürzung für »right to left«).

ID

Über das Attribut ID wird das Element mit einer für das Dokument eindeutigen Kennzeichnung versehen. Über diese ID lässt sich anschließend beispielsweise mit Hilfe einer Scriptsprache gezielt auf einzelne Elemente zugreifen, um z.B. deren Werte auszulesen oder zu verändern.

LANG

Dieses Attribut gibt die Sprache des Zieldokuments an. Das ist insbesondere für die Indizierung in Suchmaschinen wichtig. Verwenden Sie die Sprachcodes nach ISO-639, z.B. "de" für Deutsch oder "en" für Englisch oder "en-us" für amerikanisches Englisch.

ONCLICK

Dieses Ereignis findet statt, wenn mit der Maus das benannte Element angeklickt wird. Durch diese Aktion wird ein angegebenes Script ausgeführt.

ONDBLCLICK

Dieses Ereignis findet statt, wenn mit der Maus das benannte Element doppelt angeklickt wird. Durch diese Aktion wird ein angegebenes Script ausgeführt.

ONKEYDOWN

Dieses Ereignis findet statt, wenn man sich über dem bezeichneten Element befindet und gleichzeitig eine Taste gedrückt wird. Durch diese Aktion wird ein angegebenes Script ausgeführt.

ONKEYPRESS

Dieses Ereignis findet statt, wenn man sich über dem bezeichneten Element befindet und gleichzeitig eine Taste drückt und wieder loslässt. Durch diese Aktion wird ein angegebenes Script ausgeführt.

ONKEYUP

Dieses Ereignis findet statt, wenn man sich über dem bezeichneten Element befindet und eine gedrückte Taste losgelassen wird. Durch diese Aktion wird ein angegebenes Script ausgeführt.

ONMOUSEDOWN

Dieses Ereignis findet statt, wenn man sich über dem bezeichneten Element befindet und gleichzeitig eine Maustaste gedrückt wird. Durch diese Aktion wird ein angegebenes Script ausgeführt.

ONMOUSEMOVE

Dieses Ereignis findet statt, wenn man sich mit der Maus über das benannte Element bewegt. Durch diese Aktion wird ein angegebenes Script ausgeführt.

ONMOUSEOUT

Dieses Ereignis findet statt, wenn man sich mit der Maus von dem benannten Element fortbewegt. Durch diese Aktion wird ein angegebenes Script ausgeführt.

ONMOUSEOVER

Dieses Ereignis findet statt, wenn der Mauszeiger direkt auf das benannte Element zeigt. Durch diese Aktion wird ein angegebenes Script ausgeführt.

ONMOUSEUP

Dieses Ereignis findet statt, wenn man sich über dem bezeichneten Element befindet und eine gedrückte Maustaste losgelassen wird. Durch diese Aktion wird ein angegebenes Script ausgeführt.

STYLE

Das Attribut STYLE wird zur Festlegung spezifischer Eigenschaften in Bezug auf die Darstellung so gekennzeichneter Elemente verwendet. Die Vorgabe eines verwendeten Stils wird durch die Cascading-Stylesheets definiert.

TITLE

Durch dieses Attribut werden markierten Elementen zusätzliche Informationen zugewiesen. Bei vielen Browsern werden diese Informationen in einem Pop-up-Fenster angezeigt, wenn sich der Mauszeiger auf dem Element befindet.

Beispiel

```
<p align="right">Hier ist der erste Absatz zu Ende.</p>
<p align="left">Hier beginnt der nächste Absatz.</p>
```

Ereignisse

ONCLICK, ONDBLCLICK, ONKEYDOWN, ONKEYPRESS, ONKEYUP, ONMOUSEDOWN, ONMOUSEMOVE, ONMOUSEOVER, ONMOUSEOUT, ONMOUSEUP

XML-Definition

```
<!ELEMENT P - O (%inline;)* -- paragraph -->
<!ATTLIST P %attrs;>
```

Verwandte Befehle

BR
DIV

padding-bottom

Abstand unten

Beschreibung

Dieser Befehl gibt den Abstand zwischen dem Rand des Elements und dem Inhalt des Elements an der unteren Begrenzung an.

Parameter

Geben Sie als numerischen Wert den inneren Abstand an.

Beispiel

```
<style type="text/css">
h1, h2 { padding-bottom: 5 }
h3, h4 { padding-bottom: 9 }
</style>

<div style="padding-bottom: 8">
</div>
```

padding-left

Abstand links

Beschreibung

Dieser Befehl gibt den Abstand zwischen dem Rand des Elements und dem Inhalt des Elements an der linken Begrenzung an.

Parameter

Geben Sie als numerischen Wert den inneren Abstand an.

Beispiel

```
<style type="text/css">
h1, h2 { padding-left: 5 }
h3, h4 { padding-left: 9 }
</style>

<div style="padding-left: 8">
</div>
```

padding-right

Abstand rechts

Beschreibung

Dieser Befehl gibt den Abstand zwischen dem Rand des Elements und dem Inhalt des Elements an der rechten Begrenzung an.

Parameter

Geben Sie als numerischen Wert den inneren Abstand an.

Beispiel

```
<style type="text/css">
h1, h2 { padding-right: 5 }
h3, h4 { padding-right: 9 }
</style>

<div style="padding-right: 8">
</div>
```

padding-top

Abstand oben

Beschreibung

Dieser Befehl gibt den Abstand zwischen dem Rand des Elements und dem Inhalt des Elements an der oberen Begrenzung an.

Parameter

Geben Sie als numerischen Wert den inneren Abstand an.

Beispiel

```
<style type="text/css">
h1, h2 { padding-top: 5 }
h3, h4 { padding-top: 9 }
</style>

<div style="padding-top: 8">
</div>
```

PAR

Sequenzen zu einer Gruppe zusammenfassen

Beschreibung

Indem Sie mehrere Multimedia-Sequenzen zu einer Gruppe zusammenfassen, können Sie dafür sorgen, dass diese parallel abgespielt werden.

Anwendung

Für die Grundfunktion der Zusammenfassung zu einer Gruppe sind keine weiteren Attribute notwendig.

Parameter

abstract
  Geben Sie mit Hilfe dieses Attributs eine Kurzbeschreibung für die Gruppe an.
author
  Über dieses Attribut lässt sich ein Autor für diese Mediengruppierung angeben.
begin
  Gibt die Wiedergabezeit an. Sie können als Einheit die Bezeichnungen h, min, s oder ms verwenden.

copyright
> Informationen über den Urheber und das Copyright lassen sich als Wert dieses Attributs übergeben.

dur
> Gibt die Gesamtspielzeit der Gruppe an. Sie können als Einheit die Bezeichnungen h, min, s oder ms verwenden.

end
> Gibt die Endzeit der Gruppe an. Dieser Wert bezieht sich relativ auf das Attribut begin. Sie können als Einheit die Bezeichnungen h, min, s oder ms verwenden. Verwenden Sie end nicht im Zusammenhang mit endsync.

endsync
> Gibt die Endzeit der gesamten Gruppe in Bezug auf die Verarbeitung der einzelnen Clips an. Drei Werte sind für dieses Attribut möglich:
>
> first
> > Sobald der erste Clip beendet ist, werden alle anderen Sequenzen auch gleichzeitig beendet.
>
> last
> > Die gesamte Sequenz wird erst beendet, wenn der letzte Clip vollständig wiedergegeben ist.
>
> id
> > Beendet die gesamte Gruppe, wenn der durch id spezifizierte Clip vollständig wiedergegeben ist.

id
> Über das Attribut ID wird das Element mit einer für das Dokument eindeutigen Kennzeichnung versehen. Über diese ID lässt sich von anderen Elementen auf diesen Bereich zugreifen.

repeat
> Wiederholt die gesamte Gruppe in der angegebenen Anzahl.

title
> Gibt der gesamten Gruppe einen eindeutigen Titel mit einer Kurzbeschreibung des Inhalts.

Beispiel

```
<par repeat="2" begin="5s">
     <video src="video.avi">
     <textstream id="text" src="untertitel.rt">
</par>
```

PARAM

Kommandozeilenargumente übergeben

Beschreibung

Mit diesem Befehl ist es möglich, Kommandozeilenargumente an Java-Applets zu übergeben.

Anwendung

Der Befehl PARAM (Abkürzung für »Param« / Parameter) übergibt Parameter an Applets und Objekte. Für jeden übergebenen Parameter ist jeweils ein PARAM-Element erforderlich.

HTML-4.0-Standard

ID, NAME, VALUE, VALUETYPE, TYPE

Starttag: zwingend erforderlich; Endtag: nicht zulässig.

Attribute

ID

>   Dieses Attribut kann einem markierten Element einen dokumentenweit einzigartigen Bezeichner zuweisen.

NAME

>   Mit diesem Attribut wird der Name des zu übergebenden Parameters festgelegt.

TYPE

>   Dieses Attribut spezifiziert den Inhaltstyp der Datenquelle. Diese Option ist allerdings nur dann zulässig, wenn das Attribut VALUETYP mit der Einstellung REF gewählt wurde.

VALUE

>   Dieses Attribut hat einen Wert eines entsprechenden Parameters zum Inhalt.

VALUETYPE

>   Das Attribut VALUETYPE gibt den Datentyp der in VALUE übergebenen Daten an. Drei gültige Werte stehen zur Verfügung:

>   DATA

>>   Dieser Datentyp bewirkt, dass die in VALUE übergebenen Daten als reine Textinformationen unverändert an das Applet übergeben werden. Dieses ist der voreingestellte Wert.

>   REF

>>   Bei dem Wert, der in VALUE angegeben ist, handelt es sich um einen URI. Dieser gibt einen Speicherplatz an, an welchem die Laufzeitvariablen gespeichert sind.

>   OBJECT

>>   Der Wert in VALUE verweist auf eine verknüpfte OBJECT-Deklaration im gleichen Dokument. Geben Sie als Referenz die entsprechende ID des Objektes an.

Beispiel

```
<applet code="AnimText.class"
     width="150" height="100" hspace="500">
<param name="text" value="Animierter Text">
<param name="type" value="wave">
<param name="bgcolor" value="yellow">
<param name="fgcolor" value="red">
<param name="style" value="bold">
<param name="min" value="10">
<param name="max" value="40">
</applet>
```

XML-Definition

```
<!ELEMENT PARAM>
<!ATTLIST PARAM
id      ID              #IMPLIED
name    CDATA           #REQUIRED
value   CDATA           #IMPLIED
type    %ContentType;   #IMPLIED>
```

Verwandte Befehle

APPLET

OBJECT

Parameter Entity

Entitys in der DTD einsetzen

Beschreibung

Während allgemeine Entitys in der DTD definiert werden und erst im XML-Dokument in Verbindung mit dem Parser in Aktion treten, betreffen Parameter-Entitys nur die DTD selbst. Beim Prozess des Parsings werden diese Entitys innerhalb der DTD durch den Ersetzungstext ausgetauscht.

Anwendung

Der Unterschied zwischen allgemeinen und Parameter-Entitys besteht in der Syntax lediglich durch ein zugefügtes Prozentzeichen (»%«). Während in der Entity-Definition das Prozentzeichen von Leerzeichen getrennt stehen muss, wird das Entity aufgerufen durch den Namen oder die Abkürzung des Entitys mit vorangestelltem Prozentzeichen.

Tauchen in einer DTD beispielsweise regelmäßig die gleichen Elementlisten auf, so können diese vorab als Entity definiert, später immer wieder aufgerufen werden.

Beispiel

```
<!ENTITY %  gliederung "kapitel|absatz|zeile">
```

Der Aufruf des Parameter-Entity erfolgt im Dokument dann mit vorangestelltem Prozentzeichen und abschließendem Semikolon. Das Prozentzeichen hat außerhalb der DTD, also im XML-Dokument selbst verwendet, keine besondere Bedeutung.

```
%gliederung;
```

In der Praxis könnten solche Parameter-Entitys immer dann Verwendung finden, wenn häufig gleiche Zeichenketten verwendet werden. Die folgende Auflistung kann dann in der DTD ...

```
<!ELEMENT DOKUMENT (kapitel|absatz|zeile)*>
```

... ganz einfach durch das abkürzende Entity ersetzt werden:

```
<!ELEMENT DOKUMENT (%gliederung;)*>
```

Oder auch als Ergänzung zu anderen Elementen:

```
<!ELEMENT DOKUMENT (buch|%gliederung;|wort)*>
```

PLAINTEXT

Darstellung von bereits formatiertem Text

Beschreibung

Mit diesem Befehl ist es möglich, alle dargestellten Zeichen und Buchstaben in gleicher Größe erscheinen zu lassen.

Anwendung

Der Befehl PLAINTEXT ermöglicht die Darstellung von Zeichen in exakt gleicher Größe. Diese Art der Darstellung wird verwendet, um Fließtext darzustellen. Anstelle dieses Befehls ist jedoch der Befehl PRE vorzuziehen, da LISTING in der Version 4.0 von HTML nicht definiert ist.

Beispiel

```
<plaintext>
Textabsatz in nichtproportionaler Schrift
</plaintext>
```

Verwandte Befehle

B
BIG
I

LISTING
PRE
S
SMALL
STRIKE
TT
U
XMP

PRE

Darstellung von bereits formatiertem Text

Beschreibung

Mit diesem Befehl ist es möglich, alle dargestellten Zeichen und Buchstaben in gleicher Größe erscheinen zu lassen.

Anwendung

Der Befehl PRE ermöglicht die Darstellung von Zeichen in exakt gleicher Größe. Diese Art der Darstellung ist beispielsweise bei der Wiedergabe von Tabellen sinnvoll, wo eine gestalterische Übersicht gefragt ist. Zudem werden Leerzeichen so belassen, wie sie sich in diesem Abschnitt befinden.

HTML-4.0-Standard

CLASS, DIR, ID, LANG, STYLE, TITLE, WIDTH

Starttag: zwingend erforderlich; Endtag: zwingend erforderlich.

Attribute

CLASS

Über das Attribut CLASS lässt sich das Element einer Gruppe (Klasse) zuordnen. Geben Sie dazu einen frei wählbaren Klassennamen als Wert an. Diese Gruppierungen erlauben Ihnen anschließend einen leichten Zugriff auf alle zugehörigen Elemente. So können Sie später beispielsweise mit Hilfe von Cascading-Stylesheets oder anderen Sprachen leicht die Eigenschaften aller Elemente einer Klasse verändern oder Werte auslesen.

DIR

Dieses Attribut ist für die Bestimmung der Laufrichtung des Textes notwendig. Zwei Werte können alternativ übergeben werden:

LTR

Dieser Wert bestimmt die Laufrichtung des Textes von links nach rechts (Abkürzung für »left to right«). Diese Laufrichtung ist im Browser voreingestellt.

RTL

Soll der Text entgegen der Standardlaufrichtung vom rechten Bildschirmrand zum linken Rand laufen, dann wählen Sie den Wert RTL (Abkürzung für »right to left«).

ID

Über das Attribut ID wird das Element mit einer für das Dokument eindeutigen Kennzeichnung versehen. Über diese ID lässt sich anschließend, beispielsweise mit Hilfe einer Scriptsprache, gezielt auf einzelne Elemente zugreifen, um z.B. deren Werte auszulesen oder zu verändern.

LANG

Dieses Attribut gibt die Sprache des Zieldokuments an. Das ist insbesondere für die Indizierung in Suchmaschinen wichtig. Verwenden Sie die Sprachcodes nach ISO-639, z.B. "de" für Deutsch oder "en" für Englisch oder "en-us" für amerikanisches Englisch.

STYLE

Das Attribut STYLE lässt sich dazu nutzen, um Stilvorgaben, insbesondere das Aussehen des Elements, zu verändern. Als Wert des Attributs übergeben Sie die entsprechenden Optionen einer Stylesheet-Sprache (meist CSS).

ONCLICK

Dieses Ereignis findet statt, wenn mit der Maus das benannte Element angeklickt wird. Durch diese Aktion wird ein angegebenes Script ausgeführt.

ONDBLCLICK

Dieses Ereignis findet statt, wenn mit der Maus das benannte Element doppelt angeklickt wird. Durch diese Aktion wird ein angegebenes Script ausgeführt.

ONKEYDOWN

Dieses Ereignis findet statt, wenn man sich über dem bezeichneten Element befindet und gleichzeitig eine Taste gedrückt wird. Durch diese Aktion wird ein angegebenes Script ausgeführt.

ONKEYPRESS

Dieses Ereignis findet statt, wenn man sich über dem bezeichneten Element befindet und gleichzeitig eine Taste drückt und wieder loslässt. Durch diese Aktion wird ein angegebenes Script ausgeführt.

ONKEYUP

Dieses Ereignis findet statt, wenn man sich über dem bezeichneten Element befindet und eine gedrückte Taste losgelassen wird. Durch diese Aktion wird ein angegebenes Script ausgeführt.

ONMOUSEDOWN

Dieses Ereignis findet statt, wenn man sich über dem bezeichneten Element befindet und gleichzeitig eine Maustaste gedrückt wird. Durch diese Aktion wird ein angegebenes Script ausgeführt.

ONMOUSEMOVE

Dieses Ereignis findet statt, wenn man sich mit der Maus über das benannte Element bewegt. Durch diese Aktion wird ein angegebenes Script ausgeführt.

ONMOUSEOUT

Dieses Ereignis findet statt, wenn man sich mit der Maus von dem benannten Element fortbewegt. Durch diese Aktion wird ein angegebenes Script ausgeführt.

ONMOUSEOVER

Dieses Ereignis findet statt, wenn der Mauszeiger direkt auf das benannte Element zeigt. Durch diese Aktion wird ein angegebenes Script ausgeführt.

ONMOUSEUP

Dieses Ereignis findet statt, wenn man sich über dem bezeichneten Element befindet und eine gedrückte Maustaste losgelassen wird. Durch diese Aktion wird ein angegebenes Script ausgeführt.

TITLE

Geben Sie dem Anwender weitere Informationen über das verwendete Element, indem Sie mit Hilfe des TITLE-Befehls einen aussagekräftigen Titel festlegen. Insbesondere Anwendern, die auf eine Sprachausgabe angewiesen sind, wird so die Navigation durch Ihre Seiten erleichtert.

WIDTH

Mit diesem Attribut können Sie die Zeilenbreite festlegen. Die Breite wird allerdings zur Zeit von keinem Browser interpretiert, zudem ist die Verwendung dieses Attributs in HTML 4.0 nicht mehr empfohlen.

Beispiel

```
<pre>
FUNCTION Osterberechnung(year : INTEGER) : INTEGER;
VAR a, b, c, d, e, f, g, h, i, k, l, m : INTEGER;
BEGIN
a  := year MOD 19;
b  := year DIV 100;
c  := year MOD 100;
d  := b DIV 4;
e  := b MOD 4;
f  := ( b + 8 ) DIV 25;
g  := ( b  f + 1 ) DIV 3;
h  := ( 19 * a + b  d  g + 15 ) MOD 30;
i  := c DIV 4;
k  := c MOD 4;
l  := ( 32 + 2 * e + 2 * i  h  k ) MOD 7;
m  := ( a + 11 * h + 22 * l ) DIV 451;
Easter := h + l  7 * m + 22;
END(FUNC);
</pre>
```

Ereignisse

ONCLICK, ONDBLCLICK, ONKEYDOWN, ONKEYPRESS, ONKEYUP, ONMOUSEDOWN, ONMOUSEMOVE, ONMOUSEOVER, ONMOUSEOUT, ONMOUSEUP

XML-Definition

```
<!ENTITY % pre.exclusion "IMG|OBJECT|BIG|SMALL|SUB|SUP">

<!ELEMENT PRE - - (%inline;)* -(%pre.exclusion;)>
<!ATTLIST PRE
%attrs;>
```

Verwandte Befehle

B
BIG
I
LISTING
PLAINTEXT
S
SMALL
STRIKE
TT
U
XMP

Processing Instruction (PI)

Befehle, die vom Parser ausgeführt werden

Beschreibung

Processing-Anweisungen werden immer direkt an die Anwendung weitergereicht.

Anwendung

Namen, die mit xml beginnen, sind für eigene Processing Instructions nicht zulässig. Sie sind bereits für XML-eigene PIs vorbelegt.

Wird ein Tag innerhalb eines XML-Dokuments mit einem Fragezeichen eingeleitet und geschlossen (»<? ... ?>«, so handelt es sich um eine sogenannte Processing Instruction (engl. Verarbeitungsanweisung) oder kurz PI. Verarbeitungsanweisungen, die mit dem Schlüsselwort XML beginnen, sind für die XML-Standarddefinition reserviert. Diese Verarbeitungsanweisung teilt dem Parser mit, dass er aktiv werden und beispielsweise eine DTD-Datei hinzugeladen werden muss.

Beispiel

```
<?xml version="1.0"?>
<?xml version="1.0" standalone="yes"?>
<?xml encoding="UTF-8"?>
```

PROFILE   <html attribut>

Quelle eines META-Daten-Profils angeben

Beschreibung

Mit dem Attribut PROFILE werden eine oder mehrere externe Dateien bezeichnet. In diesen Dateien, die durch Leerzeichen voneinander getrennt sind, werden META-Informationen der entsprechenden Dateien abgelegt. Dieses Attribut wird von den meisten Browsern noch nicht unterstützt. Die vollständige Implementierung der Funktion befindet sich noch in der Diskussionsphase.

Anwendung

Der Einsatz dieses Attributs ist optional und wird nicht unterstützt. Verwenden Sie alternativ die META-Tags, die bereits heute weite Verbreitung gefunden haben.

Werte

Ein gültiger Wert für dieses Attribut ist ein sogenannter URI (*Uniform Resource Identifier*). Der Aufbau eines URI entspricht dem folgenden Schema:

```
[Protokoll]://[Domain]/[Verzeichnis]/[Datei]
```

Mögliche Angaben für das verwendete Protokoll sind die folgenden Werte:

ftp	File Transfer Protocol
http	Hypertext Transfer Protocol
gopher	Gopher Protocol
mailto	Electronic Mail Address
news	USENET News
nntp	USENET News (NNTP-Zugriff)
telnet	Reference to interactive sessions
wais	Wide Area Information Server
file	Host-specific file names
prospero	Prospero Directory Service

Beispiel

```
<head profile="http://www.pott-it.de/profiles/meta">
```

Zugehörige Elemente
HEAD

PROLOG

Aufbau eines XML-Dokuments

Beschreibung

Das Dokument besteht aus drei Datenteilen, wobei die Verwendung der ersten beiden Teile optional ist. Im sogenannten Prolog, der Einleitung des XML-Dokuments, befindet sich die Verarbeitungsanweisung und die Document Type Definition. Danach folgt der eigentliche Inhalt der Datei.

Jedes gültige XML-Dokument muss einen Prolog am Anfang der Quelldatei beinhalten.

Anwendung

Das komplette Grundgerüst, bestehend aus den drei Teilen Processing Instruction und Document Type Definition, sowie dem eigentlichen Inhalt des Dokuments möchten wir Ihnen im folgenden als kurzes zusammenfassendes Beispiel zeigen. Die ersten beiden Teile sind untergebracht im Prolog, also dem ersten Teil der Datei.

Processing Instruction

```
<?xml version="1.0" standalone="no" encoding="ISO-8859-1" ?>
```

Document Type Definition

```
<!DOCTYPE Adressen SYSTEM "Adressen.dtd">
```

Inhalt des Dokuments

```
<ADRESSE>
[...]
</ADRESSE>
```

Beispiel

```
<?xml version="1.0"?>
<?xml version="1.0" encoding="UTF-16"?>
```

PROMPT   <html attribut>

Eingabeaufforderung für Suchanfragen definieren

Beschreibung

Mit diesem Attribut lässt sich bei der Suche nach bestimmten Begriffen der unter Umständen voreingestellte Suchtext abändern. Der Anwender erhält dann, wenn er im Browser die Suchfunktion startet, die von Ihnen gewünschte Eingabeaufforderung.

Anwendung

Übergeben Sie diesem Attribut den Text, mit dem der Besucher zur Eingabe eines Suchbegriffs aufgefordert werden soll. Die meisten Browser unterstützen dieses Feature nicht. Der Einsatz dieses Attributs ist optional. Es wird empfohlen, solche Suchanfragen durch ein Eingabeformular zu realisieren.

Werte

Diesem Attribut können Sie als Wert eine beliebige Zeichenfolge übergeben. Dabei sollte diese Zeichenkette möglichst nicht mit Leerzeichen beginnen oder enden. Eventuell wird der verarbeitende Browser diese herausfiltern.

Beispiel

```
<isindex promt="Bitte geben Sie einen Suchbegriff ein: ">

<form>
Bitte geben Sie einen Suchbegriff ein:
<input type="text">
</form>
```

Zugehörige Elemente

ISINDEX

Q

Kennzeichnen von kurzen Zitaten

Beschreibung

Mit diesem Befehl werden Zitate satz- oder zeichenweise gekennzeichnet. Wenn das angeführte Zitat im Original im World Wide Web zu erreichen ist, macht es Sinn, das angeführte Zitat mit einem Hyperlink zu versehen.

Anwendung

Der Befehl Q wird zur Kennzeichnung von Begriffen aus anderen Medien verwendet. Im Gegensatz zum BLOCKQUOTE-Befehl sollte man Q dann gebrauchen, wenn es darum geht, einzelne Sätze oder Wörter als Zitat zu kennzeichnen.

HTML-4.0-Standard

CLASS, CITE, DIR, ID, LANG, STYLE, TITLE

Starttag: zwingend erforderlich; Endtag: zwingend erforderlich.

Attribute

CITE

Mit diesem Attribut ist es möglich, ein Quelldokument für das verwendete Zitat anzugeben.

CLASS

Über das Attribut CLASS lässt sich das Element einer Gruppe (Klasse) zuordnen. Geben Sie dazu einen frei wählbaren Klassennamen als Wert an. Diese Gruppierungen erlauben Ihnen anschließend einen leichten Zugriff auf alle zugehörigen Elemente. So können Sie später beispielsweise mit Hilfe von Cascading-Stylesheets oder anderen Sprachen leicht die Eigenschaften aller Elemente einer Klasse verändern oder Werte auslesen.

DIR

Dieses Attribut ist für die Bestimmung der Laufrichtung des Textes notwendig. Zwei Werte können alternativ übergeben werden:

LTR

Dieser Wert bestimmt die Laufrichtung des Textes von links nach rechts (Abkürzung für »left to right«). Diese Laufrichtung ist im Browser voreingestellt.

RTL

Soll der Text entgegen der Standardlaufrichtung vom rechten Bildschirmrand zum linken Rand laufen, dann wählen Sie den Wert RTL (Abkürzung für »right to left«).

ID

Über das Attribut ID wird das Element mit einer für das Dokument eindeutigen Kennzeichnung versehen. Über diese ID lässt sich anschließend beispielsweise mit Hilfe einer Scriptsprache gezielt auf einzelne Elemente zugreifen, um z.B. deren Werte auszulesen oder zu verändern.

LANG

Dieses Attribut gibt die Sprache des Zieldokuments an. Das ist insbesondere für die Indizierung in Suchmaschinen wichtig. Verwenden Sie die Sprachcodes nach ISO-639, z.B. "de" für Deutsch oder "en" für Englisch oder "en-us" für amerikanisches Englisch.

ONCLICK

Dieses Ereignis findet statt, wenn mit der Maus das benannte Element angeklickt wird. Durch diese Aktion wird ein angegebenes Script ausgeführt.

ONDBLCLICK

Dieses Ereignis findet statt, wenn mit der Maus das benannte Element doppelt angeklickt wird. Durch diese Aktion wird ein angegebenes Script ausgeführt.

ONKEYDOWN

Dieses Ereignis findet statt, wenn man sich über dem bezeichneten Element befindet und gleichzeitig eine Taste gedrückt wird. Durch diese Aktion wird ein angegebenes Script ausgeführt.

ONKEYPRESS

Dieses Ereignis findet statt, wenn man sich über dem bezeichneten Element befindet und gleichzeitig eine Taste drückt und wieder loslässt. Durch diese Aktion wird ein angegebenes Script ausgeführt.

ONKEYUP

Dieses Ereignis findet statt, wenn man sich über dem bezeichneten Element befindet und eine gedrückte Taste losgelassen wird. Durch diese Aktion wird ein angegebenes Script ausgeführt.

ONMOUSEDOWN

Dieses Ereignis findet statt, wenn man sich über dem bezeichneten Element befindet und gleichzeitig eine Maustaste gedrückt wird. Durch diese Aktion wird ein angegebenes Script ausgeführt.

ONMOUSEMOVE

Dieses Ereignis findet statt, wenn man sich mit der Maus über das benannte Element bewegt. Durch diese Aktion wird ein angegebenes Script ausgeführt.

ONMOUSEOUT

Dieses Ereignis findet statt, wenn man sich mit der Maus von dem benannten Element fortbewegt. Durch diese Aktion wird ein angegebenes Script ausgeführt.

ONMOUSEOVER

Dieses Ereignis findet statt, wenn der Mauszeiger direkt auf das benannte Element zeigt. Durch diese Aktion wird ein angegebenes Script ausgeführt.

ONMOUSEUP

Dieses Ereignis findet statt, wenn man sich über dem bezeichneten Element befindet und eine gedrückte Maustaste losgelassen wird. Durch diese Aktion wird ein angegebenes Script ausgeführt.

STYLE

Das Attribut STYLE lässt sich dazu nutzen, um Stilvorgaben, insbesondere das Aussehen des Elements, zu verändern. Als Wert des Attributs übergeben Sie die entsprechenden Optionen einer Stylesheet-Sprache (meist CSS).

TITLE

Geben Sie dem Anwender weitere Informationen über das verwendete Element, indem Sie mit Hilfe des TITLE-Befehls einen aussagekräftigen Titel festlegen. Insbesondere Anwendern, die auf eine Sprachausgabe angewiesen sind, wird so die Navigation durch Ihre Seiten erleichtert.

Beispiel

Ein mit dem Befehl Q formatiertes <q>Zitat</q>

Ereignisse

ONCLICK, ONDBLCLICK, ONKEYDOWN, ONKEYPRESS, ONKEYUP, ONMOUSEDOWN, ONMOUSEMOVE, ONMOUSEOVER, ONMOUSEOUT, ONMOUSEUP

XML-Definition

```
<!ELEMENT Q - - (%inline;)*>
<!ATTLIST Q
%attrs;
cite        %URI;       #IMPLIED>
```

Verwandte Befehle

ACRONYM
CODE
DFN
EM
KBD
SAMP
STRONG
Q
VAR

READONLY <html attribut>

Eingabefelder als nur lesbar markieren

Beschreibung

Dieses Attribut markiert ein Eingabefeld als nur lesbar. Andere Veränderungen, wie Beschreiben des Eingabefelds, sind nicht gestattet, das Element kann trotzdem den Eingabe-Focus erhalten und per Tabulatortaste erreicht werden.

Anwendung

Dieses Attribut kann z.B. dann eingesetzt werden, wenn einige Felder eines Formulars zeitweise deaktiviert werden sollen. Zusätzlich könnten schreibgeschützte Felder zur Ausgabe von Daten eines JavaScript-Programms dienen. Der Einsatz dieses Attributs ist optional.

Werte

Um diese Option zu aktivieren, setzen Sie einfach den Namen des Attributs ein. Sie müssen diesem Attribut keinen Wert übergeben. Wird das Attribut nicht eingesetzt, so bleibt die Option deaktiviert. Dabei ist dieses Attribut case-insensitive. Es wird also nicht zwischen Groß- und Kleinschreibung unterschieden.

Beispiel

```
<textarea cols="60" rows="3" readonly">

<input type=checkbox name="Program" value="Word" readonly>
<input type=checkbox name="Program" value="Excel">
<input type=checkbox name="Program" value="Access">
```

Zugehörige Elemente
INPUT
TEXTAREA

REGION

Rechteck innerhalb des Fensters definieren

Beschreibung

Mit REGION definieren Sie innerhalb des Hauptfensters einen abgetrennten rechteckigen Bereich.

Anwendung

Dieser Befehl muss immer innerhalb eines LAYOUT-Containers eingesetzt werden.

Parameter

BACKGROUND-COLOR
Legt die Hintergrundfarbe des definierten Bereichs fest.

FIT
Gibt an, wie sich die Größe des eingebundenen Clips verändern soll, wenn Clip und Region nicht die gleichen Abmessungen haben.
Vier Werte sind für dieses Attribut möglich: FILL, HIDDEN, MEET, SLICE.

HEIGHT
Über das Attribut HEIGHT geben Sie die Höhe der begrenzten Region an.

ID
Legt eine eindeutige Bezeichnung für diese Region fest.

LEFT
Gibt den Abstand der Region zum linken Rand an.

TOP
> Gibt den Abstand der Region zum oberen Rand des Fensters an.

WIDTH
> Über das Attribut WIDTH geben Sie die Breite der begrenzten Region an.

Z-INDEX
> Definiert den Platz dieser Region in der Reihenfolge der überlappenden Regionen.

Beispiel

```
<layout>
      <root-layout/>
      <region id="video" top="10" left="10"
width="100" height="100"/>
</layout>

<region
id="identifier"
left="integer"
top="integer"
z-index="integer"
width="integer"
height="integer"
title="string"
fit="fill "
skip-content="true" />
```

REL <html attribut>

Verknüpfungstyp festlegen (von der Sprungquelle aus)

Beschreibung

Mit diesem Attribut lassen sich Linktypen für das verknüpfte Dokument festlegen. So kann beispielsweise ein Verweis auf ein Glossar oder das Inhaltsverzeichnis der Präsenz definiert werden. Diese Angaben ermöglichen es dem Browser, Navigationshilfen zu erstellen.

Anwendung

Meist erfolgt mit Hilfe des Befehls LINK eine direkte Zuordnung der zugehörigen Datei. So kann bereits im Dokumentenkopf auf eine Hilfe-Datei verwiesen werden. Die meisten Browser unterstützen diese Funktion allerdings nicht, so bleibt sie bisher für den Anwender noch unsichtbar.

Werte

Die folgenden Werte können dem Attribut übergeben werden:

ALTERNATE
>   Gibt eine alternative Version des Dokuments an. Beispielsweise eine andere
>   Sprachversion oder eine verkürzte Textversion.

APPENDIX
>   Verweist auf einen Anhang des Webangebots.

BOOKMARK
>   Gibt eine spezielle Seite an, die Sie als Lesezeichen in Ihren Browser aufnehmen
>   können.

CHAPTER
>   Verweist auf das übergeordnete Kapitel, zu dem das Dokument gehört.

CONTENTS
>   Weist auf ein Inhaltsverzeichnis hin, in dem alle Seiten der Präsenz übersichtlich
>   aufgelistet sind.

COPYRIGHT
>   Auf dieser Seite finden Sie Hinweise zum Urheber des Dokuments.

GLOSSARY
>   Auf der hier angegebenen Seite finden Sie ein Glossar, in dem wichtige Begriffe
>   näher erläutert werden.

HELP
>   Verweist auf eine Hilfeseite, die bei der Navigation und Bedienung der Seiten
>   weiterhilft.

INDEX
>   Verweist auf einen Index, der alle Stichwörter der Webseite enthält.

NEXT
>   Gibt die logisch auf dieses Dokument folgende nächste Seite an.

PREV
>   Gibt die logisch diesem Dokument vorausgehende Seite an.

SECTION
>   Verweist auf den übergeordneten Abschnitt, der zu diesem Dokument gehört.

START
>   Gibt die Ursprungs- oder Startseite des Webangebots an.

STYLESHEET
>   Verweist auf ein externes Stylesheet, in dem Formatangaben zu diesem Doku-
>   ment zu finden sind.

SUBSECTION
>   Verweist auf einen diesem Dokument untergeordneten Abschnitt.

Beispiel

```
<link href="index.htm" rel="Index">
<link href="seite2.htm" rel="Next">
<link href="hilfe.htm" rel="Help">

DOKUMENT A:
<link href="dokument_b.htm" rev="Next">
DOKUMENT B:
<link href="dokument_a.htm" rel="Next">
```

Zugehörige Elemente
A
LINK

REV **<html attribut>**

Verknüpfungstyp festlegen (vom Sprungziel aus)

Beschreibung

Ähnlich wie REL gibt dieses Attribut einen Rückwärtslink zu dem vorhergehenden Dokument an. Dieses Attribut findet nur selten Anwendung. Es gibt im Gegensatz zu einem normalen Hyperlink nicht das Sprungziel, sondern die Sprungquelle an.

Anwendung

Meist erfolgt mit Hilfe des Befehls LINK eine direkte Zuordnung der zugehörigen Datei. So kann bereits im Dokumentenkopf auf eine Hilfe-Datei verwiesen werden. Die meisten Browser unterstützen diese Funktion allerdings nicht, so bleibt sie bisher für den Anwender noch unsichtbar.

Werte

Die folgenden Werte können dem Attribut übergeben werden:

ALTERNATE
Gibt eine alternative Version des Dokuments an. Beispielsweise eine andere Sprachversion oder eine verkürzte Textversion.

APPENDIX
Verweist auf einen Anhang des Webangebots.

BOOKMARK
Gibt eine spezielle Seite an, die Sie als Lesezeichen in Ihren Browser aufnehmen können.

CHAPTER
Verweist auf das übergeordnete Kapitel, zu dem das Dokument gehört.

CONTENTS
Weist auf ein Inhaltsverzeichnis hin, in dem alle Seiten der Präsenz übersichtlich aufgelistet sind.

COPYRIGHT
Auf dieser Seite finden Sie Hinweise zum Urheber des Dokuments.

GLOSSARY
Auf der hier angegebenen Seite finden Sie ein Glossar, in dem wichtige Begriffe näher erläutert werden.

332

HELP
Verweist auf eine Hilfeseite, die bei der Navigation und Bedienung der Seiten weiterhilft.

INDEX
Verweist auf einen Index, der alle Stichwörter der Webseite enthält.

NEXT
Gibt die logisch auf dieses Dokument folgende nächste Seite an.

PREV
Gibt die logisch diesem Dokument vorausgehende Seite an.

SECTION
Verweist auf den übergeordneten Abschnitt, der zu diesem Dokument gehört.

START
Gibt die Ursprungs- oder Startseite des Webangebots an.

STYLESHEET
Verweist auf ein externes Stylesheet, in dem Formatangaben zu diesem Dokument zu finden sind.

SUBSECTION
Verweist auf einen diesem Dokument untergeordneten Abschnitt.

Beispiel

```
<link href="index.htm" rev="Index">

<link href="seite2.htm" rev="Next">
<link href="hilfe.htm" rev="Help">

DOKUMENT A:
<link href="dokument_b.htm" rev="Next">

DOKUMENT B:
<link href="dokument_a.htm" rel="Next">
```

Zugehörige Elemente

A
LINK

root

Basis-Konstruktionsregel

Beschreibung

Kennzeichnet eine Basis-Konstruktionsregel. Diese dient der Angabe der HTML-Grundstruktur des Dokuments. Alle weiteren Elemente werden in diese Struktur eingefügt.

Anwendung

Mit der Basis-Konstruktionsregel wird die Grundstruktur des Dokuments, beispielsweise eines HTML-Dokuments, festgelegt. Bevor der Parser das Dokument zusammenstellt, sucht er diese durch das Schlüsselwort root rule gekennzeichnete Konstruktionsregel heraus und fügt dann alle weiteren Elemente in diese Struktur ein.

Beispiel

```
<rule>

        <root/>
        <HTML>
                <HEAD>
                <TITLE>Neue Seite</TITLE>
                </HEAD>
        <BODY>
        <children/>
        </BODY>
</HTML>

</rule>
```

ROOT-LAYOUT
Fenstergröße festlegen

Beschreibung

Mit Hilfe des ROOT-LAYOUTS lassen sich die Eigenschaften des Fensters, wie beispielsweise Breite, Höhe und Titel, angeben.

Anwendung

Dieser Befehl muss immer innerhalb des LAYOUT-Containers zu finden sein.

Parameter

BACKGROUND-COLOR
  Legt die Hintergrundfarbe fest. Der Wert kann als Farbbezeichnung oder Hexadezimalzahl übergeben werden.

HEIGHT
  Gibt die Höhe der Wiedergabefläche in Pixel an.

ID

Über das Attribut ID wird das Element mit einer für das Dokument eindeutigen Kennzeichnung versehen. Über diese ID lässt sich von anderen Elementen auf diesen Bereich zugreifen.

WIDTH

Gibt die Breite der Wiedergabefläche in Pixel an.

Beispiel

```
<root-layout
      id="identifier"
      width="integer"
      height="integer"
      title="string"
      skip-content="true" />
```

ROWS   <html attribut>

Zeilen definieren

Beschreibung

Dieses Attribut dient der Festlegung der Zeilen mit den dazugehörigen Höhenangaben eines Frames. Im Zusammenhang mit dem Eingabefeld TEXTAREA geben Sie lediglich die Anzahl der angezeigten Zeilen an.

Anwendung

Der Wert für die Breite des Frames kann in Pixel oder prozentual auf die Gesamthöhe des Bildschirms bezogen erfolgen. Höhenangaben einzelner Zeilen werden durch Kommata getrennt.

Für das Textfeld übergeben Sie dem Attribut lediglich einen einzelnen Wert, der die Anzahl der Zeilen angibt, die angezeigt werden.

Werte

Je nachdem, für welchen Befehl Sie dieses Attribut verwenden, existieren unterschiedliche Gültigkeitsbereiche für den übergebenen Wert. Im Folgenden haben wir die einzelnen Befehle und möglichen Werte aufgelistet:

FRAMESET

Einige Elemente lassen für dieses Attribut drei verschiedene Größenangaben zu: Sie können die Größe in Pixel, Prozent oder in der relativen Länge angeben. Zur Angabe einer Größe in Pixel übergeben Sie dem Attribut einen ganzzahligen Wert, jedes Pixel entspricht dabei einem Bildpunkt in der gewählten Auflösung.

Die Angabe in Prozent erfolgt über eine Zahl von 1 bis 100 und ein angehängtes Prozentzeichen (="50%"). Die Angabe einer relativen Länge erfolgt als Ganzzahl mit angehängtem Sternchen (="1*").

Bei der gleichzeitigen Verwendung der drei Größenangaben geht der Browser in der oben genannten Reihenfolge vor. Und verteilt zunächst den vertikalen oder horizontalen Platz nach Pixelangaben, dann verarbeitet er die Prozentangaben und der restliche Platz wird dann nach relativen Zahlen verteilt. Ist beispielsweise eine Breite von 100 Pixel übrig geblieben, dann entspricht eine Angabe von ="2*. 3*" einer Breite von 40 und 60 Pixeln.

TEXTAREA
Gültige Werte für dieses Attribut sind ganze Zahlen. Die Zahl muss mindestens eine Ziffer der Zahlen 0 bis 9 enthalten (="9").

Beispiel

```
<textarea cols="60" rows="3">
Bitte Text eingeben ...
</textarea>
```

```
<frameset rows="40%,60%">
<frame src="verweise.htm" name="Verweise">
<frame src="titel.htm" name="Daten">
</frameset>
```

Zugehörige Elemente

FRAMESET
TEXTAREA

ROWSPAN   <html attribut>

Zellen über mehrere Zeilen hinweg verbinden

Beschreibung

Mit Hilfe dieses Attributs lassen sich mehrere Zellen einer Tabelle über Zeilen hinweg verbinden. Sie benötigen diese Option immer dann, wenn eine einzelne Zelle etwas höher sein soll als die übrigen Zellen der Tabelle.

Anwendung

Statt mehrere Zellen zu definieren, geben Sie nur eine einzelne Zelle an, die Sie mit dem Attribut ROWSPAN versehen. Übergeben Sie dem Attribut als Wert die Anzahl der Zeilen, die Sie verbinden möchten. Der Einsatz dieses Attributs ist optional.

Werte

Gültige Werte für dieses Attribut sind ganze Zahlen. Die Zahl muss mindestens eine Ziffer der Zahlen 0 bis 9 enthalten (="9").

Beispiel

```
<table border>

<tr>
<td rowspan=2>A</td>
<td>B</td>
</tr>

<tr>
<td>C</td>
</tr>

<tr>
<td>E</td>
<td>F</td>
</tr>

</table>
```

Zugehörige Elemente
TD
TH

rule

Definition einer Konstruktionsregel

Beschreibung

Eine einzelne Stilanweisung oder auch Konstruktionsregel (engl. *construction rule*) gliedert sich in zwei zusammenhängende Teile:

Durch das Muster wird festgelegt, auf welchen (selbstdefinierten) XML-Befehl sich die dann folgende Stilanweisung (Action) bezieht. Das Muster ist das Auswahlkriterium, wann die definierte Ausgabeform auf den Inhalt eines Markups umzusetzen ist.

Wurde das angegebene Muster im XML-Dokument erkannt, dann folgt die Umwandlung des betreffenden Elements in die angegebene Ausgabeform. Eine »action«-Anweisung kann neben passiven Elementen zur reinen Stilgestaltung auch dynamische Anweisungen, beispielsweise den Aufruf eines JavaScripts oder anderer Scriptsprachen, enthalten.

Beispiel

```
<rule>
          <target-element type="adresse">
      <DIV>
                  <children/>
      </DIV>
</rule>
```

RULES   <html attribut>

Gitternetzlinien einblenden

Beschreibung

Mit Hilfe des Attributs RULES lässt sich genau bestimmen, welche Gitternetzlinien einer Tabelle eingeblendet werden.

Anwendung

Normalerweise können Sie bei einer Tabelle lediglich entscheiden, ob der gesamte Rahmen und die Gitternetzlinien angezeigt werden oder nicht. Über das Attribut RULES lässt sich genau bestimmen, welche Linien angezeigt werden.

Werte

Folgende Werte sind für dieses Attribut zulässig:

ALL
Alle Linien zwischen den Tabellenzellen werden angezeigt (Standardeinstellung).

COLS
Nur die Linien zwischen den Tabellenspalten werden angezeigt.

GROUPS
Die einzelnen Elemente der Tabelle werden mit Gitternetzlinien eingerahmt (Kopf, Körper und Tabellenfuß).

NONE
Es werden keinerlei Zwischenlinien angezeigt.

ROWS
Nur die Linien zwischen den einzelnen Tabellenzeilen werden angezeigt.

Beispiel

```
<table rules="rows" border="5">
</table>
```

```
<table rules="none" border="3">
</table>
```

Zugehörige Elemente

TABLE

S

Darstellung von durchgestrichenem Text

Beschreibung

Mit diesem Befehl lässt sich durchgestrichener Text darstellen. Ab der Version 4.0 von HTML wird dieses Tag missbilligt.

Anwendung

Der Befehl S (Abkürzung für »Strike« / durchgestrichen) wird ab der Version 4.0 von HTML mit Hilfe der Stylesheets umgesetzt.

HTML-4.0-Standard

CLASS, DIR, ID, LANG, STYLE, TITLE

Der Einsatz dieses Befehls wird in der aktuellen HTML-Version nicht mehr empfohlen, er wurde durch andere Befehle ersetzt.

Starttag: zwingend erforderlich; Endtag: zwingend erforderlich.

Attribute

CLASS

   Über das Attribut CLASS lässt sich das Element einer Gruppe (Klasse) zuordnen. Geben Sie dazu einen frei wählbaren Klassennamen als Wert an. Diese Gruppierungen erlauben Ihnen anschließend einen leichten Zugriff auf alle zugehörigen Elemente. So können Sie später beispielsweise mit Hilfe von Cascading-Stylesheets oder anderen Sprachen leicht die Eigenschaften aller Elemente einer Klasse verändern oder Werte auslesen.

DIR

   Dieses Attribut ist für die Bestimmung der Laufrichtung des Textes notwendig. Zwei Werte können alternativ übergeben werden:

   LTR

      Dieser Wert bestimmt die Laufrichtung des Textes von links nach rechts (Abkürzung für »left to right«). Diese Laufrichtung ist im Browser voreingestellt.

   RTL

      Soll der Text entgegen der Standardlaufrichtung vom rechten Bildschirmrand zum linken Rand laufen, dann wählen Sie den Wert RTL (Abkürzung für »right to left«).

ID

Über das Attribut ID wird das Element mit einer für das Dokument eindeutigen Kennzeichnung versehen. Über diese ID lässt sich anschließend, beispielsweise mit Hilfe einer Scriptsprache, gezielt auf einzelne Elemente zugreifen, um z.B. deren Werte auszulesen oder zu verändern.

LANG

Dieses Attribut gibt die Sprache des Zieldokuments an. Das ist insbesondere für die Indizierung in Suchmaschinen wichtig. Verwenden Sie die Sprachcodes nach ISO-639, z.B. "de" für Deutsch oder "en" für Englisch oder "en-us" für amerikanisches Englisch.

ONCLICK

Dieses Ereignis findet statt, wenn mit der Maus das benannte Element angeklickt wird. Durch diese Aktion wird ein angegebenes Script ausgeführt.

ONDBLCLICK

Dieses Ereignis findet statt, wenn mit der Maus das benannte Element doppelt angeklickt wird. Durch diese Aktion wird ein angegebenes Script ausgeführt.

ONKEYDOWN

Dieses Ereignis findet statt, wenn man sich über dem bezeichneten Element befindet und gleichzeitig eine Taste gedrückt wird. Durch diese Aktion wird ein angegebenes Script ausgeführt.

ONKEYPRESS

Dieses Ereignis findet statt, wenn man sich über dem bezeichneten Element befindet und gleichzeitig eine Taste drückt und wieder loslässt. Durch diese Aktion wird ein angegebenes Script ausgeführt.

ONKEYUP

Dieses Ereignis findet statt, wenn man sich über dem bezeichneten Element befindet und eine gedrückte Taste losgelassen wird. Durch diese Aktion wird ein angegebenes Script ausgeführt.

ONMOUSEDOWN

Dieses Ereignis findet statt, wenn man sich über dem bezeichneten Element befindet und gleichzeitig eine Maustaste gedrückt wird. Durch diese Aktion wird ein angegebenes Script ausgeführt.

ONMOUSEMOVE

Dieses Ereignis findet statt, wenn man sich mit der Maus über das benannte Element bewegt. Durch diese Aktion wird ein angegebenes Script ausgeführt.

ONMOUSEOUT

Dieses Ereignis findet statt, wenn man sich mit der Maus von dem benannten Element fortbewegt. Durch diese Aktion wird ein angegebenes Script ausgeführt.

ONMOUSEOVER

Dieses Ereignis findet statt, wenn der Mauszeiger direkt auf das benannte Element zeigt. Durch diese Aktion wird ein angegebenes Script ausgeführt.

ONMOUSEUP
>   Dieses Ereignis findet statt, wenn man sich über dem bezeichneten Element
>   befindet und eine gedrückte Maustaste losgelassen wird. Durch diese Aktion
>   wird ein angegebenes Script ausgeführt.

STYLE
>   Das Attribut STYLE lässt sich dazu nutzen, um Stilvorgaben, insbesondere das
>   Aussehen des Elements, zu verändern. Als Wert des Attributs übergeben Sie die
>   entsprechenden Optionen einer Stylesheet-Sprache (meist CSS).

TITLE
>   Geben Sie dem Anwender weitere Informationen über das verwendete Element,
>   indem Sie mit Hilfe des TITLE-Befehls einen aussagekräftigen Titel festlegen.
>   Insbesondere Anwendern, die auf eine Sprachausgabe angewiesen sind, wird so
>   die Navigation durch Ihre Seiten erleichtert.

Beispiel

```
Das ist <S>durchgestrichener</S>Text!
```

Ereignisse

ONCLICK, ONDBLCLICK, ONKEYDOWN, ONKEYPRESS, ONKEYUP, ONMOUSEDOWN, ONMOUSEMOVE,
ONMOUSEOVER, ONMOUSEOUT, ONMOUSEUP

Verwandte Befehle

B
BIG
I
LISTING
PLAINTEXT
PRE
SMALL
STRIKE
TT
U
XMP

SAMP

Kennzeichnen von Beispielen

Beschreibung

Mit diesem Befehl werden Abschnitte eines Textes als Beispiel gekennzeichnet. Diese Beispiele können von verschiedenen Programmen initiiert werden.

Anwendung

Der Befehl SAMP (»Sample« = Beispiel) wird zur Kennzeichnung, von Beispielen in bestimmten Textabschnitten verwendet. Im Gegensatz zum Befehl KBD ist es mit dem Befehl SAMP auch möglich, Ausgaben am Bildschirm zu kennzeichnen.

HTML-4.0-Standard

CLASS, DIR, ID, LANG, STYLE, TITLE

Starttag: zwingend erforderlich; Endtag: zwingend erforderlich.

Attribute

CLASS

Über das Attribut CLASS lässt sich das Element einer Gruppe (Klasse) zuordnen. Geben Sie dazu einen frei wählbaren Klassennamen als Wert an. Diese Gruppierungen erlauben Ihnen anschließend einen leichten Zugriff auf alle zugehörigen Elemente. So können Sie später beispielsweise mit Hilfe von Cascading-Stylesheets oder anderen Sprachen leicht die Eigenschaften aller Elemente einer Klasse verändern oder Werte auslesen.

DIR

Dieses Attribut ist für die Bestimmung der Laufrichtung des Textes notwendig. Zwei Werte können alternativ übergeben werden:

LTR

Dieser Wert bestimmt die Laufrichtung des Textes von links nach rechts (Abkürzung für »left to right«). Diese Laufrichtung ist im Browser voreingestellt.

RTL

Soll der Text entgegen der Standardlaufrichtung vom rechten Bildschirmrand zum linken Rand laufen, dann wählen Sie den Wert RTL (Abkürzung für »right to left«).

ID

Über das Attribut ID wird das Element mit einer für das Dokument eindeutigen Kennzeichnung versehen. Über diese ID lässt sich anschließend, beispielsweise mit Hilfe einer Scriptsprache, gezielt auf einzelne Elemente zugreifen, um z.B. deren Werte auszulesen oder zu verändern.

LANG

Dieses Attribut gibt die Sprache des Zieldokuments an. Das ist insbesondere für die Indizierung in Suchmaschinen wichtig. Verwenden Sie die Sprachcodes nach ISO-639, z.B. `"de"` für Deutsch oder `"en"` für Englisch oder `"en-us"` für amerikanisches Englisch.

ONCLICK

Dieses Ereignis findet statt, wenn mit der Maus das benannte Element angeklickt wird. Durch diese Aktion wird ein angegebenes Script ausgeführt.

ONDBLCLICK

Dieses Ereignis findet statt, wenn mit der Maus das benannte Element doppelt angeklickt wird. Durch diese Aktion wird ein angegebenes Script ausgeführt.

ONKEYDOWN

Dieses Ereignis findet statt, wenn man sich über dem bezeichneten Element befindet und gleichzeitig eine Taste gedrückt wird. Durch diese Aktion wird ein angegebenes Script ausgeführt.

ONKEYPRESS

Dieses Ereignis findet statt, wenn man sich über dem bezeichneten Element befindet und gleichzeitig eine Taste drückt und wieder loslässt. Durch diese Aktion wird ein angegebenes Script ausgeführt.

ONKEYUP

Dieses Ereignis findet statt, wenn man sich über dem bezeichneten Element befindet und eine gedrückte Taste losgelassen wird. Durch diese Aktion wird ein angegebenes Script ausgeführt.

ONMOUSEDOWN

Dieses Ereignis findet statt, wenn man sich über dem bezeichneten Element befindet und gleichzeitig eine Maustaste gedrückt wird. Durch diese Aktion wird ein angegebenes Script ausgeführt.

ONMOUSEMOVE

Dieses Ereignis findet statt, wenn man sich mit der Maus über das benannte Element bewegt. Durch diese Aktion wird ein angegebenes Script ausgeführt.

ONMOUSEOUT

Dieses Ereignis findet statt, wenn man sich mit der Maus von dem benannten Element fortbewegt. Durch diese Aktion wird ein angegebenes Script ausgeführt.

ONMOUSEOVER

Dieses Ereignis findet statt, wenn der Mauszeiger direkt auf das benannte Element zeigt. Durch diese Aktion wird ein angegebenes Script ausgeführt.

ONMOUSEUP

Dieses Ereignis findet statt, wenn man sich über dem bezeichneten Element befindet und eine gedrückte Maustaste losgelassen wird. Durch diese Aktion wird ein angegebenes Script ausgeführt.

STYLE

Das Attribut STYLE lässt sich dazu nutzen, um Stilvorgaben, insbesondere das Aussehen des Elements, zu verändern. Als Wert des Attributs übergeben Sie die entsprechenden Optionen einer Stylesheet-Sprache (meist CSS).

TITLE

Geben Sie dem Anwender weitere Informationen über das verwendete Element, indem Sie mit Hilfe des TITLE-Befehls einen aussagekräftigen Titel festlegen. Insbesondere Anwendern, die auf eine Sprachausgabe angewiesen sind, wird so die Navigation durch Ihre Seiten erleichtert.

Beispiel

```
<samp>
allgemeine Schutzverletzung!
</samp>
```

Ereignisse

ONCLICK, ONDBLCLICK, ONKEYDOWN, ONKEYPRESS, ONKEYUP, ONMOUSEDOWN, ONMOUSEMOVE, ONMOUSEOVER, ONMOUSEOUT, ONMOUSEUP

Verwandte Befehle

ACRONYM
CITE
CODE
DFN
EM
KBD
STRONG
VAR

SCHEME <html attribut>

Typ eines META-Datenprofils festlegen

Beschreibung

Das Attribut SCHEME gibt an, welches Format genutzt werden soll, um ein Dokument zu übertragen.

Anwendung

Das Attribut SCHEME wird zusammen mit dem Befehl META eingesetzt. Diesem Befehl kann man über PROFILE ein Meta-Datenprofil zuweisen. Dieses Attribut gibt nun an, in welchem Datenformat die Meta-Informationen abgelegt sind. Bisher befindet sich dieser Bereich noch in der Diskussionsphase, daher sind noch keine näheren Angaben zur Verwendung verfügbar. Der Einsatz dieses Attributs ist optional.

Werte

Diesem Attribut können Sie als Wert eine beliebige Zeichenfolge übergeben. Dabei sollte diese Zeichenkette möglichst nicht mit Leerzeichen beginnen oder enden. Eventuell wird der verarbeitende Browser diese herausfiltern.

Zugehörige Elemente

META

SCOPE <html attribut>

Datenbeziehungen in einer Tabelle angeben

Beschreibung

Dieses Attribut gibt die Datenzellen an, die für die aktuelle Zelle die zugehörigen Kopfinformationen enthält.

Anwendung

Der Befehl kann für einfache Tabellen alternativ zum Attribut HEADER eingesetzt werden. Der Einsatz dieses Attributs ist optional.

Werte

ROW
> Die aktuelle Zelle enthält Kopfinformationen für den Rest der Zeile.

COL
> Die aktuelle Zelle enthält Kopfinformationen für den Rest der Spalte.

COLGROUP
> Die aktuelle Zelle enthält Kopfinformationen für die übrigen Elemente einer Spaltengruppe (COLGROUP).

ROWGROUP
> Die aktuelle Zelle enthält Kopfinformationen für die übrigen Elemente einer Zeilengruppe (ROWGROUP).

Beispiel

```
<table>
<tr>
<td scope="col">Überschrift 1</td>
<td scope="col">Überschrift 2</td>
</tr>

<tr>
<td>Inhalt 1</td>
```

```
<td>Inhalt 2</td>
</tr>
</table>
```

Zugehörige Elemente

TD

TH

SCRIPT

Einbinden von Scripts

Beschreibung

Mit diesem Befehl ist es möglich, Scripts in ein HTML-Dokument einzubinden.

Anwendung

Der Befehl SCRIPT dient der Markierung von Inline-Scripts, die in ein HTML-Dokument eingebunden werden sollen. Normalerweise wird Text, der mit diesem Befehl markiert ist, nicht angezeigt. Es empfiehlt sich aber trotzdem, Scripts als Kommentar zu markieren, um zu gewährleisten, dass der Text auch nicht von älteren Browsern angezeigt wird.

HTML-4.0-Standard

CHARSET, DEFER, SRC, TYPE

Starttag: zwingend erforderlich; Endtag: zwingend erforderlich.

Attribute

CHARSET

Dieses Attribut dient der Festlegung des Zeichensatzes für die Daten, die durch die Verknüpfung verbunden sind. Ist der Zeichensatz nicht explizit angegeben, ist es die Aufgabe der Browser, den benutzten Zeichensatz zu ermitteln.

DEFER

Dieses Attribut wird angeführt, wenn durch ein Script an einem darzustellenden HTML-Dokument keine Änderungen erfolgen.

LANGUAGE

Mit diesem Attribut ist es möglich, die Scriptsprache eines Dokuments festzulegen. In den allermeisten Fällen handelt es sich dann um Javascript. Andere mögliche Angaben für die Sprache sind JScript und VBScript. Ab der Version 4.0 von HTML wird dieses Attribut missbilligt.

SRC

Dieses Attribut definiert den Ursprung eines externen Scripts. Übergeben Sie SRC als Wert einen URI.

TYPE

Mit diesem Element wird angegeben, mit welcher Scriptsprache die verwendeten Code-Routinen der Script-Elemente oder der externen Scriptdateien programmiert wurden. Die Scriptsprache wird als content type (z.B. "text/javascript") definiert. Für dieses Attribut gibt es keinen Vorgabewert.

Beispiel

```
<head>
<title>Titeltext</title>
<script language="JavaScript">
<!--
 UserName = window.prompt("Ihr Name:","Nachname");
//-->
</script>
</head>
<body>
<script language="JavaScript">
<!--
 document.write("<h1>Hallo " + UserName + "!</h1>");
//-->
</script>
</body>
</html>
```

XML-Definition

```
<!ELEMENT SCRIPT>
<!ATTLIST SCRIPT
charset      %Charset;        #IMPLIED
type         %ContentType;    #REQUIRED
src          %URI;            #IMPLIED
event        CDATA            #IMPLIED
for          %URI;            #IMPLIED>
```

SCROLLING   <html attribut>

Scrollen von Frameinhalten verhindern

Beschreibung

Mit diesem Attribut können Sie die Scrolleigenschaften eines Frames beeinflussen.

Anwendung

Sobald der Inhalt eines Frames größer ist und nicht komplett angezeigt werden kann, wird normalerweise ein Scrollbalken angezeigt. Verwendet man mehrere Frames auf einer Seite, dann kommt es leicht dazu, dass pro Frame zwei Scrollbalken angezeigt werden und vom eigentlichen Inhalt kaum noch etwas zu sehen ist. Mit dem Attribut SCROLLING kann man die Eigenschaften der Scollbalken verändern. Der Einsatz dieses Attributs ist optional.

Werte

YES
> Scrollbalken werden grundsätzlich immer angezeigt.

NO
> Die Scrollbalken bleiben immer ausgeblendet.

AUTO
> Je nach Bedarf werden die Scrollbalken eingeblendet (Standardeinstellung).

Beispiel

```
<frame scrolling="yes">
<frame scrolling="no">
```

Zugehörige Elemente

FRAME
IFRAME

SELECT

Auswahllisten definieren

Beschreibung

Dieser Befehl dient dazu, innerhalb von Formularen sogenannte Auswahllisten oder Drop-down-Listen festzulegen. Der Besucher der Website kann dann keine Texteingaben in diesem Feld vornehmen, sondern nur aus der Liste einen oder mehrere der vorgegebenen Einträge auswählen.

Anwendung

Mit dem Markup Select definieren Sie die Auswahlliste und das Erscheinungsbild des Drop-down-Feldes. Der Einsatz des Befehls sollte innerhalb einer Formular-Definition stattfinden. Innerhalb des Select-Abschnittes legen Sie über den Befehl OPTION die einzelnen Einträge der Liste fest. Das Markup OPTION wird normalerweise nicht geschlossen.

HTML-4.0-Standard

CLASS, DIR, DISABLED, ID, LANG, MULTIPLE, NAME, SIZE, STYLE, TABINDEX, TITLE

Starttag: zwingend erforderlich; Endtag: zwingend erforderlich.

Eine einfache Auswahlliste als Drop-down-Menü.

Attribute

CLASS

Über das Attribut CLASS lässt sich das Element einer Gruppe (Klasse) zuordnen. Geben Sie dazu einen frei wählbaren Klassennamen als Wert an. Diese Gruppierungen erlauben Ihnen anschließend einen leichten Zugriff auf alle zugehörigen Elemente. So können Sie später beispielsweise mit Hilfe von Cascading-Stylesheets oder anderen Sprachen leicht die Eigenschaften aller Elemente einer Klasse verändern oder Werte auslesen.

DIR

Dieses Attribut ist für die Bestimmung der Laufrichtung des Textes notwendig. Zwei Werte können alternativ übergeben werden:

LTR

Dieser Wert bestimmt die Laufrichtung des Textes von links nach rechts (Abkürzung für »left to right«). Diese Laufrichtung ist im Browser voreingestellt.

RTL

Soll der Text entgegen der Standardlaufrichtung vom rechten Bildschirmrand zum linken Rand laufen, dann wählen Sie den Wert RTL (Abkürzung für »right to left«).

DISABLED

Mit diesem Attribut ist es möglich, Schaltflächen zu deaktivieren.

ID

Über das Attribut ID wird das Element mit einer für das Dokument eindeutigen Kennzeichnung versehen. Über diese ID lässt sich anschließend, beispielsweise mit Hilfe einer Scriptsprache, gezielt auf einzelne Elemente zugreifen, um z.B. deren Werte auszulesen oder zu verändern.

LANG

Dieses Attribut gibt die Sprache des Zieldokuments an. Das ist insbesondere für die Indizierung in Suchmaschinen wichtig. Verwenden Sie die Sprachcodes nach ISO-639, z.B. "de" für Deutsch oder "en" für Englisch oder "en-us" für amerikanisches Englisch.

NAME

Für alle Formularfelder gilt es, einen Namen zu definieren. Meist erhalten Sie die abgesendeten Formulare vom Webserver als E-Mail. In dieser E-Mail sind jeweils die Namen der Felder und die ausgewählten Einträge der Liste aufgeführt. Wählen Sie daher einen Namen, der Ihnen bei der Auswertung der eingegangenen Formulare weiterhilft und verzichten Sie auf Abkürzungen.

MULTIPLE

Mit dem Zusatz MULTIPLE erhält der Besucher die Möglichkeit, durch Drücken der Strg-Taste und Anklicken mehrerer Einträge der Liste gleichzeitig auszuwählen. Dem Attribut MULTIPLE wird kein Wert übergeben. Wenn Sie MULTIPLE verwenden, sollten Sie zusätzlich die Größe des Feldes mit SIZE auf einen Wert von über 1 setzen, um dem Anwender die Benutzung zu erleichtern.

ONBLUR

Dieses Ereignis findet statt, wenn der Mauszeiger von einer bestimmten Position aus über das benannte Element bewegt wird. Durch diese Aktion wird ein angegebenes Script ausgeführt.

ONCHANGE

Dieses Ereignis findet statt, wenn der Inhalt des Eingabefeldes verändert wird. Durch diese Aktion wird ein angegebenes Script ausgeführt.

ONCLICK

Dieses Ereignis findet statt, wenn mit der Maus das benannte Element angeklickt wird. Durch diese Aktion wird ein angegebenes Script ausgeführt.

ONDBLCLICK

Dieses Ereignis findet statt, wenn mit der Maus das benannte Element doppelt angeklickt wird. Durch diese Aktion wird ein angegebenes Script ausgeführt.

ONKEYDOWN

Dieses Ereignis findet statt, wenn man sich über dem bezeichneten Element befindet und gleichzeitig eine Taste gedrückt wird. Durch diese Aktion wird ein angegebenes Script ausgeführt.

ONKEYPRESS

Dieses Ereignis findet statt, wenn man sich über dem bezeichneten Element befindet und gleichzeitig eine Taste drückt und wieder loslässt. Durch diese Aktion wird ein angegebenes Script ausgeführt.

ONKEYUP

Dieses Ereignis findet statt, wenn man sich über dem bezeichneten Element befindet und eine gedrückte Taste losgelassen wird. Durch diese Aktion wird ein angegebenes Script ausgeführt.

ONMOUSEDOWN

Dieses Ereignis findet statt, wenn man sich über dem bezeichneten Element befindet und gleichzeitig eine Maustaste gedrückt wird. Durch diese Aktion wird ein angegebenes Script ausgeführt.

ONMOUSEMOVE

Dieses Ereignis findet statt, wenn man sich mit der Maus über das benannte Element bewegt. Durch diese Aktion wird ein angegebenes Script ausgeführt.

ONMOUSEOUT

Dieses Ereignis findet statt, wenn man sich mit der Maus von dem benannten Element fortbewegt. Durch diese Aktion wird ein angegebenes Script ausgeführt.

ONMOUSEOVER

Dieses Ereignis findet statt, wenn der Mauszeiger direkt auf das benannte Element zeigt. Durch diese Aktion wird ein angegebenes Script ausgeführt.

ONMOUSEUP

Dieses Ereignis findet statt, wenn man sich über dem bezeichneten Element befindet und eine gedrückte Maustaste losgelassen wird. Durch diese Aktion wird ein angegebenes Script ausgeführt.

ONFOCUS

Das Ereignis ONFOCUS tritt ein, wenn das aktuelle Element den Focus erhält. Wenn der Anwender also per Mausklick oder Tastatur auf dieses Feld geht.

SIZE

Standardmäßig wird von der Auswahlliste nur ein einziges Feld angezeigt. Sie erhalten dann per Mausklick eine sogenannte Drop-down-Liste. Sie können allerdings die Anzahl der angezeigten Felder beliebig variieren. Geben Sie für Size in diesem Fall einfach einen höheren Wert an. Es erscheint dann keine Drop-down-Liste, sondern ein mehrzeiliges Auswahlfeld.

STYLE

Das Attribut STYLE lässt sich dazu nutzen, um Stilvorgaben, insbesondere das Aussehen des Elements, zu verändern. Als Wert des Attributs übergeben Sie die entsprechenden Optionen einer Stylesheet-Sprache (meist CSS).

TABINDEX

Dieses Attribut weist einem Element durch die Verwendung von positiven oder negativen Ganzzahlen eine Reihenfolgeposition zu. Elemente, die mit diesem Attribut versehen sind, können mit der Tabulatortaste nacheinander ausgewählt werden.

TITLE

Durch dieses Attribut werden markierten Elementen zusätzliche Informationen zugewiesen. Bei vielen Browsern werden diese Informationen in einem Pop-up-Fenster angezeigt, wenn sich der Mauszeiger auf dem Element befindet.

Beispiel

```
<select name="Betriebssystem" size="3" multiple>
<option> Windows 3.11
<option> Windows 95
<option> Windows 98
<option> Windows NT 4.0
<option> Sonstige
</select>
```

Ereignisse

ONBLUR, ONCHANGE, ONCLICK, ONFOCUS, ONDBLCLICK, ONKEYDOWN, ONKEYPRESS, ONKEYUP, ONMOUSEDOWN, ONMOUSEMOVE, ONMOUSEOVER, ONMOUSEOUT, ONMOUSEUP

XML-Definition

```
<!ELEMENT SELECT - - (OPTGROUP|OPTION)+>
<!ATTLIST SELECT
%attrs;
name         CDATA          #IMPLIED
size         NUMBER         #IMPLIED
multiple (multiple)        #IMPLIED
disabled (disabled)        #IMPLIED
tabindex     NUMBER         #IMPLIED
onfocus      %Script;       #IMPLIED
onblur       %Script;       #IMPLIED
onchange     %Script;       #IMPLIED
%reserved;>
```

Verwandte Befehle
FORM
INPUT
OPTION

SELECTED   <html attribut>

Einzelne Optionsfelder als Vorauswahl markieren

Beschreibung

Dieses Attribut markiert Auswahlmöglichkeiten, die einem Anwender als vorausgewählt angezeigt werden.

Anwendung

Aktivieren Sie die Vorauswahl eines Optionsfeldes durch Angabe des Attributs SELECTED. Der Einsatz dieses Attributs ist optional.

Werte

Um diese Option zu aktivieren, setzen Sie einfach den Namen des Attributes ein. Sie müssen diesem Attribut keinen Wert übergeben. Wird das Attribut nicht eingesetzt, so bleibt die Option deaktiviert. Dabei ist dieses Attribut case-insensitive. Es wird also nicht zwischen Groß- und Kleinschreibung unterschieden.

Beispiel

```
<select name="Pasta" size=5>
<option value="P101"> Spaghetti Napoli
<option value="P102"> Spaghetti Bolognese
<option value="P103"> Spaghetti al Pesto
<option value="P104"> Spaghetti Mare e Monti
<option value="P105"> Spaghetti Aglio e Olio
<option value="P106" selected> Spaghetti Carbonara
<option value="P107"> Spaghetti Alfredo
<option value="P108"> Spaghetti Diavolo
<option value="P109"> Spaghetti Nettuno
</select>
```

Zugehörige Elemente

OPTION

select-elements

Filtern von Elementen

Beschreibung

Eine der herausragenden Fähigkeiten von XSL ist es, Inhalte eines XML-Dokuments umzustrukturieren und Teilbereiche herauszufiltern. Eine Adressenliste könnte so beispielsweise einmal nach Vornamen und dann nach Nachnamen sortiert ausgegeben werden. Das Tag `<select-elements>`, das sich innerhalb der Aktion befindet und das `<children/>`-Element ersetzt, ergänzt XSL um diese Funktion zum Filtern von bestimmten Elementen.

Anwendung

Das Tag `<select-elements>`, das sich innerhalb des Aktion-Abschnitts befindet, ersetzt das `<children/>`-Element. Es ergänzt XSL um die Funktion zum Herausfiltern von Elementen.

353

Parameter

from

> Sollen Elemente aus dem Dokument herausgefiltert werden, die keine unmittelbaren Nachkommen des Musters der Konstruktionsregel sind, wird das Attribut `from` verwendet. Für dieses Attribut sind die beiden Werte `"descendants"` und `"children"` möglich. Der zweite Wert entspricht der Voreinstellung und bezieht sich wie oben genannt auf die unmittelbaren Nachkommen (»Kinder«) des Ursprungselements.

Beispiel

```
<select-elements from="descendants">
</select-elements>


    <select-elements from="children">
</select-elements>

<rule>
    <target-element type="liste"/>
    <DIV>
    <select-elements from="descendants">
        <target-element type="nachname"/>
    <select-element>
    </DIV>
</rule>
```

SEQ

Clips sequentiell abspielen

Beschreibung

Alle Medienclips, die sich innerhalb des SEQ-Containers befinden, werden nacheinander (sequentiell) abgespielt. Alternativ können Sie den Befehl PAR verwenden, um Clips parallel wiederzugeben.

Parameter

abstract

> Eine Kurzbeschreibung des Inhalts des Elements.

id

> Über das Attribut ID wird das Element mit einer für das Dokument eindeutigen Kennzeichnung versehen. Über diese ID lässt sich von anderen Elementen auf diesen Bereich zugreifen.

author

> Über dieses Attribut lässt sich ein Autor für diese Mediengruppierung angeben.

copyright
> Informationen über den Urheber und das Copyright lassen sich als Wert dieses Attributs übergeben.

dur
> Gibt die Gesamtspielzeit der Gruppe an. Sie können als Einheit die Bezeichnungen h, min, s oder ms verwenden.

end
> Gibt die Endzeit der Gruppe an. Dieser Wert bezieht sich relativ auf das Attribut begin. Sie können als Einheit die Bezeichnungen h, min, s oder ms verwenden.

repeat
> Wiederholt die gesamte Gruppe in der angegebenen Anzahl.

title
> Gibt der gesamten Gruppe einen eindeutigen Titel mit einer Kurzbeschreibung des Inhalts.

Beispiel

```
<seq id="identifier"
    title="string"
    abstract="string"
    author="string"
    copyright="string"
    begin="clock-value"
    end="clock-value"
    dur="clock-value"
    repeat="integer"
    system-bitrate="integer"
    system-captions="on|off"
    system-language="coma-separated-list"
    system-overdub-or-captions="captions|overdub"
    system-required="string"
    system-screen-depth="integer"
    system-screen-size="integerXinteger" />
```

SHAPE   <html attribut>

Form einer verweissensitiven Fläche bestimmen

Beschreibung

Mit dem Attribut SHAPE kann die Fläche festgelegt werden, die einen Link darstellen soll. So lassen sich auf einer verweissensitiven Grafik runde, rechteckige und vieleckige Flächen markieren.

Anwendung

Über dieses Attribut geben Sie lediglich die Form der Fläche an. Die gewählte Form ist dann ausschlaggebend für die Interpretation der Koordinatenangaben, die unter COORDS vorgenommen werden.

Werte

Folgende Angaben sind gültig:

DEFAULT
>	gesamte Fläche

RECT
>	Rechteck; x1=linke obere Ecke, Pixel von links, y1=linke obere Ecke, Pixel von oben, x2=rechte untere Ecke, Pixel von links, y2=rechte untere Ecke, Pixel von oben

CIRCLE
>	Kreis; x=Mittelpunkt, Pixel von links, y=Mittelpunkt, Pixel von oben, r=Radius in Pixel

POLY
>	Vieleck; x1-xn, x=Pixel einer Ecke von links, y1-yn, y=Pixel einer Ecke von oben

Beispiel

```
<area shape=rect coords="1,1,249,49" href="seite3.htm">
<area shape=circle coords="1,51,299" nohref>
<area shape=poly coords="251,1,39,99,567" href="next.htm">
```

Zugehörige Elemente

A
AREA

size

Seitengröße festlegen

Beschreibung

Diese Angabe erlaubt Ihnen zu bestimmen, welche Abmessungen die gesamte Seite haben soll.

Parameter

Geben Sie Breite und Höhe als numerischen Wert an. Alternativ sind folgende Schlüsselwörter erlaubt:

`auto`
> Die Standardeinstellung des Ausgabemediums.

`landscape`
> Das Standardformat im Querformat.

`portrait`
> Das Standardformat im Hochformat.

Beispiel

```
<style type="text/css">
h1, h2 { size: 20cm 10cm }
h3, h4 { size: landscape }
</style>

<div style="size: portrait">
</div>
```

SIZE   \<html attribut\>

Größenangaben festlegen

Beschreibung

Je nachdem, für welches Element Sie eine Größe mit dem Attribut SIZE angeben, kann dieser Befehl verschiedene Wirkungen und Gültigkeitsbereiche haben. Im Folgenden finden Sie alle möglichen Kombinationen.

Anwendung

`INPUT`
> Mit diesem Attribut wird die Größe eines Eingabefelds angegeben. Übersteigt der angegebene Wert den darzustellenden Bereich, wird der eingegebene Text gescrollt.

`HR`
> Mit diesem Attribut ist es möglich, die Höhe der Trennlinien in Pixel anzugeben.

`BASEFONT, FONT`
> Das Attribut SIZE wird für die Festlegung der Schriftgröße genutzt. Für die Größenangabe stehen die Werte 1-7 zur Verfügung. Wenn diese Zahl nicht explizit bestimmt wird, werden Schriften standardmäßig in Schriftgröße 3 dargestellt.

`SELECT`
> Mit diesem Attribut wird festgelegt, wie viele Zeilen der Auswahlmöglichkeiten einem Anwender angezeigt werden.

Werte

Je nachdem, für welchen Befehl Sie dieses Attribut verwenden, existieren unterschiedliche Gültigkeitsbereiche für den übergebenen Wert. Im Folgenden haben wir die einzelnen Befehle und möglichen Werte aufgelistet:

HR

Der Wert dieses Attributs gibt eine Größe in Pixel, also in Bildpunkten, an. Gültige Werte sind positive ganze Zahlen (Integer-Werte). Die Eingabe von ="100" entspricht zum Beispiel einer Größe von 100 Pixel.

FONT, INPUT, BASEFONT, SELECT

Diesem Attribut können Sie als Wert eine beliebige Zeichenfolge übergeben. Dabei sollte diese Zeichenkette möglichst nicht mit Leerzeichen beginnen oder enden. Eventuell wird der verarbeitende Browser diese herausfiltern.

Beispiel

```
<basefont size="2">
<font face="Arial" size="+2">
<font face="Arial" size="3">

<hr size="5">

<select name="Pasta" size=2>
<option value="P101"> Spaghetti Napoli
<option value="P102"> Spaghetti Bolognese
<option value="P103"> Spaghetti al Pesto
</select>

<input type="text" size="20">
```

Zugehörige Elemente

BASEFONT
FONT
HR
INPUT
SELECT

SMALL

Darstellung von Text in kleinerer Schriftart

Beschreibung

Mit diesem Befehl lässt sich Standardfließtext kleiner darstellen. Es stehen drei Stufen zur Verkleinerung des Textes zur Verfügung.

Anwendung

Der Befehl SMALL (»small« / klein) setzt Text, der kleiner erscheinen soll, in einen Container zwischen <small> und </small>. Diese Container können ineinander verschachtelt werden.

HTML-4.0-Standard

CLASS, DIR, ID, LANG, STYLE, TITLE

Starttag: zwingend erforderlich; Endtag: zwingend erforderlich.

Attribute

CLASS
   Über das Attribut CLASS lässt sich das Element einer Gruppe (Klasse) zuordnen. Geben Sie dazu einen frei wählbaren Klassennamen als Wert an. Diese Gruppierungen erlauben Ihnen anschließend einen leichten Zugriff auf alle zugehörigen Elemente. So können Sie später beispielsweise mit Hilfe von Cascading-Stylesheets oder anderen Sprachen leicht die Eigenschaften aller Elemente einer Klasse verändern oder Werte auslesen.

DIR
   Dieses Attribut ist für die Bestimmung der Laufrichtung des Textes notwendig. Zwei Werte können alternativ übergeben werden:

   LTR
      Dieser Wert bestimmt die Laufrichtung des Textes von links nach rechts (Abkürzung für »left to right«). Diese Laufrichtung ist im Browser voreingestellt.

   RTL
      Soll der Text entgegen der Standardlaufrichtung vom rechten Bildschirmrand zum linken Rand laufen, dann wählen Sie den Wert RTL (Abkürzung für »right to left«).

ID
   Über das Attribut ID wird das Element mit einer für das Dokument eindeutigen Kennzeichnung versehen. Über diese ID lässt sich anschließend beispielsweise mit Hilfe einer Scriptsprache gezielt auf einzelne Elemente zugreifen, um z.B. deren Werte auszulesen oder zu verändern.

LANG
   Dieses Attribut gibt die Sprache des Zieldokuments an. Das ist insbesondere für die Indizierung in Suchmaschinen wichtig. Verwenden Sie die Sprachcodes nach ISO-639, z.B. "de" für Deutsch oder "en" für Englisch oder "en-us" für amerikanisches Englisch.

ONCLICK
   Dieses Ereignis findet statt, wenn mit der Maus das benannte Element angeklickt wird. Durch diese Aktion wird ein angegebenes Script ausgeführt.

ONDBLCLICK

Dieses Ereignis findet statt, wenn mit der Maus das benannte Element doppelt angeklickt wird. Durch diese Aktion wird ein angegebenes Script ausgeführt.

ONKEYDOWN

Dieses Ereignis findet statt, wenn man sich über dem bezeichneten Element befindet und gleichzeitig eine Taste gedrückt wird. Durch diese Aktion wird ein angegebenes Script ausgeführt.

ONKEYPRESS

Dieses Ereignis findet statt, wenn man sich über dem bezeichneten Element befindet und gleichzeitig eine Taste drückt und wieder loslässt. Durch diese Aktion wird ein angegebenes Script ausgeführt.

ONKEYUP

Dieses Ereignis findet statt, wenn man sich über dem bezeichneten Element befindet und eine gedrückte Taste losgelassen wird. Durch diese Aktion wird ein angegebenes Script ausgeführt.

ONMOUSEDOWN

Dieses Ereignis findet statt, wenn man sich über dem bezeichneten Element befindet und gleichzeitig eine Maustaste gedrückt wird. Durch diese Aktion wird ein angegebenes Script ausgeführt.

ONMOUSEMOVE

Dieses Ereignis findet statt, wenn man sich mit der Maus über das benannte Element bewegt. Durch diese Aktion wird ein angegebenes Script ausgeführt.

ONMOUSEOUT

Dieses Ereignis findet statt, wenn man sich mit der Maus von dem benannten Element fortbewegt. Durch diese Aktion wird ein angegebenes Script ausgeführt.

ONMOUSEOVER

Dieses Ereignis findet statt, wenn der Mauszeiger direkt auf das benannte Element zeigt. Durch diese Aktion wird ein angegebenes Script ausgeführt.

ONMOUSEUP

Dieses Ereignis findet statt, wenn man sich über dem bezeichneten Element befindet und eine gedrückte Maustaste losgelassen wird. Durch diese Aktion wird ein angegebenes Script ausgeführt.

STYLE

Das Attribut STYLE wird zur Festlegung spezifischer Eigenschaften in Bezug auf die Darstellung so gekennzeichneter Elemente verwendet. Die Vorgabe eines verwendeten Stils wird durch die Cascading-Stylesheets definiert.

TITLE

Durch dieses Attribut werden markierten Elementen zusätzliche Informationen zugewiesen. Bei vielen Browsern werden diese Informationen in einem Pop-up-Fenster angezeigt, wenn sich der Mauszeiger auf dem Element befindet.

Beispiel

```
Das war ein <small>kleines</small>Mißverständnis!
```

Ereignisse

ONCLICK, ONDBLCLICK, ONKEYDOWN, ONKEYPRESS, ONKEYUP, ONMOUSEDOWN, ONMOUSEMOVE, ONMOUSEOVER, ONMOUSEOUT, ONMOUSEUP

Verwandte Befehle

B
BIG
I
LISTING
PLAINTEXT
PRE
S
STRIKE
TT
U
XMP

SMIL

Grundstruktur eines SMIL-Dokuments

Beschreibung

Ähnlich wie bei HTML ist SMIL das umschließende Markup, das das gesamte Dokument umschließt. Mit dem umschließenden SMIL-Tag beginnt jedes SMIL-Dokument. Innerhalb des Dokuments sind zwei weitere Unterteilungen möglich: der Kopf (HEAD) und der eigentliche Dokumentenkörper (BODY).

Anwendung

Ein SMIL-Dokument (Synchronized Multimedia Integration Language) wird mit diesem Befehl eingeleitet und mit dem End-Tag abgeschlossen.

Beispiel

```
<smil>
<head>
<!-- Kopfinformationen -->
<layout> ... </layout>
</head>
<body>
</body>
</smil>
```

SPACER

Einfügen von unsichtbaren Objekten

Beschreibung

Mit diesem Befehl lassen sich nicht sichtbare Objekte in ein HTML-Dokument einfügen.

Anwendung

Der Befehl SPACER wird genutzt, um Objekte, die nicht sichtbar sein sollen, in einem HTML-Dokument darzustellen. Dabei handelt es sich um Rechtecke verschiedener Größe. Die Auswirkung dieser unsichtbaren Bilder auf den umgebenden Text ist die gleiche wie bei referenzierten Grafiken.

HTML-4.0-Standard

Dieser Befehl gehört nicht zum offiziellen Sprachumfang von HTML, sondern wurde von Netscape eingeführt und wird dementsprechend nicht vom Explorer interpretiert.

Attribute

ALIGN

Dieses Attribut ist für die Festlegung der Ausrichtung des jeweiligen unsichtbaren Rechtecks zuständig. Sie können die folgenden Werte benutzen:

RIGHT

Das unsichtbare Rechteck wird rechtsbündig ausgerichtet. Darzustellender Text fließt in linker Richtung um das Rechteck.

LEFT

Das unsichtbare Rechteck wird linksbündig ausgerichtet. Darzustellender Text fließt in rechter Richtung um das Rechteck.

HEIGHT

Mit diesem Attribut wird die Höhe eines einzubindenen unsichtbaren Rechtecks in Pixel angegeben.

TYPE

Über den Wert dieses Attributs legen Sie fest, welche Form das unsichtbare Objekt besitzen soll. Drei gültige Werte stehen zur Auswahl:

BLOCK

Mit diesem Wert legen Sie fest, dass es sich bei dem einzubindenden Objekt um ein Rechteck handelt.

HORIZONTAL

Mit diesem Wert erreichen Sie eine horizontale Einrückung der nachfolgenden Objekte.

VERTICAL
> Über diesen Wert definieren Sie die vertikalen Abstände beispielsweise zwischen zwei Absätzen.

WIDTH
> Mit diesem Attribut wird die Breite eines einzubindenen unsichtbaren Rechtecks in Pixel angegeben.

Beispiel

```
<spacer type="block" width="100" height="50" align="left">
Hier steht der Text ...

<spacer type="horizontal" size="100">
Hier beginnt der neue Absatz ...

<spacer type="vertical" size="100">
Hier beginnt der letzte Absatz ...
```

Verwandte Befehle
IMG

SPAN   <html attribut>

Anzahl der Spalten festlegen

Beschreibung
Mit diesem Attribut können Sie die Anzahl der Spalten festlegen, mit der eine Tabelle bestückt werden soll. Gültige Werte für dieses Attribut sind positive Ganzzahlen.

Anwendung
Die Verwendung dieses Attributs hat den Vorteil, dass der Browser sofort weiß, wie groß die entsprechende Tabelle sein soll. So kann er auf einen eventuellen Neuaufbau des Bildschirms verzichten. Der Einsatz dieses Attributs ist optional.

Werte
Gültige Werte für dieses Attribut sind ganze Zahlen. Die Zahl muss mindestens eine Ziffer der Zahlen 0 bis 9 enthalten (="9").

Beispiel

```
<colgroup span="10" width="20">
</colgroup>
```

Zugehörige Elemente
COL
COLGROUP

SPAN

Strukturieren von Text

Beschreibung

Mit diesem Befehl können HTML-Dokumente strukturiert werden.

Anwendung

Der Befehl SPAN dient, ebenso wie der Befehl DIV, der Strukturierung eines Textes. Dieser Befehl ersetzt den mittlerweile mißbilligten CENTER-Tag. Der Befehl wird dann eingesetzt, wenn Abschnitte eines HTML-Dokuments zentriert dargestellt werden sollen. Im Gegensatz zum DIV-Tag ist der SPAN-Befehl zwingender, da mit diesem Befehl keine seitlichen Ausrichtungen von Absätzen gestattet sind.

Attribute

ALIGN

Dieses Attribut ist für die Festlegung der Ausrichtung von Daten innerhalb einer Tabellenspalte zuständig.

LEFT

Linksbündige Ausrichtung von Daten innerhalb einer Seite. Standardmäßige Voreinstellung.

RIGHT

Rechtsbündige Ausrichtung von Daten innerhalb einer Seite.

CENTER

Zentrierte Ausrichtung von Daten innerhalb einer Seite.

JUSTIFY

Erstellung von Blocksatz auf einer Seite.

CLASS

Über das Attribut CLASS lässt sich das Element einer Gruppe (Klasse) zuordnen. Geben Sie dazu einen frei wählbaren Klassennamen als Wert an. Diese Gruppierungen erlauben Ihnen anschließend einen leichten Zugriff auf alle zugehörigen Elemente. So können Sie später beispielsweise mit Hilfe von Cascading-Stylesheets oder anderen Sprachen leicht die Eigenschaften aller Elemente einer Klasse verändern oder Werte auslesen.

DIR

Dieses Attribut ist für die Bestimmung der Laufrichtung des Textes notwendig. Zwei Werte können alternativ übergeben werden:

LTR

Dieser Wert bestimmt die Laufrichtung des Textes von links nach rechts (Abkürzung für »left to right«). Diese Laufrichtung ist im Browser voreingestellt.

RTL

Soll der Text entgegen der Standardlaufrichtung vom rechten Bildschirmrand zum linken Rand laufen, dann wählen Sie den Wert RTL (Abkürzung für »right to left«).

ID

Über das Attribut ID wird das Element mit einer für das Dokument eindeutigen Kennzeichnung versehen. Über diese ID lässt sich anschließend beispielsweise mit Hilfe einer Scriptsprache gezielt auf einzelne Elemente zugreifen, um z.B. deren Werte auszulesen oder zu verändern.

LANG

Dieses Attribut gibt die Sprache des Zieldokuments an. Das ist insbesondere für die Indizierung in Suchmaschinen wichtig. Verwenden Sie die Sprachcodes nach ISO-639, z.B. "de" für Deutsch oder "en" für Englisch oder "en-us" für amerikanisches Englisch.

ONCLICK

Dieses Ereignis findet statt, wenn mit der Maus das benannte Element angeklickt wird. Durch diese Aktion wird ein angegebenes Script ausgeführt.

ONDBLCLICK

Dieses Ereignis findet statt, wenn mit der Maus das benannte Element doppelt angeklickt wird. Durch diese Aktion wird ein angegebenes Script ausgeführt.

ONKEYDOWN

Dieses Ereignis findet statt, wenn man sich über dem bezeichneten Element befindet und gleichzeitig eine Taste gedrückt wird. Durch diese Aktion wird ein angegebenes Script ausgeführt.

ONKEYPRESS

Dieses Ereignis findet statt, wenn man sich über dem bezeichneten Element befindet und gleichzeitig eine Taste drückt und wieder loslässt. Durch diese Aktion wird ein angegebenes Script ausgeführt.

ONKEYUP

Dieses Ereignis findet statt, wenn man sich über dem bezeichneten Element befindet und eine gedrückte Taste losgelassen wird. Durch diese Aktion wird ein angegebenes Script ausgeführt.

ONMOUSEDOWN

Dieses Ereignis findet statt, wenn man sich über dem bezeichneten Element befindet und gleichzeitig eine Maustaste gedrückt wird. Durch diese Aktion wird ein angegebenes Script ausgeführt.

ONMOUSEMOVE

Dieses Ereignis findet statt, wenn man sich mit der Maus über das benannte Element bewegt. Durch diese Aktion wird ein angegebenes Script ausgeführt.

ONMOUSEOUT

Dieses Ereignis findet statt, wenn man sich mit der Maus von dem benannten Element fortbewegt. Durch diese Aktion wird ein angegebenes Script ausgeführt.

ONMOUSEOVER

Dieses Ereignis findet statt, wenn der Mauszeiger direkt auf das benannte Element zeigt. Durch diese Aktion wird ein angegebenes Script ausgeführt.

ONMOUSEUP

Dieses Ereignis findet statt, wenn man sich über dem bezeichneten Element befindet und eine gedrückte Maustaste losgelassen wird. Durch diese Aktion wird ein angegebenes Script ausgeführt.

STYLE

Das Attribut STYLE wird zur Festlegung spezifischer Eigenschaften in Bezug auf die Darstellung so gekennzeichneter Elemente verwendet. Die Vorgabe eines verwendeten Stils wird durch die Cascading-Stylesheets definiert.

TITLE

Durch dieses Attribut werden markierten Elementen zusätzliche Informationen zugewiesen. Bei vielen Browsern werden diese Informationen in einem Pop-up-Fenster angezeigt, wenn sich der Mauszeiger auf dem Element befindet.

Beispiel

```
<span align="center">
Zentrierter Text
</span>
```

Ereignisse

ONCLICK, ONDBLCLICK, ONKEYDOWN, ONKEYPRESS, ONKEYUP, ONMOUSEDOWN, ONMOUSEMOVE, ONMOUSEOVER, ONMOUSEOUT, ONMOUSEUP

XML-Definition

```
<!ELEMENT SPAN>
<!ATTLIST SPAN
%attrs;
%reserved;>
```

Verwandte Befehle

DIV

P

SRC <html attribut>

Datenquelle angeben

Beschreibung

Mit diesem Attribut wird die Datenquelle (Source) eines Elements anhand seines URI festgelegt.

Anwendung

Der Einsatz dieses Attributs ist außer für die Befehle INPUT und SCRIPT zwingend erforderlich.

Werte

Ein gültiger Wert für dieses Attribut ist ein sogenannter URI (*Uniform Resource Identifier*). Der Aufbau eines URI entspricht dem folgenden Schema:

```
[Protokoll]://[Domain]/[Verzeichnis]/[Datei]
```

Mögliche Angaben für das verwendete Protokoll sind die folgenden Werte:

ftp	File Transfer Protocol
http	Hypertext Transfer Protocol
gopher	Gopher Protocol
mailto	Electronic Mail Address
news	USENET News
nntp	USENET News (NNTP-Zugriff)
telnet	Reference to interactive sessions
wais	Wide Area Information Server
file	Host-specific file names
prospero	Prospero Directory Service

Beispiel

```
<img src="bild.gif">

<img src="http://www.bilder.de/bild.gif">

<frameset cols="40%,60%">
<frame src="verweise.htm" name="Verweise">
<frame src="titel.htm" name="Daten">
</frameset>
```

Zugehörige Elemente

FRAME
IFRAME

IMG
INPUT
SCRIPT

STANDBY   **\<html attribut\>**

Informationen während der Übertragung

Beschreibung

Mit diesem Attribut wird die Nachricht angegeben, die während des Aufbaus eines Objektes angezeigt werden soll.

Anwendung

Die Übertragung beispielsweise eines multimedialen Objektes kann schon einige Zeit in Anspruch nehmen. Geben Sie daher schon vorher einige Informationen an den Anwender weiter, so dass er genau bemerkt, was passiert. Der Browser wird diese Informationen idealerweise in der Statuszeile anzeigen. Der Einsatz dieses Attributs ist optional.

Werte

Diesem Attribut können Sie als Wert eine beliebige Zeichenfolge übergeben. Dabei sollte diese Zeichenkette möglichst nicht mit Leerzeichen beginnen oder enden. Eventuell wird der verarbeitende Browser diese herausfiltern.

Beispiel

```
<object
        classid="anim.py"
        standby="Bitte warten, Objekt wird übertragen">
</object>
```

Zugehörige Elemente

OBJECT

START <html attribut>

Startwert für nummerierte Liste angeben

Beschreibung

START gibt Ihnen die Möglichkeit, einen Startwert anzugeben und eine nummerierte Liste beispielsweise mit dem Wert 100 und nicht mit dem voreingestellten Wert 1 beginnen zu lassen.

Anwendung

Dieses Attribut ist ausschließlich im Zusammenhang mit einer nummerierten Liste möglich. Der Einsatz dieses Attributs ist optional.

Werte

Gültige Werte für dieses Attribut sind ganze Zahlen. Die Zahl muss mindestens eine Ziffer der Zahlen 0 bis 9 enthalten (="9").

Beispiel

```
<ol start="3">
      <li>Erstens</li>
      <li>Zweitens</li>
      <li>Drittens</li>
</ol>
```

Zugehörige Elemente

OL

STRIKE

Darstellung von durchgestrichenem Text

Beschreibung

Mit diesem Befehl lässt sich durchgestrichener Text darstellen. Ab der Version 4.0 von HTML wird dieses Tag missbilligt.

Anwendung

Der Befehl Strike (»Strike« / durchgestrichen) wird ab der Version 4.0 von HTML mit Hilfe von Stylesheets umgesetzt.

HTML-4.0-Standard

CLASS, DIR, ID, LANG, STYLE, TITLE

Der Einsatz dieses Befehls wird in der aktuellen HTML-Version nicht mehr empfohlen, er wurde durch andere Befehle ersetzt.

Starttag: zwingend erforderlich; Endtag: zwingend erforderlich.

Attribute

CLASS

Über das Attribut CLASS lässt sich das Element einer Gruppe (Klasse) zuordnen. Geben Sie dazu einen frei wählbaren Klassennamen als Wert an. Diese Gruppierungen erlauben Ihnen anschließend einen leichten Zugriff auf alle zugehörigen Elemente. So können Sie später beispielsweise mit Hilfe von Cascading-Stylesheets oder anderen Sprachen leicht die Eigenschaften aller Elemente einer Klasse verändern oder Werte auslesen.

DIR

Dieses Attribut ist für die Bestimmung der Laufrichtung des Textes notwendig. Zwei Werte können alternativ übergeben werden:

LTR

Dieser Wert bestimmt die Laufrichtung des Textes von links nach rechts (Abkürzung für »left to right«). Diese Laufrichtung ist im Browser voreingestellt.

RTL

Soll der Text entgegen der Standardlaufrichtung vom rechten Bildschirmrand zum linken Rand laufen, dann wählen Sie den Wert RTL (Abkürzung für »right to left«).

ID

Über das Attribut ID wird das Element mit einer für das Dokument eindeutigen Kennzeichnung versehen. Über diese ID lässt sich anschließend beispielsweise mit Hilfe einer Scriptsprache gezielt auf einzelne Elemente zugreifen, um z.B. deren Werte auszulesen oder zu verändern.

LANG

Dieses Attribut gibt die Sprache des Zieldokuments an. Das ist insbesondere für die Indizierung in Suchmaschinen wichtig. Verwenden Sie die Sprachcodes nach ISO-639, z.B. "de" für Deutsch oder "en" für Englisch oder "en-us" für amerikanisches Englisch.

ONCLICK

Dieses Ereignis findet statt, wenn mit der Maus das benannte Element angeklickt wird. Durch diese Aktion wird ein angegebenes Script ausgeführt.

ONDBLCLICK

Dieses Ereignis findet statt, wenn mit der Maus das benannte Element doppelt angeklickt wird. Durch diese Aktion wird ein angegebenes Script ausgeführt.

ONKEYDOWN

Dieses Ereignis findet statt, wenn man sich über dem bezeichneten Element befindet und gleichzeitig eine Taste gedrückt wird. Durch diese Aktion wird ein angegebenes Script ausgeführt.

ONKEYPRESS

Dieses Ereignis findet statt, wenn man sich über dem bezeichneten Element befindet und gleichzeitig eine Taste drückt und wieder loslässt. Durch diese Aktion wird ein angegebenes Script ausgeführt.

ONKEYUP

Dieses Ereignis findet statt, wenn man sich über dem bezeichneten Element befindet und eine gedrückte Taste losgelassen wird. Durch diese Aktion wird ein angegebenes Script ausgeführt.

ONMOUSEDOWN

Dieses Ereignis findet statt, wenn man sich über dem bezeichneten Element befindet und gleichzeitig eine Maustaste gedrückt wird. Durch diese Aktion wird ein angegebenes Script ausgeführt.

ONMOUSEMOVE

Dieses Ereignis findet statt, wenn man sich mit der Maus über das benannte Element bewegt. Durch diese Aktion wird ein angegebenes Script ausgeführt.

ONMOUSEOUT

Dieses Ereignis findet statt, wenn man sich mit der Maus von dem benannten Element fortbewegt. Durch diese Aktion wird ein angegebenes Script ausgeführt.

ONMOUSEOVER

Dieses Ereignis findet statt, wenn der Mauszeiger direkt auf das benannte Element zeigt. Durch diese Aktion wird ein angegebenes Script ausgeführt.

ONMOUSEUP

Dieses Ereignis findet statt, wenn man sich über dem bezeichneten Element befindet und eine gedrückte Maustaste losgelassen wird. Durch diese Aktion wird ein angegebenes Script ausgeführt.

STYLE

Das Attribut STYLE lässt sich dazu nutzen, um Stilvorgaben, insbesondere das Aussehen des Elements, zu verändern. Als Wert des Attributs übergeben Sie die entsprechenden Optionen einer Stylesheet-Sprache (meist CSS).

TITLE

Geben Sie dem Anwender weitere Informationen über das verwendete Element, indem Sie mit Hilfe des TITLE-Befehls einen aussagekräftigen Titel festlegen. Insbesondere Anwendern, die auf eine Sprachausgabe angewiesen sind, wird so die Navigation durch Ihre Seiten erleichtert.

Beispiel

```
<Strike>Das ist ebenfalls durchgestrichener Text! </Strike>
```

Ereignisse

ONCLICK, ONDBLCLICK, ONKEYDOWN, ONKEYPRESS, ONKEYUP, ONMOUSEDOWN, ONMOUSEMOVE, ONMOUSEOVER, ONMOUSEOUT, ONMOUSEUP

Verwandte Befehle

B
BIG
I
LISTING
PLAINTEXT
PRE
S
SMALL
TT
U
XMP

STRONG

Besondere Betonung von Text

Beschreibung

Mit diesem Befehl werden Textabschnitte besonders hervorgehoben. Die Herausstellung von Textabschnitten geschieht in auffälligerem Maße, als das bei dem Befehl EM der Fall ist.

Anwendung

Der Befehl STRONG (»strong« / stark) wird dann benutzt, wenn Text sich gegenüber dem normalen Text abheben soll. Eine weniger große Betonung kann mit dem Befehl EM erreicht werden. Es wird empfohlen, diesen Befehl nach Möglichkeit nicht zu oft zu verwenden.

HTML-4.0-Standard

CLASS, DIR, ID, LANG, STYLE, TITLE

Starttag: zwingend erforderlich; Endtag: zwingend erforderlich.

Attribute

CLASS

Über das Attribut CLASS lässt sich das Element einer Gruppe (Klasse) zuordnen. Geben Sie dazu einen frei wählbaren Klassennamen als Wert an. Diese Gruppierungen erlauben Ihnen anschließend einen leichten Zugriff auf alle zugehörigen

Elemente. So können Sie später beispielsweise mit Hilfe von Cascading-Stylesheets oder anderen Sprachen leicht die Eigenschaften aller Elemente einer Klasse verändern oder Werte auslesen.

DIR

Dieses Attribut ist für die Bestimmung der Laufrichtung des Textes notwendig. Zwei Werte können alternativ übergeben werden:

LTR

Dieser Wert bestimmt die Laufrichtung des Textes von links nach rechts (Abkürzung für »left to right«). Diese Laufrichtung ist im Browser voreingestellt.

RTL

Soll der Text entgegen der Standardlaufrichtung vom rechten Bildschirmrand zum linken Rand laufen, dann wählen Sie den Wert RTL (Abkürzung für »right to left«).

ID

Über das Attribut ID wird das Element mit einer für das Dokument eindeutigen Kennzeichnung versehen. Über diese ID lässt sich anschließend beispielsweise mit Hilfe einer Scriptsprache gezielt auf einzelne Elemente zugreifen, um z.B. deren Werte auszulesen oder zu verändern.

LANG

Dieses Attribut gibt die Sprache des Zieldokuments an. Das ist insbesondere für die Indizierung in Suchmaschinen wichtig. Verwenden Sie die Sprachcodes nach ISO-639, z.B. "de" für Deutsch oder "en" für Englisch oder "en-us" für amerikanisches Englisch.

ONCLICK

Dieses Ereignis findet statt, wenn mit der Maus das benannte Element angeklickt wird. Durch diese Aktion wird ein angegebenes Script ausgeführt.

ONDBLCLICK

Dieses Ereignis findet statt, wenn mit der Maus das benannte Element doppelt angeklickt wird. Durch diese Aktion wird ein angegebenes Script ausgeführt.

ONKEYDOWN

Dieses Ereignis findet statt, wenn man sich über dem bezeichneten Element befindet und gleichzeitig eine Taste gedrückt wird. Durch diese Aktion wird ein angegebenes Script ausgeführt.

ONKEYPRESS

Dieses Ereignis findet statt, wenn man sich über dem bezeichneten Element befindet und gleichzeitig eine Taste drückt und wieder loslässt. Durch diese Aktion wird ein angegebenes Script ausgeführt.

ONKEYUP

Dieses Ereignis findet statt, wenn man sich über dem bezeichneten Element befindet und eine gedrückte Taste losgelassen wird. Durch diese Aktion wird ein angegebenes Script ausgeführt.

ONMOUSEDOWN

Dieses Ereignis findet statt, wenn man sich über dem bezeichneten Element befindet und gleichzeitig eine Maustaste gedrückt wird. Durch diese Aktion wird ein angegebenes Script ausgeführt.

ONMOUSEMOVE

Dieses Ereignis findet statt, wenn man sich mit der Maus über das benannte Element bewegt. Durch diese Aktion wird ein angegebenes Script ausgeführt.

ONMOUSEOUT

Dieses Ereignis findet statt, wenn man sich mit der Maus von dem benannten Element fortbewegt. Durch diese Aktion wird ein angegebenes Script ausgeführt.

ONMOUSEOVER

Dieses Ereignis findet statt, wenn der Mauszeiger direkt auf das benannte Element zeigt. Durch diese Aktion wird ein angegebenes Script ausgeführt.

ONMOUSEUP

Dieses Ereignis findet statt, wenn man sich über dem bezeichneten Element befindet und eine gedrückte Maustaste losgelassen wird. Durch diese Aktion wird ein angegebenes Script ausgeführt.

STYLE

Das Attribut STYLE lässt sich dazu nutzen, um Stilvorgaben, insbesondere das Aussehen des Elements, zu verändern. Als Wert des Attributs übergeben Sie die entsprechenden Optionen einer Stylesheet-Sprache (meist CSS).

TITLE

Geben Sie dem Anwender weitere Informationen über das verwendete Element, indem Sie mit Hilfe des TITLE-Befehls einen aussagekräftigen Titel festlegen. Insbesondere Anwendern, die auf eine Sprachausgabe angewiesen sind, wird so die Navigation durch Ihre Seiten erleichtert.

Beispiel

```
<strong>
Stellen Sie den Strom ab, bevor Sie das Gerät öffnen!
</strong>
```

Ereignisse

ONCLICK, ONDBLCLICK, ONKEYDOWN, ONKEYPRESS, ONKEYUP, ONMOUSEDOWN, ONMOUSEMOVE, ONMOUSEOVER, ONMOUSEOUT, ONMOUSEUP

Verwandte Befehle

ACRONYM
CITE
CODE
DFN
EM

KBD
SAMP
VAR

STYLE <html attribut>

Stylesheets direkt einbinden

Beschreibung

Das Attribut STYLE lässt sich dazu nutzen, um Stilvorgaben, insbesondere das Aussehen des Elements, zu verändern.

Anwendung

Als Wert des Attributs übergeben Sie die entsprechenden Optionen einer Stylesheet-Sprache (meist CSS). Der Einsatz dieses Attributs ist optional.

Werte

Verwenden Sie die in diesem Buch aufgeführten Stylesheet-Befehle. Es lassen sich eine oder mehrere Eigenschaften gleichzeitig verändern. Geben Sie dann die einzelnen Werte durch Semikolons getrennt an.

Beispiel

```
<div style="font-size: 12pt">
<div style="color: blue">
<div style="font-size: 24pt; color=yellow">
```

Zugehörige Elemente

A	CAPTION	EM
ABBR	CENTER	FIELDSET
ACRONYM	CITE	FONT
ADDRESS	CODE	FORM
APPLET	COL	FRAME
AREA	COLGROUP	FRAMESET
B	DD	H1
BDO	DEL	H2
BIG	DFN	H3
BLOCKQUOTE	DIR	H4
BODY	DIV	H5
BR	DL	H6
BUTTON	DT	HR

I	OBJECT	SUB
IFRAME	OL	SUP
IMG	OPTGROUP	TABLE
INPUT	OPTION	TBODY
INS	P	TD
ISINDEX	PRE	TEXTAREA
KBD	Q	TFOOT
LABEL	S	TH
LEGEND	SAMP	THEAD
LI	SELECT	TR
LINK	SMALL	TT
MAP	SPAN	U
MENU	STRIKE	UL
NOFRAMES	STRONG	VAR
NOSCRIPT	STYLE	

STYLE

Style-Definition im Header

Beschreibung

Mit diesem Befehl werden Definitionen für Stilvorlagen im Header eines Dokuments festgelegt.

Anwendung

Der Befehl STYLE wird dann benutzt, wenn im Header eines Dokuments Style-Informationen definiert werden sollen. Sämtlichen Elementen eines HTML-Dokuments, die durch das Attribut CLASS einer Gruppe angehören, kann so ein bestimmes Erscheinungsbild zugewiesen werden. Das Gleiche gilt für einzelne Elemente, die durch das Attribut ID gekennzeichnet sind.

Dieser Befehl ist nicht mit dem häufig eingesetzten Attribut STYLE zu verwechseln.

HTML-4.0-Standard

DIR, LANG, MEDIA, TITLE, TYPE

Starttag: zwingend erforderlich; Endtag: zwingend erforderlich.

Attribute

DIR

Dieses Attribut ist für die Bestimmung der Laufrichtung des Textes notwendig. Zwei Werte können alternativ übergeben werden:

LTR

Dieser Wert bestimmt die Laufrichtung des Textes von links nach rechts (Abkürzung für »left to right«). Diese Laufrichtung ist im Browser voreingestellt.

RTL

Soll der Text entgegen der Standardlaufrichtung vom rechten Bildschirmrand zum linken Rand laufen, dann wählen Sie den Wert RTL (Abkürzung für »right to left«).

LANG

Dieses Attribut gibt die Sprache des Zieldokuments an. Das ist insbesondere für die Indizierung in Suchmaschinen wichtig. Verwenden Sie die Sprachcodes nach ISO-639, z.B. "de" für Deutsch oder "en" für Englisch oder "en-us" für amerikanisches Englisch.

MEDIA

Mit Hilfe dieses Attributs lässt sich festlegen, für welche Art von Ausgabedokumenten ein entsprechendes HTML-Dokument geeignet ist. Folgende Ausgaben sind möglich:

SCREEN

Die Erweiterung SCREEN ist die Voreinstellung für dieses Attribut. Diese Angabe bezieht sich in erster Linie auf die Ausgabe an Computerbildschirmen, kennzeichnet das Dokument jedoch gleichzeitig als druck- und projezierbar.

PRINT

Die Erweiterung PRINT kennzeichnet Dokumente, die für einen Ausdruck vorgesehen sind. Häufig handelt es sich um Adobe-.pdf-Dateien.

PROJECTION

Die Erweiterung PROJECTION kennzeichnet Dokumente, die ausschließlich dafür vorgesehen sind, im Zusammenspiel mit Projektoren benutzt zu werden.

BRAILLE

Diese Erweiterung kennzeichnet Dokumente, die für eine Ausgabe in Blindenschrift vorgesehen sind.

AURAL

Mit dieser Erweiterung werden Dokumente gekennzeichnet, die für eine Sprachausgabe gedacht sind.

ALL

Diese Erweiterung kennzeichnet Dokumente, die für sämtliche Arten von Ausgaben geeignet sind.

TITLE

Durch dieses Attribut werden markierten Elementen zusätzliche Informationen zugewiesen. Im Fall des Befehls STYLE wird dieses Attribut zur Beschreibung des jeweils verwendeten Stils genutzt. Bei vielen Browsern werden diese Informationen in einem Pop-up-Fenster angezeigt, wenn sich der Mauszeiger auf dem Element befindet.

TYPE

Gibt die Sprache an, in der die Stylesheets verfasst sind. Normalerweise sollte hier die Einstellung TYPE="text/css" für die Verwendung von Cascading-Style-Sheets aufgeführt sein.

Beispiel

```
<head>
<title>Titeltext</title>

<style type="text/css">
<!--
 body { margin:1cm }
 h1 { font-size:22pt }
//-->
</style>

<style type="text/javascript">
<!--
with(tags.H2)
 {
  color = "blue";
  fontSize = "16pt";
  marginTop = "1cm";
 }
//-->
</style>

</head>
```

XML-Definition

```
<!ELEMENT STYLE>
<!ATTLIST STYLE
%i18n;
type   %ContentType;    #REQUIRED
media  %MediaDesc;      #IMPLIED
title  %Text;           #IMPLIED>
```

Verwandte Befehle

HEAD

style-rule

StyleSheets auf Elemente übertragen

Beschreibung

Mit dem Markup `<style-rule>` werden die sogenannten Stilregeln festgelegt. Diese übertragen Cascading-Stylesheets auf einzelne Elemente.

Beispiel

```
<style-rule>
            <target-element/>
      <apply font-style="bold"/>
</style-rule>
```

SUB

Darstellung von tiefergestelltem Text

Beschreibung

Mit diesem Befehl lässt sich Standardfließtext tiefgestellt darstellen. Text, der auf diese Weise formatiert ist, erscheint ein wenig unter der Grundlinie des normalen Fließtextes und wird, abhängig vom verwendeten Browser, entweder in normaler oder etwas kleinerer Schriftgröße dargestellt.

Anwendung

Der Befehl SUB (»sub« / unter) setzt Text, der herausgehoben werden soll, tiefer. Speziell für die Darstellung von mathematischen Formeln oder von Fußnoten ist dieser Befehl sehr hilfreich.

HTML-4.0-Standard

CLASS, DIR, ID, LANG, STYLE, TITLE

Starttag: zwingend erforderlich; Endtag: zwingend erforderlich.

Attribute

CLASS

Über das Attribut CLASS lässt sich das Element einer Gruppe (Klasse) zuordnen. Geben Sie dazu einen frei wählbaren Klassennamen als Wert an. Diese Gruppierungen erlauben Ihnen anschließend einen leichten Zugriff auf alle zugehörigen

Elemente. So können Sie später beispielsweise mit Hilfe von Cascading-Style-sheets oder anderen Sprachen leicht die Eigenschaften aller Elemente einer Klasse verändern oder Werte auslesen.

DIR

Dieses Attribut ist für die Bestimmung der Laufrichtung des Textes notwendig. Zwei Werte können alternativ übergeben werden:

LTR

Dieser Wert bestimmt die Laufrichtung des Textes von links nach rechts (Abkürzung für »left to right«). Diese Laufrichtung ist im Browser voreingestellt.

RTL

Soll der Text entgegen der Standardlaufrichtung vom rechten Bildschirmrand zum linken Rand laufen, dann wählen Sie den Wert RTL (Abkürzung für »right to left«).

ID

Über das Attribut ID wird das Element mit einer für das Dokument eindeutigen Kennzeichnung versehen. Über diese ID lässt sich anschließend beispielsweise mit Hilfe einer Scriptsprache gezielt auf einzelne Elemente zugreifen, um z.B. deren Werte auszulesen oder zu verändern.

LANG

Dieses Attribut gibt die Sprache des Zieldokuments an. Das ist insbesondere für die Indizierung in Suchmaschinen wichtig. Verwenden Sie die Sprachcodes nach ISO-639, z.B. "de" für Deutsch oder "en" für Englisch oder "en-us" für amerikanisches Englisch.

ONCLICK

Dieses Ereignis findet statt, wenn mit der Maus das benannte Element angeklickt wird. Durch diese Aktion wird ein angegebenes Script ausgeführt.

ONDBLCLICK

Dieses Ereignis findet statt, wenn mit der Maus das benannte Element doppelt angeklickt wird. Durch diese Aktion wird ein angegebenes Script ausgeführt.

ONKEYDOWN

Dieses Ereignis findet statt, wenn man sich über dem bezeichneten Element befindet und gleichzeitig eine Taste gedrückt wird. Durch diese Aktion wird ein angegebenes Script ausgeführt.

ONKEYPRESS

Dieses Ereignis findet statt, wenn man sich über dem bezeichneten Element befindet und gleichzeitig eine Taste drückt und wieder loslässt. Durch diese Aktion wird ein angegebenes Script ausgeführt.

ONKEYUP

Dieses Ereignis findet statt, wenn man sich über dem bezeichneten Element befindet und eine gedrückte Taste losgelassen wird. Durch diese Aktion wird ein angegebenes Script ausgeführt.

ONMOUSEDOWN
    Dieses Ereignis findet statt, wenn man sich über dem bezeichneten Element befindet und gleichzeitig eine Maustaste gedrückt wird. Durch diese Aktion wird ein angegebenes Script ausgeführt.

ONMOUSEMOVE
    Dieses Ereignis findet statt, wenn man sich mit der Maus über das benannte Element bewegt. Durch diese Aktion wird ein angegebenes Script ausgeführt.

ONMOUSEOUT
    Dieses Ereignis findet statt, wenn man sich mit der Maus von dem benannten Element fortbewegt. Durch diese Aktion wird ein angegebenes Script ausgeführt.

ONMOUSEOVER
    Dieses Ereignis findet statt, wenn der Mauszeiger direkt auf das benannte Element zeigt. Durch diese Aktion wird ein angegebenes Script ausgeführt.

ONMOUSEUP
    Dieses Ereignis findet statt, wenn man sich über dem bezeichneten Element befindet und eine gedrückte Maustaste losgelassen wird. Durch diese Aktion wird ein angegebenes Script ausgeführt.

STYLE
    Das Attribut STYLE wird zur Festlegung spezifischer Eigenschaften in Bezug auf die Darstellung so gekennzeichneter Elemente verwendet. Die Vorgabe eines verwendeten Stils wird durch die Cascading-Stylesheets definiert.

TITLE
    Durch dieses Attribut werden markierten Elementen zusätzliche Informationen zugewiesen. Bei vielen Browsern werden diese Informationen in einem Pop-up-Fenster angezeigt, wenn sich der Mauszeiger auf dem Element befindet.

Beispiel

```
Jetzt folgt <sub>tiefergestellter Text</sub>
```

Ereignisse

ONCLICK, ONDBLCLICK, ONKEYDOWN, ONKEYPRESS, ONKEYUP, ONMOUSEDOWN, ONMOUSEMOVE, ONMOUSEOVER, ONMOUSEOUT, ONMOUSEUP

Verwandte Befehle

B
I
S
SMALL
STRIKE
SUP
TT
U

SUMMARY <html attribut>

Zusammenfassung des Tabelleninhalts

Beschreibung

Mit Hilfe dieses Attributs kann man eine zusammengefaßte Erklärung zum Zweck und Inhalt einer Tabelle geben.

Anwendung

Geben Sie über dieses Attribut eine kurze Zusammenfassung über den Tabelleninhalt. Der Einsatz dieses Attributs ist optional.

Werte

Diesem Attribut können Sie als Wert eine beliebige Zeichenfolge übergeben. Dabei sollte diese Zeichenkette möglichst nicht mit Leerzeichen beginnen oder enden. Eventuell wird der verarbeitende Browser diese herausfiltern.

Beispiel

```
<table summary="Umsatzzahlen 1999">
<tr>
<td>Zelle 1</td>
<td>Zelle 2</td>
</tr>
</table>
```

Zugehörige Elemente

TABLE

SUP

Darstellung von hochgestelltem Text

Beschreibung

Mit diesem Befehl, der ein Pendant zum Befehl SUB ist, lässt sich Standardfließtext hochgestellt darstellen. Text, der auf diese Weise formatiert ist, erscheint ein wenig über der Grundlinie des normalen Fließtextes und wird, abhängig vom verwendeten Browser, entweder in normaler oder etwas kleinerer Schriftgröße dargestellt.

Anwendung

Der Befehl SUP (»sup« / hochgestellt) setzt Text, der herausgehoben werden soll, höher. Auch dieser Befehl ist für die Darstellung von mathematischen Formeln oder von Fußnoten sehr hilfreich. In manchen Fällen dient dieser Befehl auch als Markierung für Quellenangaben.

HTML-4.0-Standard

CLASS, DIR, ID, LANG, STYLE, TITLE

Starttag: zwingend erforderlich; Endtag: zwingend erforderlich.

Attribute

CLASS

Über das Attribut CLASS lässt sich das Element einer Gruppe (Klasse) zuordnen. Geben Sie dazu einen frei wählbaren Klassennamen als Wert an. Diese Gruppierungen erlauben Ihnen anschließend einen leichten Zugriff auf alle zugehörigen Elemente. So können Sie später beispielsweise mit Hilfe von Cascading-Stylesheets oder anderen Sprachen leicht die Eigenschaften aller Elemente einer Klasse verändern oder Werte auslesen.

DIR

Dieses Attribut ist für die Bestimmung der Laufrichtung des Textes notwendig. Zwei Werte können alternativ übergeben werden:

LTR

Dieser Wert bestimmt die Laufrichtung des Textes von links nach rechts (Abkürzung für »left to right«). Diese Laufrichtung ist im Browser voreingestellt.

RTL

Soll der Text entgegen der Standardlaufrichtung vom rechten Bildschirmrand zum linken Rand laufen, dann wählen Sie den Wert RTL (Abkürzung für »right to left«).

ID

Über das Attribut ID wird das Element mit einer für das Dokument eindeutigen Kennzeichnung versehen. Über diese ID lässt sich anschließend, beispielsweise mit Hilfe einer Scriptsprache, gezielt auf einzelne Elemente zugreifen, um z.B. deren Werte auszulesen oder zu verändern.

LANG

Dieses Attribut gibt die Sprache des Zieldokuments an. Das ist insbesondere für die Indizierung in Suchmaschinen wichtig. Verwenden Sie die Sprachcodes nach ISO-639, z.B. "de" für Deutsch oder "en" für Englisch oder "en-us" für amerikanisches Englisch.

ONCLICK

Dieses Ereignis findet statt, wenn mit der Maus das benannte Element angeklickt wird. Durch diese Aktion wird ein angegebenes Script ausgeführt.

ONDBLCLICK

Dieses Ereignis findet statt, wenn mit der Maus das benannte Element doppelt angeklickt wird. Durch diese Aktion wird ein angegebenes Script ausgeführt.

ONKEYDOWN

Dieses Ereignis findet statt, wenn man sich über dem bezeichneten Element befindet und gleichzeitig eine Taste gedrückt wird. Durch diese Aktion wird ein angegebenes Script ausgeführt.

ONKEYPRESS

Dieses Ereignis findet statt, wenn man sich über dem bezeichneten Element befindet und gleichzeitig eine Taste drückt und wieder loslässt. Durch diese Aktion wird ein angegebenes Script ausgeführt.

ONKEYUP

Dieses Ereignis findet statt, wenn man sich über dem bezeichneten Element befindet und eine gedrückte Taste losgelassen wird. Durch diese Aktion wird ein angegebenes Script ausgeführt.

ONMOUSEDOWN

Dieses Ereignis findet statt, wenn man sich über dem bezeichneten Element befindet und gleichzeitig eine Maustaste gedrückt wird. Durch diese Aktion wird ein angegebenes Script ausgeführt.

ONMOUSEMOVE

Dieses Ereignis findet statt, wenn man sich mit der Maus über das benannte Element bewegt. Durch diese Aktion wird ein angegebenes Script ausgeführt.

ONMOUSEOUT

Dieses Ereignis findet statt, wenn man sich mit der Maus von dem benannten Element fortbewegt. Durch diese Aktion wird ein angegebenes Script ausgeführt.

ONMOUSEOVER

Dieses Ereignis findet statt, wenn der Mauszeiger direkt auf das benannte Element zeigt. Durch diese Aktion wird ein angegebenes Script ausgeführt.

ONMOUSEUP

Dieses Ereignis findet statt, wenn man sich über dem bezeichneten Element befindet und eine gedrückte Maustaste losgelassen wird. Durch diese Aktion wird ein angegebenes Script ausgeführt.

STYLE

Das Attribut STYLE wird zur Festlegung spezifischer Eigenschaften in Bezug auf die Darstellung so gekennzeichneter Elemente verwendet. Die Vorgabe eines verwendeten Stils wird durch die Cascading-Stylesheets definiert.

TITLE

Durch dieses Attribut werden markierten Elementen zusätzliche Informationen zugewiesen. Bei vielen Browsern werden diese Informationen in einem Pop-up-Fenster angezeigt, wenn sich der Mauszeiger auf dem Element befindet.

Beispiel

```
Nun kommt <sup>hochgestellter Text</sup>
```

Ereignisse

ONCLICK, ONDBLCLICK, ONKEYDOWN, ONKEYPRESS, ONKEYUP, ONMOUSEDOWN, ONMOUSEMOVE, ONMOUSEOVER, ONMOUSEOUT, ONMOUSETUP

Verwandte Befehle

B
I
S
SMALL
STRIKE
SUB
TT
U

SWITCH

Ausgewählte Medienclips abspielen

Beschreibung

Dieser Befehl ist dafür gedacht, automatisch einen aus mehreren Medienclips auszuwählen und abzuspielen. Die Auswahl könnte zum Beispiel nach unterschiedlichen Landessprachen oder verfügbaren Bandbreiten erfolgen.

Parameter

ID
> Über das Attribut ID wird das Element mit einer für das Dokument eindeutigen Kennzeichnung versehen. Über diese ID lässt sich von anderen Elementen auf diesen Bereich zugreifen.

TITLE
> Gibt der gesamten Gruppe einen eindeutigen Titel mit einer Kurzbeschreibung des Inhalts.

Beispiel

```
<switch id="identifier"
        title="string">


</switch>
```

TABINDEX **<html attribut>**

Tabulatorreihenfolge bestimmen

Beschreibung

Dieses Attribut weist einem Element durch die Verwendung von positiven oder negativen Ganzzahlen eine Reihenfolgeposition zu. Elemente, die mit diesem Attribut versehen sind, können mit der Tabulatortaste nacheinander ausgewählt werden. Dies erleichtert insbesondere Personen, die keine Maus einsetzen können, die Bedienung.

Anwendung

Normalerweise werden alle aktiven Elemente einer Seite automatisch der Reihe nach mit einem Index für die Tabulatorreihenfolge versehen. So kann der Anwender mit einem Druck auf die Tabulatortaste das jeweils nächste Feld erreichen. Möchten Sie diese Reihenfolge verändern oder hat der Browser die Reihenfolge nicht richtig ermittelt, dann können Sie manuell den Index verändern. Dabei spielt es keine Rolle, ob der Index fortlaufend ist. Der Einsatz dieses Attributs ist optional.

Werte

Gültige Werte für dieses Attribut sind ganze Zahlen. Die Zahl muss mindestens eine Ziffer der Zahlen 0 bis 9 enthalten (="9").

Beispiel

```
<input name="Feld1" type="text" tabindex="1">
<input name="Feld3" type="text" tabindex="100">
<input name="Feld2" type="text" tabindex="99">
<input name="Feld4" type="text" tabindex="101">
```

Zugehörige Elemente

A
AREA
BUTTON
INPUT
OBJECT
SELECT
TEXTAREA

TABLE

Definieren von Tabellen

Beschreibung

Mit diesem Befehl ist es möglich, Tabellen zu definieren.

Anwendung

Der Befehl TABLE dient der Definition von Tabellen. Innerhalb dieser Definition werden dann Elemente festgelegt, die das Aussehen einer Tabelle bestimmen.

HTML-4.0-Standard

BORDER, CELLPADDING, CELLSPACING, CLASS, DIR, FRAME, ID, LANG, RULES, STYLE, SUMMARY, TITLE, WIDTH

Starttag: zwingend erforderlich; Endtag: zwingend erforderlich.

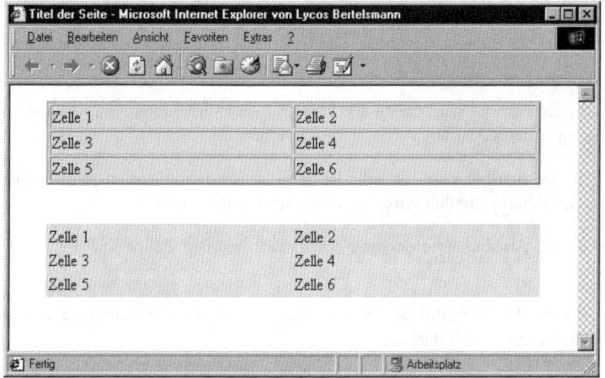

Tabelle mit und ohne Rahmen.

Attribute

ALIGN
  Dieses Attribut ist für die Festlegung der Ausrichtung von Tabellen zuständig.
LEFT
  Linksbündige Ausrichtung einer Tabelle.
RIGHT
  Rechtsbündige Ausrichtung einer Tabelle.

387

CENTER

Zentrierte Ausrichtung einer Tabelle.

BACKGROUND

Dieses Attribut verweist auf ein einzubindendes Hintergrundbild. Dieser Befehl wird zwar von den aktuellen Browsern unterstützt, ist aber in HTML nicht vorgesehen.

BGCOLOR

Mit diesem Attribut wird die Farbe des Hintergrunds festgelegt.

BORDER

Dieses Attribut bewirkt, dass eine Tabelle mit Begrenzungslinien der Dicke n ausgestattet ist. Mit dem Wert 0 erhalten Sie unsichtbare Tabellen. Die Verwendung des Attributs BORDER ohne Angabe eines weiteren Wertes bewirkt, dass ein Rahmen in der voreingestellten Stärke angezeigt wird.

BORDERCOLOR

Mit diesem Attribut wird die Farbe des Rahmens festgelegt. Neben den sechzehn definierten Farbschlüsselwörtern können bis zu 256 Farben dargestellt werden, die durch dafür festgelegte Hexadezimalzahlen eindeutig gekennzeichnet sind. Ab der Version 4.0 von HTML werden diese Einstellungen normalerweise über die Stylesheets vorgenommen. Das Attribut muss zusammen mit dem Attribut BORDER verwendet werden. Dieses Attribut wird nur vom Explorer interpretiert.

BORDERCOLORDARK

Mit diesem Attribut wird die dunkle Farbe für einen dreidimensionalen Rahmen festgelegt. Dieses Attribut wird nur vom Explorer interpretiert.

BORDERCOLORLIGHT

Mit diesem Attribut wird die helle Farbe für einen dreidimensionalen Rahmen festgelegt. Dieses Attribut wird nur vom Explorer interpretiert.

CELLPADDING

Mit diesem Attribut wird der freie Raum zwischen den Zellen in Pixel festgelegt.

CELLSPACING

Mit diesem Attribut wird der freie Raum zwischen dem Zellenrand und dem Zelleninhalt in Pixel festgelegt.

CLASS

Über das Attribut CLASS lässt sich das Element einer Gruppe (Klasse) zuordnen. Geben Sie dazu einen frei wählbaren Klassennamen als Wert an. Diese Gruppierungen erlauben Ihnen anschließend einen leichten Zugriff auf alle zugehörigen Elemente. So können Sie später beispielsweise mit Hilfe von Cascading-Stylesheets oder anderen Sprachen leicht die Eigenschaften aller Elemente einer Klasse verändern oder Werte auslesen.

DIR

Dieses Attribut ist für die Bestimmung der Laufrichtung des Textes notwendig. Zwei Werte können alternativ übergeben werden:

LTR
  Dieser Wert bestimmt die Laufrichtung des Textes von links nach rechts (Abkürzung für »left to right«). Diese Laufrichtung ist im Browser voreingestellt.

RTL
  Soll der Text entgegen der Standardlaufrichtung vom rechten Bildschirmrand zum linken Rand laufen, dann wählen Sie den Wert RTL (Abkürzung für »right to left«).

FRAME
Standardmäßig wird bei Verwendung des Attributs BORDER ein Rahmen um die gesamte Tabelle gezogen. Mit dem Attribut FRAME lässt sich dieser Rahmen individuell einstellen. Die folgenden Werte sind für FRAME zulässig:

ABOVE
  Zeigt den Rahmen nur am oberen Rand der Tabelle an.

BELOW
  Zeigt den Rahmen nur am unteren Rand der Tabelle an.

BORDER
  Bewirkt, dass die Voreinstellung genutzt wird. Ein Rahmen wird um die gesamte Tabelle gezogen.

BOX
  Diese Angabe ist identisch mit dem Wert FRAME=BORDER oder der Angabe von BORDER ohne Verwendung des Attributs FRAME.

LHS
  Nur am linken Rand der Tabelle wird eine Rahmenlinie erzeugt (LHS = »left hand side«).

RHS
  Nur am rechten Rand der Tabelle wird eine Rahmenlinie erzeugt (RHS = »right hand side«).

VOID
  Bei der Angabe von VOID wird kein Rahmen angezeigt. Verwenden Sie dennoch das Attribut BORDER, dann wird lediglich das innenliegende Gitter der Tabelle erzeugt. Die äußere Rahmenlinie wird nicht angezeigt (VOID = leer).

VSIDES
  Nur am linken und rechten Rand der Tabelle werden Rahmenlinien angezeigt (VSIDES = »vertical sides«).

HEIGHT
Die Angabe HEIGHT ist im Gegensatz zum Attribut WIDTH zwar nicht im offiziellen HTML-Standard festgelegt, wird aber dennoch von den meisten Browsern interpretiert. Geben Sie mit HEIGHT die Höhe der Tabelle auf der Seite an. Übersteigt der Inhalt der Tabelle eine volle Bildschirmseite, dann wird diese Einstellung unwirksam.

HSPACE

Über das Attribut HSPACE lässt sich der Abstand zwischen Tabelle und umfließendem Text genau bestimmen. Mit HSPACE geben Sie den Abstand nach oben
und unten an und mit VSPACE die seitlichen Abstände. Dieses Attribut zählt nicht
zum offiziellen HTML-Standard und wird nur vom Netscape-Browser interpretiert.

ID

Über das Attribut ID wird das Element mit einer für das Dokument eindeutigen
Kennzeichnung versehen. Über diese ID lässt sich anschließend beispielsweise
mit Hilfe einer Scriptsprache gezielt auf einzelne Elemente zugreifen, um z.B.
deren Werte auszulesen oder zu verändern.

LANG

Dieses Attribut gibt die Sprache des Zieldokuments an. Das ist insbesondere für
die Indizierung in Suchmaschinen wichtig. Verwenden Sie die Sprachcodes nach
ISO-639, z.B. "de" für Deutsch oder "en" für Englisch oder "en-us" für amerikanisches Englisch.

ONCLICK

Dieses Ereignis findet statt, wenn mit der Maus das benannte Element angeklickt wird. Durch diese Aktion wird ein angegebenes Script ausgeführt.

ONDBLCLICK

Dieses Ereignis findet statt, wenn mit der Maus das benannte Element doppelt
angeklickt wird. Durch diese Aktion wird ein angegebenes Script ausgeführt.

ONKEYDOWN

Dieses Ereignis findet statt, wenn man sich über dem bezeichneten Element
befindet und gleichzeitig eine Taste gedrückt wird. Durch diese Aktion wird ein
angegebenes Script ausgeführt.

ONKEYPRESS

Dieses Ereignis findet statt, wenn man sich über dem bezeichneten Element
befindet und gleichzeitig eine Taste drückt und wieder loslässt. Durch diese
Aktion wird ein angegebenes Script ausgeführt.

ONKEYUP

Dieses Ereignis findet statt, wenn man sich über dem bezeichneten Element
befindet und eine gedrückte Taste losgelassen wird. Durch diese Aktion wird ein
angegebenes Script ausgeführt.

ONMOUSEDOWN

Dieses Ereignis findet statt, wenn man sich über dem bezeichneten Element
befindet und gleichzeitig eine Maustaste gedrückt wird. Durch diese Aktion
wird ein angegebenes Script ausgeführt.

ONMOUSEMOVE

Dieses Ereignis findet statt, wenn man sich mit der Maus über das benannte Element bewegt. Durch diese Aktion wird ein angegebenes Script ausgeführt.

ONMOUSEOUT

Dieses Ereignis findet statt, wenn man sich mit der Maus von dem benannten
Element fortbewegt. Durch diese Aktion wird ein angegebenes Script ausgeführt.

ONMOUSEOVER

Dieses Ereignis findet statt, wenn der Mauszeiger direkt auf das benannte Element zeigt. Durch diese Aktion wird ein angegebenes Script ausgeführt.

ONMOUSEUP

Dieses Ereignis findet statt, wenn man sich über dem bezeichneten Element befindet und eine gedrückte Maustaste losgelassen wird. Durch diese Aktion wird ein angegebenes Script ausgeführt.

RULES

Mit Hilfe des Attributs RULES lässt sich genau bestimmen, welche Gitternetzlinien einer Tabelle eingeblendet werden. Folgende Werte sind für dieses Attribut zulässig:

ALL

Alle Linien zwischen den Tabellenzellen werden angezeigt (Standardeinstellung).

COLS

Nur die Linien zwischen den Tabellenspalten werden angezeigt.

GROUPS

Die einzelnen Elemente der Tabelle werden mit Gitternetzlinien eingerahmt (Kopf, Körper und Tabellenfuß).

NONE

Es werden keinerlei Zwischenlinien angezeigt.

ROWS

Nur die Linien zwischen den einzelnen Tabellenzeilen werden angezeigt.

STYLE

Das Attribut STYLE lässt sich dazu nutzen, um Stilvorgaben, insbesondere das Aussehen des Elements, zu verändern. Als Wert des Attributs übergeben Sie die entsprechenden Optionen einer Stylesheet-Sprache (meist CSS).

SUMMARY

Mit Hilfe dieses Attributs kann man eine zusammengefaßte Erklärung zum Zweck und Inhalt einer Tabelle geben.

TITLE

Geben Sie dem Anwender weitere Informationen über das verwendete Element, indem Sie mit Hilfe des TITLE-Befehls einen aussagekräftigen Titel festlegen. Insbesondere Anwendern, die auf eine Sprachausgabe angewiesen sind, wird so die Navigation durch Ihre Seiten erleichtert.

VSPACE

Über das Attribut VSPACE lässt sich der Abstand zwischen Tabelle und umfließendem Text genau bestimmen. Mit HSPACE geben Sie den Abstand nach oben und unten an und mit VSPACE die seitlichen Abstände. Dieses Attribut zählt nicht zum offiziellen HTML-Standard und wird nur vom Netscape-Browser interpretiert.

WIDTH

Dieses Attribut dient der Festlegung der Spaltenbreite in Pixel. Mit der Eingabe WIDTH="0*" erreichen Sie, dass eine Spalte auf eine optimale bzw. für diese Spalte ausreichende Breite gesetzt wird. Andere zulässige Werte können Ganzzahlen für die Anzahl von Pixeln pro Spalte oder Prozentzahlen für den Bezug auf die Bildschirmbreite sein.

Beispiel

```
<table border="2" bgcolor="green" width="90%">

<tr>
<td>Zelle 1</td>
<td>Zelle 2</td>
</tr>

<tr>
<td>Zelle 3</td>
<td>Zelle 4</td>
</tr>

<tr>
<td>Zelle 5</td>
<td>Zelle 6</td>
</tr>
</table>
```

Ereignisse

ONCLICK, ONDBLCLICK, ONKEYDOWN, ONKEYPRESS, ONKEYUP, ONMOUSEDOWN, ONMOUSEMOVE, ONMOUSEOVER, ONMOUSEOUT, ONMOUSEUP

XML-Definition

```
<!ELEMENT TABLE
(CAPTION?, (COL*|COLGROUP*), THEAD?, TFOOT?, TBODY+)>
<!ATTLIST TABLE
%attrs;
summary      %Text;      #IMPLIED
width        %Length;    #IMPLIED
border       %Pixels;    #IMPLIED
frame        %TFrame;    #IMPLIED
rules        %TRules;    #IMPLIED
cellspacing  %Length;    #IMPLIED
cellpadding  %Length;    #IMPLIED
%reserved;
datapagesize CDATA       #IMPLIED>
```

Verwandte Befehle

TD
TR

TARGET   <html attribut>
Zielfenster eines Links angeben

Beschreibung

Das Attribut TARGET (= Ziel) wird verwendet, um den Namen eines Fensters festzulegen, in dem ein Link geöffnet wird. Dieses Attribut wird genutzt, wenn mehrere Fenster offen sind oder mit einem Link ein neues Fenster geöffnet werden soll.

Anwendung

Mit Hilfe des Attributs TARGET lässt sich genau bestimmen, in welchem Frame oder Fenster ein Dokument geladen wird. Geben Sie dazu den Namen des gewünschten Frames an.

Werte

Neben der Eingabe eines Namens lässt TARGET auch noch einige zusätzliche vordefinierte Ziele zu. Die folgenden Begriffe sollten statt des Framenamens eingegeben werden.

_blank
  Neues leeres Fenster zur Darstellung öffnen.
_self
  Öffnen des Dokuments im gleichen Fenster oder Frame, in dem dieser Link aufgerufen wurde.
_parent
  Das Dokument wird im direkt übergeordneten Frameset geöffnet. Hat das Dokument keine Vorgänger, dann entspricht dieser Wert der Angabe von _self.
_top
  Lädt das Dokument im gleichen Fenster, entfernt aber alle Frames und löscht den Inhalt des Fensters.

Beispiel

```
<a href="menue2.htm" target="Menue">
<a href="http://www.microsoft.de" target="_top">
<a href="http://www.wielage.de" target="_blank">
```

Zugehörige Elemente

A
AREA
BASE
FORM
LINK

393

target-element

Muster innerhalb einer Konstruktionsregel definieren

Beschreibung

Definiert innerhalb einer Konstruktionsregel das Muster, auf das die Aktion durchgeführt werden soll. Das Zielelement ist zwar fester Bestandteil einer Konstruktionsregel, es muss aber
kein weiteres Attribut enthalten.

Anwendung

Jede Konstruktionsregel muss mindestens ein solches Muster oder `target-element`
(Zielelement) enthalten. Eine Ausnahme bildet die Vorgehensweise mit den sogenannten Wildcards.

Parameter

`type`
    Enthält das Suchmuster.

`position`
    Manchmal ist es vorteilhaft, wenn man bestimmte Elemente einer Gruppe her-
    ausgreifen kann, um diesen eine bestimmte Formatierung zuzuweisen. Beispiels-
    weise könnte man in einer Adressenliste vor dem ersten Element der Liste und
    hinter dem letzten Element der Liste eine horizontale Linie einfügen.

    In XSL existiert hierzu das Attribut `"position"`, das dem `target-element` zugefügt
    wird. Über `position` lässt sich so festlegen, dass beispielsweise das erste Element
    einer Gruppe von der Formatierung betroffen ist.

Schlüsselwort	Bedeutung
`first-of-type`	Erster Nachkomme eines Elements dieses Typs.
`last-of-type`	Letzter Nachkomme eines Elements dieses Typs.
`first-of-any`	Erster Nachkomme eines Elements beliebigen Typs.
`last-of-any`	Letzter Nachkomme eines Elements beliebigen Typs.

Beispiel

```
<target-element type="liste"/>
      <target-element/>
<target-element type="liste" position="first-of-type"/>

<rule>
<target-element type="adresse" position="first-of-type"/>
<P>
      <children/>
</P>
</rule>
```

TBODY

Zuweisung von Tabellenzeilen

Beschreibung

Mit diesem Befehl werden Tabellenzeilen dem Hauptteil einer Tabelle zugewiesen.

Anwendung

Der Befehl TBODY (Abkürzung für »Table Body« / Tabellenkörper/Hauptteil) wird verwendet, um Zeilen einem Tabellenhauptteil zuzuweisen. Mit diesem Befehl lassen sich die in einer Tabelle enthaltenen Daten strukturieren. Beachten Sie, dass dieses Element bei dem Erstellen einer Tabelle zumindest einmal enthalten sein muss. Die Angaben zum Tabellenkopf werden noch nicht von allen Browsern ausgewertet.

HTML-4.0-Standard

ALIGN, CHAR, CHAROFF, CLASS, DIR, ID, LANG, STYLE, TITLE, VALIGN

Starttag: optional; Endtag: optional.

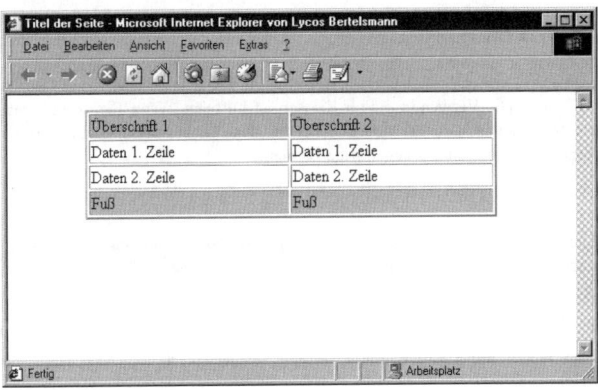

Die drei Bereiche einer Tabelle: THEAD, TBODY und TFOOT.

Attribute

ALIGN

Dieses Attribut ist für die Festlegung der Ausrichtung von Daten innerhalb einer Tabellenspalte zuständig.

LEFT

Linksbündige Ausrichtung von Daten innerhalb einer Tabelle. Standardmäßige Voreinstellung.

RIGHT

Rechtsbündige Ausrichtung von Daten innerhalb einer Tabelle.

CENTER

Zentrierte Ausrichtung von Daten innerhalb einer Tabelle. Standardmäßige
Voreinstellung für Tabellenköpfe.

JUSTIFY

Erstellung von Blocksatz in einer Tabelle.

CHAR

Ausrichtung der Daten innerhalb einer Tabelle an einem mit dem Attribut
CHAR festgelegten Zeichen.

CHAR

Mit diesem Attribut könne Sie ein Zeichen aus einem validen Zeichensatz festlegen, an dem sich in der Tabelle befindliche Daten ausgerichtet werden. Achten
Sie darauf, dass bei diesem Attribut zwischen Groß- und Kleinschreibung unterschieden wird. Das voreingestellte Zeichen für die Ausrichtung ist der Dezimalpunkt. Je nach verwendeter Sprache (LANG) kann dies beispielsweise ein Komma
oder ein Punkt sein.

CHAROFF

Dieses Attribut definiert den Abstand zum ersten Zeichen, welches mit dem
Attribut CHAR formatiert wurde.

CLASS

Mit diesem Attribut erfolgt eine Zuweisung zu einer Klasse bzw. einer Gruppe
von Klassen. Die Verwendung von Klassen ist hilfreich, wenn Elemente verändert werden sollen. Die Veränderung betrifft dann nicht ein einzelnes Element,
sondern jedes einer Klasse zugehörige Element.

DIR

Dieses Attribut ist für die Bestimmung der Laufrichtung des Textes notwendig.

LTR

Dieser Wert bestimmt die Laufrichtung des Textes von links nach rechts
(Abkürzung für »left to right«). Diese Laufrichtung ist im Browser voreingestellt.;

RTL

Soll der Text entgegen der Standardlaufrichtung vom rechten Bildschirmrand
zum linken Rand laufen, dann wählen Sie den Wert RTL (Abkürzung für
»right to left«).

ID

Dieses Attribut kann einem markierten Element einen dokumentenweit einzigartigen Bezeichner zuweisen.

LANG

Dieses Attribut gibt die Sprache des Zieldokuments an. Das ist insbesondere für die Indizierung in Suchmaschinen wichtig. Verwenden Sie die Sprachcodes nach ISO-639, z.B. "de" für Deutsch oder "en" für Englisch oder "en-us" für amerikanisches Englisch.

ONCLICK

Dieses Ereignis findet statt, wenn mit der Maus das benannte Element angeklickt wird. Durch diese Aktion wird ein angegebenes Script ausgeführt.

ONDBLCLICK

Dieses Ereignis findet statt, wenn mit der Maus das benannte Element doppelt angeklickt wird. Durch diese Aktion wird ein angegebenes Script ausgeführt.

ONKEYDOWN

Dieses Ereignis findet statt, wenn man sich über dem bezeichneten Element befindet und gleichzeitig eine Taste gedrückt wird. Durch diese Aktion wird ein angegebenes Script ausgeführt.

ONKEYPRESS

Dieses Ereignis findet statt, wenn man sich über dem bezeichneten Element befindet und gleichzeitig eine Taste drückt und wieder loslässt. Durch diese Aktion wird ein angegebenes Script ausgeführt.

ONKEYUP

Dieses Ereignis findet statt, wenn man sich über dem bezeichneten Element befindet und eine gedrückte Taste losgelassen wird. Durch diese Aktion wird ein angegebenes Script ausgeführt.

ONMOUSEDOWN

Dieses Ereignis findet statt, wenn man sich über dem bezeichneten Element befindet und gleichzeitig eine Maustaste gedrückt wird. Durch diese Aktion wird ein angegebenes Script ausgeführt.

ONMOUSEMOVE

Dieses Ereignis findet statt, wenn man sich mit der Maus über das benannte Element bewegt. Durch diese Aktion wird ein angegebenes Script ausgeführt.

ONMOUSEOUT

Dieses Ereignis findet statt, wenn man sich mit der Maus von dem benannten Element fortbewegt. Durch diese Aktion wird ein angegebenes Script ausgeführt.

ONMOUSEOVER

Dieses Ereignis findet statt, wenn der Mauszeiger direkt auf das benannte Element zeigt. Durch diese Aktion wird ein angegebenes Script ausgeführt.

ONMOUSEUP

Dieses Ereignis findet statt, wenn man sich über dem bezeichneten Element befindet und eine gedrückte Maustaste losgelassen wird. Durch diese Aktion wird ein angegebenes Script ausgeführt.

STYLE

Das Attribut STYLE lässt sich dazu nutzen, um Stilvorgaben, insbesondere das Aussehen des Elements, zu verändern. Als Wert des Attributs übergeben Sie die entsprechenden Optionen einer Stylesheet-Sprache (meist CSS).

TITLE

Geben Sie dem Anwender weitere Informationen über das verwendete Element, indem Sie mit Hilfe des TITLE-Befehls einen aussagekräftigen Titel festlegen. Insbesondere Anwendern, die auf eine Sprachausgabe angewiesen sind, wird so die Navigation durch Ihre Seiten erleichtert.

VALIGN

Mit diesem Attribut lässt sich die horizontale Ausrichtung von Text innerhalb einer Tabelle festlegen. Wenn dieses Element nicht eingesetzt wird, werden alle Texte automatisch zentriert ausgerichtet.

TOP

Markierter Text wird nach oben ausgerichtet.

BOTTOM

Markierter Text wird nach unten ausgerichtet.

MIDDLE

Markierter Text wird zentriert ausgerichtet.

BASELINE

Text, der sich in Einträgen befindet, die neben dem markierten Text vorhanden sind, wird auf einer von beiden Texten genutzten Basislinie ausgerichtet.

Beispiel

```
<table border>
<thead>
<tr>
<td>Überschrift 1</td>
<td>Überschrift 2</td>
</tr>
</thead>

<tbody>
<tr>
<td>Daten 1. Zeile </td>
<td>Daten 1. Zeile</td>
</tr>
<tr>
<td>Daten 2. Zeile</td>
<td>Daten 2. Zeile</td>
</tr>
</tbody>
<tfoot>
<tr>
<td>Fuß</td>
<td>Fuß</td>
</tr>
</tfoot>
</table>
```

Ereignisse

ONCLICK, ONDBLCLICK, ONKEYDOWN, ONKEYPRESS, ONKEYUP, ONMOUSEDOWN, ONMOUSEMOVE, ONMOUSEOVER, ONMOUSEOUT, ONMOUSEUP

XML-Definition

```
<!ELEMENT TBODY O O (TR)+>
<!ATTLIST (THEAD|TBODY|TFOOT)
%attrs;
%cellhalign;
%cellvalign;>
```

Verwandte Befehle

TABLE
TFOOT
THEAD

TD

Markieren einer Datenzelle innerhalb einer Tabelle

Beschreibung

Mit diesem Befehl ist es möglich, einzelne Datenzellen innerhalb von Tabellen zu markieren.

Anwendung

Der Befehl TD dient der Markierung von Datenzellen. Mit diesem Befehl wird festgelegt, dass der nachfolgende Text so formatiert werden soll, dass er die erste Spalte einer Tabelle darstellt.

HTML-4.0-Standard

ABBR, ALIGN, AXIS, CHAR, CHAROFF, CLASS, COLSPAN, DIR, HEADERS, ID, LANG, ROWSPAN, SCOPE, STYLE, TITLE, VALIGN

Starttag: zwingend erforderlich; Endtag: optional.

Attribute

ABBR

Mit Hilfe dieses Attributs ist es möglich, eine Kurzbeschreibung für eine Tabellenzelle zu definieren. Die ersten Zeichen des Inhalts sind voreingestellt.

ALIGN

Dieses Attribut ist für die Ausrichtung der Zellinhalte innerhalb einer Zelle zuständig.

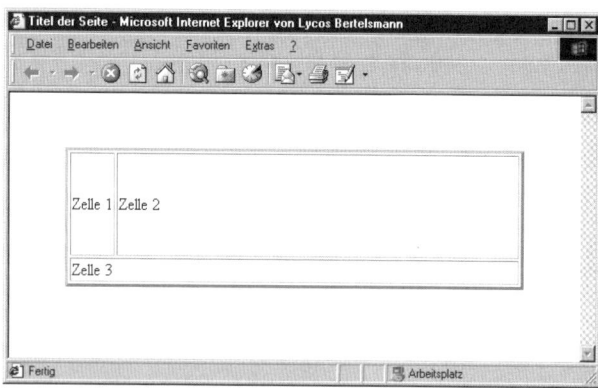

Mit dem Attribut COLSPAN lassen sich Zellen zusammenfassen.

LEFT
> Linksbündige Ausrichtung der Zellinhalte.

RIGHT
> Rechtsbündige Ausrichtung der Zellinhalte.

CENTER
> Zentrierte Ausrichtung der Zellinhalte.

AXIS
> Mit diesem Attribut können Sie ein Element einer Gruppe von Tabellenelementen zuweisen, die über ähnliche Inhalte verfügen. Die Organisation dieser Tabellenelemente erfolgt nach Hierarchie.

BGCOLOR
> Mit diesem Attribut wird die Farbe des Hintergrunds festgelegt. Neben den sechzehn definierten Farbschlüsselwörtern können bis zu 256 Farben dargestellt werden, die durch dafür festgelegte Hexadezimalzahlen eindeutig gekennzeichnet sind. Ab der Version 4.0 von HTML werden diese Einstellungen normalerweise mit Hilfe von Stylesheets vorgenommen.

CLASS
> Über das Attribut CLASS lässt sich das Element einer Gruppe (Klasse) zuordnen. Geben Sie dazu einen frei wählbaren Klassennamen als Wert an. Diese Gruppierungen erlauben Ihnen anschließend einen leichten Zugriff auf alle zugehörigen Elemente. So können Sie später beispielsweise mit Hilfe von Cascading-Stylesheets oder anderen Sprachen leicht die Eigenschaften aller Elemente einer Klasse verändern oder Werte auslesen.

COLSPAN

Mit diesem Attribut wird die Anzahl der Spalten angegeben, die für eine Zelle notwendig sind. Im Regelfall wird nur eine Spalte benötigt, dann muss dieser Wert nicht angegeben werden. Soll sich aber eine Zelle beispielsweise über drei Spalten erstrecken, dann geben Sie COLSPAN="3" an.

DIR

Dieses Attribut ist für die Bestimmung der Laufrichtung des Textes notwendig. Zwei Werte können alternativ übergeben werden:

LTR

Dieser Wert bestimmt die Laufrichtung des Textes von links nach rechts (Abkürzung für »left to right«). Diese Laufrichtung ist im Browser voreingestellt.

RTL

Soll der Text entgegen der Standardlaufrichtung vom rechten Bildschirmrand zum linken Rand laufen, dann wählen Sie den Wert RTL (Abkürzung für »right to left«).

HEADERS

Über das Attribut HEADERS wird ein Bezug zwischen Zelleninhalt und Spaltenüberschrift hergestellt. Als Wert wird hier die ID der Spaltenüberschrift angegeben. So ist es z.B. Sprachausgabesystemen leichter möglich, den Zelleninhalt zusammen mit der passenden Spaltenüberschrift auszugeben.

HEIGHT

Über HEIGHT können Sie der Zelle eine bestimmte Höhe vorgeben. Gleichzeitig wird die Breite der gesamten Zeile festgelegt. Unterschiedliche Zellenhöhen innerhalb einer Zeile sind nicht möglich. Die Angabe kann in Pixel oder Prozent erfolgen.

ID

Über das Attribut ID wird das Element mit einer für das Dokument eindeutigen Kennzeichnung versehen. Über diese ID lässt sich anschließend, beispielsweise mit Hilfe einer Scriptsprache, gezielt auf einzelne Elemente zugreifen, um z.B. deren Werte auszulesen oder zu verändern.

LANG

Dieses Attribut gibt die Sprache des Zieldokuments an. Das ist insbesondere für die Indizierung in Suchmaschinen wichtig. Verwenden Sie die Sprachcodes nach ISO-639, z.B. "de" für Deutsch oder "en" für Englisch oder "en-us" für amerikanisches Englisch.

NOWRAP

Mit diesem Attribut wird festgelegt, dass Text innerhalb einer Zelle nicht automatisch umgebrochen wird. Wenn Sie auf Zeilenumbrüche nicht verzichten wollen, müssen Sie diese manuell mit dem Befehl BR eingeben.

ONCLICK

Dieses Ereignis findet statt, wenn mit der Maus das benannte Element angeklickt wird. Durch diese Aktion wird ein angegebenes Script ausgeführt.

ONDBLCLICK

Dieses Ereignis findet statt, wenn mit der Maus das benannte Element doppelt angeklickt wird. Durch diese Aktion wird ein angegebenes Script ausgeführt.

ONKEYDOWN

Dieses Ereignis findet statt, wenn man sich über dem bezeichneten Element befindet und gleichzeitig eine Taste gedrückt wird. Durch diese Aktion wird ein angegebenes Script ausgeführt.

ONKEYPRESS

Dieses Ereignis findet statt, wenn man sich über dem bezeichneten Element befindet und gleichzeitig eine Taste drückt und wieder loslässt. Durch diese Aktion wird ein angegebenes Script ausgeführt.

ONKEYUP

Dieses Ereignis findet statt, wenn man sich über dem bezeichneten Element befindet und eine gedrückte Taste losgelassen wird. Durch diese Aktion wird ein angegebenes Script ausgeführt.

ONMOUSEDOWN

Dieses Ereignis findet statt, wenn man sich über dem bezeichneten Element befindet und gleichzeitig eine Maustaste gedrückt wird. Durch diese Aktion wird ein angegebenes Script ausgeführt.

ONMOUSEMOVE

Dieses Ereignis findet statt, wenn man sich mit der Maus über das benannte Element bewegt. Durch diese Aktion wird ein angegebenes Script ausgeführt.

ONMOUSEOUT

Dieses Ereignis findet statt, wenn man sich mit der Maus von dem benannten Element fortbewegt. Durch diese Aktion wird ein angegebenes Script ausgeführt.

ONMOUSEOVER

Dieses Ereignis findet statt, wenn der Mauszeiger direkt auf das benannte Element zeigt. Durch diese Aktion wird ein angegebenes Script ausgeführt.

ONMOUSEUP

Dieses Ereignis findet statt, wenn man sich über dem bezeichneten Element befindet und eine gedrückte Maustaste losgelassen wird. Durch diese Aktion wird ein angegebenes Script ausgeführt.

ROWSPAN

Mit diesem Attribut wird die Anzahl der Zeilen angegeben, die für eine Zelle notwendig sind. Im Regelfall wird nur eine Zeile benötigt.

SCOPE

Dieses Attribut gibt die Datenzellen an, die für die aktuelle Zelle die zugehörigen Kopfinformationen enthält. Der Befehl kann für einfache Tabellen alternativ zum Attribut HEADER eingesetzt werden.

ROW

Die aktuelle Zelle enthält Kopfinformationen für den Rest der Zeile.

COL

Die aktuelle Zelle enthält Kopfinformationen für den Rest der Spalte.

COLGROUP
> Die aktuelle Zelle enthält Kopfinformationen für die übrigen Elemente einer Spaltengruppe (COLGROUP).

ROWGROUP
> Die aktuelle Zelle enthält Kopfinformationen für die übrigen Elemente einer Zeilengruppe (ROWGROUP).

STYLE

Das Attribut STYLE wird zur Festlegung spezifischer Eigenschaften in Bezug auf die Darstellung so gekennzeichneter Elemente verwendet. Die Vorgabe eines verwendeten Stils wird durch die Cascading-Stylesheets definiert.

TITLE

Durch dieses Attribut werden markierten Elementen zusätzliche Informationen zugewiesen. Bei vielen Browsern werden diese Informationen in einem Pop-up-Fenster angezeigt, wenn sich der Mauszeiger auf dem Element befindet.

VALIGN

Mit diesem Attribut lässt sich die horizontale Ausrichtung von Text innerhalb einer Zeile festlegen. Wenn dieses Element nicht eingesetzt wird, werden alle Texte automatisch zentriert ausgerichtet.

TOP
> Markierter Text wird nach oben ausgerichtet.

BOTTOM
> Markierter Text wird nach unten ausgerichtet.

MIDDLE
> Markierter Text wird zentriert ausgerichtet.

BASELINE
> Text, der sich in Einträgen befindet, die neben dem markierten Text vorhanden sind, wird auf einer von beiden Texten genutzten Basislinie ausgerichtet.

WIDTH

Über WIDTH können Sie der Zelle eine bestimmte Breite vorgeben. Sie legen damit gleichzeitig die Breite der gesamten Spalte fest. Unterschiedliche Angaben für Zellen, die sich in der gleichen Spalte befinden, sind daher nicht möglich. Die Angabe kann in Pixel oder Prozent erfolgen.

Beispiel

```
<table>
<tr>
<td width="10%" height="100">
          Zelle 1
</td>
<td width="90%">
          Zelle 2
</td>
<tr>
<td colspan="2">
          Zelle 3
```

```
            </td>
        </tr>
</table>
```

Ereignisse

ONCLICK, ONDBLCLICK, ONKEYDOWN, ONKEYPRESS, ONKEYUP, ONMOUSEDOWN, ONMOUSEMOVE, ONMOUSEOVER, ONMOUSEOUT, ONMOUSEUP

XML-Definition

```
<!ELEMENT (TH|TD) - O (%flow;)*>
<!ENTITY % Scope "(row|col|rowgroup|colgroup)">
<!ATTLIST (TH|TD)
%attrs;
abbr         %Text;       #IMPLIED
axis         CDATA        #IMPLIED
headers      IDREFS       #IMPLIED
scope        %Scope;      #IMPLIED
rowspan      NUMBER 1
colspan      NUMBER 1
%cellhalign;
%cellvalign;>
```

Verwandte Befehle

TABLE
TH
TR

TEXT

Darstellen eines Textes

Beschreibung

Dieser Befehl erlaubt es, einen Text in einem begrenzten Bereich des Fensters darzustellen.

Parameter

abstract

Geben Sie mit Hilfe dieses Attributs eine Kurzbeschreibung für die Gruppe an.

author

Über dieses Attribut lässt sich ein Autor für diese Mediengruppierung angeben.

begin

Gibt die Wiedergabezeit an. Sie können als Einheit die Bezeichnungen h, min, s oder ms verwenden.

copyright
> Informationen über den Urheber und das Copyright lassen sich als Wert dieses Attributs übergeben.

dur
> Gibt die Gesamtspielzeit der Gruppe an. Sie können als Einheit die Bezeichnungen h, min, s oder ms verwenden.

end
> Gibt die Endzeit der Gruppe an. Dieser Wert bezieht sich relativ auf das Attribut begin. Sie können als Einheit die Bezeichnungen h, min, s oder ms verwenden.

id
> Über das Attribut ID wird das Element mit einer für das Dokument eindeutigen Kennzeichnung versehen. Über diese ID lässt sich von anderen Elementen auf diesen Bereich zugreifen.

repeat
> Wiederholt die gesamte Gruppe in der angegebenen Anzahl.

src
> Gibt die Quelle des Medien-Clips oder der Grafik an. Als Wert wird hier ein gültiger URL erwartet.

title
> Gibt der gesamten Gruppe einen eindeutigen Titel mit einer Kurzbeschreibung des Inhalts.

Beispiel

```
<text id="identifier"
    src="URL"
    alt="string"
    region="identifier"
    title="string"
    abstract="string"
    author="string"
    copyright="string"
    longdesc="string"
    type="string"
    begin="clock-value"
    end="clock-value"
    dur="clock-value"
    repeat="integer"
    fill="remove|freeze"
    system-bitrate="integer"
    system-captions="on|off"
    system-language="coma-separated-list"
    system-overdub-or-caption="caption|overdub"
    system-required="string"
    system-screen-depth="integer"
    system-screen-size="integerXinteger" />
```

TEXT **<html attribut>**

Textfarbe eines Dokuments festlegen

Beschreibung

Dieses Attribut dient der Festlegung der Textfarbe in einem HTML-Dokument.

Anwendung

Die Textfarbe für das gesamte Dokument wird im BODY-Tag angegeben. Natürlich können Sie zusätzlich jederzeit die Farbe für einzelne Abschnitte verändern. Der Einsatz dieses Attributs ist optional. Dieser Befehl wird ab der Version 4.0 von HTML missbilligt.

Werte

Übergeben Sie dem Attribut entweder einen Farbwert in RGB-Syntax oder einen gültigen Farbnamen. Für den RGB-Wert geben Sie die Farbanteile der Farben Rot, Gelb und Blau in hexadezimaler Schreibweise an: #RRGGBB (z.B. #008000 für Grün). Alternativ lassen sich vordefinierte Farbnamen verwenden (z.B. YELLOW). Unter dem Stichwort **Farbtabelle** finden Sie eine komplette Aufstellung aller Standardfarben. Hier zunächst die 16 am häufigsten verwendeten Grundfarben:

```
BLACK    = #000000      SILVER   = #C0C0C0
GRAY     = #808080      WHITE    = #FFFFFF
MAROON   = #800000      RED      = #FF0000
PURPLE   = #800080      FUCHSIA  = #FF00FF
GREEN    = #008000      LIME     = #00FF00
OLIVE    = #808000      YELLOW   = #FFFF00
NAVY     = #000080      BLUE     = #0000FF
TEAL     = #008080      AQUA     = #00FFFF
```

Beispiel

```
<body text="white" bgcolor="black">
<body text="#800000">
```

Zugehörige Elemente

BODY

text-align

Text ausrichten

Beschreibung

Jeder Text lässt sich mit diesem Parameter vertikal ausrichten.

Parameter

`align`
> Die Ausrichtung erfolgt nach den in HTML bekannten Schlüsselwörtern.

`left`
> Ausrichtung linksbündig

`right`
> Ausrichtung rechtsbündig

`center`
> Ausrichtung zentriert

`justify`
> Ausrichtung als Blocksatz

Beispiel

```
<style type="text/css">
h1, h2 { text-align: right }
h3, h4 { text-align: center }
</style>

<div style="text-align: justify">
</div>
```

TEXTAREA

Eingabe von Text innerhalb von Formularen

Beschreibung

Mit diesem Befehl wird eine Eingabemöglichkeit für Anwender ausgewiesen.

Anwendung

Der Befehl `TEXTAREA` wird verwendet, um Anwendern Eingabemöglichkeiten zu schaffen, die länger als eine Zeile sind (sogenannte »mehrzeilige Eingabefelder«). Zeilenumbrüche müssen von den Anwendern selbständig eingegeben werden. Der Text, der sich innerhalb des `TEXTAREA`-Containers befindet, wird als Initialwert beim Aufruf der Seite vorgegeben.

HTML-4.0-Standard

ACCESSKEY, CLASS, COLS, DIR, DISABLED, ID, LANG, NAME, READONLY, ROWS, STYLE, TABINDEX, TITLE

Starttag: zwingend erforderlich; Endtag: zwingend erforderlich.

Das TEXTAREA-Feld für mehrzeilige Eingaben.

Attribute

CLASS

Über das Attribut CLASS lässt sich das Element einer Gruppe (Klasse) zuordnen. Geben Sie dazu einen frei wählbaren Klassennamen als Wert an. Diese Gruppierungen erlauben Ihnen anschließend einen leichten Zugriff auf alle zugehörigen Elemente. So können Sie später beispielsweise mit Hilfe von Cascading-Stylesheets oder anderen Sprachen leicht die Eigenschaften aller Elemente einer Klasse verändern oder Werte auslesen.

COLS

Dieses Attribut legt die Breite des Eingabefensters in Zeichen fest.

DIR

Dieses Attribut ist für die Bestimmung der Laufrichtung des Textes notwendig. Zwei Werte können alternativ übergeben werden:

LTR

Dieser Wert bestimmt die Laufrichtung des Textes von links nach rechts (Abkürzung für »left to right«). Diese Laufrichtung ist im Browser voreingestellt.

RTL
> Soll der Text entgegen der Standardlaufrichtung vom rechten Bildschirmrand zum linken Rand laufen, dann wählen Sie den Wert RTL (Abkürzung für »right to left«).

ID
> Über das Attribut ID wird das Element mit einer für das Dokument eindeutigen Kennzeichnung versehen. Über diese ID lässt sich anschließend, beispielsweise mit Hilfe einer Scriptsprache, gezielt auf einzelne Elemente zugreifen, um z.B. deren Werte auszulesen oder zu verändern.

DISABLED
> Mit diesem Attribut ist es möglich, das gesamte Eingabefeld zu deaktivieren.

LANG
> Dieses Attribut gibt die Sprache des Zieldokuments an. Das ist insbesondere für die Indizierung in Suchmaschinen wichtig. Verwenden Sie die Sprachcodes nach ISO-639, z.B. "de" für Deutsch oder "en" für Englisch oder "en-us" für amerikanisches Englisch.

NAME
> Dieses Attribut weist einem Texteingabefeld einen Namen zu.

ONBLUR
> Dieses Ereignis findet statt, wenn der Mauszeiger von einer bestimmten Position aus über das benannte Element bewegt wird. Durch diese Aktion wird ein angegebenes Script ausgeführt.

ONCHANGE
> Dieses Ereignis findet statt, wenn der Inhalt des Eingabefeldes verändert wird. Durch diese Aktion wird ein angegebenes Script ausgeführt.

ONFOCUS
> Das Ereignis ONFOCUS tritt ein, wenn das aktuelle Element den Focus erhält. Wenn der Anwender also per Mausklick oder Tastatur auf dieses Feld geht.

ONCLICK
> Dieses Ereignis findet statt, wenn mit der Maus das benannte Element angeklickt wird. Durch diese Aktion wird ein angegebenes Script ausgeführt.

ONDBLCLICK
> Dieses Ereignis findet statt, wenn mit der Maus das benannte Element doppelt angeklickt wird. Durch diese Aktion wird ein angegebenes Script ausgeführt.

ONKEYDOWN
> Dieses Ereignis findet statt, wenn man sich über dem bezeichneten Element befindet und gleichzeitig eine Taste gedrückt wird. Durch diese Aktion wird ein angegebenes Script ausgeführt.

ONKEYPRESS
> Dieses Ereignis findet statt, wenn man sich über dem bezeichneten Element befindet und gleichzeitig eine Taste drückt und wieder loslässt. Durch diese Aktion wird ein angegebenes Script ausgeführt.

ONKEYUP

Dieses Ereignis findet statt, wenn man sich über dem bezeichneten Element befindet und eine gedrückte Taste losgelassen wird. Durch diese Aktion wird ein angegebenes Script ausgeführt.

ONMOUSEDOWN

Dieses Ereignis findet statt, wenn man sich über dem bezeichneten Element befindet und gleichzeitig eine Maustaste gedrückt wird. Durch diese Aktion wird ein angegebenes Script ausgeführt.

ONMOUSEMOVE

Dieses Ereignis findet statt, wenn man sich mit der Maus über das benannte Element bewegt. Durch diese Aktion wird ein angegebenes Script ausgeführt.

ONMOUSEOUT

Dieses Ereignis findet statt, wenn man sich mit der Maus von dem benannten Element fortbewegt. Durch diese Aktion wird ein angegebenes Script ausgeführt.

ONMOUSEOVER

Dieses Ereignis findet statt, wenn der Mauszeiger direkt auf das benannte Element zeigt. Durch diese Aktion wird ein angegebenes Script ausgeführt.

ONMOUSEUP

Dieses Ereignis findet statt, wenn man sich über dem bezeichneten Element befindet und eine gedrückte Maustaste losgelassen wird. Durch diese Aktion wird ein angegebenes Script ausgeführt.

ONSELECT

Dieses Ereignis wird dann aktiv, wenn der Anwender Text im Eingabefeld auswählt bzw. markiert (selektiert).

READONLY

Dieses Attribut markiert ein Eingabefeld als nur lesbar. Andere Veränderungen, wie Beschreiben des Eingabefelds, sind nicht gestattet.

ROWS

Dieses Attribut legt die Anzahl der Zeilen eines Eingabefensters fest.

STYLE

Das Attribut STYLE lässt sich dazu nutzen, um Stilvorgaben, insbesondere das Aussehen des Elements, zu verändern. Als Wert des Attributs übergeben Sie die entsprechenden Optionen einer Stylesheet-Sprache (meist CSS).

TABINDEX

Dieses Attribut weist einem Element durch die Verwendung von positiven oder negativen Ganzzahlen eine Reihenfolgeposition zu. Elemente, die mit diesem Attribut versehen sind, können mit der Tabulatortaste nacheinander ausgewählt werden.

TITLE

Geben Sie dem Anwender weitere Informationen über das verwendete Element, indem Sie mit Hilfe des TITLE-Befehls einen aussagekräftigen Titel festlegen. Insbesondere Anwendern, die auf eine Sprachausgabe angewiesen sind, wird so die Navigation durch Ihre Seiten erleichtert.

WRAP

Obwohl im offiziellen HTML nicht vorgesehen, lassen sich mit dem Attribut WRAP automatische Zeilenumbrüche realisieren. Der Netscape-Browser und der Internet Eplorer werten dieses Attribut aus. Zwei Werte sind möglich:

VIRTUAL

Der Text wird lediglich während der Eingabe für den Anwender sichtbar umgebrochen. Beim Übertragen der Daten zum Server werden diese Zeilenumbrüche wieder entfernt.

PHYSICAL

Der eingegebene Text wird während der Eingabe automatisch am Zeilenende umgebrochen und auch in dieser Form zum Server übertragen.

Beispiel

```
<div align="center">
Bitte übermitteln Sie uns Ihre Nachricht
</div>

<form>
<textarea name="Kommentar" rows="3" cols="60"
       wrap="virtual">
Geben Sie hier Ihren Kommentar ein!
</textarea>
<br><br>
<input type=subMit value="Absenden">
</form>
```

Ereignisse

ONBLUR, ONCHANGE, ONCLICK, ONDBLCLICK, ONFOCUS, ONKEYDOWN, ONKEYPRESS, ONKEYUP, ONMOUSEDOWN, ONMOUSEMOVE, ONMOUSEOVER, ONMOUSEOUT, ONMOUSEUP, ONSELECT

XML-Definition

```
<!ELEMENT TEXTAREA - - (#PCDATA)>
<!ATTLIST TEXTAREA
%attrs;
name          CDATA        #IMPLIED
rows          NUMBER       #REQUIRED
cols          NUMBER       #REQUIRED
disabled (disabled)        #IMPLIED
readonly (readonly)        #IMPLIED
tabindex      NUMBER       #IMPLIED
accesskey     %Character;  #IMPLIED
onfocus       %Script;     #IMPLIED
onblur        %Script;     #IMPLIED
onselect      %Script;     #IMPLIED
onchange      %Script;     #IMPLIED
%reserved;>
```

Verwandte Befehle
INPUT

text-decoration

Textdekoration

Beschreibung

Optionale Attribute zur »Dekoration« des Textes, wie unterstrichen oder blinkend, werden über den Parameter text-decoration festgelegt.

Parameter

none
   keine besondere Textdekoration (Standardeinstellung)
underline
   unterstrichen
overline
   Linie über dem Text
line-through
   durchgestrichen
blink
   blinkend

Beispiel

```
<style type="text/css">
h1, h2 { text-decoration: blink }
h3, h4 { text-decoration: underline }
</style>

<div style="text-decoration: underline">
</div>
```

text-indent

Text einrücken

Beschreibung

Mit diesem Befehl lässt sich die erste Zeile eines Absatzes eingerückt darstellen.

Parameter

Erlaubt sind positive und negative numerische Angaben. Eine negative Zahl bewirkt eine Einrückung nach links.

Beispiel

```
<style type="text/css">
h1, h2 { text-indent: 10mm }
h3, h4 { text-indent: -1cm }
</style>

<div style="text-indent: 12mm">
</div>
```

text-shadow

Text mit Schatten versehen

Beschreibung

Text kann mit dieser Angabe mit einem Schatten versehen werden.

Parameter

Geben Sie entweder die Farbe des Schattens an oder das Schlüsselwort none, um zu verhindern, dass ein Schatten angezeigt wird.

Beispiel

```
<style type="text/css">
h1, h2 { text-shadow: black }
h3, h4 { text-shadow: gray }
</style>

<div style="text-shadow: none">
</div>
```

text-transform

Text umwandeln

Beschreibung

Text-transform führt eine Umwandlung der Buchstabengröße, beispielsweise in Großbuchstaben oder Kleinbuchstaben, durch.

Parameter

`transform`

> Die folgenden Schlüsselwörter können zur Umwandlung der Buchstabengröße eingesetzt werden:

`none`

> Keine Veränderungen (Standardeinstellung).

`capitalize`

> Der erste Buchstabe jedes Wortes wird als Großbuchstabe dargestellt.

`uppercase`

> Alle Buchstaben werden in Großbuchstaben umgewandelt.

`lowercase`

> Alle Buchstaben werden in Kleinbuchstaben umgewandelt.

Beispiel

```
<style type="text/css">
h1, h2 ( text-transform: capitalize |
h3, h4 ( text-transform: none |
</style>

<div style="text-transform: capitalize">
</div>
```

TFOOT

Zuweisung von Tabellenzeilen

Beschreibung

Mit diesem Befehl werden Tabellenzeilen dem Tabellenfuß zugewiesen.

Anwendung

Der Befehl TFOOT (Abkürzung für »Table Foot« / Tabellenfuß) wird verwendet, um Zeilen dem Fuß einer Tabelle zuzuweisen. Durch diese Zuweisung ist es möglich, den Tabellenfuß bei einem Ausdruck auf jeder gedruckten Seite erscheinen zu lassen.

HTML-4.0-Standard

ALIGN, CHAR, CHAROFF, CLASS, DIR, ID, LANG, STYLE, TITLE, VALIGN

Starttag: zwingend erforderlich; Endtag: optional.

Attribute

ALIGN

Dieses Attribut ist für die Festlegung der Ausrichtung von Daten innerhalb einer Tabellenspalte zuständig.

LEFT

Linksbündige Ausrichtung von Daten innerhalb einer Tabelle. Standardmäßige Voreinstellung.

RIGHT

Rechtsbündige Ausrichtung von Daten innerhalb einer Tabelle.

CENTER

Zentrierte Ausrichtung von Daten innerhalb einer Tabelle. Standardmäßige Voreinstellung für den Tabellenfuß.

JUSTIFY

Erstellung von Blocksatz in einer Tabelle.

CHAR

Ausrichtung der Daten innerhalb einer Tabelle an einem mit dem Attribut CHAR festgelegten Zeichen.

CHAR

Mit diesem Attribut könne Sie ein Zeichen aus einem validen Zeichensatz festlegen, an dem sich in der Tabelle befindliche Daten ausgerichtet werden. Achten Sie darauf, dass bei diesem Attribut zwischen Groß- und Kleinschreibung unterschieden wird. Das voreingestellte Zeichen für die Ausrichtung ist der Dezimalpunkt. Je nach verwendeter Sprache (LANG) kann dies beispielsweise ein Komma oder ein Punkt sein.

CHAROFF

Dieses Attribut definiert den Abstand zum ersten Zeichen, welches mit dem Attribut CHAR formatiert wurde.

CLASS

Über das Attribut CLASS lässt sich das Element einer Gruppe (Klasse) zuordnen. Geben Sie dazu einen frei wählbaren Klassennamen als Wert an. Diese Gruppierungen erlauben Ihnen anschließend einen leichten Zugriff auf alle zugehörigen Elemente. So können Sie später beispielsweise mit Hilfe von Cascading-Stylesheets oder anderen Sprachen leicht die Eigenschaften aller Elemente einer Klasse verändern oder Werte auslesen.

DIR

Dieses Attribut ist für die Bestimmung der Laufrichtung des Textes notwendig.

LTR

Dieser Wert bestimmt die Laufrichtung des Textes von links nach rechts (Abkürzung für »left to right«). Diese Laufrichtung ist im Browser voreingestellt.;

RTL

Soll der Text entgegen der Standardlaufrichtung vom rechten Bildschirmrand zum linken Rand laufen, dann wählen Sie den Wert RTL (Abkürzung für »right to left«).

ID

Dieses Attribut kann einem markierten Element einen dokumentenweit einzigartigen Bezeichner zuweisen.

LANG

Dieses Attribut gibt die Sprache des Zieldokuments an. Das ist insbesondere für die Indizierung in Suchmaschinen wichtig. Verwenden Sie die Sprachcodes nach ISO-639, z.B. "de" für Deutsch oder "en" für Englisch oder "en-us" für amerikanisches Englisch.

ONCLICK

Dieses Ereignis findet statt, wenn mit der Maus das benannte Element angeklickt wird. Durch diese Aktion wird ein angegebenes Script ausgeführt.

ONDBLCLICK

Dieses Ereignis findet statt, wenn mit der Maus das benannte Element doppelt angeklickt wird. Durch diese Aktion wird ein angegebenes Script ausgeführt.

ONKEYDOWN

Dieses Ereignis findet statt, wenn man sich über dem bezeichneten Element befindet und gleichzeitig eine Taste gedrückt wird. Durch diese Aktion wird ein angegebenes Script ausgeführt.

ONKEYPRESS

Dieses Ereignis findet statt, wenn man sich über dem bezeichneten Element befindet und gleichzeitig eine Taste' drückt und wieder loslässt. Durch diese Aktion wird ein angegebenes Script ausgeführt.

ONKEYUP

Dieses Ereignis findet statt, wenn man sich über dem bezeichneten Element befindet und eine gedrückte Taste losgelassen wird. Durch diese Aktion wird ein angegebenes Script ausgeführt.

ONMOUSEDOWN

Dieses Ereignis findet statt, wenn man sich über dem bezeichneten Element befindet und gleichzeitig eine Maustaste gedrückt wird. Durch diese Aktion wird ein angegebenes Script ausgeführt.

ONMOUSEMOVE

Dieses Ereignis findet statt, wenn man sich mit der Maus über das benannte Element bewegt. Durch diese Aktion wird ein angegebenes Script ausgeführt.

ONMOUSEOUT

Dieses Ereignis findet statt, wenn man sich mit der Maus von dem benannten Element fortbewegt. Durch diese Aktion wird ein angegebenes Script ausgeführt.

ONMOUSEOVER

Dieses Ereignis findet statt, wenn der Mauszeiger direkt auf das benannte Element zeigt. Durch diese Aktion wird ein angegebenes Script ausgeführt.

ONMOUSEUP

Dieses Ereignis findet statt, wenn man sich über dem bezeichneten Element befindet und eine gedrückte Maustaste losgelassen wird. Durch diese Aktion wird ein angegebenes Script ausgeführt.

STYLE

Das Attribut STYLE lässt sich dazu nutzen, um Stilvorgaben, insbesondere das Aussehen des Elements, zu verändern. Als Wert des Attributs übergeben Sie die entsprechenden Optionen einer Stylesheet-Sprache (meist CSS).

TITLE

Geben Sie dem Anwender weitere Informationen über das verwendete Element, indem Sie mit Hilfe des TITLE-Befehls einen aussagekräftigen Titel festlegen. Insbesondere Anwendern, die auf eine Sprachausgabe angewiesen sind, wird so die Navigation durch Ihre Seiten erleichtert.

VALIGN

Mit diesem Attribut lässt sich die horizontale Ausrichtung von Text innerhalb einer Tabelle festlegen. Wenn dieses Element nicht eingesetzt wird, werden alle Texte automatisch zentriert ausgerichtet.

TOP

Markierter Text wird nach oben ausgerichtet.

BOTTOM

Markierter Text wird nach unten ausgerichtet.

MIDDLE

Markierter Text wird zentriert ausgerichtet

BASELINE

Text, der sich in Einträgen befindet, die neben dem markierten Text vorhanden sind, wird auf einer von beiden Texten genutzten Basislinie ausgerichtet.

Beispiel

```
<table border>
<thead>
<tr>
<td>Überschrift 1</td>
<td>Überschrift 2</td>
</tr>
</thead>

<tbody>
<tr>
<td>Daten 1. Zeile </td>
<td>Daten 1. Zeile</td>
</tr>

<tr>
<td>Daten 2. Zeile</td>
<td>Daten 2. Zeile</td>
</tr>

</tbody>
<tfoot>
<tr>
<td>Fuß</td>
```

```
<td>Fuß</td>
</tr>
</tfoot>
</table>
```

Ereignisse

ONCLICK, ONDBLCLICK, ONKEYDOWN, ONKEYPRESS, ONKEYUP, ONMOUSEDOWN, ONMOUSEMOVE,
ONMOUSEOVER, ONMOUSEOUT, ONMOUSEUP

XML-Definition

```
<!ELEMENT TFOOT - O (TR)+>
<!ATTLIST (THEAD|TBODY|TFOOT)
%attrs;
%cellhalign;
%cellvalign;>
```

Verwandte Befehle

TABLE
TBODY
THEAD

TH

Benennung einer Tabellenspalte

Beschreibung

Mit diesem Befehl ist es möglich, einzelne Tabellenspalten mit einem Namen zu versehen.

Anwendung

Der Befehl TH dient der Übergabe einer Liste von Überschriftszellen. In diesen Überschriftszellen sind neben dem Namen weitere Informationen über den Inhalt einer Zelle bzw. Spalte enthalten. In der Regel werden solche Überschriften zentriert und fett dargestellt.

HTML-4.0-Standard

ABBR, ALIGN, AXIS, CHAR, CHAROFF, CLASS, COLSPAN, DIR, HEADERS, ID, LANG, ROWSPAN,
SCOPE, STYLE, TITLE, VALIGN

Starttag: zwingend erforderlich; Endtag: optional.

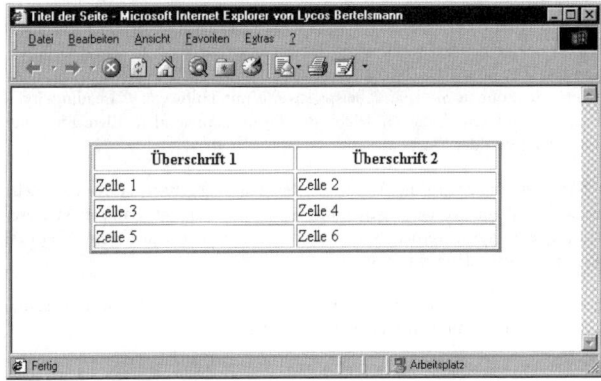

Tabellenüberschriften mit TH.

Attribute

ABBR
> Mit Hilfe dieses Attributs ist es möglich, eine Kurzbeschreibung für eine Tabellenzelle zu definieren. Die ersten Zeichen des Inhalts sind voreingestellt.

ALIGN
> Dieses Attribut ist für die Ausrichtung der Zellinhalte innerhalb einer Zelle zuständig.

> LEFT
> > Linksbündige Ausrichtung der Zellinhalte.

> RIGHT
> > Rechtsbündige Ausrichtung der Zellinhalte.

> CENTER
> > Zentrierte Ausrichtung der Zellinhalte.

AXIS
> Mit diesem Attribut können Sie ein Element einer Gruppe von Tabellenelementen zuweisen, die über ähnliche Inhalte verfügen. Die Organisation dieser Tabellenelemente erfolgt nach Hierarchie.

BGCOLOR
> Mit diesem Attribut wird die Farbe des Hintergrunds festgelegt. Neben den sechzehn definierten Farbschlüsselwörtern können bis zu 256 Farben dargestellt werden, die durch dafür festgelegte Hexadezimalzahlen eindeutig gekennzeichnet sind. Ab der Version 4.0 von HTML werden diese Einstellungen normalerweise mit Hilfe von Stylesheets vorgenommen.

CLASS

Über das Attribut CLASS lässt sich das Element einer Gruppe (Klasse) zuordnen. Geben Sie dazu einen frei wählbaren Klassennamen als Wert an. Diese Gruppierungen erlauben Ihnen anschließend einen leichten Zugriff auf alle zugehörigen Elemente. So können Sie später beispielsweise mit Hilfe von Cascading-Stylesheets oder anderen Sprachen leicht die Eigenschaften aller Elemente einer Klasse verändern oder Werte auslesen.

COLSPAN

Mit diesem Attribut wird die Anzahl der Spalten angegeben, die für eine Zelle notwendig sind. Im Regelfall wird nur eine Spalte benötigt, dann muss dieser Wert nicht angegeben werden. Soll sich aber eine Zelle beispielsweise über drei Spalten erstrecken, dann geben Sie COLSPAN="3" an.

DIR

Dieses Attribut ist für die Bestimmung der Laufrichtung des Textes notwendig. Zwei Werte können alternativ übergeben werden:

LTR

Dieser Wert bestimmt die Laufrichtung des Textes von links nach rechts (Abkürzung für »left to right«). Diese Laufrichtung ist im Browser voreingestellt.

RTL

Soll der Text entgegen der Standardlaufrichtung vom rechten Bildschirmrand zum linken Rand laufen, dann wählen Sie den Wert RTL (Abkürzung für »right to left«).

HEADERS

Über das Attribut HEADERS wird ein Bezug zwischen Zelleninhalt und Spaltenüberschrift hergestellt. Als Wert wird hier die ID der Spaltenüberschrift angegeben. So ist es z.B. Sprachausgabesystemen leichter möglich, den Zelleninhalt zusammen mit der passenden Spaltenüberschrift auszugeben.

HEIGHT

Über HEIGHT können Sie der Zelle eine bestimmte Höhe vorgeben. Gleichzeitig wird die Breite der gesamten Zeile festgelegt. Unterschiedliche Zellenhöhen innerhalb einer Zeile sind nicht möglich. Die Angabe kann in Pixel oder Prozent erfolgen.

ID

Über das Attribut ID wird das Element mit einer für das Dokument eindeutigen Kennzeichnung versehen. Über diese ID lässt sich anschließend, beispielsweise mit Hilfe einer Scriptsprache, gezielt auf einzelne Elemente zugreifen, um z.B. deren Werte auszulesen oder zu verändern.

LANG

Dieses Attribut gibt die Sprache des Zieldokuments an. Das ist insbesondere für die Indizierung in Suchmaschinen wichtig. Verwenden Sie die Sprachcodes nach ISO-639, z.B. "de" für Deutsch oder "en" für Englisch oder "en-us" für amerikanisches Englisch.

NOWRAP

Mit diesem Attribut wird festgelegt, dass Text innerhalb einer Zelle nicht automatisch umgebrochen wird. Wenn Sie auf Zeilenumbrüche nicht verzichten wollen, müssen Sie diese manuell mit dem Befehl BR eingeben.

ONCLICK

Dieses Ereignis findet statt, wenn mit der Maus das benannte Element angeklickt wird. Durch diese Aktion wird ein angegebenes Script ausgeführt.

ONDBLCLICK

Dieses Ereignis findet statt, wenn mit der Maus das benannte Element doppelt angeklickt wird. Durch diese Aktion wird ein angegebenes Script ausgeführt.

ONKEYDOWN

Dieses Ereignis findet statt, wenn man sich über dem bezeichneten Element befindet und gleichzeitig eine Taste gedrückt wird. Durch diese Aktion wird ein angegebenes Script ausgeführt.

ONKEYPRESS

Dieses Ereignis findet statt, wenn man sich über dem bezeichneten Element befindet und gleichzeitig eine Taste drückt und wieder loslässt. Durch diese Aktion wird ein angegebenes Script ausgeführt.

ONKEYUP

Dieses Ereignis findet statt, wenn man sich über dem bezeichneten Element befindet und eine gedrückte Taste losgelassen wird. Durch diese Aktion wird ein angegebenes Script ausgeführt.

ONMOUSEDOWN

Dieses Ereignis findet statt, wenn man sich über dem bezeichneten Element befindet und gleichzeitig eine Maustaste gedrückt wird. Durch diese Aktion wird ein angegebenes Script ausgeführt.

ONMOUSEMOVE

Dieses Ereignis findet statt, wenn man sich mit der Maus über das benannte Element bewegt. Durch diese Aktion wird ein angegebenes Script ausgeführt.

ONMOUSEOUT

Dieses Ereignis findet statt, wenn man sich mit der Maus von dem benannten Element fortbewegt. Durch diese Aktion wird ein angegebenes Script ausgeführt.

ONMOUSEOVER

Dieses Ereignis findet statt, wenn der Mauszeiger direkt auf das benannte Element zeigt. Durch diese Aktion wird ein angegebenes Script ausgeführt.

ONMOUSEUP

Dieses Ereignis findet statt, wenn man sich über dem bezeichneten Element befindet und eine gedrückte Maustaste losgelassen wird. Durch diese Aktion wird ein angegebenes Script ausgeführt.

ROWSPAN

Mit diesem Attribut wird die Anzahl der Zeilen angegeben, die für eine Zelle notwendig sind. Im Regelfall wird nur eine Zeile benötigt.

SCOPE

Dieses Attribut gibt die Datenzellen an, die für die aktuelle Zelle die zugehörigen Kopfinformationen enthält. Der Befehl kann für einfache Tabellen alternativ zum Attribut HEADER eingesetzt werden.

ROW

Die aktuelle Zelle enthält Kopfinformationen für den Rest der Zeile.

COL

Die aktuelle Zelle enthält Kopfinformationen für den Rest der Spalte.

COLGROUP

Die aktuelle Zelle enthält Kopfinformationen für die übrigen Elemente einer Spaltengruppe (COLGROUP).

ROWGROUP

Die aktuelle Zelle enthält Kopfinformationen für die übrigen Elemente einer Zeilengruppe (ROWGROUP).

STYLE

Das Attribut STYLE wird zur Festlegung spezifischer Eigenschaften in Bezug auf die Darstellung so gekennzeichneter Elemente verwendet. Die Vorgabe eines verwendeten Stils wird durch die Cascading-Stylesheets definiert.

TITLE

Durch dieses Attribut werden markierten Elementen zusätzliche Informationen zugewiesen. Bei vielen Browsern werden diese Informationen in einem Pop-up-Fenster angezeigt, wenn sich der Mauszeiger auf dem Element befindet.

VALIGN

Mit diesem Attribut lässt sich die horizontale Ausrichtung von Text innerhalb einer Zeile festlegen. Wenn dieses Element nicht eingesetzt wird, werden alle Texte automatisch zentriert ausgerichtet.

TOP

Markierter Text wird nach oben ausgerichtet.

BOTTOM

Markierter Text wird nach unten ausgerichtet.

MIDDLE

Markierter Text wird zentriert ausgerichtet.

BASELINE

Text, der sich in Einträgen befindet, die neben dem markierten Text vorhanden sind, wird auf einer von beiden Texten genutzten Basislinie ausgerichtet.

WIDTH

Über WIDTH können Sie der Zelle eine bestimmte Breite vorgeben. Sie legen damit gleichzeitig die Breite der gesamten Spalte fest. Unterschiedliche Angaben für Zellen, die sich in der gleichen Spalte befinden, sind daher nicht möglich. Die Angabe kann in Pixel oder Prozent erfolgen.

Beispiel

```
<table>
<tr>
<th>Überschrift 1</th>
```

```
            <th>Überschrift 2</th>
<tr>
<td>Zelle 1</td>
            <td>Zelle 2</td>
      </tr>
</table>
```

Ereignisse

ONCLICK, ONDBLCLICK, ONKEYDOWN, ONKEYPRESS, ONKEYUP, ONMOUSEDOWN, ONMOUSEMOVE, ONMOUSEOVER, ONMOUSEOUT, ONMOUSEUP

XML-Definition

```
<!ELEMENT (TH|TD) - O (%flow;)*>
<!ENTITY % Scope "(row|col|rowgroup|colgroup)">
<!ATTLIST (TH|TD)
%attrs;
abbr           %Text;        #IMPLIED
axis           CDATA         #IMPLIED
headers        IDREFS        #IMPLIED
scope          %Scope;       #IMPLIED
rowspan        NUMBER 1
colspan        NUMBER 1
%cellhalign;
%cellvalign;>
```

Verwandte Befehle

TABLE
TD
TH
TR

THEAD

Zuweisung von Tabellenzeilen

Beschreibung

Mit diesem Befehl werden Tabellenzeilen dem Tabellenkopf zugewiesen.

Anwendung

Der Befehl THEAD (Abkürzung für »Table Head« / Tabellenkopf) wird verwendet, um Zeilen einem Tabellenkopf zuzuweisen. Durch diese Zuweisung ist es möglich, den Tabellenkopf bei einem Ausdruck auf jeder gedruckten Seite erscheinen zu lassen.

HTML-4.0-Standard

ALIGN, CHAR, CHAROFF, CLASS, DIR, ID, LANG, STYLE, TITLE, VALIGN

Starttag: zwingend erforderlich; Endtag: optional.

Attribute

ALIGN
> Dieses Attribut ist für die Festlegung der Ausrichtung von Daten innerhalb einer Tabellenspalte zuständig.
>
> LEFT
> > Linksbündige Ausrichtung von Daten innerhalb einer Tabelle. Standardmäßige Voreinstellung.
>
> RIGHT
> > Rechtsbündige Ausrichtung von Daten innerhalb einer Tabelle.
>
> CENTER
> > Zentrierte Ausrichtung von Daten innerhalb einer Tabelle. Standardmäßige Voreinstellung für Tabellenköpfe.
>
> JUSTIFY
> > Erstellung von Blocksatz in einer Tabelle.
>
> CHAR
> > Ausrichtung der Daten innerhalb einer Tabelle an einem mit dem Attribut CHAR festgelegten Zeichen.

CHAR
> Mit diesem Attribut können Sie ein Zeichen aus einem validen Zeichensatz festlegen, an dem sich in der Tabelle befindliche Daten ausgerichtet werden. Achten Sie darauf, dass bei diesem Attribut zwischen Groß- und Kleinschreibung unterschieden wird. Das voreingestellte Zeichen für die Ausrichtung ist der Dezimalpunkt. Je nach verwendeter Sprache (LANG) kann dies beispielsweise ein Komma oder ein Punkt sein.

CHAROFF
> Dieses Attribut definiert den Abstand zum ersten Zeichen, welches mit dem Attribut CHAR formatiert wurde.

CLASS
> Über das Attribut CLASS lässt sich das Element einer Gruppe (Klasse) zuordnen. Geben Sie dazu einen frei wählbaren Klassennamen als Wert an. Diese Gruppierungen erlauben Ihnen anschließend einen leichten Zugriff auf alle zugehörigen Elemente. So können Sie später beispielsweise mit Hilfe von Cascading-Stylesheets oder anderen Sprachen leicht die Eigenschaften aller Elemente einer Klasse verändern oder Werte auslesen.

DIR
> Dieses Attribut ist für die Bestimmung der Laufrichtung des Textes notwendig.
>
> LTR
> > Dieser Wert bestimmt die Laufrichtung des Textes von links nach rechts (Abkürzung für »left to right«). Diese Laufrichtung ist im Browser voreingestellt.

RTL
> Soll der Text entgegen der Standardlaufrichtung vom rechten Bildschirmrand zum linken Rand laufen, dann wählen Sie den Wert RTL (Abkürzung für »right to left«).

ID
> Dieses Attribut kann einem markierten Element einen dokumentenweit einzigartigen Bezeichner zuweisen.

LANG
> Dieses Attribut gibt die Sprache des Zieldokuments an. Das ist insbesondere für die Indizierung in Suchmaschinen wichtig. Verwenden Sie die Sprachcodes nach ISO-639, z.B. "de" für Deutsch oder "en" für Englisch oder "en-us" für amerikanisches Englisch.

ONCLICK
> Dieses Ereignis findet statt, wenn mit der Maus das benannte Element angeklickt wird. Durch diese Aktion wird ein angegebenes Script ausgeführt.

ONDBLCLICK
> Dieses Ereignis findet statt, wenn mit der Maus das benannte Element doppelt angeklickt wird. Durch diese Aktion wird ein angegebenes Script ausgeführt.

ONKEYDOWN
> Dieses Ereignis findet statt, wenn man sich über dem bezeichneten Element befindet und gleichzeitig eine Taste gedrückt wird. Durch diese Aktion wird ein angegebenes Script ausgeführt.

ONKEYPRESS
> Dieses Ereignis findet statt, wenn man sich über dem bezeichneten Element befindet und gleichzeitig eine Taste drückt und wieder loslässt. Durch diese Aktion wird ein angegebenes Script ausgeführt.

ONKEYUP
> Dieses Ereignis findet statt, wenn man sich über dem bezeichneten Element befindet und eine gedrückte Taste losgelassen wird. Durch diese Aktion wird ein angegebenes Script ausgeführt.

ONMOUSEDOWN
> Dieses Ereignis findet statt, wenn man sich über dem bezeichneten Element befindet und gleichzeitig eine Maustaste gedrückt wird. Durch diese Aktion wird ein angegebenes Script ausgeführt.

ONMOUSEMOVE
> Dieses Ereignis findet statt, wenn man sich mit der Maus über das benannte Element bewegt. Durch diese Aktion wird ein angegebenes Script ausgeführt.

ONMOUSEOUT
> Dieses Ereignis findet statt, wenn man sich mit der Maus von dem benannten Element fortbewegt. Durch diese Aktion wird ein angegebenes Script ausgeführt.

ONMOUSEOVER
> Dieses Ereignis findet statt, wenn der Mauszeiger direkt auf das benannte Element zeigt. Durch diese Aktion wird ein angegebenes Script ausgeführt.

ONMOUSEUP

Dieses Ereignis findet statt, wenn man sich über dem bezeichneten Element befindet und eine gedrückte Maustaste losgelassen wird. Durch diese Aktion wird ein angegebenes Script ausgeführt.

STYLE

Das Attribut STYLE lässt sich dazu nutzen, um Stilvorgaben, insbesondere das Aussehen des Elements, zu verändern. Als Wert des Attributs übergeben Sie die entsprechenden Optionen einer Stylesheet-Sprache (meist CSS).

TITLE

Geben Sie dem Anwender weitere Informationen über das verwendete Element, indem Sie mit Hilfe des TITLE-Befehls einen aussagekräftigen Titel festlegen. Insbesondere Anwendern, die auf eine Sprachausgabe angewiesen sind, wird so die Navigation durch Ihre Seiten erleichtert.

VALIGN

Mit diesem Attribut lässt sich die horizontale Ausrichtung von Text innerhalb einer Tabelle festlegen. Wenn dieses Element nicht eingesetzt wird, werden alle Texte automatisch zentriert ausgerichtet.

TOP

Markierter Text wird nach oben ausgerichtet.

BOTTOM

Markierter Text wird nach unten ausgerichtet.

MIDDLE

Markierter Text wird zentriert ausgerichtet.

BASELINE

Text, der sich in Einträgen befindet, die neben dem markierten Text vorhanden sind, wird auf einer von beiden Texten genutzten Basislinie ausgerichtet.

Beispiel

```
<table border>
<thead>
<tr>
<td>Überschrift 1</td>
<td>Überschrift 2</td>
</tr>
</thead>

<tbody>
<tr>
<td>Daten 1. Zeile </td>
<td>Daten 1. Zeile</td>
</tr>
<tr>
<td>Daten 2. Zeile</td>
<td>Daten 2. Zeile</td>
</tr>
</tbody>
<tfoot>
```

```
<tr>
<td>Fuß</td>
<td>Fuß</td>
</tr>
</tfoot>
</table>
```

Ereignisse

ONCLICK, ONDBLCLICK, ONKEYDOWN, ONKEYPRESS, ONKEYUP, ONMOUSEDOWN, ONMOUSEMOVE, ONMOUSEOVER, ONMOUSEOUT, ONMOUSEUP

XML-Definition

```
<!ELEMENT THEAD - O (TR)+>
<!ATTLIST (THEAD|TBODY|TFOOT)
%attrs;
%cellhalign;
%cellvalign;>
```

Verwandte Befehle

TABLE
TFOOT
THEAD

TITLE   <html attribut>

Titel eines Elements angeben

Beschreibung

Geben Sie dem Anwender weitere Informationen über das verwendete Element, indem Sie mit Hilfe des TITLE-Befehls einen aussagekräftigen Titel festlegen. Insbesondere Anwendern, die auf eine Sprachausgabe angewiesen sind, wird so die Navigation durch Ihre Seiten erleichtert.

Anwendung

Zusätzlich zu anderen Attributen können Sie fast jedem Befehl über das Attribut TITLE eine kurze Beschreibung oder einen Titel zufügen.

Werte

Diesem Attribut können Sie als Wert eine beliebige Zeichenfolge übergeben. Dabei sollte diese Zeichenkette möglichst nicht mit Leerzeichen beginnen oder enden. Eventuell wird der verarbeitende Browser diese herausfiltern.

427

Beispiel

```
<p title="Zusammenfassung"></p>
<h1 title="Inhaltsübersicht"></h1>
<a title="Link zu einer Suchmaschine"></a>
```

Zugehörige Elemente

A	FONT	OPTGROUP
ABBR	FORM	OPTION
ACRONYM	FRAME	P
ADDRESS	FRAMESET	PRE
APPLET	H1	Q
AREA	H2	S
B	H3	SAMP
BDO	H4	SELECT
BIG	H5	SMALL
BLOCKQUOTE	H6	SPAN
BODY	HR	STRIKE
BR	I	STRONG
BUTTON	IFRAME	SUB
CAPTION	IMG	SUP
CENTER	INPUT	TABLE
CITE	INS	TBODY
CODE	ISINDEX	TD
COL	KBD	TEXTAREA
COLGROUP	LABEL	TFOOT
DD	LEGEND	TH
DEL	LI	THEAD
DFN	LINK	TR
DIR	MAP	TT
DIV	MENU	U
DL	NOFRAMES	UL
DT	NOSCRIPT	VAR
EM	OBJECT	
FIELDSET	OL	

TITLE

Informationen zum Titel eines HTML-Dokuments

Beschreibung

Mit diesem elementaren Befehl wird der Titel eines HTML-Dokuments bestimmt.

Anwendung

Der Befehl TITLE (»Title« / Überschrift) ist der einzige Befehl, der für ein HTML-Dokument zwingend vorgeschrieben ist. Daher darf jedes HTML-Dokument nur einen unikaten Namen haben. Jeder Browser kann eine solche Überschrift erkennen und darstellen. Häufig dienen diese Überschriften auch der Bezeichnung von Bookmark-Einträgen. Sonderzeichenkodierungen können Sie innerhalb dieses Befehls in Form von Entitys verwenden.

HTML-4.0-Standard

DIR, LANG

Starttag: zwingend erforderlich; Endtag: zwingend erforderlich.

Der eingegebene Titel wird in der Titelleiste des Browsers angezeigt.

Attribute

DIR

Dieses Attribut ist für die Bestimmung der Laufrichtung des Textes notwendig.

LTR

Dieser Wert bestimmt die Laufrichtung des Textes von links nach rechts (Abkürzung für »left to right«). Diese Laufrichtung ist im Browser voreingestellt.;

RTL

Soll der Text entgegen der Standardlaufrichtung vom rechten Bildschirmrand zum linken Rand laufen, dann wählen Sie den Wert RTL (Abkürzung für »right to left«).

LANG

Dieses Attribut gibt die Sprache des Zieldokuments an. Das ist insbesondere für die Indizierung in Suchmaschinen wichtig. Verwenden Sie die Sprachcodes nach ISO-639, z.B. "de" für Deutsch oder "en" für Englisch oder "en-us" für amerikanisches Englisch.

Beispiel
```
<head>
<title>Referenz von HTML-Befehlen</title>
...
</head>
```

XML-Definition
```
<!ELEMENT TITLE - - (#PCDATA) -(%head.misc;)>
<!ATTLIST TITLE %i18n>
```

Verwandte Befehle
BODY
HEAD

Token

Regeln für die Definition eigener XML-Befehle

Beschreibung
Eine Name oder Token ist eine gültige Bezeichnung, beispielsweise für ein Markup oder einen Attributnamen.

Anwendung
Ein gültiger Name muss mit einem Buchstaben anfangen. Erlaubt sind zusätzlich Interpunktionszeichen, Buchstaben, Ziffer, Unterstriche und Bindestriche.

Die Buchstaben XML am Anfang eines Namens (in Klein- und Großbuchstaben) sowie die Verwendung des Doppelpunkt sollten möglichst vermieden werden.

Beispiel
```
<adresse>
<kapitel_5>
<das_xml_referenz_buch>
<ein-gueltiger__Name_123>
```

top

Position von oben

Beschreibung

Bei der Positionierung von Elementen auf der Seite entspricht die Angabe der Abstände immer dem Abstand zum Fensterrand. Möchten Sie diese obere Position verschieben, dann können Sie dies mit dem Element top realisieren.

Parameter

Geben Sie einen Zahlenwert für die Positionierung von oben an.

Beispiel

```
<style type="text/css">
h1, h2 { top: 100px }
h3, h4 { top: 100 }
</style>

<div style="top: 100">
</div>
```

TR

Markieren von Tabellenzeilen

Beschreibung

Mit diesem Befehl ist es möglich, einzelne Tabellenzeilen zu markieren.

Anwendung

Mit dem Befehl TR werden Tabellenzeilen markiert und somit innerhalb einer Tabelle unterteilt und strukturiert. Eine Tabellenzeile selbst besteht aus einer Anzahl verschachtelter Tabellenzellen.

HTML-4.0-Standard

ALIGN, CHAR, CHAROFF, CLASS, DIR, ID, LANG, STYLE, TITLE, VALIGN

Starttag: zwingend erforderlich; Endtag: optional.

Attribute

ALIGN

Dieses Attribut ist für die Ausrichtung der Zellinhalte innerhalb einer Zelle zuständig.

LEFT

Linksbündige Ausrichtung der Zellinhalte.

RIGHT

Rechtsbündige Ausrichtung der Zellinhalte.

CENTER

Zentrierte Ausrichtung der Zellinhalte.

CHAR

Ausrichtung der Daten innerhalb einer Tabelle an einem mit dem Attribut CHAR festgelegten Zeichen.

CHAR

Mit diesem Attribut können Sie ein Zeichen aus einem validen Zeichensatz festlegen, an dem sich in der Tabelle befindliche Daten ausgerichtet werden. Achten Sie darauf, dass bei diesem Attribut zwischen Groß- und Kleinschreibung unterschieden wird. Das voreingestellte Zeichen für die Ausrichtung ist der Dezimalpunkt. Je nach verwendeter Sprache (LANG) kann dies beispielsweise ein Komma oder ein Punkt sein.

CHAROFF

Dieses Attribut definiert den Abstand zum ersten Zeichen, welches mit dem Attribut CHAR formatiert wurde.

CLASS

Über das Attribut CLASS lässt sich das Element einer Gruppe (Klasse) zuordnen. Geben Sie dazu einen frei wählbaren Klassennamen als Wert an. Diese Gruppierungen erlauben Ihnen anschließend einen leichten Zugriff auf alle zugehörigen Elemente. So können Sie später beispielsweise mit Hilfe von Cascading-Stylesheets oder anderen Sprachen leicht die Eigenschaften aller Elemente einer Klasse verändern oder Werte auslesen.

DIR

Dieses Attribut ist für die Bestimmung der Laufrichtung des Textes notwendig.

LTR

Dieser Wert bestimmt die Laufrichtung des Textes von links nach rechts (Abkürzung für »left to right«). Diese Laufrichtung ist im Browser voreingestellt.;

RTL

Soll der Text entgegen der Standardlaufrichtung vom rechten Bildschirmrand zum linken Rand laufen, dann wählen Sie den Wert RTL (Abkürzung für »right to left«).

ID

Über das Attribut ID wird das Element mit einer für das Dokument eindeutigen Kennzeichnung versehen. Über diese ID lässt sich anschließend beispielsweise mit Hilfe einer Scriptsprache gezielt auf einzelne Elemente zugreifen, um z.B. deren Werte auszulesen oder zu verändern.

LANG
Dieses Attribut gibt die Sprache des Zieldokuments an. Das ist insbesondere für die Indizierung in Suchmaschinen wichtig. Verwenden Sie die Sprachcodes nach ISO-639, z.B. "de" für Deutsch oder "en" für Englisch oder "en-us" für amerikanisches Englisch.

ONCLICK
Dieses Ereignis findet statt, wenn mit der Maus das benannte Element angeklickt wird. Durch diese Aktion wird ein angegebenes Script ausgeführt.

ONDBLCLICK
Dieses Ereignis findet statt, wenn mit der Maus das benannte Element doppelt angeklickt wird. Durch diese Aktion wird ein angegebenes Script ausgeführt.

ONKEYDOWN
Dieses Ereignis findet statt, wenn man sich über dem bezeichneten Element befindet und gleichzeitig eine Taste gedrückt wird. Durch diese Aktion wird ein angegebenes Script ausgeführt.

ONKEYPRESS
Dieses Ereignis findet statt, wenn man sich über dem bezeichneten Element befindet und gleichzeitig eine Taste drückt und wieder loslässt. Durch diese Aktion wird ein angegebenes Script ausgeführt.

ONKEYUP
Dieses Ereignis findet statt, wenn man sich über dem bezeichneten Element befindet und eine gedrückte Taste losgelassen wird. Durch diese Aktion wird ein angegebenes Script ausgeführt.

ONMOUSEDOWN
Dieses Ereignis findet statt, wenn man sich über dem bezeichneten Element befindet und gleichzeitig eine Maustaste gedrückt wird. Durch diese Aktion wird ein angegebenes Script ausgeführt.

ONMOUSEMOVE
Dieses Ereignis findet statt, wenn man sich mit der Maus über das benannte Element bewegt. Durch diese Aktion wird ein angegebenes Script ausgeführt.

ONMOUSEOUT
Dieses Ereignis findet statt, wenn man sich mit der Maus von dem benannten Element fortbewegt. Durch diese Aktion wird ein angegebenes Script ausgeführt.

ONMOUSEOVER
Dieses Ereignis findet statt, wenn der Mauszeiger direkt auf das benannte Element zeigt. Durch diese Aktion wird ein angegebenes Script ausgeführt.

ONMOUSEUP
Dieses Ereignis findet statt, wenn man sich über dem bezeichneten Element befindet und eine gedrückte Maustaste losgelassen wird. Durch diese Aktion wird ein angegebenes Script ausgeführt.

STYLE
Das Attribut STYLE lässt sich dazu nutzen, um Stilvorgaben, insbesondere das Aussehen des Elements, zu verändern. Als Wert des Attributs übergeben Sie die entsprechenden Optionen einer Stylesheet-Sprache (meist CSS).

TITLE

Geben Sie dem Anwender weitere Informationen über das verwendete Element, indem Sie mit Hilfe des TITLE-Befehls einen aussagekräftigen Titel festlegen. Insbesondere Anwendern, die auf eine Sprachausgabe angewiesen sind, wird so die Navigation durch Ihre Seiten erleichtert.

VALIGN

Mit diesem Attribut lässt sich die horizontale Ausrichtung von Text innerhalb einer Zeile festlegen. Wenn dieses Element nicht eingesetzt wird, werden alle Texte automatisch zentriert ausgerichtet.

TOP

Markierter Text wird nach oben ausgerichtet.

BOTTOM

Markierter Text wird nach unten ausgerichtet.

MIDDLE

Markierter Text wird zentriert ausgerichtet.

BASELINE

Text, der sich in Einträgen befindet, die neben dem markierten Text vorhanden sind, wird auf einer von beiden Texten genutzten Basislinie ausgerichtet.

Beispiel

```
<table>
<tr>
        <td>Erste Zeile</td>
</tr>
<tr>
        <td>Zweite Zeile</td>
</tr>
</table>
```

Ereignisse

ONCLICK, ONDBLCLICK, ONKEYDOWN, ONKEYPRESS, ONKEYUP, ONMOUSEDOWN, ONMOUSEMOVE, ONMOUSEOVER, ONMOUSEOUT, ONMOUSEUP

XML-Definition

```
<!ELEMENT TR - O (TH|TD)+>
<!ATTLIST TR
%attrs;
%cellhalign;
%cellvalign;>
```

Verwandte Befehle

TD

TH

TT

Darstellung von nicht proportionaler Schrift

Beschreibung
Mit diesem Befehl ist es möglich, alle dargestellten Zeichen und Buchstaben in gleicher Größe erscheinen zu lassen.

Anwendung
Der Befehl TT ermöglicht die Darstellung von Zeichen in exakt gleicher Größe. Durch diese nichtproportionale Wiedergabe ist es möglich, Buchstaben genau untereinander zu setzen. Diese Art von Text wird auch als Videotext bezeichnet.

HTML-4.0-Standard
CLASS, DIR, ID, LANG, STYLE, TITLE

Starttag: zwingend erforderlich; Endtag: zwingend erforderlich.

Attribute
CLASS
    Über das Attribut CLASS lässt sich das Element einer Gruppe (Klasse) zuordnen. Geben Sie dazu einen frei wählbaren Klassennamen als Wert an. Diese Gruppierungen erlauben Ihnen anschließend einen leichten Zugriff auf alle zugehörigen Elemente. So können Sie später beispielsweise mit Hilfe von Cascading-Stylesheets oder anderen Sprachen leicht die Eigenschaften aller Elemente einer Klasse verändern oder Werte auslesen.

DIR
    Dieses Attribut ist für die Bestimmung der Laufrichtung des Textes notwendig. Zwei Werte können alternativ übergeben werden:

    LTR
        Dieser Wert bestimmt die Laufrichtung des Textes von links nach rechts (Abkürzung für »left to right«). Diese Laufrichtung ist im Browser voreingestellt.

    RTL
        Soll der Text entgegen der Standardlaufrichtung vom rechten Bildschirmrand zum linken Rand laufen, dann wählen Sie den Wert RTL (Abkürzung für »right to left«).

ID
    Über das Attribut ID wird das Element mit einer für das Dokument eindeutigen Kennzeichnung versehen. Über diese ID lässt sich anschließend beispielsweise mit Hilfe einer Scriptsprache gezielt auf einzelne Elemente zugreifen, um z.B. deren Werte auszulesen oder zu verändern.

LANG

Dieses Attribut gibt die Sprache des Zieldokuments an. Das ist insbesondere für die Indizierung in Suchmaschinen wichtig. Verwenden Sie die Sprachcodes nach ISO-639, z.B. `"de"` für Deutsch oder `"en"` für Englisch oder `"en-us"` für amerikanisches Englisch.

ONCLICK

Dieses Ereignis findet statt, wenn mit der Maus das benannte Element angeklickt wird. Durch diese Aktion wird ein angegebenes Script ausgeführt.

ONDBLCLICK

Dieses Ereignis findet statt, wenn mit der Maus das benannte Element doppelt angeklickt wird. Durch diese Aktion wird ein angegebenes Script ausgeführt.

ONKEYDOWN

Dieses Ereignis findet statt, wenn man sich über dem bezeichneten Element befindet und gleichzeitig eine Taste gedrückt wird. Durch diese Aktion wird ein angegebenes Script ausgeführt.

ONKEYPRESS

Dieses Ereignis findet statt, wenn man sich über dem bezeichneten Element befindet und gleichzeitig eine Taste drückt und wieder loslässt. Durch diese Aktion wird ein angegebenes Script ausgeführt.

ONKEYUP

Dieses Ereignis findet statt, wenn man sich über dem bezeichneten Element befindet und eine gedrückte Taste losgelassen wird. Durch diese Aktion wird ein angegebenes Script ausgeführt.

ONMOUSEDOWN

Dieses Ereignis findet statt, wenn man sich über dem bezeichneten Element befindet und gleichzeitig eine Maustaste gedrückt wird. Durch diese Aktion wird ein angegebenes Script ausgeführt.

ONMOUSEMOVE

Dieses Ereignis findet statt, wenn man sich mit der Maus über das benannte Element bewegt. Durch diese Aktion wird ein angegebenes Script ausgeführt.

ONMOUSEOUT

Dieses Ereignis findet statt, wenn man sich mit der Maus von dem benannten Element fortbewegt. Durch diese Aktion wird ein angegebenes Script ausgeführt.

ONMOUSEOVER

Dieses Ereignis findet statt, wenn der Mauszeiger direkt auf das benannte Element zeigt. Durch diese Aktion wird ein angegebenes Script ausgeführt.

ONMOUSEUP

Dieses Ereignis findet statt, wenn man sich über dem bezeichneten Element befindet und eine gedrückte Maustaste losgelassen wird. Durch diese Aktion wird ein angegebenes Script ausgeführt.

STYLE

Das Attribut STYLE wird zur Festlegung spezifischer Eigenschaften in Bezug auf die Darstellung so gekennzeichneter Elemente verwendet. Die Vorgabe eines verwendeten Stils wird durch die Cascading-Stylesheets definiert.

TITLE

Durch dieses Attribut werden markierten Elementen zusätzliche Informationen zugewiesen. Bei vielen Browsern werden diese Informationen in einem Pop-up-Fenster angezeigt, wenn sich der Mauszeiger auf dem Element befindet.

Beispiel

```
<TT>
Hier handelt es sich um nichtproportionale Schrift!
</TT>
```

Ereignisse

ONCLICK, ONDBLCLICK, ONKEYDOWN, ONKEYPRESS, ONKEYUP, ONMOUSEDOWN, ONMOUSEMOVE, ONMOUSEOVER, ONMOUSEOUT, ONMOUSEUP

Verwandte Befehle

B
BIG
I
LISTING
PLAINTEXT
PRE
S
SMALL
STRIKE
U
XMP

TYPE   **\<html attribut\>**

Datentyp angeben

Beschreibung

Die Bedeutung der Werte, die dem Attribut TYPE übergeben werden hängt sehr stark vom eingesetzten Befehl ab. Im Folgenden finden Sie alle möglichen Werte, die den Befehlen zugeordnet sind.

Werte

Je nachdem, für welchen Befehl Sie dieses Attribut verwenden, existieren unterschiedliche Gültigkeitsbereiche für den übergebenen Wert. Im Folgenden haben wir die einzelnen Befehle und möglichen Werte aufgelistet:

A, LINK, OBJECT, PARAM, SCRIPT, STYLE

Gültige Werte für das Attribut sind die sogenannten Inhalts-Typen (»content types«). Mit diesen werden spezielle Datenformate gekennzeichnet. Zum Beispiel ein Microsoft-Word-Dokument oder ein Adobe-PDF-Dokument. Verwenden Sie zur Bezeichnung des Datenformats die Definitionen, die Sie unter dem Stichwort **MIME-Typen** finden. Es lassen sich mehrere Werte durch Komma getrennt angeben.

INPUT

Mit diesem Attribut legen Sie fest, welche Art von Steuerelement Sie verwenden wollen. Folgende Eingabetypen stehen zur Auswahl:

BUTTON

Erstellt eine einfache Schaltfläche im Windows-Stil. Über diese Schaltfläche lassen sich diverse Aktionen starten, beispielsweise ein Script. Grafische Schaltflächen erzeugen Sie mit der Option IMAGE.

CHECKBOX

Erzeugt eine sogenannte CheckBox. Dieses Kontrollkästchen gibt dem Anwender die Möglichkeit eine Option durch »Ankreuzen« des Feldes zu wählen. Für jedes Kontrollkästchen existieren die zwei Zustände gewählt oder nicht gewählt.

FILE

Dieser Kontrolltyp erlaubt dem Anwender, eine Datei auszuwählen, so dass deren Inhalt mit dem Formular übermittelt werden kann.

HIDDEN

Dieser Wert erzeugt ein verstecktes Dialogfeld. Das Eingabefeld erscheint nicht auf dem Bildschirm. Es dient in erster Linie dazu, um dem Server zusätzliche Informationen zu übermitteln, die der Anwender nicht eingeben muss. Der Wert des Feldes kann mit VALUE angegeben werden.

IMAGE

Mit IMAGE erstellen Sie eine grafische Schaltfläche. Das Bild, das an dieser Stelle angezeigt wird, muss über SRC angegeben werden. Als Eingabeergebnis werden zum Server die Koordinaten übermittelt, an denen der Anwender die Grafik angeklickt hat (X- und Y-Wert).

PASSWORD

Erzeugt ein einfaches einzeiliges Eingabefeld. Die eingegebenen Buchstaben werden allerdings nicht angezeigt, sondern durch Sternchen ersetzt. So wird verhindert, dass Passwörter oder andere sensible Daten vom Bildschirm abgelesen werden können. Diese Option sollte aber nicht dazu verleiten, dem Anwender irgendeine Sicherheit vorzugaukeln. Die Daten des Feldes werden unverschlüsselt zum Server übertragen.

RADIO

Ein RadioButton oder ein Optionsfeld erlauben dem Anwender, zwischen mehreren Optionen eine einzige auszuwählen. Die RadioButtons, die zu einer Entscheidung gehören, werden zu einer Gruppe zusammengefasst, indem sie den gleichen Namen erhalten. Innerhalb einer Gruppe kann immer nur ein einziges Optionsfeld ausgewählt sein.

RESET

Wenn das ResetButton vom Anwender aktiviert wird, dann werden alle Daten des Eingabeformulars auf den Ursprungszustand zurückgesetzt.

SUBMIT

Diese Option erzeugt eine Schaltfläche. Wird die Submit-Schaltfläche vom Besucher aktiviert, dann werden alle Daten des Formulars vom Browser zum Server übertragen.

TEXT

Erzeugt ein einfaches einzeiliges Eingabefeld.

LI, UL

Mit diesem Attribut können Sie innerhalb einer Liste das Erscheinungsbild eines Aufzählungszeichens vor einem entsprechenden Listenelement festlegen. Je nachdem, ob Sie eine »unordered List«(nichtnummerierte Liste) mit dem Befehl UL erzeugen oder eine nummerierte Aufzählung mit OL (»ordered List«), existieren verschiedene mögliche Werte. Für eine UL gelten folgende Einstellungen:

DISC

Es erscheint ein Diskettensymbol als Aufzählungszeichen (funktioniert nicht bei allen Browsern).

SQUARE

Mit diesem Wert können Sie ein kleines Quadrat als Aufzählungszeichen auswählen.

CIRCLE

Einen kleinen ausgefüllten Kreis als Aufzählungszeichen erhalten Sie mit dem Wert CIRCLE.

LI, OL

Mit diesem Attribut können Sie aber auch innerhalb einer OL (Ordered List) jedem Element ein Aufzählungszeichen voranstellen. Die folgenden Werte sind zulässig:

1

Arabische Ziffern (1, 2, 3,...); dieser Wert ist voreingestellt

a

Alphanumerische Kleinschreibung (a, b, c,...)

A

Alphanumerische Großschreibung (A, B, C,...)

i

Römische Ziffern in Kleinschreibung (i, ii, iii, iv,...)

I

Römische Ziffern in Großschreibung (I, II, III, IV,...)

TYPE

Mit diesem Attribut ist es möglich, die Art bzw. den Zweck der Schaltfläche festzulegen.

SUBMIT

Mit TYPE=SUBMIT ist es möglich, ein Eingabefeld zu erzeugen. Mit Hilfe dieses Eingabefeldes wird ein Benutzer in die Lage versetzt, ein Formular absenden zu können. Innerhalb eines Formulars sind mehrere Absende-Buttons zulässig. Sie sollten jedoch darauf achten, dass Sie bei dieser Vorgehensweise jedem Button mit dem NAME-Attribut eine Bezeichnung zuweisen.

RESET

Mit TYPE=RESET ist es möglich, ein Eingabefeld zu erzeugen, in dem vorgenommene Eingaben gelöscht werden. Die Default-Werte zu den Voreinstellungen werden auf die Ausgangswerte zurückgesetzt.

BUTTON

Mit TYPE=BUTTON wird eine Schaltfläche erzeugt, deren Anklicken bewirkt, dass beispielsweise ein Script gestartet wird. Diese Option ermöglicht Interaktion mit dem Besucher auch ohne Auswertung der Daten über den Server.

Beispiel

```
<input type="text">
<input type="radio">
<button type="submit">
```

Zugehörige Elemente

A
BUTTON
INPUT
LI
LINK
OBJECT
OL
PARAM
SCRIPT
STYLE
UL

U

Unterstreichung von Text

Beschreibung

Mit diesem Befehl lässt sich Standardfließtext unterstrichen darstellen. Ab der Version 4.0 von HTML wird dieses Tag allerdings missbilligt.

Anwendung

Der Befehl U (»underlined« / unterstrichen) wird Text einfach unterstrichen dargestellt. Bitte beachten Sie, dass Sie so formatierten Text nicht mit ebenfalls unterstri-
chenen Text-Links verwechseln.

HTML-4.0-Standard

CLASS, DIR, ID, LANG, STYLE, TITLE

Der Einsatz dieses Befehls wird in der aktuellen HTML-Version nicht mehr empfohlen, er wurde durch andere Befehle ersetzt.

Starttag: zwingend erforderlich; Endtag: zwingend erforderlich.

Attribute

CLASS
Über das Attribut CLASS lässt sich das Element einer Gruppe (Klasse) zuordnen.
Geben Sie dazu einen frei wählbaren Klassennamen als Wert an. Diese Gruppie-
rungen erlauben Ihnen anschließend einen leichten Zugriff auf alle zugehörigen
Elemente. So können Sie später beispielsweise mit Hilfe von Cascading-Style-
sheets oder anderen Sprachen leicht die Eigenschaften aller Elemente einer
Klasse verändern oder Werte auslesen.

DIR
Dieses Attribut ist für die Bestimmung der Laufrichtung des Textes notwendig.
Zwei Werte können alternativ übergeben werden:

LTR
Dieser Wert bestimmt die Laufrichtung des Textes von links nach rechts
(Abkürzung für »left to right«). Diese Laufrichtung ist im Browser voreinge-
stellt.

RTL
Soll der Text entgegen der Standardlaufrichtung vom rechten Bildschirmrand
zum linken Rand laufen, dann wählen Sie den Wert RTL (Abkürzung für
»right to left«).

ID
Über das Attribut ID wird das Element mit einer für das Dokument eindeutigen
Kennzeichnung versehen. Über diese ID lässt sich anschließend beispielsweise
mit Hilfe einer Scriptsprache gezielt auf einzelne Elemente zugreifen, um z.B.
deren Werte auszulesen oder zu verändern.

LANG
Dieses Attribut gibt die Sprache des Zieldokuments an. Das ist insbesondere für
die Indizierung in Suchmaschinen wichtig. Verwenden Sie die Sprachcodes nach
ISO-639, z.B. "de" für Deutsch oder "en" für Englisch oder "en-us" für amerikanisches Englisch.

ONCLICK

Dieses Ereignis findet statt, wenn mit der Maus das benannte Element ange-klickt wird. Durch diese Aktion wird ein angegebenes Script ausgeführt.

ONDBLCLICK

Dieses Ereignis findet statt, wenn mit der Maus das benannte Element doppelt angeklickt wird. Durch diese Aktion wird ein angegebenes Script ausgeführt.

ONKEYDOWN

Dieses Ereignis findet statt, wenn man sich über dem bezeichneten Element befindet und gleichzeitig eine Taste gedrückt wird. Durch diese Aktion wird ein angegebenes Script ausgeführt.

ONKEYPRESS

Dieses Ereignis findet statt, wenn man sich über dem bezeichneten Element befindet und gleichzeitig eine Taste drückt und wieder loslässt. Durch diese Aktion wird ein angegebenes Script ausgeführt.

ONKEYUP

Dieses Ereignis findet statt, wenn man sich über dem bezeichneten Element befindet und eine gedrückte Taste losgelassen wird. Durch diese Aktion wird ein angegebenes Script ausgeführt.

ONMOUSEDOWN

Dieses Ereignis findet statt, wenn man sich über dem bezeichneten Element befindet und gleichzeitig eine Maustaste gedrückt wird. Durch diese Aktion wird ein angegebenes Script ausgeführt.

ONMOUSEMOVE

Dieses Ereignis findet statt, wenn man sich mit der Maus über das benannte Ele-ment bewegt. Durch diese Aktion wird ein angegebenes Script ausgeführt.

ONMOUSEOUT

Dieses Ereignis findet statt, wenn man sich mit der Maus von dem benannten Element fortbewegt. Durch diese Aktion wird ein angegebenes Script ausge-führt.

ONMOUSEOVER

Dieses Ereignis findet statt, wenn der Mauszeiger direkt auf das benannte Ele-ment zeigt. Durch diese Aktion wird ein angegebenes Script ausgeführt.

ONMOUSEUP

Dieses Ereignis findet statt, wenn man sich über dem bezeichneten Element befindet und eine gedrückte Maustaste losgelassen wird. Durch diese Aktion wird ein angegebenes Script ausgeführt.

STYLE

Das Attribut STYLE lässt sich dazu nutzen, um Stilvorgaben, insbesondere das Aussehen des Elements, zu verändern. Als Wert des Attributs übergeben Sie die entsprechenden Optionen einer Stylesheet-Sprache (meist CSS).

TITLE

Geben Sie dem Anwender weitere Informationen über das verwendete Element, indem Sie mit Hilfe des TITLE-Befehls einen aussagekräftigen Titel festlegen. Insbesondere Anwendern, die auf eine Sprachausgabe angewiesen sind, wird so die Navigation durch Ihre Seiten erleichtert.

Beispiel

`<U>So sieht unterstrichener Text aus!</U>`

Ereignisse

ONCLICK, ONDBLCLICK, ONKEYDOWN, ONKEYPRESS, ONKEYUP, ONMOUSEDOWN, ONMOUSEMOVE, ONMOUSEOVER, ONMOUSEOUT, ONMOUSEUP

Verwandte Befehle

B
BIG
I
LISTING
PLAINTEXT
PRE
S
SMALL
STRIKE
STRONG
TT

UL

Kennzeichnen von unnummerierten Listen

Beschreibung

Mit diesem Befehl ist es möglich, Listen zu kennzeichnen, die nicht nummeriert sind.

Anwendung

Der Befehl UL (»unordered list«) wird dann eingesetzt, wenn Listen gekennzeichnet werden sollen, die nicht nummeriert sind. Man bezeichnet diese Art von Listen auch als Bulletlisten.

HTML-4.0-Standard

CLASS, DIR, ID, LANG, STYLE, TITLE

Starttag: zwingend erforderlich; Endtag: zwingend eforderlich.

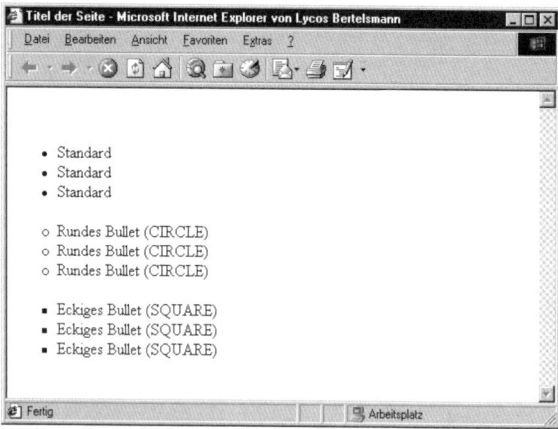

Die verschiedenen Aufzählungszeichen.

Attribute

CLASS

Über das Attribut CLASS lässt sich das Element einer Gruppe (Klasse) zuordnen. Geben Sie dazu einen frei wählbaren Klassennamen als Wert an. Diese Gruppierungen erlauben Ihnen anschließend einen leichten Zugriff auf alle zugehörigen Elemente. So können Sie später beispielsweise mit Hilfe von Cascading-Stylesheets oder anderen Sprachen leicht die Eigenschaften aller Elemente einer Klasse verändern oder Werte auslesen.

COMPACT

Dieses Attribut wird dazu verwendet, anzugeben, dass die Listeneinträge sehr kurz sein sollen und in einer kompakten Form dargestellt werden können. Es wird allerdings von den meisten Browsern nicht ausgewertet.

DIR

Dieses Attribut ist für die Bestimmung der Laufrichtung des Textes notwendig. Zwei Werte können alternativ übergeben werden:

LTR

Dieser Wert bestimmt die Laufrichtung des Textes von links nach rechts (Abkürzung für »left to right«). Diese Laufrichtung ist im Browser voreingestellt.

RTL

Soll der Text entgegen der Standardlaufrichtung vom rechten Bildschirmrand zum linken Rand laufen, dann wählen Sie den Wert RTL (Abkürzung für »right to left«).

ID

Über das Attribut ID wird das Element mit einer für das Dokument eindeutigen Kennzeichnung versehen. Über diese ID lässt sich anschließend beispielsweise mit Hilfe einer Scriptsprache gezielt auf einzelne Elemente zugreifen, um z.B. deren Werte auszulesen oder zu verändern.

LANG

Dieses Attribut gibt die Sprache des Zieldokuments an. Das ist insbesondere für die Indizierung in Suchmaschinen wichtig. Verwenden Sie die Sprachcodes nach ISO-639, z.B. "de" für Deutsch oder "en" für Englisch oder "en-us" für amerikanisches Englisch.

ONCLICK

Dieses Ereignis findet statt, wenn mit der Maus das benannte Element angeklickt wird. Durch diese Aktion wird ein angegebenes Script ausgeführt.

ONDBLCLICK

Dieses Ereignis findet statt, wenn mit der Maus das benannte Element doppelt angeklickt wird. Durch diese Aktion wird ein angegebenes Script ausgeführt.

ONKEYDOWN

Dieses Ereignis findet statt, wenn man sich über dem bezeichneten Element befindet und gleichzeitig eine Taste gedrückt wird. Durch diese Aktion wird ein angegebenes Script ausgeführt.

ONKEYPRESS

Dieses Ereignis findet statt, wenn man sich über dem bezeichneten Element befindet und gleichzeitig eine Taste drückt und wieder loslässt. Durch diese Aktion wird ein angegebenes Script ausgeführt.

ONKEYUP

Dieses Ereignis findet statt, wenn man sich über dem bezeichneten Element befindet und eine gedrückte Taste losgelassen wird. Durch diese Aktion wird ein angegebenes Script ausgeführt.

ONMOUSEDOWN

Dieses Ereignis findet statt, wenn man sich über dem bezeichneten Element befindet und gleichzeitig eine Maustaste gedrückt wird. Durch diese Aktion wird ein angegebenes Script ausgeführt.

ONMOUSEMOVE

Dieses Ereignis findet statt, wenn man sich mit der Maus über das benannte Element bewegt. Durch diese Aktion wird ein angegebenes Script ausgeführt.

ONMOUSEOUT

Dieses Ereignis findet statt, wenn man sich mit der Maus von dem benannten Element fortbewegt. Durch diese Aktion wird ein angegebenes Script ausgeführt.

ONMOUSEOVER

Dieses Ereignis findet statt, wenn der Mauszeiger direkt auf das benannte Element zeigt. Durch diese Aktion wird ein angegebenes Script ausgeführt.

ONMOUSEUP

Dieses Ereignis findet statt, wenn man sich über dem bezeichneten Element befindet und eine gedrückte Maustaste losgelassen wird. Durch diese Aktion wird ein angegebenes Script ausgeführt.

TYPE

Mit diesem Attribut können Sie innerhalb einer Liste das Erscheinungsbild eines Aufzählungszeichens vor einem entsprechenden Listenelement festlegen. Je nachdem, ob Sie eine »unordered List« (nichtnummerierte Liste) mit dem Befehl UL erzeugen oder eine nummerierte Aufzählung mit OL (»ordered List«), existieren verschiedene mögliche Werte. Für eine UL gelten folgende Einstellungen:

DISC

Es erscheint ein Diskettensymbol als Aufzählungszeichen (funktioniert nicht bei allen Browsern).

SQUARE

Mit diesem Wert können Sie ein kleines Quadrat als Aufzählungszeichen auswählen.

CIRCLE

Einen kleinen ausgefüllten Kreis als Aufzählungszeichen erhalten Sie mit dem Wert CIRCLE.

START

Dieses Attribut ist ausschließlich im Zusammenhang mit einer nummerierten Liste möglich. Es gibt Ihnen die Möglichkeit, einen Startwert anzugeben und die Liste beispielsweise mit dem Wert 100 beginnen zu lassen.

STYLE

Das Attribut STYLE lässt sich dazu nutzen, um Stilvorgaben, insbesondere das Aussehen des Elements, zu verändern. Als Wert des Attributs übergeben Sie die entsprechenden Optionen einer Stylesheet-Sprache (meist CSS).

TITLE

Geben Sie dem Anwender weitere Informationen über das verwendete Element, indem Sie mit Hilfe des TITLE-Befehls einen aussagekräftigen Titel festlegen. Insbesondere Anwendern, die auf eine Sprachausgabe angewiesen sind, wird so die Navigation durch Ihre Seiten erleichtert.

Beispiel

```
<ul type="circle">
<li>Erstens</li>
<li >Zweitens</li>
<li>Drittens</li>
</ul>
```

Ereignisse

ONCLICK, ONDBLCLICK, ONKEYDOWN, ONKEYPRESS, ONKEYUP, ONMOUSEDOWN, ONMOUSEMOVE, ONMOUSEOVER, ONMOUSEOUT, ONMOUSEUP

XML-Definition

```
<!ELEMENT UL - - (LI)+>
<!ATTLIST UL %attrs;>
```

Verwandte Befehle

LI

OL

Unicode-Standard

In der folgenden Übersicht finden Sie den Unicode-Standard, der der offiziellen W3C-Spezifikation zu XML 1.0 entnommen ist. Diesem Standard zufolge sind Zeichen unterteilt in drei Gruppen Buchstaben (letters), Zahlen (digits) sowie Erweiterungen (extenders). Die Buchstaben lassen sich noch einmal unterteilen in die Klassn der Grundzeichen (base characters), ideografische Zeichen (idiographic chars) sowie kombinierte Zeichen (combining chars).

Letter	BaseChar	Ideographic
BaseChar	[#x0041-#x005A] [#x0061-#x007A] [#x00C0-#x00D6]	
	[#x00D8-#x00F6] [#x00F8-#x00FF] [#x0100-#x0131]	
	[#x0134-#x013E] [#x0141-#x0148] [#x014A-#x017E]	
	[#x0180-#x01C3] [#x01CD-#x01F0] [#x01F4-#x01F5]	
	[#x01FA-#x0217] [#x0250-#x02A8] [#x02BB-#x02C1]	
	#x0386 [#x0388-#x038A] #x038C [#x038E-#x03A1]	
	[#x03A3-#x03CE] [#x03D0-#x03D6] #x03DA #x03DC	
	#x03DE #x03E0 [#x03E2-#x03F3] [#x0401-#x040C]	
	[#x040E-#x044F] [#x0451-#x045C] [#x045E-#x0481]	
	[#x0490-#x04C4] [#x04C7-#x04C8] [#x04CB-#x04CC]	
	[#x04D0-#x04EB] [#x04EE-#x04F5] [#x04F8-#x04F9]	
	[#x0531-#x0556] #x0559 [#x0561-#x0586] [#x05D0-#x05EA]	
	[#x05F0-#x05F2] [#x0621-#x063A] [#x0641-#x064A]	
	[#x0671-#x06B7] [#x06BA-#x06BE] [#x06C0-#x06CE]	
	[#x06D0-#x06D3] #x06D5 [#x06E5-#x06E6] [#x0905-#x0939]	
	#x093D [#x0958-#x0961] [#x0985-#x098C]	
	[#x098F-#x0990] [#x0993-#x09A8] [#x09AA-#x09B0]	
	#x09B2 [#x09B6-#x09B9] [#x09DC-#x09DD]	
	[#x09DF-#x09E1] [#x09F0-#x09F1] [#x0A05-#x0A0A]	
	[#x0A0F-#x0A10] [#x0A13-#x0A28] [#x0A2A-#x0A30]	
	[#x0A32-#x0A33] [#x0A35-#x0A36] [#x0A38-#x0A39]	
	[#x0A59-#x0A5C] #x0A5E [#x0A72-#x0A74] [#x0A85-#x0A8B]	
	#x0A8D [#x0A8F-#x0A91] [#x0A93-#x0AA8]	
	[#x0AAA-#x0AB0] [#x0AB2-#x0AB3] [#x0AB5-#x0AB9]	
	#x0ABD #x0AE0 [#x0B05-#x0B0C] [#x0B0F-#x0B10]	
	[#x0B13-#x0B28] [#x0B2A-#x0B30] [#x0B32-#x0B33]	

Letter	BaseChar | Ideographic
	[#x0B36-#x0B39] | #x0B3D | [#x0B5C-#x0B5D] | [#x0B5F-#x0B61] |
	[#x0B85-#x0B8A] | [#x0B8E-#x0B90] | [#x0B92-#x0B95] |
	[#x0B99-#x0B9A] | #x0B9C | [#x0B9E-#x0B9F] | [#x0BA3-#x0BA4] |
	[#x0BA8-#x0BAA] | [#x0BAE-#x0BB5] | [#x0BB7-#x0BB9] |
	[#x0C05-#x0C0C] | [#x0C0E-#x0C10] | [#x0C12-#x0C28] |
	[#x0C2A-#x0C33] | [#x0C35-#x0C39] | [#x0C60-#x0C61] |
	[#x0C85-#x0C8C] | [#x0C8E-#x0C90] | [#x0C92-#x0CA8] |
	[#x0CAA-#x0CB3] | [#x0CB5-#x0CB9] |
	#x0CDE | [#x0CE0-#x0CE1] | [#x0D05-#x0D0C] |
	[#x0D0E-#x0D10] | [#x0D12-#x0D28] | [#x0D2A-#x0D39] |
	[#x0D60-#x0D61] | [#x0E01-#x0E2E] |
	#x0E30 | [#x0E32-#x0E33] | [#x0E40-#x0E45] |
	[#x0E81-#x0E82] | #x0E84 | [#x0E87-#x0E88] |
	#x0E8A | #x0E8D | [#x0E94-#x0E97] | [#x0E99-#x0E9F] |
	[#x0EA1-#x0EA3] | #x0EA5 | #x0EA7 | [#x0EAA-#x0EAB] |
	[#x0EAD-#x0EAE] | #x0EB0 | [#x0EB2-#x0EB3] | #x0EBD |
	[#x0EC0-#x0EC4] | [#x0F40-#x0F47] | [#x0F49-#x0F69] |
	[#x10A0-#x10C5] | [#x10D0-#x10F6] |
	#x1100 | [#x1102-#x1103] | [#x1105-#x1107] | #x1109 |
	[#x110B-#x110C] | [#x110E-#x1112] | #x113C | #x113E |
	#x1140 | #x114C | #x114E | #x1150 | [#x1154-#x1155] |
	#x1159 | [#x115F-#x1161] | #x1163 | #x1165 | #x1167 |
	#x1169 | [#x116D-#x116E] | [#x1172-#x1173] | #x1175 |
	#x119E | #x11A8 | #x11AB | [#x11AE-#x11AF] |
	[#x11B7-#x11RR] | #x11BA | [#x11BC-#x11C2] | #x11EB |
	#x11F0 | #x11F9 | [#x1E00-#x1E9B] | [#x1EA0-#x1EF9] |
	[#x1F00-#x1F15] | [#x1F18-#x1F1D] | [#x1F20-#x1F45] |
	[#x1F48-#x1F4D] | [#x1F50-#x1F57] | #x1F59 | #x1F5B |
	#x1F5D | [#x1F5F-#x1F7D] | [#x1F80-#x1FB4] |
	[#x1FB6-#x1FBC] | #x1FBE | [#x1FC2-#x1FC4] |
	[#x1FC6-#x1FCC] | [#x1FD0-#x1FD3] | [#x1FD6-#x1FDB] |
	[#x1FE0-#x1FEC] | [#x1FF2-#x1FF4] | [#x1FF6-#x1FFC] |
	#x2126 | [#x212A-#x212B] | #x212E | [#x2180-#x2182] |
	[#x3041-#x3094] | [#x30A1-#x30FA] | [#x3105-#x312C] |
	[#xAC00-#xD7A3]
Ideographic	[#x4E00-#x9FA5] | #x3007 | [#x3021-#x3029]
Combining-Char	[#x0300-#x0345] | [#x0360-#x0361] | [#x0483-#x0486] |
	[#x0591-#x05A1] | [#x05A3-#x05B9] | [#x05BB-#x05BD] |
	#x05BF | [#x05C1-#x05C2] | #x05C4 | [#x064B-#x0652] |
	#x0670 | [#x06D6-#x06DC] | [#x06DD-#x06DF] |
	[#x06E0-#x06E4] | [#x06E7-#x06E8] | [#x06EA-#x06ED] |
	[#x0901-#x0903] | #x093C | [#x093E-#x094C] |
	#x094D | [#x0951-#x0954] | [#x0962-#x0963] |
	[#x0981-#x0983] | #x09BC | #x09BE | #x09BF |
	[#x09C0-#x09C4] | [#x09C7-#x09C8] | [#x09CB-#x09CD] |
	#x09D7 | [#x09E2-#x09E3] | #x0A02 | #x0A3C | #x0A3E |

Letter	BaseChar | Ideographic
	#x0A3F | [#x0A40-#x0A42] | [#x0A47-#x0A48] |
	[#x0A4B-#x0A4D] | [#x0A70-#x0A71] | [#x0A81-#x0A83] |
	#x0ABC | [#x0ABE-#x0AC5] | [#x0AC7-#x0AC9] |
	[#x0ACB-#x0ACD] | [#x0B01-#x0B03] | #x0B3C |
	[#x0B3E-#x0B43] | [#x0B47-#x0B48] | [#x0B4B-#x0B4D] |
	[#x0B56-#x0B57] | [#x0B82-#x0B83] | [#x0BBE-#x0BC2] |
	[#x0BC6-#x0BC8] | [#x0BCA-#x0BCD] | #x0BD7 |
	[#x0C01-#x0C03] | [#x0C3E-#x0C44] | [#x0C46-#x0C48] |
	[#x0C4A-#x0C4D] | [#x0C55-#x0C56] | [#x0C82-#x0C83] |
	[#x0CBE-#x0CC4] | [#x0CC6-#x0CC8] | [#x0CCA-#x0CCD] |
	[#x0CD5-#x0CD6] | [#x0D02-#x0D03] | [#x0D3E-#x0D43] |
	[#x0D46-#x0D48] | [#x0D4A-#x0D4D] | #x0D57 | #x0E31 |
	[#x0E34-#x0E3A] | [#x0E47-#x0E4E] | #x0EB1 |
	[#x0EB4-#x0EB9] | [#x0EBB-#x0EBC] | [#x0EC8-#x0ECD] |
	[#x0F18-#x0F19] | #x0F35 | #x0F37 | #x0F39 | #x0F3E |
	#x0F3F | [#x0F71-#x0F84] | [#x0F86-#x0F8B] |
	[#x0F90-#x0F95] | #x0F97 | [#x0F99-#x0FAD] |
	[#x0FB1-#x0FB7] | #x0FB9 | [#x20D0-#x20DC] | #x20E1 |
	[#x302A-#x302F] | #x3099 | #x309A
Digit	[#x0030-#x0039] | [#x0660-#x0669] | [#x06F0-#x06F9] |
	[#x0966-#x096F] | [#x09E6-#x09EF] | [#x0A66-#x0A6F] |
	[#x0AE6-#x0AEF] | [#x0B66-#x0B6F] | [#x0BE7-#x0BEF] |
	[#x0C66-#x0C6F] | [#x0CE6-#x0CEF] | [#x0D66-#x0D6F] |
	[#x0E50-#x0E59] | [#x0ED0-#x0ED9] | [#x0F20-#x0F29]
Extender	#x00B7 | #x02D0 | #x02D1 | #x0387 | #x0640 | #x0E46 |
	#x0EC6 | #x3005 | [#x3031-#x3035] | [#x309D-#x309E] |
	[#x30FC-#x30FE]

(Quelle: www.w3c.org/xml)

USEMAP   \<html attribut\>

Client-seitige Imagemaps

Beschreibung

Dieses Attribut wird für Client-seitige Imagemaps genutzt. Hier werden Informationen zur Imagemap eingetragen.

Anwendung

Mit diesem Befehl weisen Sie einem Bild oder Objekt eine zuvor definierte Imagemap zu.

Werte

Ein gültiger Wert für dieses Attribut ist ein sogenannter URI (*Uniform Resource Identifier*). Der Aufbau eines URI entspricht dem folgenden Schema:

```
[Protokoll]://[Domain]/[Verzeichnis]/[Datei]
```

Mögliche Angaben für das verwendete Protokoll sind die folgenden Werte:

ftp	File Transfer Protocol
http	Hypertext Transfer Protocol
gopher	Gopher Protocol
mailto	Electronic Mail Address
news	USENET News
nntp	USENET News (NNTP-Zugriff)
telnet	Reference to interactive sessions
wais	Wide Area Information Server
file	Host-specific file names
prospero	Prospero Directory Service

Beispiel

```
<map name="Testbild">
<area shape=rect coords="1,1,249,49" href="#Anker">
<area shape=rect coords="1,51,149,299" href="datei.htm">
<area shape=rect coords="251,1,399,399" href="datei.htm">
<area shape=rect coords="151,51,249,299"
href="http://www.nix.de/">
<area shape=rect coords="1,301,249,399" nohref>
</map>
<img src="hypgraph.gif" usemap="#Testbild" border=0>
```

Zugehörige Elemente

IMG
INPUT
OBJECT

VALIGN <html attribut>

Vertikale Ausrichtung

Beschreibung

Mit diesem Attribut lässt sich die vertikale Ausrichtung von Text innerhalb einer Tabelle festlegen. Wenn dieses Element nicht eingesetzt wird, werden alle Texte automatisch zentriert ausgerichtet.

Anwendung

Normalerweise werden Zelleninhalte einer Tabelle immer nach oben und unten mit gleichem Abstand zum Zellenrand dargestellt, mit diesem Attribut können Sie diese Ausrichtung ändern. Der Einsatz dieses Attributs ist optional.

Werte

TOP

Markierter Text wird nach oben ausgerichtet.

BOTTOM

Markierter Text wird nach unten ausgerichtet.

MIDDLE

Markierter Text wird nach zentriert ausgerichtet.

BASELINE

Text, der sich in Einträgen befindet, die neben dem markierten Text vorhanden sind, wird auf einer von beiden Texten genutzten Basislinie ausgerichtet.

Beispiel

```
<table border>
<tr>
<td valign="top">Daten</td>
<td valign="bottom">Daten</td>
</tr>
</table>
```

Zugehörige Elemente

COL
COLGROUP
TBODY
TD
TFOOT
TH
THEAD
TR

VALUE <html attribut>

Wert zuweisen

Beschreibung

Dieses Attribut weist einem Element einen Wert zu. Bei aktiven Formularelementen wird dieser Wert dem Server übergeben, wenn die Schaltfläche angeklickt wird.

Werte

Je nachdem, für welchen Befehl Sie dieses Attribut verwenden, existieren unterschiedliche Gültigkeitsbereiche für den übergebenen Wert. Im Folgenden haben wir die einzelnen Befehle und möglichen Werte aufgelistet:

BUTTON, INPUT, OPTION, PARAM

Diesem Attribut können Sie als Wert eine beliebige Zeichenfolge übergeben. Dabei sollte diese Zeichenkette möglichst nicht mit Leerzeichen beginnen oder enden. Eventuell wird der verarbeitende Browser diese herausfiltern.

LI

Gültige Werte für dieses Attribut sind ganze Zahlen. Die Zahl muss mindestens eine Ziffer der Zahlen 0 bis 9 enthalten (="9").

Beispiel

```
<button name="ich bin ein Button. Klick mich an."
type="button" value="go back" onClick="history.back()">
<input name="Vorname" type="text" value="Vorname">

<ol start="10" type="I">
<li>Erstens</li>
<li value="3">Zweitens</li>
<li>Drittens</li>
</ol>
```

Zugehörige Elemente

BUTTON
INPUT
LI
OPTION
PARAM

VALUETYPE <html attribut>

Datentyp für VALUE angeben

Beschreibung

Das Attribut VALUETYPE gibt den Datentyp der in VALUE übergebenen Daten an. Dieser Typ legt fest, wie die übertragenen Werte zu interpretieren sind.

Anwendung

Spezifizieren Sie über VALUETYPE in Verbindung mit dem Befehl PARAM die angegebenen Werte genauer. Es stehen dabei drei gültige Werte zur Verfügung:

Werte

DATA

Dieser Datentyp bewirkt, dass die in VALUE übergebenen Daten als reine Textinformationen unverändert an das Applet übergeben werden. Dieses ist der voreingestellte Wert.

REF

Bei dem Wert, der in VALUE angegeben ist, handelt es sich um einen URI. Dieser gibt einen Speicherplatz an, an welchem die Laufzeitvariablen gespeichert sind.

OBJECT

Der Wert in VALUE verweist auf eine verknüpfte OBJECT-Deklaration im gleichen Dokument. Geben Sie als Referenz die entsprechende ID des Objektes an.

Beispiel

```
<object classid="anim.py">
<param name="height" value="10" valuetype="data">
<param name="width" value="10" valuetype="data">
</object>
```

Zugehörige Elemente

PARAM

VAR

Kennzeichnen von Variablen und Parametern

Beschreibung

Mit diesem Befehl werden Variablen und Parameter gekennzeichnet. Der Gebrauch dieses Befehls sollte sich jedoch auf Variablen und Parameter beschränken, die innerhalb eines Fließtextes vorkommen.

Anwendung

Der Befehl VAR wird zur Kennzeichnung von Variablen verwendet. Das geschieht in erster Linie bei erklärenden Texten, die beispielsweise im Zusammenhang mit Vorgehensweisen an einem Computer angeführt werden. Bitte beachten Sie, dass innerhalb von Programmlistings, die zur Veröffentlichung anstehen, Variablen mit dem Befehl CODE formatiert werden sollten.

HTML-4.0-Standard

CLASS, DIR, ID, LANG, STYLE, TITLE

Starttag: zwingend erforderlich; Endtag: zwingend eforderlich.

Attribute

CLASS

Über das Attribut CLASS lässt sich das Element einer Gruppe (Klasse) zuordnen. Geben Sie dazu einen frei wählbaren Klassennamen als Wert an. Diese Gruppierungen erlauben Ihnen anschließend einen leichten Zugriff auf alle zugehörigen Elemente. So können Sie später beispielsweise mit Hilfe von Cascading-Stylesheets oder anderen Sprachen leicht die Eigenschaften aller Elemente einer Klasse verändern oder Werte auslesen.

DIR

Dieses Attribut ist für die Bestimmung der Laufrichtung des Textes notwendig. Zwei Werte können alternativ übergeben werden:

LTR

Dieser Wert bestimmt die Laufrichtung des Textes von links nach rechts (Abkürzung für »left to right«). Diese Laufrichtung ist im Browser voreingestellt.

RTL

Soll der Text entgegen der Standardlaufrichtung vom rechten Bildschirmrand zum linken Rand laufen, dann wählen Sie den Wert RTL (Abkürzung für »right to left«).

LANG

Dieses Attribut gibt die Sprache des Zieldokuments an. Das ist insbesondere für die Indizierung in Suchmaschinen wichtig. Verwenden Sie die Sprachcodes nach ISO-639, z.B. "de" für Deutsch oder "en" für Englisch oder "en-us" für amerikanisches Englisch.

ID

Dieses Attribut kann einem markierten Element einen dokumentenweit einzigartigen Bezeichner zuweisen.

ONCLICK

Dieses Ereignis findet statt, wenn mit der Maus das benannte Element angeklickt wird. Durch diese Aktion wird ein angegebenes Script ausgeführt.

ONDBLCLICK

Dieses Ereignis findet statt, wenn mit der Maus das benannte Element doppelt angeklickt wird. Durch diese Aktion wird ein angegebenes Script ausgeführt.

ONKEYDOWN

Dieses Ereignis findet statt, wenn man sich über dem bezeichneten Element befindet und gleichzeitig eine Taste gedrückt wird. Durch diese Aktion wird ein angegebenes Script ausgeführt.

ONKEYPRESS

Dieses Ereignis findet statt, wenn man sich über dem bezeichneten Element befindet und gleichzeitig eine Taste drückt und wieder loslässt. Durch diese Aktion wird ein angegebenes Script ausgeführt.

ONKEYUP

Dieses Ereignis findet statt, wenn man sich über dem bezeichneten Element befindet und eine gedrückte Taste losgelassen wird. Durch diese Aktion wird ein angegebenes Script ausgeführt.

ONMOUSEDOWN

Dieses Ereignis findet statt, wenn man sich über dem bezeichneten Element befindet und gleichzeitig eine Maustaste gedrückt wird. Durch diese Aktion wird ein angegebenes Script ausgeführt.

ONMOUSEMOVE

Dieses Ereignis findet statt, wenn man sich mit der Maus über das benannte Element bewegt. Durch diese Aktion wird ein angegebenes Script ausgeführt.

ONMOUSEOUT

Dieses Ereignis findet statt, wenn man sich mit der Maus von dem benannten Element fortbewegt. Durch diese Aktion wird ein angegebenes Script ausgeführt.

ONMOUSEOVER

Dieses Ereignis findet statt, wenn der Mauszeiger direkt auf das benannte Element zeigt. Durch diese Aktion wird ein angegebenes Script ausgeführt.

ONMOUSEUP

Dieses Ereignis findet statt, wenn man sich über dem bezeichneten Element befindet und eine gedrückte Maustaste losgelassen wird. Durch diese Aktion wird ein angegebenes Script ausgeführt.

STYLE

Das Attribut STYLE wird zur Festlegung spezifischer Eigenschaften in Bezug auf die Darstellung so gekennzeichneter Elemente verwendet. Die Vorgabe eines verwendeten Stils wird durch die Cascading-Stylesheets definiert.

TITLE

Durch dieses Attribut werden markierten Elementen zusätzliche Informationen zugewiesen. Bei vielen Browsern werden diese Informationen in einem Pop-up-Fenster angezeigt, wenn sich der Mauszeiger auf dem Element befindet.

Beispiel

```
<var>
filename
</var>
```

Ereignisse

ONCLICK, ONDBLCLICK, ONKEYDOWN, ONKEYPRESS, ONKEYUP, ONMOUSEDOWN, ONMOUSEMOVE, ONMOUSEOVER, ONMOUSEOUT, ONMOUSEUP

Verwandte Befehle

ACRONYM
CITE
CODE

DFN
EM
KBD
SAMP
STRONG

VERSION <html attribut>

Verwendete HTML-Version angeben

Beschreibung

Über ein Attribut des Befehls HTML können Sie die Versionsnummer des verwendeten Standards angeben.

Anwendung

Der Einsatz dieses Attributs wird nicht mehr empfohlen. Setzen Sie stattdessen zur Angabe der Versionsnummer den Befehl DOCTYPE an den Anfang Ihres HTML-Dokuments.

Werte

Diesem Attribut können Sie als Wert eine beliebige Zeichenfolge übergeben. Dabei sollte diese Zeichenkette möglichst nicht mit Leerzeichen beginnen oder enden. Eventuell wird der verarbeitende Browser diese herausfiltern.

Ein eindeutiger Standard für die Angabe der Versionsnummer ist nicht definiert.

Beispiel

```
<html version="2.0">
<html version="4.0">
<html version="4">
```

Zugehörige Elemente

HTML

VIDEO
Wiedergabe einer Videosequenz

Beschreibung
Dieser Befehl erlaubt es, eine Grafik in einem begrenzten Bereich des Fensters darzustellen.

Parameter

abstract
> Geben Sie mit Hilfe dieses Attributs eine Kurzbeschreibung für die Gruppe an.

author
> Über dieses Attribut lässt sich ein Autor für diese Mediengruppierung angeben.

begin
> Gibt die Wiedergabezeit an. Sie können als Einheit die Bezeichnungen h, min, s oder ms verwenden.

copyright
> Informationen über den Urheber und das Copyright lassen sich als Wert dieses Attributs übergeben.

dur
> Gibt die Gesamtspielzeit der Gruppe an. Sie können als Einheit die Bezeichnungen h, min, s oder ms verwenden.

end
> Gibt die Endzeit der Gruppe an. Dieser Wert bezieht sich relativ auf das Attribut begin. Sie können als Einheit die Bezeichnungen h, min, s oder ms verwenden.

id
> Über das Attribut ID wird das Element mit einer für das Dokument eindeutigen Kennzeichnung versehen. Über diese ID lässt sich von anderen Elementen auf diesen Bereich zugreifen.

repeat
> Wiederholt die gesamte Gruppe in der angegebenen Anzahl.

src
> Gibt die Quelle des Medien-Clips oder der Grafik an. Als Wert wird hier eine gültige URL erwartet.

title
> Gibt der gesamten Gruppe einen eindeutigen Titel mit einer Kurzbeschreibung des Inhalts.

Beispiel

```
<video id="identifier"
       src="URL"
       alt="string"
       region="identifier"
       title="string"
```

```
abstract="string"
author="string"
copyright="string"
longdesc="string"
type="string"
begin="clock-value"
end="clock-value"
dur="clock-value"
clip-begin="clock-value"
clip-end="clock-value"
repeat="integer"
fill="remove|freeze"
system-bitrate="integer"
system-captions="on|off"
system-language="coma-separated-list"
system-overdub-or-caption="caption|overdub"
system-required="string"
system-screen-depth="integer"
system-screen-size="integerXinteger" />
```

VLINK <html attribut>

Farbe eines besuchten Links

Beschreibung

Mit diesem Attribut wird die Farbe der Verweise bestimmt, die durch einen Benutzer bereits aktiviert wurden.

Anwendung

Dabei gilt, dass neben den sechzehn definierten Farbschlüsselwörtern bis zu 256 Farben mit den dafür festgelegten Hexadezimalzahlen dargestellt werden können. Dieser Befehl wird ab der Version 4.0 von HTML missbilligt.

Der Einsatz dieses Attributs ist optional.

Werte

Übergeben Sie dem Attribut entweder einen Farbwert in RGB-Syntax oder einen gültigen Farbnamen. Für den RGB-Wert geben Sie die Farbanteile der Farben Rot, Gelb und Blau in hexadezimaler Schreibweise an: #RRGGBB (z.B. #008000 für Grün). Alternativ lassen sich vordefinierte Farbnamen verwenden (z.B. YELLOW). Unter dem Stichwort **Farbtabelle** finden Sie eine komplette Aufstellung aller Standardfarben. Hier zunächst die 16 am häufigsten verwendeten Grundfarben:

BLACK	= #000000	SILVER	= #C0C0C0
GRAY	= #808080	WHITE	= #FFFFFF
MAROON	= #800000	RED	= #FF0000
PURPLE	= #800080	FUCHSIA	= #FF00FF
GREEN	= #008000	LIME	= #00FF00
OLIVE	= #808000	YELLOW	= #FFFF00
NAVY	= #000080	BLUE	= #0000FF
TEAL	= #008080	AQUA	= #00FFFF

Beispiel

```
<body alink="black">
<body vlink="red">
<body link="#00FFFF">
```

Zugehörige Elemente

BODY

VSPACE   <html attribut>

Vertikalen Abstand eines Elements festlegen

Beschreibung

Mit diesem Attribut wird der vertikale Abstand eines eingebundenen Objekts im Verhältnis zu seiner Umgebung innerhalb eines Fensters festgelegt.

Anwendung

Der Einsatz dieses Attributs ist optional.

Werte

Der Wert dieses Attributs gibt eine Größe in Pixel, also in Bildpunkten, an. Gültige Werte sind positive ganze Zahlen (Integer-Werte). Die Eingabe von ="100" entspricht zum Beispiel einer Größe von 100 Pixel.

Beispiel

```
<img src="bild.gif" vspace="100" hspace="20">
```

Zugehörige Elemente

APPLET
IMG
OBJECT

WBR

Erlauben von Zeilenumbrüchen

Beschreibung

Mit diesem Befehl können Zeilenumbrüche ausdrücklich erlaubt werden.

Anwendung

Der Befehl WBR wird dann eingesetzt, wenn Zeilen ausdrücklich umgebrochen werden sollen. Das gilt auch für Text, der mit dem Befehl NOBR markiert ist. In der Regel sorgt die Browser-Software für den Umbruch der Zeilen, wenn an geeigneter Stelle ein Leerzeichen vorkommt. Bei sehr langen Wörtern oder solchen Wörtern, die durch Bindestriche getrennt sind, kann es jedoch sinnvoll sein, einen Zeilenumbruch ausdrücklich zu gestatten. Bitte beachten Sie, dass dieser Befehl zwar nicht zum offiziellen Standard von HTML gehört, trotzdem aber von allen gängigen Browsern unterstützt wird.

Beispiel

```
Bei dem Wort Oberweser<wbr>dampf<wbr>
schiffahrts<wbr>gesellschaft
handelt es sich um ein langes Wort.
```

Verwandte Befehle

BR
NOBR

WIDTH   <html attribut>

Breite eines Elements festlegen

Beschreibung

Dieses Attribut dient der Festlegung der Breite eines Elements.

Anwendung

Je nachdem, für welchen Befehl Sie dieses Attribut verwenden, existieren unterschiedliche Gültigkeitsbereiche für den übergebenen Wert. Im Folgenden haben wir die einzelnen Befehle und möglichen Werte aufgelistet:

Werte

COL, COLGROUP

Einige Elemente lassen für dieses Attribut drei verschiedene Größenangaben zu: Sie können die Größe in Pixel, Prozent oder in der relativen Länge angeben. Zur Angabe einer Größe in Pixel übergeben Sie dem Attribut einen ganzzahligen Wert, jedes Pixel entspricht dabei einem Bildpunkt in der gewählten Auflösung. Die Angabe in Prozent erfolgt über eine Zahl von 1 bis 100 und ein angehängtes Prozentzeichen (="50%"). Die Angabe einer relativen Länge erfolgt als Ganzzahl mit angehängtem Sternchen (="1*").

Bei der gleichzeitigen Verwendung der drei Größenangaben geht der Browser in der oben genannten Reihenfolge vor. Er verteilt zunächst den vertikalen oder horizontalen Platz nach Pixelangaben, dann verarbeitet er die Prozentangaben und der restliche Platz wird dann nach relativen Zahlen verteilt. Ist beispielsweise eine Breite von 100 Pixel übriggeblieben, dann entspricht eine Angabe von ="2*, 3*" einer Breite von 40 und 60 Pixel.

APPLET, HR, IFRAME, IMG, OBJECT, TABLE

Der Wert dieses Attributs gibt eine Größe in Pixel oder Prozent an. Gültige Werte für Pixel sind positive ganze Zahlen (Integer-Werte). Die Eingabe von ="100" entspricht zum Beispiel einer Größe von 100 Pixel. Eine Prozentangabe entspricht dem prozentualen Anteil der im Browser verfügbaren horizontalen oder vertikalen Fensterbreite. Eine Eingabe von ="30%" entspricht einer Breite von 30 Prozent.

TD, TH

Der Wert dieses Attributs gibt eine Größe in Pixel, also in Bildpunkten, an. Gültige Werte sind positive ganze Zahlen (Integer-Werte). Die Eingabe von ="100" entspricht zum Beispiel einer Größe von 100 Pixel.

PRE

Gültige Werte für dieses Attribut sind ganze Zahlen. Die Zahl muss mindestens eine Ziffer der Zahlen 0 bis 9 enthalten (="9").

Beispiel

```
<table>
<td width="40%"></td>
<td width="20%"></td>
<td width="40%"></td>
</table>

<table>
<td width="40%"></td>
<td width="100"></td>
<td width="*"></td>
</table>
```

Zugehörige Elemente
APPLET
COL
COLGROUP
HR
IFRAME
IMG
OBJECT
PRE
TABLE
TD
TH

Wohlgeformtheit

Umsetzung der XML-Spezifikationen

Beschreibung

Ein Begriff wird Ihnen bei der Arbeit mit XML immer wieder in Bezug auf korrekte Umsetzung der Spezifikation begegnen: Wohlgeformtheit. Die Wohlgeformtheit eines Dokuments (oder englisch *wellformed document*) besagt im Grunde genommen nichts anderes, als dass sich das vorliegende Konstrukt vollständig an die offiziellen Regeln des W3C zur Erstellung von XML-Dokumenten hält. Insbesondere gehört dazu auch, dass es aus einem Prolog und mindestens einem Element besteht.

Anwendung

Das gesamte Dokument muss in ein einzelnes Wurzelelement eingeschlossen sein. Übertragen auf die Sprache HTML bedeutet das, ein Dokument ohne umschließende <HTML>-Tags ist nicht wohlgeformt.

Alle unbedingt erforderlichen Attribute sind angegeben.

Die Werte der Attribute befinden sich im richtigen Wertebereich und entsprechen dem angegebenen Typ.

Für die eingesetzten Elemente gilt, dass diese korrekt ineinander verschachtelt sind. Also wenn sich das Start-Tag eines Elements im Inhalt eines anderen Elements befindet, so muss sich auch dessen End-Tag im Inhalt des anderen Elements befinden. Im Hinblick auf die Zusammenarbeit oder Konvertierung von XML zu SGML ist es wichtig zu wissen, dass jedes well-formed-Dokument gleichzeitig auch ein SGML-Dokument ist.

Beispiel

```
<?XML version="1.0"?>
<dokument>
      <daten>Text</daten>
</dokument>
```

word-spacing

Abstand zwischen Wörtern

Beschreibung

Bestimmen Sie mit diesem Element den Abstand zwischen den einzelnen Wörtern eines Textes.

Parameter

Die Länge des Abstands zwischen den Wörtern kann als absolute Zahl oder als Schlüsselwort normal für die Voreinstellung angegeben werden.

Beispiel

```
<style type="text/css">
h1, h2 { word-spacing: 10mm }
h3, h4 { word-spacing: normal }
</style>

<div style="word-spacing: 10%">
</div>
```

XML

Definiert den Anfang eines XML-Dokuments

Beschreibung

Ein Datenobjekt ist dann ein Dokument, wenn es mindestens aus einem Prolog und einer Anzahl von Elementen besteht. Es benötigt also zumindest den Befehl XML und ein Element, das den gesamten übrigen Inhalt umschließt.

Anwendung

Im Dokument muss mindestens ein Wurzelelement vorhanden sein, das alle anderen Elemente umschließt. Zusätzlich definieren Sie im Prolog den Typ und die Version des XML-Dokuments.

Parameter

VERSION

Augenblicklich ist als Versionsangabe ausschließlich die Version 1.0 vorgesehen. Aber im Hinblick auf weitere Entwicklungen der Sprache sollte man diese trotzdem korrekt verwenden.

STANDALONE

Die Option STANDALONE (engl. alleinstehend) in der Verarbeitungsanweisung kennzeichnet, ob der Parser eine externe DTD einlesen muss oder nicht. Der Wert "yes" zeigt an, dass keine externen Dateien hinzugezogen werden müssen. Der Wert "no" zeigt lediglich an, dass eine externe Datei existiert. Der Dateiname muss dann in der DOCTYPE-Definition angegeben werden.

ENCODING

Der innerhalb eines Dokuments verwendete Zeichensatz kann in der Verarbeitungsanweisung über das Schlüsselwort ENCODING näher bestimmt werden.

Dabei steht neben der ISO-Norm 8859 mit ihren zehn Untergliederungen auch die ISO/IEC-10646-Norm zur Verfügung. Jeder XML-Prozessor muss in der Lage sein, mindestens die Formate UTF-8 und UTF-16 zu lesen.

Beispiel

```
<?xml version="1.0">
<dokument>
      <inhalt>
      Hier steht der Text ...
      </inhalt>
</dokument>
```

xml:lang

Identifikation der Sprache

Beschreibung

Das Attribut xml:lang wird eingesetzt, um die verwendete Sprache eines Dokuments oder eines Abschnitts und der Attribute eines Elements zu definieren.

Beispiel

```
<?xml version="1.0"?>
<prosa xml:lang="de">
<p xml:lang="en">          Englisch</p>
<p xml:lang="en-US">       Englisch (USA)</p>
<p xml:lang="en_UK">       Englisch (United Kingdom)</p>
<p xml:lang="de">          Deutsch</p>
<p xml:lang="de-DE">       Deutsch (Deutschland)</p>
<p xml:lang="de-CH">       Deutsch (Schweiz)</p>
</prosa>
```

xml:Stylesheet

Dokument mit Stylesheet verbinden

Beschreibung

Verbindet ein XML- oder HTML-Dokument mit einem Stylesheet.

Parameter

href

Der Befehl verweist entweder auf ein Cascading-Stylesheet oder ein XSL-Stylesheet.

type

Gibt den Typ der Stylesheet-Informationen an.

Beispiel

```
<?xml:Stylesheet href="kunden.css" type="text/css"?>
<?xml:Stylesheet href="kunden.xsl" type="text/xsl"?>
```

XMP

Darstellung von bereits formatiertem Text

Beschreibung

Mit diesem Befehl ist es möglich, alle dargestellten Zeichen und Buchstaben in gleicher Größe erscheinen zu lassen.

Anwendung

Der Befehl XMP ermöglicht die Darstellung von Zeichen in exakt gleicher Größe. Diese Art der Darstellung wird verwendet, um Quellcodes beispielhaft darzustellen. Anstelle dieses Befehls ist jedoch der Befehl PRE vorzuziehen, da LISTING ab der Version 4.0 von HTML missbilligt wird.

Beispiel

```
<xmp>Textabsatz in nichtproportionaler Schrift</xmp>
```

Verwandte Befehle

B
BIG
I
LISTING

PLAINTEXT
PRE
S
SMALL
STRIKE
TT
U

xsl

Grundstruktur eines XSL-Dokuments

Beschreibung

Legt den Anfang und das Ende eines XSL-Dokuments fest und gehört somit zwingend zur Grundstruktur des Stylesheets.

Anwendung

Der Inhalt der XSL-Datei wird mit dem Markup `<xsl>` umschlossen. Der Inhalt besteht aus den dann folgenden Regeln, die mit `<rule>` markiert werden. So entsteht das Grundgerüst einer XSL-Datei:

Beispiel

```
<xsl>
    <rule>
        <!-- Konstruktionsregel 1 -->
    </rule>
    <rule>
        <!-- Konstruktionsregel 2 -->
    </rule>
</xsl>
```

Zeichendaten

Text in ein XML-Dokument einfügen

Beschreibung

Die Zeichen eines Dokuments, die kein Markup bildet, sind die Zeichendaten.

Anwendung

Innerhalb eines Dokuments sind alle Zeichen zulässig, bis auf die Begrenzungszeichen der Markups. Einige weitere Sonderzeichen müssen durch Entitys ersetzt werden.

Beispiel

```
<ADRESSE>
<NACHNAME>   Meier        </NACHNAME>
<VORNAME>    Hans         </VORNAME>
<STRASSE>    Waldweg 3    </STRASSE>
<PLZ>        33102        </PLZ>
<ORT>        Paderborn    </ORT>
</ADRESSE>
```

z-index

Position bei mehreren Schichten

Beschreibung

Überlappen sich mehrere Elemente, dann können Sie mit diesem Befehl die Schichtposition des Objekts angeben.

Parameter

Wählen Sie einen numerischen Wert für die Schicht. Niedrigere Nummern werden von Elementen mit höheren Nummern überdeckt.

Beispiel

```
<style type="text/css">
h1, h2 { z-index: 5 }
h3, h4 { z-index: 99 }
</style>

<div style="z-index: 3">
</div>
```

Index

&copy	40
.AU	68
.MID	68
_blank	393
_parent	393
_self	393
_top	393
!	
3D-Effekt	82
3D-Effekt bei Trennlinien verhindern	294
A	
A	
– HTML	16
– SMIL	15
ABBR	23
abgeschlossene Fenster	212
Abkürzungen	40
ABOVE	183
Absätze	309
Absende-Buttons	87
absolute Größe der Schrift	175
absolute Koordinaten	127
absoluter Pfad	111
absolute URI	62
Abstand links	313
Abstand oben	314
Abstand rechts	313
Abstand unten	312
Abstand zum ersten Zeichen	96
Abstand zum Rand	270
Abstand zwischen Buchstaben	255
Abstand zwischen Zellen	93
ACCEPT	26
ACCEPT-CHARSET	27
ACCESSKEY	28
Achse	54
ACRONYM	29
ACTION	31
ADDRESS	32
Adobe-PDF-Dokument	165
Adressangabe	34
Akronyme	29
Aktionsanweisung	98

aktiven Hyperlinks	39
ALIGN	35
alignment	38
ALINK	39
allgemeines Entity	40
alphanumerische Großschreibung	303
alphanumerische Kleinschreibung	303
ALT	41
ALTERNATE	272, 331
alternative Ausgabe	287
alternativen Darstellung	41
Alternativtext	221
Alternativtext für Frames	288
ANCHOR	41
anchor	16
Änderungen kenntlich machen	233
Angaben zum Inhalt eines Dokuments	126
Anker	16, 203
Anklickregion	50
any	43
Anzahl der Spalten	123, 125
Anzeigenbereich	106
APP	43
APPENDIX	331
APPLET	44
application snippet	43
application/x-www-form-urlencoded	166
apply	46
AQUA	406
Arabische Sprache	65
Arabische Ziffern	303
ARCHIVE	45, 47, 298
AREA	48
Arial	167
ATTLIST	52, 157
attribut	53
Attribut-Deklaration	53
AURAL	274
Ausführliche Beschreibung	268
Ausgabegeräte	274
Ausgangswerte	87
Ausrichtung	35
Ausrichtung der Schrift	176

Ausschnitt eines Elements	106
Auswahlmöglichkeiten	305
Auszeichnungsbefehle definieren	158
author	127
Automatischen Zeilenumbruch	147
Autor	32
AUTOSTART	163
AXIS	54, 400
B	
B	55
BACKGROUND	58, 77
background-attachment	59
background-color	59
background-image	60
background-position	60
background-repeat	61
BASE	62
BaseChar	447
BASEFONT	63
Basisdatei	62
Basis-Konstruktionsregel	333
Basis-Markup	205
BDO	65
Beamer	275
BEHAVIOR	272
BELOW	183
benutzerdefinierte Schaltflächen	84
Benutzung deaktivieren	146
Bereiche eines Fensters	212
Beschriften von Tabellen	88
Beschriftung	240, 241
betonen	160
Bezug herstellen	197
BGCOLOR	67, 77
BGSOUND	68
bidirectional over-ride	65
bidirektionaler Textfluss	65
BIG	69
Bilder einbinden	105
Bildhintergrund	58
BLACK	406
BLINK	72
blink	412

blinkend	72
blinkender Text	72
BLOCK	362
BLOCKQUOTE	73
Blocksatz	37, 38, 193
BLUE	406
BODY	76
Bold	55
bold	55, 177
bolder	177
BOOKMARK	331
BORDER	80, 183
border-color	81
border-style	81
BOTTOM	36
BOX	183
BR	82
BRAILLE	274
Braille-Tastatur	41
Breite der Layer-Schicht	218
Breite der Spalten	123
Breitenangaben	123
Buchstabengröße	413
BUTTON	84, 230
C	
capitalize	414
CAPTION	88
CDATA	92
– XSL	92
CELLPADDING	93
CELLSPACING	93
CENTER	36, 94
CGI	31
CGI-Script	31
CHAPTER	331
CHAR	37, 95
character Data	92
CHAROFF	96
CHARSET	27, 97
CHECKBOX	230
CHECKED	97
children	98
CIRCLE	51

CITE	100
– Attribut	99
class	46
class identifier	104
CLASSID	104
CLEAR	83, 105
Client-orientierte Imagemaps	236
CLIP	247
Clip	15
clip	106
CODE	45, 108
– Attribut	107
CODEBASE	45, 111
CODETYPE	112
COL	112
COLGROUP	117, 345
COLOR	122
color	
– CSS	122
COLS	123
COLSPAN	125
Combining Char	448
COMPACT	125
condensed	175
Container	76
CONTENT	126
content types	26
CONTENT_LENGTH	180
CONTENT-LANGUAGE	207
CONTENTS	331
CONTENT-SCRIPT-TYPE	207
CONTENT-STYLE-TYPE	207
CONTENT-TYPE	207
Coordinated Universal Time	130, 136
COORDS	127
coords	42
COPYRIGHT	331
Copyright-Zeichen	40
cursive	174
D	
dashed	81
DATA	128, 453
Dateiauswahl	26

Datenarchiv	47
Datenbeziehungen	345
Datenformat	26
Datenformate definieren	295
Datenprofils	344
Datenquelle	128
Datenzelle	399
DATETIME	129
Datum und Uhrzeit	129
DD	130
DE	244
deaktivieren	146
DEFER	346
define-script	134
Definieren von Menüstrukturen	304
Definition des Leerraums	250
Definition eigener XML-Befehle	286
Definition einer Datentyp-Notation	157
Definition einer Imagemap	269
Definition einer Konstruktionsregel	337
Definition eines Musters	159
Definition eines neuen Markup-Befehls	157
Definition von Attributen	157
Definition von Entitys	157
Definitionen	130, 139
Definitionslisten	130, 151
DEL	135
Deutsch	244
deutschsprachige Dokumente	204
Dezimalpunkt	95
Dezimalzahlen	95
DFN	139
Digit	449
DIR	143
– Attribut	141
DIRECTION	272
DISABLE	146
display	147
DIV	147
DL	151
DM	95
DOCTYPE	
– XML	153

Document-Type-Definition	153, 157
Dokumentenkopf	206
Dokumentenverzeichniss	111
doppelte Rahmenlinie	81
dotted	81
double	81
dreidimensionaler Rahmen	187
Drucker	274
DT	154
DTD	40, 153, 157
dur	315
durchgehende Rahmenlinie	82
E	
Ebene	192
Eigenschaften eines Dokuments	279
eigenständige Unterfenster	212
eindeutige Bezeichnung	211
eindirektionale Laufrichtung	65
eine Rahmenlinie anzeigen	81
Einfügen eines Kommentars	157
Eingabefelder	84
eingebettete Frames	212
eingefügter Text	233
einheitliche Strukturierung	118
einzelne Bereiche als Link kennzeichnen	269
Electronic Mail Address	367
elektronische Sprachwiedergabe	274
ELEMENT	158
– XSL	159
Element aktiviert	85
Element der Gruppe aktiviert	98
EM	160
E-Mail-Verweise	32
EMBED	163
Empfängerfeld	22
EN	244
ENCODING	464
ENCTYPE	165
endsync	315
Englisch	244
ENTITY	157
Entity	40
Erreichbarkeit	32

Erscheinungsbild des Rahmens	81
Erster Nachkomme	394
ES	244
eval	166
expanded	176
EXPIRES	208
Extender	449
externe DTD	153
externer Bezeichner	267
extra-condensed	175
extra-expanded	176
F	
FACE	64, 167
family-name	174
fantasy	174
Farbanteile	122
Farbe	
– der Verweise	39
– des Hintergrunds	67
– eines Elements	122
– eines Hyperlinks	259
– eines Rahmens	81
Farbwert	122
Fenstergröße festlegen	334
Fernsehgerät	275
Fettschrift	55
FIELDSET	168
– eine Überschrift zuweisen	251
FILE	230
file	367
File Transfer Protocol	367
FILEOPEN	224
FILL	329
first-of-any	394
first-of-type	394
FIT	329
fixed	59
Fließtext	215
FONT	171
font-family	174
font-size	175
font-stretch	175
font-style	176

font-weight	177
FOR	177
FORM	178
Format von Formulardaten	165
Formular absenden	87
Formulardaten	31
Formularfelder	27
Formularfeld-Gruppe	36
FR	244
FRAME	183
FRAMEBORDER	185, 187, 189
FRAMESET	188
FRAMESPACING	189
Französisch	244
ftp	367
FUCHSIA	406
funktionelle Ausdrücke	166
G	
gelöschter Text	135
generator	127
generic-family	174
gepunktete Rahmenlinie	81
gestrichelte Rahmenlinie	81
GET	180
Gitternetzlinien	338
Glossar	130, 155
GLOSSARY	331
gopher	367
Gopher Protocol	367
Grafik	
– als Einzelbild	61
GRAY	406
GREEN	406
groove	81
Großbuchstaben	413
Größenveränderungen eines Frames verhindern	291
größerer Schriftart	69
GROUPS	338
Grundfarben	123
Grundstruktur	205
Gruppe	36
Gruppierung	103, 117
Gültigkeit	191

gültiges Datenformat	26
GUTTER	284
H	
H1	192
H2	192
H3	192
H4	192
H5	192
H6	192
HANDHELD	274
Handheld-Computer	274
has-value	53
HEAD	196
– SMIL	195
HEADERS	197
HEIGHT	198
HELP	331
Helvetica	167
hervorgehobener Text	160
hervorheben	57
hexadezimale Schreibweise	122
HIDDEN	230, 329
hierarchische Überschriften	192
Hintergrundbild	59, 60
Hintergrundfarbe	59, 67
Hintergrundgrafik	58, 60
Hintergrundsound	68
history.back	87
Hochformat	357
Höhe	198
HORIZONTAL	362
horizontale Ausrichtung	38
horizontale Linie	199
horizontale Trennung	199
horizontalen Abstand	205
HotJava	43
Hotspot	41
HR	199
HREF	203
HREFLANG	204
HSPACE	205
HTML	205
HTML-Dokument	76, 205

http	367
HTTP-EQUIV	207
Hyperlink	16
– SMIL	15
Hypertext Transfer Protocol	367
I	
I	208
ID	211
Ideographic	448
IFRAME	212
ILAYER	215
Imagemap	236
IMG	218
import	226
Import eines Stylesheets	226
inaktiv	146
INDEX	331
Indexnummern	218
indizierte Dokumente	234
Indizierung in Suchmaschinen	204
INFINTE	68
Inhalt eines META-Tags	126
Inhaltskörper	76
Inhaltstypen	26
INHERIT	248
init ( )	296
Inline-Images	220
Inline-Layern	215
INPUT	226
INS	233
inset	81
installierte Schriften	174
interaktive Formulare	178
Interne DTD	154
Internet-Mediatyp	112
ISINDEX	234
ISMAP	223, 236
ISO-8061	129
IT	244
italic	176
Italienisch	244

J

Jahreszahl	129
java	44, 104
Java-Applet	44
Java-Programmdatei	104
JavaScript	
– Kommentar	14
javascript	207
JUSTIFY	37, 193

K

Kacheleffekt	61
KBD	237
keine Frames	288
Kennzeichnen von Listen	255
Kennzeichnen von Zitaten	73
Kennzeichnung	211
KEYWORDS	126
Klasse eines Applets	45, 107
Klassenbezeichner	104
Klassen-Implementierung	104
Klassennamen	103
Klassenzuordnung	103
Kleinbuchstaben	413
kleine Schriftart	358
Kommandozeilenargumente	316
Kommentar	14, 239
Konstruktionsregel	53
Kontaktadressen	32
Kontext	159
Konvertierung	27
Koordinaten	42, 127
Kopfinformationen	195
Kreis	51
Kreuzreferenzen	133
kursive Schrift	176
Kurzbeschreibung	23
Kürzel	40

L

LABEL	241
– Attribut	240
landesspezifische Sonderzeichen	40
landscape	357
LANG	244

LANGUAGE	245
last-of-any	394
last-of-type	394
Laufrichtung	141
Laufschrift	271
LAYER	246
Layer	215
LAYOUT	249
leeres Element	98
Leerraum	250
Leerzeichen	250
LEFT	36
left to right	66, 142
LEGEND	251
Legende	251
letter-spacing	255
Letzter Nachkomme	394
LHS	184
LI	255
lighter	177
LIME	406
line-through	412
Linie	199
LINK	259, 260
linksbündig	36
Listen in kompakter Form	125
LISTING	266
Literale	267
logische Struktur	158
lokaler Zugriff	63
LONGDESC	223, 268
LOOP	68, 164
lowercase	414
LOWSRC	223
LTR	66, 142
M	
mailto	22, 32, 367
manuelle Zeilenumbrüche	82
MAP	269
MARGINHEIGHT	270
MARGINWIDTH	271

Markieren
- – von Alternativtext — 292
- – von Menülisten — 275
- – von Verknüpfungen — 260
Markup — 286
MAROON — 406
MARQUEE — 271
maximale Eingabelänge — 273
MAXLENGTH — 273
MEDIA — 274
Medien-Clip — 15, 41
Medientyp — 112
MEET — 329
Mehrfachauswahl — 284
mehrspaltige Tabellen — 283
mehrzeilige Eingabefelder — 407
MENU — 275
META — 279
- – SMIL — 278
METHOD — 180, 283
Microsoft-Word-Dokument — 165
MIDDLE — 36
MID-Format — 68
Minutenangabe — 130
Monatsangabe — 129
monospace — 174
MULTICOL — 283
Multimedia-Dateien — 163
MULTIPLE — 284
Muster — 159

N
Nachkommen — 43
Nachricht übermitteln — 407
NAME — 285
Name des Fonts — 174
Namen — 286
NAVY — 406
new — 15
news — 367
NEXT — 331
nicht grafikfähige Browser — 41
nicht proportional — 108
nicht proportionale Schrift — 318, 435

nicht scriptfähiger Browser	292
Niederländisch	244
NL	244
nntp	367
NOBR	287
Nobreak	287
no-cache	208
NOEMBED	287
NOFRAMES	288
NOHREF	50, 291
no-repeat	61
NORESIZE	291
normal	175
NOSCRIPT	292
NOSHADE	294
NOTATION	157, 295
NOWRAP	295
nummerierte Liste	301
nummerierte Liste und Aufzählung	256
Nutzung ohne Maus	28
O	
OBJECT	297, 453
– Attribut	296
Objekt-Klassen	47
OL	301
OLIVE	406
ONSELECT	230
OPTGROUP	304
OPTION	305
Optionen	52
outset	82
overline	412
over-ride	65
P	
P	309
padding-bottom	312
padding-left	313
padding-right	313
padding-top	314
PAGEX	217
PAGEY	217
PALETTE	164
PAR	314

PARAM	316
Parameter	316
Parameter Entity	317
Parser	92
PASSWORD	231
pause	15
percentage	175
Person	32
physische Auszeichnungen	69
physische Strukturen	158
PI	322
Pixel	124
PLAINTEXT	318
Plug-Ins	163
PLUGINSPAGE	164
PLUGINURI	164
POLY	51
portrait	357
Position der Hintergrundgrafik	60
Positionieren	36
– von Bereichen	246
POST	180
Postleitzahl	273
PRAGMA	208
PRE	319
preserve	250
PREV	331
PRINT	274
Processing Instruction	322
Processor	191
PROFILE	196, 323
Programmlistings	108
PROJECTION	275
PROLOG	324
Prolog	324
PROMPT	235, 325
prospero	367
Prospero Directory Service	367
Proxy-Cache	208
Prozent	124
PUBLIC	154
PURPLE	406
Push-Button	84

Q

Q	325
Quellcode	92, 108
Quelldokument	99
Quelle für Zitat	99
Querformat	357
QUERY_STRING	180

R

RADIO	231
Rahmenbreite	80
Rahmenfarbe	81
Rahmenlinie mit 3D-Effekt	81, 82
Rahmenstärke	80
Rahmentyp	81
READONLY	328
RealPlayer	15
Rechteck	51
rechtsbündig	36
RECT	51
RED	406
REF	453
Referenz zu Daten	128
Referenzen für HotJava	43
REFRESH	208
REGION	329
Regionsform	127
REL	330
relative Änderung der Schriftgröße	175
relativen URI	62
repeat-x	61
repeat-y	61
replace	15
REV	332
RGB-Syntax	122
RHS	184
ridge	82
RIGHT	36
right to left	66, 142
robuster Code	174
Römische Ziffern	303
root	333
ROOT-LAYOUT	334
ROWGROUP	345

ROWS	335
ROWSPAN	336
RTL	66, 142
rule	337
RULES	338
S	
S	339
SAMP	342
sans-serif	174
Schaltfläche	84
Schaltflächen deaktivieren	85
Schatten	413
SCHEME	281, 344
Schriftart	167
Schriftfamilie	174
Schriftgröße	175
Schriftnamen	167
Schriftstärke	177
SCOPE	345
SCREEN	275
SCRIPT	346
Script gestartet	87
scroll	59
SCROLLAMOUNT	273
Scrollbalken	348
SCROLLDELAY	273
Scrollen verhindern	347
SCROLLING	347
Scrollrichtung	271
SECTION	331
Seiten-, Absatznummerierungen	166
Seitenaufbau	134
Seitengröße festlegen	356
Sekundenangabe	130
SELECT	348
SELECTED	352
select-elements	353
semi-condensed	175
semi-expanded	176
SEQ	354
Sequenzen zusammenfassen	314
serif	174
Server	31

Serverseitige Imagemap	236
SGML-Dokument	462
SHAPE	355
SHOW	15
SILVER	406
SIZE	357
– CSS	356
Skripte	14
SLICE	329
SMALL	358
SMIL	361
SMIL-Dokument	76, 195, 361
Sonderzeichen	40
Source	367
SPACER	362
Spalten	123
Spaltenüberschrift	197
SPAN	364
– Attribut	363
Spanisch	244
Sprache eines Zieldokuments	204
Sprachwiedergabe	41
SRC	367
STANDALONE	464
Standardfließtext	69
Standardschriftart	171
Standardschriftgröße	171
Standard-Stylesprache	207
Standard-Umgebungsvariablen	180
STANDBY	368
START	331, 369
start ( )	296
Steuerelemente	178, 226
Stilauszeichnungen	46
Stilvorlagen	376
STRIKE	369
STRONG	372
Strukturierung	192
Stundenangabe	129
STYLE	375, 376
Style-Definition im Header	376
style-rule	379
STYLESHEET	331

SUB	379
SUBSECTION	331
Suchmuster	53
SUMMARY	382
Sun-Syntax	43
SUP	382
SWITCH	385
Synchronized Multimedia Integration Language	361
SYSTEM	154, 295
SystemLiteral	267
T	
Tabellenachse	54
Tabellenachse zuordnen	54
Tabellenkörper	395
Tabellenspalten	112
Tabellenüberschrift	23, 36, 89
Tabellenunterschrift	36, 89
Tabellenzelle	23
TABINDEX	386
TABLE	387
Tabulator	250
Tabulatorreihenfolge	386
Tabulatortaste	386
Tagesdatumsangabe	129
TARGET	393
target-element	394
Tastatur	16
Tastatureingaben	237
Tastaturkürzel	16
Tastenkürzel	28
TBODY	395
TD	399
TEAL	406
telnet	367
Terminalgeräte	275
TEXT	406
– SMIL	404
Text	
– einrücken	412
– mit Schatten	413
– umwandeln	413
Text als Laufschrift	271
Textabsatz	38

Textabschnitt	148
text-align	407
TEXTAREA	407
text-decoration	412
Textdekoration	412
Textfarbe	122, 406
text-indent	412
Textkörper	76, 206
Textlaufrichtung	65
text-shadow	413
text-transform	413
TFOOT	414
TH	418
THEAD	423
Time Zone Designator	130, 136
Titel eines Elements	427
Titelleiste	429
TITLE	429
– Attribut	427
Token	286, 430
TOP	36
top	431
TR	431
Trennung	199
True-Type-Schriften	167
TT	435
TTY	275
TV	275
TYPE	437
TZD	136
U	
U	440
Überschrift	192
Übersetzungszeit	134
übersichtlicher Quellcode	14
Übertragung von Formulardaten	165
Übertragungsmethode	283
UL	443
ultra-condensed	175
ultra-expanded	176
Umbruch	82
underline	412
Unicode-Standard	447

unsichtbare Objekte	362
Unterfenstern	184
uppercase	414
USEMAP	449
USENET News	367
UTC	130
V	
VALIGN	450
VALUE	451
value	53
VALUETYPE	452
VAR	453
vbscript	207
Verbindungen	16
Verhindern von Zeilenumbrüchen	287
Verknüpfung	16, 15
verschachtelte Schichten	218
Version	135, 456
Versionsnummer	456
VERTICAL	363
vertikal ausrichten	407
Verweis deaktivieren	291
verweis-sensitive Fläche	41, 127
Verweisziel	203
verwendete Scriptsprache	245
verwendete Sprache	244
Verzeichnislisten	143
VIDEO	457
Videoclip	222
Videoprojektor	275
Vieleck	51
VISIBILITY	248
visuelle Objekte	220
VLINK	458
VOID	184
Vorauswahl	97
voreingestellte Scriptsprache	207
VSIDES	184
VSPACE	459
W	
Wagenrücklauf	250
Währung	95
wais	367

Wasserzeichen	59
WBR	460
Werte an ein Attribut übergeben	267
Werte auszulesen	211
Wertetyp	53
WHITE	406
White Space	250
Wide Area Information Server	367
WIDTH	460
Wiedergabezeit	42
Wohlgeformtheit	191, 462
word-spacing	463
Wörter	57
X	
XML	463
xml	
– lang	464
– space	250
– stylesheet	465
XML-Definition	157
XMP	465
xsl	466
XSL-Stylesheets	226
Y	
YELLOW	406
Z	
Zeichen ausrichten	95
Zeichendaten	466
Zeichenkette	27, 267
Zeichensatz	27, 40
– für verknüpfte Daten	97
Zeilen	
– definieren	335
– ignorieren	14
– verbinden	336
Zeilenumbruch	82, 105, 147
Zeilenumbruch beeinflussen	105
Zeilenvorschub	250
Zeitangabe	129
Zeitzone	130
Zellen verbinden	125
Zelleninhalt	197
Zentrieren	94

Zentrierte Ausrichtung	36
Zieladresse	16
Zielfenster	393
z-index	467
ZIP-Archiv	47
Zitat	73, 99, 100
zu Gruppen zusammenzufassen	117
Zusammenfassen von Tabellenspalten	117

Programmierung

new technology

Steve Holzner
XSLT Anwendung und Referenz

ISBN 3-827**2-6260**-7, 672 Seiten
€ 49,95 [D] / € 51,40 [A]

Profi

Dieses Buch ist Ihr professioneller Einstieg in
XSLT, dem Schlüssel zu XML. Bestseller-Autor
Steve Holzner beginnt zunächst bei den
Grundlagen von XSLT, um bald zu den eigentlichen Key-Themen überzugehen. Sehr pra-
xisorientiert zeigt er anhand von über 400 Beispielen, wie Sie XML-Daten sortieren, in verschiedenste Formate – auch XML selbst –
konvertieren, den XSLT-Prozessor einsetzen
u.v.a.m.